Frank Bledjian · Krista Stosberg

Analyse der Massenkommunikation: Wirkungen

Bertelsmann Universitätsverlag

© 1972 Verlagsgruppe Bertelsmann GmbH/Bertelsmann Universitätsverlag, Düsseldorf
Umschlaggestaltung: R. Bünermann, G. Kopper
Gesamtherstellung: Mohndruck Reinhard Mohn OHG, Gütersloh
Printed in Germany
ISBN 3-571-09111-6

Inhalt

Verwendete Abkürzungen

A.J.S.	American Journal of Sociology
A.S.R.	American Sociological Review
J.A.S.P.	Journal of Abnormal and Social Psychology
J. Comm.	Journal of Communication
J. Consult. Psychol.	Journal of Consulting Psychology
J. Pers.	Journal of Personality
J.P.S.P.	Journal of Personality and Social Psychology
J.S.P.	Journal of Social Psychology
Psychol. Bull.	Psychological Bulletin
Psychol. Rev.	Psychological Review
P.O.Q.	Public Opinion Quarterly

Vorwort

Mit den beiden hier vorgelegten Halbbänden 7/1 und 7/2 der Reihe „Gesellschaft und Kommunikation" werden weitere Forschungsergebnisse der Arbeit der Gruppe „Massenkommunikation" am Seminar für Soziologie bzw. am Sozialwissenschaftlichen Forschungszentrum der Universität Erlangen-Nürnberg veröffentlicht. Diese Arbeiten müssen im Rahmen des längerfristigen Forschungsprogramms der Gruppe gesehen werden: In einer ersten Publikation unter dem Titel „Systematik der Massenkommunikationsforschung"[1] wurden zunächst die Bemühungen um die Entwicklung der relevanten Fragestellungen erörtert. Eine empirische Untersuchung zu den Problemen der Aussagenentstehung enthält dann der Band 2 dieser Reihe „Die Massenmedien und die Organisation politischer Interessen".[2] Mit den Möglichkeiten der Messung von Einstellungen durch die Techniken der Aussagenanalyse setzt sich der Band 4 „Aussagenanalyse"[3] auseinander.

Die Arbeiten der Halbbände 7/1 und 7/2 enthalten nun die Darstellung des von der Gruppe entwickelten theoretischen Konzepts zur Erklärung von Wirkungen der Massenkommunikation auf die Einstellungen der Rezipienten. Im ersten Halbband werden zunächst die technischen Probleme bei der Messung von Einstellungen auf der Grundlage wissenschaftstheoretischer Überlegungen erörtert. Im zweiten Halbband folgt dann eine ausführliche Diskussion des theoretischen Konzepts und die Darstellung einer empirischen Untersuchung, in welcher der Ansatz der Gruppe einer ersten Prüfung unterzogen wird.

Weil die Halbbände 7/1 und 7/2 auch getrennt verwendbar sein sollen, ließen sich einige Überschneidungen nicht vermeiden. So wurde z. B. der Katalog der Determinanten und Resultanten der zu prüfenden Hypothesen in beide Arbeiten aufgenommen. Dennoch ist versucht worden, die Zahl der Überschneidungen so gering wie möglich zu halten, ohne jedoch die Verständlichkeit der einzelnen Teile zu gefährden.

Zum Zeitpunkt der Veröffentlichung dieser Arbeiten waren bereits weitere umfangreiche empirische Untersuchungen anhand des hier geschilderten theoretischen Ansatzes abgeschlossen. Die in diesen Untersuchungen gewonnenen Daten sind jedoch noch nicht ausgewertet; die Ergebnisse müssen daher einer späteren Publikation vorbehalten bleiben.

---

1 Bessler, H. und F. Bledjian: Systematik der Massenkommunikationsforschung, München und Basel 1967.
2 Gerber, C.-P. und M. Stosberg: Die Massenmedien und die Organisation politischer Interessen, Bielefeld 1969.
3 Bessler, H.: Aussagenanalyse, Bielefeld 1970.

Dem Bundesministerium des Innern sind wir wiederum sehr dankbar dafür, daß uns durch die von ihm gewährte finanzielle Hilfe diese Forschungsarbeiten ermöglicht wurden.

Nürnberg, im Juli 1971   *K. G. Specht*

Teil I:

Wirkungen der Massenkommunikation auf die Einstellungen der Rezipienten von

von Frank Bledjian

1. Einleitung

Die zunehmende Verbreitung der Massenkommunikation ermöglicht immer größeren Bevölkerungskreisen, die Aussagen der Massenmedien zu empfangen. Sobald der Mensch zum Rezipienten einer Aussage wird, können bei ihm bestimmte Wirkungen auftreten, etwa neue Einstellungen gebildet oder bereits vorhandene geändert werden. Mit der Verbreitung der Massenmedien und ihrer zunehmenden Bedeutung für die Erhaltung und den Wandel der Gegenwartsgesellschaft wächst das Interesse vor allem an der Erforschung der Wirkungen der Massenkommunikation. Das zeigt sich u. a. an der Vielzahl der wissenschaftlichen Publikationen, aber auch der meist wissenschaftlich nicht begründeten, kulturkritischen Behauptungen. Wenn man den Inhalt der Veröffentlichungen betrachtet, steht in der Massenkommunikationsforschung, insbesondere der sozialpsychologisch orientierten, die Wirkungsforschung zweifellos im Mittelpunkt.

Trotz dieser Entwicklung besteht eine große Diskrepanz zwischen dem Bedürfnis nach Erklärungen und dem theoretischen Wissen über die Wirkungen der Massenkommunikation. Klapper[1] spricht in der Einführung zu seinem bekannten Werk über die Wirkungen der Massenkommunikation von dem in Forschungskreisen verbreiteten Pessimismus über die Möglichkeit der Systematisierung der in der Wirkungsforschung erarbeiteten Ergebnisse. Er weist in diesem Zusammenhang darauf hin, daß viele Fragen, die in der Öffentlichkeit und von anderen Fachdisziplinen gestellt wurden, bisher unbeantwortet geblieben sind und daß einige der gegebenen Antworten, z. B. über den Einfluß der Propaganda auf die Einstellungen der Rezipienten, sich oft widersprechen.

Ein Grund für die Widersprüchlichkeit der Ergebnisse im Bereich der Wirkungen der Massenkommunikation liegt in der Komplexität des Untersuchungsgegenstandes. Die Schwierigkeiten hier sind zum großen Teil auf die zahlreichen Variablen zurückzuführen, die im Wirkungsprozeß relevant sein können. Wie Klapper es formuliert hat: "Almost every aspect of the life of the audience member and the culture in which the communication occurs seems susceptible of relation to the process of communication effect."[2] Abgesehen davon, daß wirkungsrelevante Variablen der Persönlichkeitsstruktur des Rezipienten und der Sozialstruktur, in der er sich befindet, möglicherweise noch unbekannt sind und/oder unbeachtet bleiben, können die aus älteren Untersuchungen bereits bekannten Variablen von Fall zu Fall — je nach der vorliegenden Variablenkombination — einen unterschiedlichen Einfluß auf die Wirkungen ausüben. Die Frage, welchen Einfluß eine Variable ausübt, wenn sie nicht isoliert, sondern mit anderen Variablen gemeinsam auftritt, ist kaum bzw. nur ungenügend untersucht worden.

Ein zweiter Grund für die divergierenden Ergebnisse ist darin zu sehen, daß es der Wirkungsforschung bislang nicht gelungen ist, den beträchtlichen Theorienmangel in diesem Bereich zu beseitigen und die wenigen vorliegenden theoretischen Ansätze zu vereinheitlichen und ein zusammenhängendes System von Hypothesen zu entwickeln.

Ein dritter Grund dafür, daß die Wirkungsforschung nicht in der Lage ist, alle von der Öffentlichkeit und anderen wissenschaftlichen Disziplinen gestellten Fragen befriedigend zu beantworten, liegt in den Unzulänglichkeiten der Meßverfahren. Die Techniken, die der Wirkungsforschung bisher zur Messung der relevant erachteten Variablen zur Verfügung stehen, lassen viel zu wünschen übrig.

Die Wirkungsforschung weist also einen Theorienmangel auf, und ihre Ergebnisse sind zum Teil lückenhaft und widersprüchlich. Dennoch kann sie einige nennenswerte Leistungen vorzeigen: So hat sich wiederholt gezeigt, daß in der Regel nicht die Aussage eines Massenmediums, sondern die Persönlichkeitsstruktur des Rezipienten in ihrer Wechselbeziehung zum sozialen Feld die Wirkungen der Massenkommunikation erheblich beeinflußt. Durch diese grundlegende und inzwischen fast selbstverständlich klingende Erkenntnis wurden sowohl die großen Hoffnungen (z. B. Erziehung der „breiten Masse") in bezug auf die Wirkungen der Massenkommunikation zumindest in den Fachkreisen beseitigt.

Die Feststellung, daß verschiedene Variablen der Persönlichkeits- und Sozialstruktur die Wirkungen der Massenkommunikation bestimmen, hat vor allem aber zu einer Akzentverlagerung in der Wirkungsforschung geführt. Diese Neuorientierung kommt u. a. klar darin zum Ausdruck, daß die bekannte Formel von Lasswell — "Who says what in which channel to whom, with what effect"[3] — zunehmend kritisiert wird. Es wird eingewendet, daß diese Formel jahrelang für die unfruchtbare Konzeption in der Wirkungsforschung verantwortlich war, bei der dem Inhalt und der Gestaltung der Aussage mehr Aufmerksamkeit gewidmet wurde als z. B. den Prädispositionen des Rezipienten, welche die Wirkungen oft nachhaltiger beeinflussen als die Aussage. Die stärkere Berücksichtigung dieser Variablen hat zur Folge, daß die Ergebnisse und theoretischen Ansätze der Psychologie, Sozialpsychologie und Soziologie, die sich mit dem grundlegenden Prozeß der sozialen Kommunikation schon seit langem beschäftigen, auch auf den Bereich der Wirkungen der Massenkommunikation angewendet werden. Die Massenkommunikation wird als ein Unterfall der persönlichen Kommunikation angesehen. In der Wirkungsforschung wird zunehmend die Notwendigkeit erkannt, daß ihre Problemstellung eine intensivere interdisziplinäre Zusammenarbeit erfordert. Wie gegenwärtig bei vielen sozialwissenschaftlichen Fragestellungen, beginnt auch sie, zur Lösung ihrer Probleme alle brauchbaren Ansätze heranzuziehen, gleichgültig, aus welcher akademischen Domäne sie auch stammen.[4]

Diese Neuorientierung geht jedoch nur zögernd voran. Auch in den Vereinigten Staaten, wo die Wirkungsforschung am weitesten fortgeschritten ist, wird zwar immer wieder auf die Notwendigkeit der interdisziplinären Zusammenarbeit hingewiesen, die für die Erfassung der vielfältigen wirkungsrelevanten Variablen erforderlich ist. Dennoch liegen keine ernsthaften Versuche vor, diese Variablen in den Griff zu bekommen und sie mit Hilfe von theoretischen Ansätzen aus Nachbardisziplinen systematisch zu untersuchen.

So bleiben z. B. in Klappers Zusammenfassung der Ergebnisse einer zwanzigjährigen Forschungstätigkeit im Wirkungsbereich der Massenkommunikation einige wichtige theoretische Ansätze aus der Kommunikations- und Einstellungsforschung völlig unberücksichtigt, obwohl gerade diese Ansätze mittlerweile einen Schwerpunkt in der sozialpsychologischen Forschung bilden. Es ist dabei insbesondere an die Arbeiten über das Konsistenzprinzip von Heider, Festinger, Osgood und Tannenbaum und Rosenberg gedacht, die der Wirkungsforschung wertvolle Anregungen geben können. In diesen Arbeiten wird einer zentralen Variablen im Wirkungsprozeß besondere Aufmerksamkeit gewidmet: der Einstellungsstruktur des Rezipienten vor dem Empfang einer Aussage. In dieser präkommunikativen Einstellungsstruktur können — wie noch zu zeigen ist — außer der von den genannten Autoren untersuchten Konsistenz auch weitere Dimensionen unterschieden werden. Aus den theoretischen Ansätzen über die präkommunikative Einstellungsstruktur der Rezipienten kann eine Reihe von Hypothesen über die Bildung und Änderung von Einstellungen durch die Aussagen der Massenkommunikation formuliert werden.

2. Vorbemerkungen

2.1 Zielsetzung und Aufbau der Arbeit

Das primäre Ziel der sozialwissenschaftlich orientierten Massenkommunikationsforschung ist es, menschliches Verhalten zu beschreiben und zu erklären. Für die Erklärung der Phänomene im Bereich der Wirkungen der Massenkommunikation ist zunächst eine detaillierte Beschreibung der Massenkommunikationsprozesse, die Aufstellung von Hypothesen darüber sowie eine empirische und logische Prüfung dieser Hypothesen erforderlich. Eine Erklärung der Probleme der Massenkommunikation nach dem deduktiv-nomologischen Schema[5] setzt eine Theorie der Massenkommunikation voraus.[6] Von einer solchen Theorie kann aber im gegenwärtigen Zeitpunkt keine Rede sein; sie bleibt ein Fernziel.

Ein erstes Ziel dieser Arbeit ist es, die Massenkommunikationsforschung auf einige bislang vernachläßigte theoretische Ansätze aus der Einstellungsforschung aufmerksam zu machen. Es ist hierbei an folgende theoretische Ansätze gedacht, die auf dem Konsistenzprinzip beruhen und in den letzten zwei Jahrzehnten sehr beachtet wurden: das Gleichgewichts-, das Kongruenz-, das Konsistenz- und das Konsonanzmodell. Trotz einiger Unterschiede gehen alle diese Modelle von der Grundannahme aus, daß der Rezipient einen spannungslosen Gleichgewichtszustand in seiner Einstellungsstruktur anstrebt. Die durch diese Modelle stark angeregte Kommunikationsforschung untersucht nun, wie bestimmte Informationen solche Gleichgewichtszustände herbeiführen bzw. stören und wie eine gegebene Einstellungsstruktur die Reaktionen des Rezipienten auf unterschiedliche Informationen beeinflußt.

Nach einer Erörterung und Klarstellung der in der Arbeit verwendeten Begriffe wird in Anlehnung an Klapper, der die wichtigsten Ergebnisse der Wirkungsforschung der Massenkommunikation bis 1960 zusammengetragen hat, der Stand dieser Forschung kurz skizziert. Im Anschluß daran wird auf eine Möglichkeit der Systematisierung aller im Wirkungsprozeß relevanten Faktoren hingewiesen. Das geschieht mit Hilfe folgender drei Variablenkomplexe, die diese Faktoren umfassen: a) der kommunikative Stimulus, b) die Stimuli in der Situation während und nach dem Empfang der Aussage und c) die präkommunikative Einstellungsstruktur des Rezipienten. Von diesen drei Hauptvariablen werden in der vorliegenden Arbeit die situationalen Einflußfaktoren nicht berücksichtigt, weil kaum empirische Untersuchungen darüber vorliegen. Einige wirkungsrelevante Aspekte der anderen beiden Variablenkomplexe werden dagegen näher besprochen. Zunächst sind die wirkungsrelevanten Merkmale des kommunikativen Stimulus darzustellen; danach soll mit Hilfe des Einstellungsbegriffs auf die Persönlichkeit des Rezipienten als zentrale Variable im Wirkungsprozeß eingegangen werden.

Ein Grund für die Sammlung und Darstellung der Ergebnisse über den kommunikativen Stimulus ist darin zu sehen, daß die Hypothesen, die hierzu vorliegen und zum Teil aus den bedeutendsten Arbeiten stammen, die bislang in der Wirkungsforschung durchgeführt wurden, weder in die deutsche Sprache übersetzt, noch in der hiesigen Literatur und Forschung genügend berücksichtigt wurden. Eine Darstellung der Ergebnisse war ferner auch für die anschließende Kritik der bislang untersuchten wirkungsrelevanten Faktoren erforderlich.

Von dieser Kritik ausgehend, wird die Behauptung aufgestellt, daß die präkommunikative Einstellungsstruktur des Rezipienten die zentrale Variable im Wirkungsprozeß ist, von der auch der Selektionsprozeß abhängt: Selektive Zuwendung zu den Aussagen der Massenmedien, ihre selektive Wahrnehmung und Interpretation sowie das selektive Behalten dieser Aussagen werden von der präkommunikativen Einstellungsstruktur mitbestimmt.

Ein weiteres Ziel dieser Arbeit ist es, die Wirkungsforschung auf die Brauchbarkeit' des Einstellungsbegriffs für die Hypothesenbildung in diesem Bereich aufmerksam zu machen. Der Einstellungsbegriff hat nicht nur theoretische Relevanz, sondern kann — wie zahlreiche Skalierungsversuche zeigten — im Verhältnis zu anderen Begriffen leichter operationalisiert werden. Mit dem arbeitsfähigeren Einstellungskonzept ist man eher in der Lage, die wirkungsrelevanten Aspekte beim Rezipienten zu erforschen, als z. B. mit dem in der Wirkungsforschung sehr häufig verwendeten, vagen Begriff der „Prädispositionen".

Die oben aufgestellte Behauptung, daß der Einstellungsbegriff für die Untersuchung der Phänomene im Wirkungsprozeß der Massenkommunikation besonders geeignet sei, wird zur Grundlage der weiteren Ausführungen dieser Arbeit. Zunächst werden einige Aspekte der Einstellungsstruktur der Rezipienten besprochen, die für die Wirkungen einer Aussage verantwortlich sein können. Sodann werden die verschiedenen theoretischen Ansätze über den Einfluß der präkommunikativen Einstellungsstruktur des Rezipienten auf den — durch eine Aussage verursachten — Einstellungswandel dargestellt und kritisch betrachtet. Abschließend wird gezeigt, daß durch diese theoretischen Ansätze eine Reihe der vorliegenden Ergebnisse der Wirkungsforschung systematisiert und neu interpretiert werden können.

2.2   Begriffliche Klarstellungen

2.2.1   *Interpersonelle Kommunikation, Massenkommunikation, Überredungskommunikation*

Die Begriffe „Kommunikation" und „Kommunikationsprozeß" werden im Zusammenhang mit unterschiedlichen Forschungsbereichen, wie der interpersonellen Kommunikation[7], der Massenkommunikation[8], den maschinellen Informationssystemen[9] und sogar der intrapersonellen Kommunikation[10] verwendet. Für diese Arbeit sind die ersten beiden Kommunikationsbegriffe relevant, auf die im folgenden kurz eingegangen wird.

Die Grundfaktoren der interpersonellen Kommunikation sind: ein Kommunikator, eine Aussage und ein Rezipient. Bei der Massenkommunikation ist zwischen dem Kommunikator und der Aussage ein Verbreitungsmedium eingeschaltet. Dadurch wird der Kreis der Rezipienten wesentlich vergrößert und die Möglichkeit eines "feedback" — zumindest bei dem gegenwärtigen Stand der technischen Entwicklung[11] — auf ein Minimum gesenkt. Schramm[12] und Maletzke[13] stellen ausführlich den Kommunikations- und Massenkommunikationsprozeß dar und weisen darauf hin, daß die Massenkommunikation als ein besonderer Fall der interpersonellen Kommunikation anzusehen ist.

Wenn man sich im Rahmen der Massenkommunikationsforschung für die geschichtliche Entwicklung der einzelnen Massenkommunikationsmittel, für die Struktur der Massenmedien und der verschiedenen Institutionen, die sich dieser Medien bedienen, für die Aussagenentstehung und für ähnliche Probleme interessiert, ist eine Abgrenzung dieses Forschungsbereiches von der interpersonellen Kommunikation sinnvoll. Wenn aber die Wirkungen der Massenkommunikation im Mittelpunkt des Interesses stehen, ist eine solche Trennung nicht sinnvoll und oft sogar nicht möglich. Schramm schreibt hierzu: "No one has ever explained very clearly just how one could study the mass media without concerning oneself with the communication process. In any active communication research program these two concerns blend imperceptibly".[14] Bei allen nichtexperimentellen Untersuchungen der Wirkungen der Massenkommunikation, bei denen die Rezipienten von den Einflüssen anderer Personen in der kommunikativen und postkommunikativen Phase nicht isoliert werden, wie es bei der natürlichen Situation der Massenkommunikation der Fall ist, muß der Einfluß der interpersonellen Kommunikation auf bestimmte Wirkungen mit berücksichtigt werden. Die Arbeiten von Lazarsfeld und seinen Mitarbeitern am "Bureau of Applied Social Research" an der Columbia Universität betonen diese Notwendigkeit. Sie haben wiederholt auf die Bedeutung der interpersonellen Kommunikation und ihre enge Verbundenheit mit der Massenkommunikation hingewiesen.[15]

Das bei den Untersuchungen in Columbia entwickelte Konzept der zweistufigen Kommunikation[16] besagt, daß die Aussagen der Massenmedien oft nicht unmittelbar empfangen werden sondern durch die interpersonelle Kommunikation mit anderen Gruppenmitgliedern und Meinungsführern. Die zweistufige Kommunikation ist also keine Massenkommunikation sondern eine interpersonelle Kommunikation. Handelt es sich aber bei den Wirkungen auf Personen, die bestimmte Aussagen der Massenkommunikation auf Umwegen über andere Personen empfangen haben, um Wirkungen der Massenkommunikation oder der interpersonellen Kommunikation? Wichtiger als die Antwort auf diese Frage ist die Feststellung, daß dieselben Variablen sowohl die Wirkungen der interpersonellen als auch der Massenkommunikation beeinflussen können und folglich untersucht werden müssen.

Einige Merkmale des Kommunikators, der Aussage und des Rezipienten, und bestimmte situationale Faktoren sind in der interpersonellen Kommunikationsforschung viel intensiver untersucht worden als in der Massenkommunikationsforschung. Sie haben sich aber auch im Wirkungsprozeß der Massenkommunikation als wirkungsrelevant erwiesen. Wenn z. B. die Glaubwürdigkeit des Kommunikators eine wirkungsrelevante Variable ist, dann gilt das sehr wahrscheinlich sowohl für den Kommunikator im Hörsaal als auch für den Kommunikator auf dem Bildschirm. Oder wenn die Einstellungsstruktur des Rezipienten vor der Zuwendung zu einer Aussage für bestimmte Wirkungen verantwortlich ist, dann ist ebenfalls sehr wahrscheinlich, daß dies sowohl für die interpersonelle als auch für die Massenkommunikation zutrifft.

Beim gegenwärtigen Stand der Wirkungsforschung weiß man noch nicht, ob man überhaupt mit den richtigen Variablen arbeitet und wie sich der Einfluß der einzelnen Variablen ändert, wenn gleichzeitig mehrere Variablen wirksam werden. Nur wenn die Wirkungsforschung über gesicherte Hypothesen für die wichtigsten wirkungsrelevanten Variablen und ihre Interrelationen verfügte, wäre eine grundsätzliche Erörterung der Besonderheiten der Wirkungen der Massenkommunikation sinnvoll. Dann könnten vor allem jene Faktoren untersucht werden, die speziell den Wirkungsprozeß der Massenkommunikation beeinflussen.

Wenn man also die Massenkommunikation als einen besonderen Fall der interpersonellen Kommunikation ansieht und vom gegenwärtigen Stand der Wirkungsforschung ausgeht, dann können — vor allem bei der Fragestellung dieser Arbeit — zunächst die Wirkungen der Kommunikation untersucht werden, ohne sich dabei ausschließlich auf die interpersonelle Kommunikation oder die Massenkommunikation zu beziehen.

Die meisten Untersuchungen über die Wirkungen der Kommunikation auf die Einstellungen der Rezipienten sowie die entsprechenden theoretischen Ansätze beschäftigen sich mit den Wirkungen der "persuasive communication". Da es das Hauptanliegen dieser Ausführungen ist, auf die Brauchbarkeit verschiedener Ansätze der Einstellungsforschung für die Wirkungsforschung der Massenkommunikation hinzuweisen, beschränkt sich auch die vorliegende Arbeit auf die Wirkungen dieser Kommunikation, die im folgenden mit „Überredungskommunikation" bezeichnet wird. Darunter ist jener besondere Fall der Kommunikation zu verstehen, deren Aussage nicht vorwiegend „informieren" oder „unterhalten" will, sondern die bewußte Absicht des Kommunikators widerspiegelt, die Einstellung und/oder das Verhalten der Rezipienten zu beeinflussen. Diese Definition stimmt mit der Arbeitsdefinition von Hovland und seinen Mitarbeitern in den bekannten "Yale Studies in Attitude and Communication" überein: " . . . a definition of communication which may be formally stated as the process by which an individual (the communicator) transmits stimuli (usually verbal) to modify the behavior of other individuals (the audience)."[17]

Die Aussagen der Überredungskommunikation beziehen sich also auf solche Gegenstände, über die die Rezipientengruppen in einer Gesellschaft bestimmte Einstellungen haben, die hinsichtlich ihrer Richtung und Intensität variieren können. In diesem Sinne ist auch der Begriff der Propaganda zu verstehen, der nach Merton folgendes umfaßt: " . . . any and all sets of symbols which influence opinion, belief or action on issues regarded by the community as controversial."[18] Anders ausgedrückt, verfolgen die Aussagen der Überredungskommunikation die Absicht, eine Zu- oder Abnahme des Punktwertes der Einstellung eines Rezipienten auf einer Einstellungsskala zu bewirken, an deren einem Ende hohe und an deren anderem Ende niedrige Punktwerte stehen.

Wenn die Intention der Aussage der Überredungskommunikation den Einstellungen des Rezipienten entspricht, wird im folgenden von einer konsistenten Aussage und, wenn sie den Einstellungen des Rezipienten widerspricht, von einer inkonsistenten Aussage die Rede sein.

2.2.2 Einstellungen

Bei der Suche nach einer geeigneten Definition von „Einstellung" – der Begriff wird im folgenden synonym zu „Attitüten" gebraucht – wurde den Ausführungen von Roth[19] gefolgt, weil seine Beschreibung des Einstellungsbegriffes alle Kriterien enthält, die für die Erörterungen dieser Arbeit notwendig sind. Roth verfolgt in seiner grundlegenden Arbeit die Entwicklung des Einstellungsbegriffs in den verschiedenen psychologischen Richtungen im deutschen und angelsächsischen Sprachraum und grenzt den Einstellungsbegriff gegenüber anderen verwandten Begriffen ab. Da er in einer einfachen Definition herkömmlichen Sinnes keine Möglichkeiten der Berücksichtigung aller Aspekte dieses Phänomens sieht, unternimmt er statt dessen den Versuch einer vorläufigen Beschreibung. Sie umfaßt die bis dahin wichtigsten Überlegungen der verschiedenen psychologischen Richtungen zu diesem Begriff und löst einige in diesen Überlegungen enthaltene Widersprüche auf.

Die Arbeit von Roth zeigt anhand des Einstellungsbegriffes, wie man einen wesentlichen Beitrag zur Überwindung der Trennung der einzelnen Schulen in der Psychologie und dadurch zur Vereinheitlichung verschiedener kategorialer Systeme leisten kann. Dabei wird beabsichtigt, der Einstellungsforschung neue Anregungen zu geben, den Begriff durch neuere Forschungsergebnisse womöglich „arbeitsfähiger" zu formulieren, vor allem aber die Forschung auf die Frage aufmerksam zu machen, ob und inwieweit der Einstellungsbegriff geeignet ist, das sozialwissenschaftliche Ziel der Erarbeitung einer allgemeinen Theorie menschlichen Verhaltens näherzubringen.

Einstellungen werden nach Roth folgendermaßen charakterisiert: Erstens dadurch, daß sie nicht direkt beobachtbare Größen, sondern – wie auch andere Grundbegriffe in der Psychologie, z. B. Trieb, Instinkt und Motiv – „hypothetische Konstrukta" sind. Im dritten Band der bereits erwähnten "Yale Studies in Attitude and Communication" wird in diesem Zusammenhang von den Einstellungen als intervenierenden Variablen gesprochen, die zwischen den meßbaren unabhängigen Variablen – z. B. den Stimuli der Massenkommunikation – und den ebenfalls meßbaren abhängigen Variablen – den Reaktionen auf den Stimulus – liegen.[20] Einstellungen werden aus diesen beobachtbaren Reaktionen, in der Regel verbalen Stellungnahmen – Meinungen[21] – auf die Fragen eines Sozialforschers oder aus offenen Handlungen, "overt actions", erschlossen.

Zweitens sind Einstellungen durch ihre Gegenstandsbezogenheit charakterisiert. Einstellungen beziehen sich auf alle Gegenstände, zu denen eine unterschiedliche Anzahl von Personen eine Einstellung haben kann; die Gegenstände können verschiedenen Allgemeinheitsgrad und unterschiedliche individuelle Bedeutung haben. Der Gegenstandsbezug von Einstellungen besagt, daß ein Individuum mit der Umwelt verbunden ist, die es erlebt und in der es handelt. Hiersin sind nach Roth zwei Forderungen impliziert: einmal, daß ein Versuch der Erklärung menschlichen Verhaltens dessen Objektbezogenheit von vornherein berücksichtigen muß; zum anderen, daß für die Einstellungsforschung nicht die Umwelt als objektive Gegebenheit relevant sein kann, sondern nur die subjektiv wahrgenommenen und erlebten Gegenstände und Ereignisse.[22] Die zweite Forderung ist für den Wirkungsprozeß der Überredungskommunikation von besonderer Bedeutung: die Wirkungen werden nur insofern von dem kommunikativen Stimulus – Kommunikator, Aussage, Medium – mitbestimmt, als sie die subjektive Wahrnehmung und die subjektiven Vorstellungen des Rezipienten in bezug auf diese Faktoren beeinflussen.

Drittens beschreibt Roth Einstellungen dadurch, daß sie im Laufe der individuellen Geschichte nach den allgemeinen Gesetzen des Lernens erworben werden. Damit wird der Organismus als Ausgangspunkt der Einstellungsbildung nicht vernachläßigt, sondern es wird lediglich behauptet, daß Einstellungen auf der Basis einer ererbten Ausstattung und durch die Interaktion mit der Umwelt als konkrete, individuelle Erfahrungen gebildet werden. Die Bildung von Einstellungen kann, wie wir noch sehen werden, mit der Befriedigung von Bedürfnissen bzw. – nach Katz[23] – mit der Erfüllung bestimmter Funktionen zusammenhängen. Sie können ferner von Vorbildern und der Gruppe übernommen werden und/oder aber das Ergebnis eines Informationsaustausches sein.[24]

Ein viertes Merkmal der Einstellung ist ihr „System"-Charakter. Einstellungen werden als ein Gesamtzustand bzw. als ein System interdependenter Einheiten verstanden. Das bedeutet, daß die Änderung einer Einheit im Gesamtgefüge die Änderung anderer Einheiten zur Folge haben kann. In diesem System können mindestens drei verschiedene Ebenen unterschieden werden: der Zusammenhang verschiedener Elemente – als Grundeinheiten einer Einstellung – innerhalb einer Komponente; der Zusammenhang verschiedener Komponenten innerhalb einer Einstellung und der Zusammenhang verschiedener Einstellungen innerhalb der gesamten Einstellungsstruktur einer Persönlichkeit. Die Zahl der Elemente innerhalb einer Komponente und die Zahl der Einstellungen einer Person können unterschiedlich groß sein. Über die Zahl der Komponenten herrscht in der Literatur Übereinstimmung. Es werden drei Einstellungskomponenten unterschieden: die kognitive, die affektive und die Handlungskomponente.[25] Die kognitive Komponente bezieht sich auf das subjektive Wissen des Rezipienten über einen Gegenstand. Die affektive Komponente umfaßt die Emotionen, die der Rezipient in bezug auf diesen Gegenstand hat, und die Handlungskomponente beinhaltet die Bereitschaft, im Sinne dieses subjektiven Wissens und dieser Emotionen zu handeln. Auf einige für die Wirkungen der Überredungskommunikation sehr wichtige Dimensionen der präkommunikativen Einstellungen des Rezipienten wird weiter unten näher eingegangen.

2.2.3 Wirkungen

Auch der Wirkungsbegriff wird in der Literatur unterschiedlich verwendet und bedarf einer kurzen terminologischen Abgrenzung. Unter Wirkungen kann man nach Gerbner[26] zweierlei verstehen: "effectiveness" (Wirksamkeit) und "consequences" (Folgen). Die

Wirksamkeit bezieht sich auf den Erfolg einer Aussage, die die Intention hat, den Rezipienten in eine bestimmte Richtung zu beeinflussen. Die Folgen dagegen können sehr unterschiedliche Formen annehmen und unabhängig von der Aussageintention auftreten und gemessen werden. Die Unterscheidung zwischen kurzfristigen und langfristigen Wirkungen mag zwar sehr wichtig sein, wird aber hier nicht berücksichtigt, weil gegenwärtig keine systematischen Untersuchungen vorliegen, die sich mit den sogenannten „langfristigen" Wirkungen befassen.[27] Diese Arbeit beschäftigt sich nur mit der kurzfristigen Wirksamkeit der Überredungskommunikation, die entweder unmittelbar nach der Zuwendung zur Aussage festgestellt wird, oder aber zeitlich nur so weit entfernt ist, daß sie noch zur empfangenen Aussage in Beziehung gesetzt werden kann.

Die Untersuchung der Folgen der Massenkommunikation, etwa ihr Beitrag zur Erhaltung und zum Wandel komplexer politischer, ökonomischer und kultureller Systeme[28], sowie die Untersuchung ihres Einflusses auf konkrete Wirkungsbereiche, z. B. auf die formale Erziehung, die Freizeitstruktur, die Leistung am Arbeitsplatz, das Wahl- und Konsumverhalten usw.[29], setzen ausreichende Kenntnisse über den Wirkungsprozeß auf den einzelnen Rezipienten und über die diesen Prozeß beeinflussenden Variablen voraus. Erst wenn genügend Hypothesen über diesen grundlegenden Beeinflussungsprozeß vorliegen, ist eine Erweiterung der Fragestellung auf Rezipientengruppen und soziale Systeme oder eine Spezifizierung auf bestimmte Wirkungsbereiche sinnvoll.

Die Einschränkung der Fragestellung dieser Arbeit über die Wirkungen der Überredungskommunikation nur auf die Einstellungen – und Meinungen – des Rezipienten erfolgt aus drei Gründen: Erstens weil eine Abgrenzung zwischen den Wirkungen auf den kognitiven Bereich, auf Emotionen und den Wirkungen auf das Verhalten sehr problematisch ist. Diese Bereiche hängen eng zusammen und können mit den verfügbaren Forschungstechniken kaum getrennt erfaßt werden. Zweitens weil kaum empirische Arbeiten über die Beeinflussung nur der Emotionen oder nur des offenen, d. h. unmittelbar beobachtbaren, Verhaltens vorliegen. So wurden auch in den meisten Untersuchungen, die zur Bildung von Hypothesen im Wirkungsbereich beigetragen haben, die Wirkungen als Einstellungsänderungen aufgefaßt. Mit Hilfe von Einstellungsskalen wurden zunächst die Einstellungen der Rezipienten vor und dann nach der Zuwendung zu den Aussagen der Überredungskommunikation festgestellt und durch den Vergleich dieser Einstellungen die Änderungen, d. h. die Wirkungen, ermittelt. Drittens weil, wie noch zu zeigen ist, der hier verwendete Einstellungsbegriff, in dem sowohl Kognitionen und Emotionen als auch die Handlungsbereitschaft enthalten sind, besonders geeignet für die Wirkungsforschung zu sein scheint.

Maletzke unterscheidet zwar in seiner Studie die Wirkungen auf Meinungen und Attitüden von den Wirkungen auf das Verhalten, auf das Wissen und auch auf den emotionalen Bereich und die Tiefensphäre des Psychischen, weist aber gleichzeitig darauf hin, „daß alle psychischen Bereiche, die von der Massenkommunikation beeinflußt werden können, ohne klare Grenzen ineinander übergehen".[30] Es ist überhaupt fraglich, ob man in der Wirkungsforschung die problematische Abgrenzung zwischen dem Einstellungs- und dem Verhaltensbereich vornehmen soll. Denn die Handlungskomponente der Einstellung – als Bereitschaft, im Sinne der kognitiven und affektiven Komponenten dieser Einstellung zu handeln – kann zwar durch die Überredungskommunikation beeinflußt werden. In der Regel sind dann aber die Wirkungen auf das offene Verhalten nur eine Folge der Einstellungsbeeinflussung.[31] Statt dieser Abgrenzung müßte man vielmehr der in der Forschung stark vernachläßigten Frage nachgehen, ob und unter welchen – u. a. auch situationalen – Bedingungen die Handlungskomponente und ihre Änderung offenes Verhalten bzw. Verhaltensänderung zur Folge hat.[32]

Die Trennung zwischen einem Wissens- und einem Einstellungsbereich ist ebenfalls sehr problematisch.[33] Einstellungen können den Lernprozeß und damit die Wissenserweiterung beeinflussen. Ferner haben frühere Untersuchungen wiederholt gezeigt, daß die Änderung der – kognitiven – Wissenselemente des Rezipienten zu einem Gegenstand auch eine Änderung seiner Emotionen gegenüber diesem Gegenstand nach sich ziehen kann. Rosenberg[34] hat mit Hilfe der posthypnotischen Suggestion auch die umgekehrte Beziehung festgestellt. Demnach würde ein Wandel der Emotionen gegenüber einem Gegenstand auch eine Änderung der entsprechenden Kognitionen zur Folge haben.

In Anbetracht der Abgrenzungsschwierigkeiten und der Tatsache, daß in der Wirkungsforschung die Wirkungen meist als Einstellungswandel aufgefaßt und untersucht wurden, steht auch in der vorliegenden Arbeit die Beeinflussung von Einstellungen im Mittelpunkt der Betrachtung. Wenn ein Individuum eine Aussage über Überredungskommunikation empfängt, ist seine Einstellungsstruktur folgenden möglichen Einflüssen ausgesetzt[35]:

1. Neubildung von Einstellungen oder nur von kognitiven und/oder affektiven Elemengen.
2. Bekräftigung von Einstellungen oder nur von kognitiven und/oder affektiven Elementen, d. h. Einstellungsänderung, die sich auf eine Zunahme der Extremität bezieht.[36]
3. Abschwächung von Einstellungen oder nur von kognitiven und/oder affektiven Elementen, d. h. Einstellungsänderung, die sich auf eine Abnahme der Extremität bezieht.[37]
4. Umkehrung von Einstellungen oder nur von kognitiven und/oder affektiven Elementen, d. h. Einstellungsänderung, die sich auf eine Änderung der Richtung und möglicherweise der Extremität bezieht.[38]
5. Kein Einfluß.

In der schematischen Darstellung sieht diese Typologie wie folgt aus[39] :

Einstellung der Rezipienten vor der Zuwendung	Einstellung der Rezipienten nach der Zuwendung	Wirkungstyp
Positive	postitive	keine Wirkung
	neutrale	Abschwächung
	negative	Umkehrung
	keine Einstellung	?
Neutrale	positive	Bekräftigung
	neutrale	keine Wirkung
	negative	Bekräftigung
	keine Einstellung	?
Negative	positive	Umkehrung
	neutrale	Abschwächung
	negative	keine Wirkung
	keine Einstellung	?
Keine Einstellung	positive	Neubildung
	neutrale	Neubildung
	negative	Neubildung
	keine Einstellung	keine Wirkung

3. Der Stand der Wirkungsforschung

3.1 Die Ergebnisse der Wirkungsforschung nach Klapper

Weil eine Theorie mit einem hohen Allgemeinheitsgrad in der Wirkungsforschung wie auch in anderen sozialwissenschaftlichen Bereichen zur Zeit noch nicht vorliegt, wäre es beim gegenwärtigen Wissensstand zunächst erforderlich, die wirkungsrelevanten Faktoren aufzudecken, Hypothesen zu formulieren und sie einer strengen Prüfung zu unterziehen. Diese Notwendigkeit wurde von den sozialpsychologisch orientierten Forschungsgruppen um Hovland erkannt und kommt in den Yale Studien viel deutlicher zum Ausdruck als in der soziologisch orientierten Tradition des Columbia Instituts für angewandte Sozialforschung, aus dem Klapper hervorgegangen ist.

In der Literatur wird oft von den „Wirkungen der Massenkommunikation" oder den „Wirkungen des Films, des Fernsehens" usw. gesprochen, obwohl diese Untersuchungen sich nicht mit allen Wirkungsbereichen befassen und nicht alle, sondern nur einen Bruchteil der Bedingungen berücksichtigen, die für die Art und Intensität der Wirkungen auf den einzelnen Rezipienten verantwortlich sind. Das gilt auch für die umfangreichste Zusammenfassung der Ergebnisse der Wirkungsforschung von Klapper.[40] Die Wirkungen der Massenkommunikation sind von zahlreichen Variablen abhängig und können je nach Ausprägung der Variablen und der vorliegenden Variablenkombination von Fall zu Fall sehr unterschiedlich sein. Aus diesem Grunde sind die folgenden Thesen von Klapper nur als globale Verallgemeinerungen zu verstehen, die keinesfalls in der Lage sind, irgendwelche Wirkungen bei einzelnen Rezipienten vorauszusagen. Dennoch sind diese Thesen für die bisherige Wirkungsforschung charakteristisch, weil sie in ähnlicher Form auch von anderen Autoren wiederholt aufgestellt wurden.

Mit dem Hinweis, "mass communications research has, in fact, been notoriously devoid of any organizing theoretical framework"[41] vertritt Klapper die Meinung, daß es an der Zeit sei, einige „empirische Verallgemeinerungen" über die Wirkungen der Massenkommunikation zu wagen. Die ersten drei der fünf bekannten Thesen von Klapper werden hier angeführt, weil sie bei dem Versuch einer Systematisierung der wichtigsten empirischen Ergebnisse einer zwanzigjährigen Forschungstätigkeit auf diesem Bereich formuliert wurden. Diese Verallgemeinerungen, auf die Klapper im Abschluß jedes Kapitels seines Buches Bezug nimmt und die er durch die herangezogenen empirischen Untersuchungen bestätigt sieht, bilden zusammen mit der bereits erwähnten Wirkungstypologie die zwei wichtigsten Beiträge Klappers zur Wirkungsforschung und sind einer Wiederholung wert.

(1) Die Massenkommunikation ist in der Regel keine notwendige und ausreichende Ursache für die Wirkungen beim Publikum. Die Aussagen der Massenmedien werden vielmehr durch die Anwesenheit anderer, intervenierender Faktoren — "mediating factors" — und Einflüsse und im Zusammenhang mit diesen Faktoren wirksam.

(2) Durch die Anwesenheit der intervenierenden Faktoren wird die Massenkommunikation eher ein Agens als die alleinige Ursache im Wirkungsprozeß sein. Abgesehen von besonderen Bedingungen und auch davon, ob die Wirkungen sich auf soziale Systeme oder Individuen beziehen, werden die Massenmedien am wahrscheinlichsten zur Bekräftigung ("reinforcement") oder zumindest zum Gleichbleiben ("constancy") von präkommunikativen Meinungen beitragen. Die nächst wahrscheinliche Wirkung ist die Abschwächung von Meinungen ("minor change"), und die am wenigsten wahrscheinliche Wirkung ist die Umkehrung von Meinungen ("conversion").

(3) Wenn die Massenkommunikation dennoch eine Änderung vorhandener Meinungen bewirkt, dann liegt wahrscheinlich eine der folgenden zwei Bedingungen vor: entweder sind die intervenierenden Faktoren unwirksam, so daß die Massenmedien unmittelbar auf die Rezipienten einwirken können, oder die intervenierenden Faktoren, die normalerweise vorhandene Meinungen bekräftigen, drängen selbst auf eine Änderung hin.[42]

Mit den obengenannten Thesen wollte Klapper nicht nur die bisherigen Ergebnisse systematisieren, sondern darüber hinaus der Neuorientierung der Wirkungsforschung, die u. a. in der bereits erwähnten Kritik an der Formel von Lasswell[43] zum Ausdruck kommt, weitere Anregungen geben. Für die Neuorientierung der Wirkungsforschung verwendet Klapper den unglücklichen Ausdruck "Phenomenistic Approach", erläutert ihn aber wie folgt: "Whatever it be called, it es in essence a shift away from the tendency to regard mass communication as a necessary and sufficient cause of audience effects, toward a view of the media as influences, working amid other influences, in a total situation."[44]

3.2 Klappers Hinweise auf die Bedeutung der "mediating factors" im Wirkungsprozeß der Massenkommunikation

In den vorangegangenen Thesen und dem Zitat von Klapper wie auch in anderen Untersuchungen wird immer wieder auf die "mediating factors" bzw. auf die intervenierenden Faktoren hingewiesen, die für die Wirkungen der Überredungskommunikation verantwortlich sind. Dabei begnügen sich die meisten Autoren mit der Aufzählung nur einiger der möglichen wirkungsrelevanten Faktoren, ohne den Versuch zu unternehmen, theoretische Ansätze zu formulieren, mit deren Hilfe auch eine Systematisierung dieser Einflußfaktoren ermöglicht würde.

Klapper z. B. geht von seiner Wirkungstypologie aus und untersucht zuerst folgende fünf "mediating factors", die in erster Linie der Bekräftigung[45] vorhandener Einstellungen dienen:

a) Die Prädispositionen der Rezipienten und die damit zusammenhängenden Prozesse der selektiven Zuwendung und Wahrnehmung und des selektiven Behaltens von Aussagen;

b) die Gruppen, denen die Rezipienten angehören, und die dort bestehenden Normen;

c) die interpersonelle Verbreitung der Aussagen der Kommunikation;

d) die Beeinflussung der Meinung durch die Meinungsführer;

e) die Struktur der Massenmedien in einer freien Marktwirtschaft.[46]

Eine Umkehrung von Einstellungen durch die Massenkommunikation ist nach Klapper eine viel seltener auftretende Wirkung als die Bekräftigung und Abschwächung vorhandener Einstellungen. Da aber auch die Einstellungsumkehrung eine mögliche Wirkung der Massenkommunikation ist, fragt Klapper nach den intervenierenden Faktoren, die sie begünstigen:

a) Die Prädispositionen der Rezipienten und die damit zusammenhängenden Prozesse der selektiven Zuwendung und Wahrnehmung und des selektiven Behaltens von Aussagen;

b) der Einfluß der Primärgruppe;

c) die Beeinflussung der Meinung durch die Meinungsführer und die interpersonelle Kommunikation;

d) die allgemeine, d. h. nicht an bestimmte Themen gebundene Beeinflußbarkeit – "topic free persuasibility" – des Rezipienten.[47]

Klapper führt weitere drei Bedingungen an, die den Wirkungsprozeß beeinflussen und insbesondere die Umkehrung von Einstellungen begünstigen:

a) Die erste Bedingung sind die gegensätzlichen Gruppeneinflüsse. Eine Einstellungsumkehrung ist bei den Rezipienten, die solchen Einflüssen – "cross pressures" – ausgesetzt sind, wahrscheinlicher als bei anderen Rezipienten.

b) Eine Umkehrung der Einstellungen ist wahrscheinlicher, wenn die Rezipienten zu bestimmten Aktivitäten – Klapper nennt das "role playing" – gezwungen werden, z. B. zur Übernahme von Rollen und/oder zu Äußerungen, die mit der Absicht der Überredungskommunikation in Einklang stehen.

c) Eine weitere Bedingung liegt dann vor, wenn die Aussage der Überredungskommunikation bestehende Einstellungen der Rezipienten nicht direkt, sondern indirekt angreift. Diese Bedingung – "side attack " – wäre z. B. erfüllt, wenn die Aussage einige neue Wissenselemente vermittelt, die von den bestehenden Einstellungen nur wenig abweichen.[48]

Klapper geht auch auf einige Aspekte des kommunikativen Stimulus – Kommunikator, Institution der Massenkommunikation, Medium und Aussage – und der kommunikativen Situation ein, die wirkungsrelevant sein können. Er ist aber der Auffassung, daß sich diese Faktoren nicht nach dem oben genannten Kriterium klassifizieren lassen, weil sie von Fall zu Fall sowohl zur Bekräftigung als auch zur Umkehrung von Einstellungen beitragen können.

Die Aufzählung der "mediating factors" von Klapper entbehrt jeder Systematik. Die Art des Einflusses auf die Einstellungen – Bekräftigung oder Umkehrung – ist offensichtlich kein brauchbares Kriterium zur Unterscheidung und Systematisierung der wirkungsrelevanten Faktoren, weil die von ihm zuerst genannten Einflußfaktoren unter bestimmten Bedingungen zur Bekräftigung und unter anderen Bedingungen zur

Umkehrung von Einstellungen beitragen können. Diese Tatsache scheint auch Klapper bewußt zu sein, da er – von zwei Ausnahmen abgesehen – genau die gleichen Einflußfaktoren für beide Wirkungstypen anführt.

Weitere Schwächen der Aufzählung Klappers sind darin zu sehen, daß einige der angeführten wirkungsrelevanten Faktoren sich stark überschneiden, sich auf sehr unterschiedlichen Ebenen befinden und daß ihre Messung sehr problematisch ist.

Mit Hilfe folgender drei Variablenkomplexe, die im nächsten Abschnitt kurz besprochen werden, könnten z. B. alle relevanten Variablen im Wirkungsprozeß systematischer als bei Klapper zusammengefaßt werden: der kommunikative Stimulus, die Situation während und nach dem Empfang dieses Stimulus und der Rezipient.

Anhand einzelner Beispiele kann gezeigt werden, daß alle "mediating-factors", die Klapper aufzählt, auch tatsächlich in diesen drei Variablenkomplexen enthalten sind. Die sogenannten „Prädispositionen" oder die allgemeine Beeinflußbarkeit wären z. B. wirkungsrelevante Merkmale der Persönlichkeit des Rezipienten, die mit Einstellungsskalen, etwa dem "persuasability test"[49], gemessen werden können. Durch die Reduktion einiger soziologischer Variablen auf psychologische Variablen der Persönlichkeit des Rezipienten können manche "mediating factors" präzisiert und auch ihre Messung erleichtert werden.[50] Die Gruppennormen und die "cross pressures", die vor dem Empfang einer Aussage wirksam sind, finden z. B. ihren Niederschlag in der präkommunikativen Einstellungsstruktur des Rezipienten und können ebenfalls mit Hilfe von Einstellungsskalen beim Rezipienten ermittelt werden.

Bei der von Klapper erwähnten interpersonellen Verbreitung von Aussagen der Massenkommunikation durch Mitglieder der Primärgruppe oder durch Meinungsführer und bei dem "role playing" handelt es sich um Einflüsse, die zum zweiten Variablenkomplex gehören, d. h. um Einflüsse, die in der kommunikativen, vor allem aber in der postkommunikativen Situation wirksam werden.

Mit Hilfe eines weiteren Beispiels sei nun gezeigt, wie eine andere soziologische Variable auf den ersten Variablenkomplex, nämlich den kommunikativen Stimulus, zurückgeführt werden kann, wodurch ihre Messung überhaupt erst ermöglicht wird. Die Struktur der Massenmedien in einer freien Marktwirtschaft ist nach Klapper ein wirkungsrelevanter Faktor, der die Bekräftigung von Einstellungen begünstigt, weil die Massenmedien an breiten Rezipientenkreisen interessiert sind und deshalb in ihren Aussagen auf die Wünsche ihres Publikums Rücksicht nehmen. Wenn die Kommunikatoren die Wünsche ihres Publikums antizipieren und sie bei der Aussagenproduktion berücksichtigen, dann findet der wirkungsrelevante Faktor „Struktur der Massenkommunikation" seinen Niederschlag in der Aussage der Massenmedien, d. h. im kommunikativen Stimulus. Das gleiche gilt auch für das sogenannte "side attack". Mit Einstellungsskalen können zunächst die Wünsche der Rezipienten ermittelt werden. Dann kann mit Hilfe der verschiedenen Techniken der Aussagen- bzw. Inhaltsanalyse[51] festgestellt werden, inwieweit in den Aussagen der Massenmedien die Wünsche des Publikums berücksichtigt werden. Durch die Messung beider genannten Variablen kann ebenso festgestellt werden, ob eine Aussage den Einstellungen der Rezipienten nur indirekt und verschleiert ("side attack") widerspricht.

Ein "mediating factor" im Wirkungsprozeß sind die Prädispositionen des Rezipienten, die nach Klapper für die selektive Zuwendung und Wahrnehmung und das selektive Behalten von Aussagen verantwortlich sind. Damit räumt Klapper ein, daß die Persönlichkeit des Rezipienten eine zentrale Variable im Wirkungsprozeß ist. Dennoch geht er auf diese Variable nicht näher ein. In seinem Buch weist Klapper mehrmals darauf hin, daß die Rezipienten diejenigen Aussagen eher auswählen und besser behalten, die ihren Prädispositionen entsprechen und die Aussagen auch so interpretieren, daß sie mit bereits vorhandenen Meinungen übereinstimmen. Er fragt aber nicht nach den Ursachen dieses Verhaltens und berücksichtigt in seinem Werk nicht die in der Einstellungsforschung entwickelten theoretischen Ansätze, die dieses Problem betreffen. Obwohl also der Rezipient von entscheidender Bedeutung für das Verständnis der Probleme im Wirkungsbereich ist, finden die Prädispositionen sowohl bei Klapper als auch bei den früheren Forschern aus der soziologischen Tradition der Universität von Columbia — wie z. B. bei Lazarsfeld — nur geringe Beachtung. Das ist die wohl wichtigste Schwäche in den Ausführungen Klappers über den Wirkungsprozeß der Massenkommunikation und über die in diesem Prozeß wirksamen "mediating factors".

3.3 Methodologische Bemerkungen über die divergierenden Ergebnisse der Wirkungsforschung

Für die Untersuchung der Wirkungen der Überredungskommunikation auf die Einstellungen der Rezipienten werden hauptsächlich zwei Forschungstechniken angewendet: die Sampleerhebung — sample survey — und das Laboratoriumsexperiment.

Mit Hilfe der Befragung eines repräsentativen Querschnitts der Bevölkerung untersuchen die Sampleerhebungen die Wirkungen auf den Rezipienten in seiner natürlichen Umwelt. Dabei werden insbesondere die Häufigkeit der Zuwendung zur interpersonellen Kommunikation und zur Massenkommunikation sowie die Einstellungen der Rezipienten zu verschiedenen aktuellen Themen vor und nach der Kommunikation festgestellt. Diese Studien, die sich bei der Erforschung der Wirkungen der Massenkommunikation auf das Wahlverhalten vor allem der Panelbefragung bedienten, befaßten sich vorwiegend mit ökologischen, sozialökonomischen und solchen Variablen der Einstellungsbildung und -änderung, die mit der Gruppenzugehörigkeit des Rezipienten zusammenhängen. Folgerungen über die Wirkungen der Kommunikationen, die in diesen Arbeiten gezogen wurden, beruhten in erster Linie auf Korrelationen zwischen der angegebenen Häufigkeit der Zuwendung und den Werten auf Einstellungsskalen.

Bei Laboratoriumsexperimenten dagegen werden meist in einem Versuchsraum mit Hilfe von Skalen die Einstellungen der Versuchspersonen festgestellt. Die Personen werden einer Kommunikation ausgesetzt, deren Wirkungen — Einstellungsänderungen — unmittelbar danach ermittelt werden. Im Vordergrund der Betrachtung stehen hier vor allem psychologische Variablen als Prädispositionen des Rezipienten sowie einige Merkmale des Kommunikators und der Aussage.

Der Vergleich einer Reihe von Ergebnissen über die Wirkungen der Überredungskommunikation auf den Einstellungswandel zeigt merkliche Unterschiede, je nach der angewandten Forschungstechnik. In einer Studie von Star und Hughes[52] ging es z. B. darum, in einem Zeitraum von sechs Monaten die Bevölkerung von Cincinnati über die Aufgaben und Kompetenzen der UNO zu informieren. Dabei wurden neben einem Großeinsatz der Massenmedien auch andere Anstrengungen unternommen, um den Informationsgrad der Bevölkerung zu erhöhen. Dennoch stieg der Prozentsatz der Einwohner, die z. B. über das Vetorecht im Sicherheitsrat der Vereinten Nationen etwas gehört hatten, nur um 3 % von 34 % auf 37 %. Der Prozentsatz derer, die die Bedeutung des Vetorechts erklären konnten (7 %), blieb sogar unverändert.

Hovland, Lumsdaine und Sheffield[53], die während des 2. Weltkrieges mit amerikanischen Soldaten ihre bekanntgewordenen Experimente durchführten, kamen im Gegensatz zu den Ergebnissen von Star und Hughes, die durch Samplebefragung ermittelt wurden, zu anderen Schlußfolgerungen hinsichtlich der Wirksamkeit der Massenkommunikation bei der Verbreitung von faktischem Wissen. In einem kontrollierten Experiment wurde den Soldaten der Film "The Battle of Britain" gezeigt, der bestimmte sachliche Informationen über den Weltkrieg, vor allem über die Anstrengungen der englischen Streitkräfte, übermitteln sollte. Der Film war bei der Verbreitung bestimmter Fakten sehr wirksam. 78 % der Zuschauer dieses Filmes wußten z. B. über die englischen Maßnahmen zum Schutz der parkenden Flugzeuge vor dem gegnerischen Bombenangriff ungefähr viermal mehr als die Mitglieder der Kontrollgruppe (21 %), die den Film nicht sahen.

Anhand dieser Beispiele wurde auf einige starke Divergenzen in den Ergebnissen der Wirkungsforschung hingewiesen, die größtenteils auf die angewandte Forschungstechnik zurückzuführen sind. Hovland[54] hat als erster auf einige Gründe hingewiesen, die für diese merklichen Abweichungen verantwortlich sind.

Der wichtigste Grund für die unterschiedlichen Ergebnisse der zwei Forschungstechniken resultiert aus den verschiedenen Definitionen der „Zuwendung zu einer Kommunikation". Während im Experiment die Versuchspersonen mit einer Aussage konfrontiert werden, die sie selbst nicht ausgewählt haben, geschieht die Zuwendung in der natürlichen kommunikativen Situation außerhalb des Experiments freiwillig und erst nach einem Selektionsprozeß. Bekanntlich aber werden Aussagen, zu denen man positive Einstellungen hat, bevorzugt ausgewählt und Aussagen, zu denen man divergierende oder sogar neutrale Einstellungen hat, vermieden bzw. weniger ausgewählt.[55] Eine wesentliche Ursache für die vergleichsweise geringe Einstellungsumkehrung bei den Samplebefragungen liegt also darin, daß hier die Wirkungen an jenen Individuen gemessen werden, die nach einem freien Selektionsprozeß vor allem solche Aussagen auswählen, die von vornherein in Einklang mit ihren Einstellungen stehen. Es liegt auf der Hand, daß bei diesen Rezipienten eine Bekräftigung oder ein Gleichbleiben der Einstellungen wahrscheinlicher ist als eine Einstellungsumkehrung.

Weiterhin sind unterschiedliche Ergebnisse auf bestimmte Vorgehensweisen der Forscher und auf einige situationale Bedingungen zurückzuführen:
1. Unterschiede in der Größe und Bedeutung der kommunikativen Einheit: In den Sampleerhebungen werden mehrere Aussagen oder ganze Programme untersucht, z. B. Werbefeldzüge oder die gesamte Propaganda einer Partei während eines Wahlkampfes, die durch mehrere Massenmedien verbreitet werden. Wichtiger ist jedoch die Tatsache, daß diese Aussagen in der Regel solche aktuellen Themen behandeln, die ein starkes "ego-involvement" implizieren, d. h. mit zentralen und fest verankerten Einstellungen der Rezipienten zusammenhängen. Im Experiment dagegen

ist die kommunikative Einheit auf einzelne Aussagen oder Aussagenelemente beschränkt, und es werden in der Regel Aussagen verwendet, die weniger zentrale und fest verankerte Einstellungen der Rezipienten betreffen.

2. Unterschiede in der kommunikativen Situation: Der Kommunikationsprozeß, der bei Sampleerhebungen untersucht wird, findet in seiner natürlichen Umwelt statt. Folglich können die untersuchten Wirkungen zum Teil durch Gespräche im Familien- und Freundeskreis — wie es bei der Massenkommunikation meist der Fall ist — in Richtung der bestehenden Gruppennormen beeinflußt werden. Durch die Möglichkeiten der Interaktion können z. B. die Wirkungen einer von der Gruppennorm abweichenden Aussage auf den Einstellungswandel geringer werden. In der künstlich hergestellten Atmosphäre des Experiments, meist im Unterrichtsraum oder im Laboratorium, werden dagegen solche Interaktionen in der kommunikativen und postkommunikativen Phase fast ausgeschlossen.

3. Unterschiede im Zeitintervall der Wirkungsfeststellung: Das Zeitintervall zwischen dem Empfang einer Aussage und der Untersuchung der Wirkungen ist bei den Sampleerhebungen größer als beim Experiment. Die Messung bei den Sampleerhebungen findet nicht, wie beim Experiment, unmittelbar nach der Zuwendung statt, so daß die Rezipienten einer Aussage von konkurrierenden Aussagen anderer Massenmedien und von der interpersonellen Kommunikation nicht isoliert werden.

Diese divergierenden Ergebnisse zeigen die Notwendigkeit der Weiterentwicklung der Forschungstechniken, die der Wirkungsforschung zur Verfügung stehen. Vereinzelte Versuche, die Samplebefragung durch stärkere Kontrollen zu verbessern, stellen z. B. die ex post facto-Anordnung von Deutsch und Collins[56] und das Quasiexperiment von Hyman und Sheatsley[57] dar.

In der Wirkungsforschung ist die Anwendung beider hier genannten Forschungstechniken erforderlich. So ist für die Beschreibung der natürlichen kommunikativen Situation mit allen Interaktionen, die dabei stattfinden, die Sampleerhebung zweifellos die geeignete Forschungstechnik. Sie kann vor allem zur Aufdeckung der wirkungsrelevanten Variablen und zur Hypothesenbildung beitragen. Diese Forschungstechnik ist aber nicht geeignet, verbindliche Aussagen über die Beziehung zwischen zwei Variablen zu machen, weil sie die Fülle aller interdependenten Variablen, die für die Wirkungen relevant sein können, kaum unter Kontrolle halten kann. Für die Prüfung von Hypothesen ist das Experiment weitaus geeigneter.

4. Einige wirkungsrelevante Merkmale des kommunikativen Stimulus: Darstellung und Hypothesensammlung

4.1 Vorbemerkung: Eine Möglichkeit der Systematisierung aller relevanten Variablen im Wirkungsprozeß der Überredungskommunikation

Welches sind die Faktoren, die den Wirkungsprozeß der Überredungskommunikation beeinflussen können? Die verschiedenen Einflußfaktoren lassen sich — wie bereits gesagt — in drei Variablenkomplexen zusammenfassen: dem kommunikativen Stimulus, der Situation während und nach dem Empfang dieses Stimulus und dem Rezipienten.

Zum kommunikativen Stimulus, der auf den Rezipienten einwirkt, gehören hauptsächlich Eigenschaften des Inhalts und der Gestaltung der Aussage, des Kommunikators, des Mediums und der einzelnen Institution der Massenkommunikation, die sich eines Massenmediums bedient. Die Untersuchung der Merkmale des kommunikativen Stimulus als selbständige wirkungsrelevante Faktoren ist jedoch nur dann sinnvoll, wenn angenommen wird, daß die Rezipienten in einem gegebenen Kulturkreis auf bestimmte Stimuli gleich reagieren oder wenn bestimmte Eigenschaften der Rezipienten konstant gehalten werden können, wie es in den Experimenten der Yale Studien versucht wurde. Dort wurden einige inhaltliche und formale Merkmale der Aussage variiert und dann die Wirkungen dieser Variationen auf möglichst gleiche Versuchspersonen festgestellt, um dadurch den Einfluß anderer wirkungsrelevanter Merkmale auszuschalten bzw. konstant zu halten. Ist aber eine solche Konstanthaltung nicht möglich, dann bleibt es ungewiß, ob bestimmte Wirkungen auf unterschiedliche Merkmale des Stimulus oder des Rezipienten zurückzuführen sind. Denn ein Stimulusmerkmal kann auch deshalb ungleich wahrgenommen werden, weil verschiedene Rezipienten unterschiedliche Prädispositionen — z. B. Einstellungen zum Inhalt der Aussage, zum Kommunikator usw. — haben, die diesen Wahrnehmungsprozeß mitbestimmen. Ein Stimulusmerkmal ist also insofern relevant im Wirkungsprozeß, als es die subjektive Wahrnehmung des Rezipienten in einer bestimmten Weise beeinflußt.

Die Rezipienten von Aussagen der Überredungskommunikation sind bekanntlich nicht isoliert, sondern sie stehen in einem sozialen Feld von Interaktionen. Durch ihre Arbeit haben u. a. Katz und Lazarsfeld [58] gezeigt, daß Interaktionen mit Personen, insbesondere mit Gruppenmitgliedern und Meinungsführern, die Wirkungen der Massenkommunikation erheblich beeinflussen können. Man kann nun annehmen, daß sich die Umwelteinflüsse, die vor dem Empfang einer Aussage auf den Rezipienten einwirken, in der Persönlichkeit des Rezipienten niederschlagen und als seine Prädispositionen festgestellt werden können. Geht man — wie in dieser Arbeit — davon aus, daß die Prädispositionen des Rezipienten mit dem Einstellungskonzept in den Griff zu bekommen sind, dann erwartet man, daß z. B. die Gruppennormen in der präkommunikativen Einstellungsstruktur des Rezipienten zum Ausdruck kommen.[59]

Die wirkungsrelevanten Einflüsse dagegen, die in der kommunikativen und postkommunikativen Phase wirksam werden, sind durch die Feststellung der präkommunikativen Einstellungsstruktur natürlich nicht erfaßt und müssen gesondert untersucht werden. Auf diese Notwendigkeit weisen auch Krech, Crutchfield und Ballachey hin: "The direction and degree of attitude change induced by additional information is a function of situational factors and of the source, medium, form, and content of the information."[60] Leider bleiben die situationalen Einflüsse in der Wirkungsforschung weitgehend vernachläßigt.

Situationale Unterschiede können z. B. durch die technischen Eigenarten der Massenmedien bedingt sein, die eine nur optische, nur akustische oder optisch-akustische Wahrnehmung erlauben und dadurch Erlebnisweisen und Verhaltensfreiheit des Rezipienten während des Empfangs einer Aussage beeinflussen. Wichtiger als die medienspezifische Empfangssituation ist jedoch die soziale Situation während und nach dem Empfang von Aussagen, die in der Forschung intensiver untersucht wurde.[61] Hier geht es primär darum, ob der Rezipient eine Aussage allein oder im Kreise anderer Personen empfängt, ob die Rezipienten die gleiche oder eine unterschiedliche Wertstruktur haben, ob die soziale Distanz zwischen ihnen groß oder klein ist, ob in der kommunikativen und postkommunikativen Phase Diskussionen stattfinden usw.

Eine andere in diesem Zusammenhang ebenfalls intensiv untersuchte Frage ist, ob der Rezipient zu irgendwelchen Aktivitäten angeregt bzw. gezwungen wird. In der folgenden Hypothese aus der Ergebnissammlung von Berelson und Steiner sind z. B. diese Aktivitäten eine determinierende situationale Variable, die die resultierenden Variablen „Behalten von Informationen" und „Einstellungsänderung" beeinflussen: "Active participation in the communicating itself − e. g., passing on the message to someone else, making a speech about it, or simply putting it in ones own words − is more effective for retaining information and for persuading than is passive reception of the communication, especially for people who are low in ability or motivation and for difficult or complex material."[62] Einige Untersuchungen über diese Aktivitäten − "role playing", "commitment", "compliance" usw. − wie auch über die Gruppeneinflüsse während des Empfangs werden in der Arbeit von Cohen[63] beschrieben, der neben den klassischen Experimenten von Lewin, Sherif und Asch auch die neueste Literatur darüber anführt.

Die Situation während und nach dem Empfang der Aussage ist also neben den zwei Hauptvariablen − dem kommunikativen Stimulus und dem Rezipienten − als eine Restkategorie zu verstehen, in der alle sonstigen Einflüsse zusammengefaßt werden. Diese Einflüsse werden weder bei der Untersuchung des kommunikativen Stimulus mit Hilfe der Techniken der Aussagen− bzw. Inhaltsanalyse noch bei der Untersuchung des Rezipienten mit Hilfe von Einstellungsskalen erfaßt. Nur durch die Berücksichtigung der situationalen Einflüsse können die weitreichenden Wirkungen verstanden werden, von denen z. B. Merton[64] und Cantril[65] in ihren bekannten Monographien berichten: der unerwartete Erfolg des Propaganafeldzuges von Kate Smith für den Ankauf von Kriegsanleihen 1943 oder die Panik, die 1938 bei über einer Million Rundfunkhörern durch die Sendung "War of the Worlds" ausgelöst wurde, die eine Invasion vom Mars angekündigt hatte.

Die zentrale Variable im Wirkungsprozeß ist jedoch der Rezipient selbst, bei dem sich letztlich die Wirkungen der Überredungskommunikation vollziehen. Bekanntlich können dieselben Umweltstimuli von verschiedenen Personen unterschiedlich erfahren werden. Daher sind die Reaktionen auf einen Stimulus der Überredungskommunikation oder auf Stimuli in der kommunikativen und postkommunikativen Situation immer im Zusammenhang mit der Persönlichkeitsstruktur des Rezipienten zu sehen. Mit anderen Worten wird der Einfluß aller wirkungsrelevanten Faktoren, die hier in den zwei genannten Variablenkomplexen zusammengefaßt wurden, immer durch die Variable ,,Persönlichkeit des Rezipienten" mitbestimmt.

Die Bedeutung der Persönlichkeitsstruktur für die Wirkungen der Kommunikation wird im Gegensatz zu der älteren Auffassung eines einseitigen Kommunikationsflusses in den neueren ,,zweiseitigen" Kommunikationsmodellen besonders hervorgehoben.[66] Nach dieser Konzeption nimmt der Rezipient bei der Wahrnehmung von Aussagen keine passiv-registrierende, sondern eine aktiv-gestaltende Rolle ein. Bei der Strukturierung und Interpretation eines neuen Stimulus bzw. einer Information bezieht sich der Rezipient immer auf seine Prädispositionen.

Welche Aspekte der Persönlichkeit des Rezipienten sind unter welchen Bedingungen und in welchem Ausmaß wirkungsrelevant? Diese für die Wirkungsforschung entscheidende Frage kann gegenwärtig nicht beantwortet werden, weil keine Arbeiten vorliegen, die alle interdependenten Aspekte der Persönlichkeit berücksichtigen, vor allem aber weil die Erkenntnisse und Meßverfahren der Persönlichkeitspsychologie und der sozialwissenschaftlichen Disziplinen nicht ausreichen. Bislang sind lediglich einige Aspekte des Faktors Rezipient einzeln oder in Verbindung mit einigen anderen Momenten untersucht worden, die sich als wirkungsrelevant erwiesen haben. Dabei blieb aber die Frage nach den Bedingungen und dem Ausmaß der Wirkungsrelevanz eines Faktors in der Regel unbeantwortet. Neben einigen sozialstatistischen Merkmalen wie Geschlecht, Alter, Beruf, Einkommen, Ausbildungsniveau, Schichtzugehörigkeit, Religion, Familienverhältnisse, Größe des Wohnorts usw., die für die Hypothesenbildung nicht geeignet erscheinen, wurden auch einige Persönlichkeitsvariablen wie z. B. die Bedürfnislage[67], die präkommunikative Einstellungsstruktur[68], die Intelligenz[69], die Fähigkeit, kognitive Inkonsistenzen zu tolerieren[70], und die Fähigkeit, neue kognitive Systeme zu bilden[71], untersucht.

Von allen diesen Merkmalen des Rezipienten wird in der vorliegenden Arbeit nur auf die präkommunikative Einstellungsstruktur eingegangen. Im nächsten Abschnitt wird diese Entscheidung näher begründet. Dabei wird die Auffassung vertreten, daß sich die sozialstatistischen und sonstigen Merkmale des Rezipienten — soweit sie wirkungsrelevant sind — und insbesondere die sogenannten ,,Prädispositionen" in den Einstellungen des Rezipienten niederschlagen und als solche mittels zur Verfügung stehender Meßverfahren leichter erfaßt werden können als andere theoretische Konstrukta. Zur Unterstützung der Behauptung, daß die präkommunikative Einstellungsstruktur eine brauchbare Variable für die Hypothesenbildung im Wirkungsprozeß ist, werden einige theoretische Ansätze herangezogen, die mit dieser Variablen operieren.

Auf die wirkungsrelevanten Stimuli in der Situation während und nach dem Empfang von Aussagen wurde in dieser Arbeit nicht eingegangen.[72] Einige inhaltliche und formale Aspekte des kommunikativen Stimulus dagegen, die die Wirkungen der Überredungskommunikation beeinflussen können, wurden ausführlich dargestellt. Die Erforschung dieser Frage wurde von den Pionierarbeiten Hovlands und seiner Mitarbeiter besonders stark angeregt. Seitdem sind zahlreiche Untersuchungen, meist kontrollierte Laboratoriumsexperimente, durchgeführt worden, deren Ergebnisse in Form kurzer Aufsätze in verschiedenen Fachzeitschriften veröffentlicht wurden.

Wegen des fast unübersichtlichen Schrifttums zu diesem Problemkreis erhebt der folgende Abschnitt keinen Anspruch auf Vollständigkeit. Es wird lediglich versucht, einige wichtige Ergebnisse über den Einfluß des kommunikativen Stimulus auf die Einstellungen der Rezipienten darzustellen. Dabei wird der Theorienmangel und auch die Komplexität des Wirkungsbereichs deutlich. Vor allem wird durch diese Darstellung gezeigt, daß es zwar in der Regel um Einflußfaktoren in der interpersonellen Kommunikation geht, daß diese Faktoren aber auch für die Wirkungen der Massenkommunikation relevant sein können. Schließlich könnte die Zusammenfassung dieser Ergebnisse auch dazu beitragen, daß die Massenkommunikationsforschung im deutschsprachigen Raum diesem vernachläßigten Problemkreis stärkere Beachtung widmet, handelt es sich doch bei den darzustellenden Ergebnissen ausschließlich um solche aus dem angelsächsischen Sprachgebiet.[73]

Die meisten Ergebnisse werden in Form von Wenn-Dann-Hypothesen zusammengetragen. Kurze Erläuterungen der Hypothesen und der zugrundeliegenden Experimente werden nur dann angeführt, wenn diese zur Klärung der Variablen und der Bedingungen des Experiments erforderlich sind. Einige der Hypothesen könnten dem Leser etwas umständlich formuliert erscheinen, weil z. B. in der Wenn-Komponente alle Bedingungen genau aufgezählt wurden, wie sie im Experiment gegeben waren. Eine präzise Aufzählung ist aber notwendig, weil möglicherweise nur unter diesen — und nicht unter anderen — Bedingungen die Annahme in der Hypothese über die Beziehung zwischen den determinierenden, unabhängigen Variablen und der resultierenden, abhängigen Variablen (Einstellungswandel) zutrifft.

Für die Aufstellung der Hypothesen war es erforderlich, auf die Originaluntersuchungen zurückzugehen, weil die vorhandenen Zusammenfassungen[74] oft ungenaue und manchmal sogar falsche Formulierungen enthalten. Alle Hypothesen z. B. von Hovland und seiner Forschungsgruppe wurden im Anschluß an das von ihnen ausführlich geschilderte Experiment in kurzer und einfacher Form formuliert, sind aber immer nur auf die Bedingungen der jeweiligen experimentellen Situation bezogen. Die von Berelson und Steiner und auch von Cohen zum größten Teil wörtlich übernommenen Formulierungen können deshalb irreführend sein, weil die Schilderung des Experiments und der Bedingungen, unter denen die in der Hypothese angenommenen Beziehungen zutreffen, fehlt bzw. sehr knapp ist, was zu einer falschen Verallgemeinerung der Hypothese führen kann.

4.2 Der Kommunikator

Ein Faktor, der die Wirksamkeit der Überredungskommunikation beeinflußt, ist die Person oder Gruppe, die die Aussage produziert und/oder verbreitet, oder genauer die Einstellung des Rezipienten zu dieser Person oder Gruppe. Wenn auch die Kommunikatoren bei einigen Aussagen der Massenmedien vielfach nicht in Erscheinung treten oder völlig unbekannt sind, so stehen sie doch in anderen Fällen im Blickfeld der Aufmerksamkeit der Rezipienten und können dadurch den Wirkungsprozeß beeinflussen. Über die Wirkungsrelevanz der Einstellungen der Rezipienten zum Kommunikator liegen mehrere Arbeiten vor, die verschiedene Aspekte des Kommunikators, vor allem aber seine Glaubwürdigkeit, untersuchen.

Hovland, Janis und Kelley[75] berichten über drei Experimente, die sich mit folgenden zwei Fragen befaßten: Welchen Einfluß haben die durch Informationen vor dem Empfang einer Aussage gebildeten Vorstellungen der Rezipienten über die Glaubwürdigkeit des Kommunikators
a) auf die Beurteilung dieses Kommunikators und seiner Aussage und
b) auf den Einstellungswandel?

Im ersten Experiment von Hovland und Weiss[76] wurde den Versuchspersonen eine lange Liste von Kommunikatoren und Institutionen der Massenkommunikation vorgelegt [77], die nach ihrer Glaubwürdigkeit eingestuft werden sollten. Auf dieser Liste waren auch jene Kommunikatoren aufgeführt, die später für das Experiment verwendet wurden. Die Einstellungen der Versuchspersonen zu vier verschiedenen Themen wurden vor dem Experiment, unmittelbar danach und einen Monat später festgestellt. Die erste Hälfte der Versuchspersonen bekam eine Broschüre mit einem Aufsatz über eines dieser Themen, verfaßt von einem Kommunikator, der als glaubwürdig angesehen wurde. Die zweite Hälfte bekam den gleichen Aufsatz, verfaßt von einem weniger glaubwürdigen Kommunikator. So war z. B. als Verfasser eines Aufsatzes über die Konstruktionsmöglichkeit eines kampffähigen Atom-U-Bootes einmal der Physiker R. Oppenheimer, ein anderes Mal die „Prawda" angegeben.

Im zweiten Experiment von Kelman und Hovland[78] wurden Schüler aufgefordert, eine Tonbandaufnahme von einer Schulfunksendung hinsichtlich ihres pädagogischen Wertes zu beurteilen. In Wirklichkeit sollten aber die Wirkungen der Glaubwürdigkeit des Kommunikators untersucht werden, der für eine sehr milde Behandlung der Jugendkriminalität plädierte. Seine Glaubwürdigkeit wurde variiert, indem er einmal als gut ausgebildeter, erfahrener und aufrichtiger Richter, zum anderen als neutraler Laie und schließlich als Vorbestrafter vorgestellt wurde. Die drei Versuchsgruppen, die denselben Kommunikator, jedoch mit den genannten Variationen in der Glaubwürdigkeit, anhörten, wurden zufällig ausgewählt. Deshalb wurden in diesem Experiment die Einstellungen der Versuchspersonen vor dem Empfang der Aussage nicht gemessen.[79]

Im dritten Experiment von Hovland und Mandell[80] wurde eine Aussage, die für eine Abwertung der Währung plädierte, von einem Tonband vorgespielt. In einer Einführung wurde der Kommunikator einmal als objektiver Universitätsprofessor für Nationalökonomie und dann als Leiter einer Exportfirma hingestellt, deren Umsatz durch die Abwertung gestiegen wäre.

Zur Feststellung der Unterschiede in der Beurteilung einer Aussage und ihres Kommunikators, der als unterschiedlich glaubwürdig vorgestellt wurde, stellten die Autoren folgende Fragen: War der Kommunikator „einseitig" oder „fair" in seiner Darstellung? Waren seine Schlußfolgerungen durch die vorgetragenen Fakten gerechtfertigt? Die Antworten auf diese Fragen zeigten in allen drei Experimenten, daß die positive oder negative Beurteilung der Aussage und des Kommunikators signifikant von der vor dem Empfang der Aussage gebildeten Einstellung des Rezipienten zur Glaubwürdigkeit des Kommunikators abhing. Wenn der Rezipient den Kommunikator als glaubwürdig ansah, beurteilte er ihn und seine Aussage positiver:

1 Wenn eine Aussage der Überredungskommunikation einem Kommunikator mit hoher Glaubwürdigkeit zugeschrieben wird, dann ist es wahrscheinlicher, daß dieser Kommunikator und seine Aussage als fairer und vorurteilsfreier angesehen werden, als wenn dieselbe Aussage einem Kommunikator mit niedriger Glaubwürdigkeit zugeschrieben wird.[81]

Hinsichtlich des Einstellungswandels waren jedoch die Ergebnisse nicht so eindeutig. Nur in den ersten zwei Experimenten hatte die Aussage des glaubwürdigeren Kommunikators einen stärkeren Einstellungswandel zur Folge als die des weniger glaubwürdigen Kommunikators. Dennoch formulierten Hovland, Janis und Kelley folgende Hypothese:

2 Wenn eine Aussage einem Kommunikator mit hoher Glaubwürdigkeit zugeschrieben wird, dann ist es wahrscheinlicher, daß diese Aussage einen stärkeren Einstellungswandel beim Rezipienten bewirkt, als wenn dieselbe Aussage einem Kommunikator mit geringerer Glaubwürdigkeit zugeschrieben wird.[82]

Bemerkenswert in diesen Experimenten war die Tatsache, daß auch im Falle der weniger glaubwürdigen Kommunikatoren ein Einstellungswandel[83] in die von der Aussage der Überredungskommunikation propagierte Richtung stattfand. Demnach war also der Einstellungswandel, der von einem unglaubwürdigen Kommunikator verursacht wurde, nur weniger stark als es bei einem glaubwürdigeren Kommunikator der Fall war. Die Autoren prüften ferner, ob die Änderung in der Glaubwürdigkeit des Kommunikators einen Einfluß auf das Ausmaß der Informationsübermittlung hatte. Da sowohl die Rezipienten eines glaubwürdigen als auch die eines weniger glaubwürdigen Kommunikators über den Inhalt der Aussage gleich gut informiert waren, kamen sie zum Ergebnis, daß die Wirkungen der Glaubwürdigkeit des Kommunikators auf den Einstellungswandel nicht auf Unterschiede in der Aufmerksamkeit und dem Verständnis der Rezipienten zurückzuführen sind.[84]

Hovland, Janis und Kelley halten es für erforderlich, die Glaubwürdigkeit ("credibility") des Kommunikators in zwei Komponenten aufzuteilen: einmal in die auf Bildung, Ausbildung usw. beruhende Zuständigkeit eines Kommunikators für eine Aussage ("expertness"), zum anderen in die Vertrauenswürdigkeit des Kommunikators ("trustworthiness"), die neben Eigenschaften wie seiner Redlichkeit vor allem mit seiner Überredungsabsicht und der Objektivität seiner Darstellung zusammenhängt.[85] Doch ist es den Autoren, wie sie auch selbst einräumen, nicht gelungen, „Vertrauenswürdigkeit" und „Zuständigkeit" zu operationalisieren und die Wirkungen dieser Komponenten der Glaubwürdigkeit einzeln zu untersuchen.

Die Forderung von Hovland, Janis und Kelley, die Wirkungsrelevanz des Kommunikators vor allem der einzelnen Komponenten der Glaubwürdigkeit intensiver zu untersuchen, hat die Durchführung neuerer Experimente angeregt. Diese befassen sich aber in der Regel mit unterschiedlichen charakteristischen Merkmalen des Kommunikators oder mit nur scheinbar ähnlichen Merkmalen, weil oft unterschiedliche operationale Definitionen zugrundeliegen. In einer neueren Untersuchung versuchen Schweitzer und Ginsburg mit Hilfe der Faktorenanalyse, die verschiedenen charakteristischen Merkmale des Kommunikators festzustellen, die die Beurteilung seiner Glaubwürdigkeit durch den Rezipienten beeinflussen. Sie kritisieren das a priori Modell von Hovland, Janis und Kelley, demzufolge die Glaubwürdigkeit des Kommunikators lediglich auf seine Zuständigkeit und Vertrauenswürdigkeit zurückgeführt wird, und zeigen, daß noch weitere Faktoren vorhanden sind, die bei der Beurteilung eines Kommunikators und seiner Glaubwürdigkeit relevant sein können.[86]

Im Gegensatz zu anderen Autoren, die von der Glaubwürdigkeit sprechen und sie mit Hilfe einer Skala — hoch, mittel, niedrig, oder positiv, neutral, negativ — ermittelten, spricht z. B. Tannenbaum[87] von der Attraktivität des Kommunikators, die er mit Hilfe des semantischen Differentials[88] und einer Kombination von sechs Gegensatzpaaren ermittelte: fair, unfair; sauber, unsauber; geschmackvoll, geschmacklos; gut, schlecht; angenehm, unangenehm; wertvoll, wertlos.

3 Wenn die Einstellung des Rezipienten zum Kommunikator hinsichtlich seiner Attraktivität positiv ist, dann ist es wahrscheinlicher, daß beim Rezipienten ein Einstellungswandel in Richtung der Aussage der Überredungskommunikation eintritt, als wenn das nicht der Fall ist.[89]

Aus dem oben genannten Grund sind die Ergebnisse der Untersuchungen über die Glaubwürdigkeit des Kommunikators nicht einheitlich und kaum miteinander vergleichbar. Außerdem liegen für die meisten dieser Hypothesen keine ernsthaften Falsifizierungsversuche vor. Dennoch werden einige weitere Arbeiten und ihre Ergebnisse in Form von Hypothesen hier kurz angeführt, ohne den Versuch einer Systematisierung der Ergebnisse zu unternehmen. Walster und Festinger[90] untersuchten eine Hypothese über die Wirkungen der Überredungsabsicht, die einem Kommunikator zugeschrieben wird. Schon Lazarsfeld, Berelson und Gaudet hatten darauf hingewiesen, daß Aussagen, denen keine Überredungsabsicht zugeschrieben wird, wie z. B. zufällig mitangehörte Gespräche, wirksamer sind, als Aussagen, deren Überredungsabsicht klar erkannt wird. "Talk that is 'forbidden fruit' is particularly effective because one need not be suspicious as to the persuasive intentions of the speakers; as a result one's defenses are down."[91]

4 Wenn dem Kommunikator bzw. der Aussage keine Überredungsabsicht unterstellt wird und die Aussage den Rezipienten stark betrifft ("involvement"), dann ist es wahrscheinlicher, daß der Einstellungswandel beim Rezipienten dieser Aussage stärker ist, als wenn eine Überredungsabsicht unterstellt wird.[92]

Diese Hypothese wurde auch von Kiesler und Kiesler[93] und von Walster und Prestholdt[94] bestätigt. Festinger und Maccoby[95] kommen zu einem etwas abweichenden Ergebnis: Nicht die wahrgenommene oder im voraus bekanntgegebene Überredungsabsicht, sondern die im Experiment künstlich vorgenommene Ablenkung oder Nicht-Ablenkung der Rezipienten von der Aussage des Kommunikators scheint die wirkungsrelevante unabhängige Variable zu sein. Abgelenkte Versuchspersonen wiesen einen stärkeren Einstellungswandel auf. Freedman und Sears[96] untersuchten die Interaktion der Variablen „Vorauswarnung" und „Ablenkung" und stellten fest, daß die erste den Widerstand gegen eine Einstellungsänderung erhöht, die zweite dagegen diesen Widerstand etwas schwächt. Mills und Aronson[97] kommen zu folgendem Ergebnis: Wenn ein Kommunikator attraktiv ist, wird seine Aussage wirksamer sein, wenn er seine Überredungsabsicht bekanntgibt. Wenn aber der Kommunikator nicht attraktiv ist, dann hat die Mitteilung seiner Überredungsabsicht keinen Einfluß auf die Wirksamkeit seiner Aussage. Diese letzte Aufzählung nur eines Teiles der Untersuchungen über die Glaubwürdigkeit des Kommunikators bzw. über einige Aspekte dieser Variablen wurde hier vor allem deshalb vorgenommen, damit die im Anschluß an dieses Kapitel geäußerte Kritik an der verwirrenden Situation bei der Erforschung dieser Fragen verständlicher wird.

Weiss und Fine[98] analysierten in zwei Experimenten einige Persönlichkeitsmerkmale der Rezipienten und machten dabei folgende Feststellung über die relative Bedeutung der Überredungsabsicht des Kommunikators und der Objektivität seiner Darstellung — als Komponenten der Glaubwürdigkeit — im Wirkungsporzeß: "There is some evidence in both this research and the previous one by the authors indicating that judgement of fairness of presentation is more closely related to communication effectiveness than is judgement of propagandistic intent. . . . The later was attributed to all communicators; that is, everyone has an 'ax to grind'."[99] Während also Walster und Festinger die Bedeutung der Überredungsabsicht als wirkungsrelevante Komponente der Glaubwürdigkeit des Kommunikators hervorheben, ohne diese mit anderen Komponenten zu vergleichen, neigen Weiss und Fine dazu, die vom Rezipienten wahrgenommene Objektivität des Kommunikators bei der Darstellung einer Aussage als wesentlicheren Faktor im Wirkungsprozeß anzusehen als die Überredungsabsicht.

Obwohl gesicherte Hypothesen über die relative Bedeutung der verschiedenen Komponenten der Glaubwürdigkeit des Kommunikators im Wirkungsprozeß zur Klärung theoretischer, aber auch praktischer Probleme beitragen könnten, sind unsere Kenntnisse über die Wirkungsrelevanz dieser Aspekte des Kommunikators noch sehr ungenau. Es liegen keine Experimente vor, die alle möglichen Komponenten des Kommunikators und seiner Glaubwürdigkeit zu operationalisieren versuchen[100] und die die Wirkungsrelevanz etwa der Überredungsabsicht, der Objektivität der Darstellung, der Zuständigkeit sowie der möglichen Kombinationen dieser Komponenten gleichzeitig untersuchen. Aus diesem Grunde haben alle Hypothesen, die bislang aufgestellt wurden, nur insofern einen Wert, als sie auf die möglichen wirkungsrelevanten Faktoren hinweisen, die in systematischeren Untersuchungen als bisher geprüft werden müssen.

Neben der Glaubwürdigkeit wurden auch andere wirkungsrelevante Aspekte im Zusammenhang mit dem Kommunikator untersucht. Weiss untersuchte die Wirkungen einer Aussage auf die Einstellungen der Rezipienten nach einer vorangegangenen Übereinstimmung zwischen dem Kommunikator und den Rezipienten:

5 Wenn der Kommunikator einer Aussage mit den Einstellungen der Rezipienten über einen wichtigen, von dieser Aussage angesprochenen Gegenstand übereinstimmt, dann ist es wahrscheinlicher, daß auch eine darauffolgende Aussage über einen anderen Gegenstand einen stärkeren Einstellungswandel beim Rezipienten bewirkt, als wenn keine Übereinstimmung vorangegangen wäre.[101]

Eine weitere Hypothese sei noch erwähnt, die mit dem noch zu behandelnden theoretischen Ansatz der Konsistenztheorien eng zusammenhängt:

6 Wenn die Einstellung des Rezipienten zum Kommunikator sehr positiv (sehr negativ) — d. h. sehr extrem — ist und der Kommunikator eine den Einstellungen des Rezipienten widersprechende (entsprechende) Auffassung vertritt, dann ist es wahrscheinlich, daß der Rezipient die in der Aussage propagierte Auffassung so wahrnimmt, daß sie mit seiner extremen Einstellung zum Kommunikator im Einklang steht.[102]

4.3 Die Aussage

4.3.1 Einseitige und zweiseitige Argumentation

Der Kommunikator einer Aussage der Überredungskommunikation verfolgt die Absicht, die Einstellungen und/oder das Verhalten der Rezipienten im Sinne seiner Aussage zu beeinflussen. Um dieses Ziel zu erreichen, ist der Kommunikator z. B. eines Massenmediums bemüht, seine Aussage wirkungsvoll zu gestalten. Ein wirkungsrelevanter Faktor scheint dabei die Organisation der Argumente in der Aussage zu sein. Der Kommunikator kann z. B. eine Reihe von Argumenten vortragen, die nur seine Auffassung unterstützen. Er kann aber neben diesen Argumenten auch einige Gegenargumente vorbringen und diskutieren und dennoch seine Schlußfolgerungen im Sinne seiner Überredungsabsicht ziehen. Unter welchen Bedingungen ist die eine oder andere dieser Darbietungsformen wirkungsvoller?

Hovland, Lumsdaine und Sheffield[103] fanden, daß diese Darbietungsformen keinen unterschiedlichen Einfluß auf den Einstellungswandel hatten, wenn die Rezipienten undifferenziert betrachtet wurden. Die Wirkungsrelevanz der einen gegenüber der anderen Form der Aussagengestaltung wurde jedoch deutlich, wenn man die ursprüngliche Einstellung und/oder das Bildungsniveau der Rezipienten berücksichtigte:

7 Wenn eine Aussage auch Argumente gegen die von ihr propagierte Auffassung enthält (zweiseitige Argumentation) und von Rezipienten empfangen wird, die vorher eine entgegengesetzte Einstellung zum Gegenstand der Aussage hatten, dann ist es wahrscheinlich, daß die Aussage einen stärkeren Einstellungswandel

in Richtung der propagierten Auffassung bei diesen Rezipienten bewirkt als eine gleiche Aussage, die nur Argumente für die propagierte Auffassung enthält (einseitige Argumentation.)[104]

8   Wenn eine Aussage nur Argumente für die von ihr propagierte Auffassung enthält und von Rezipienten empfangen wird, die vorher eine übereinstimmende Einstellung zum Gegenstand der Aussage hatten, dann ist es wahrscheinlicher, daß die Aussage einen stärkeren Einstellungswandel in Richtung der propagierten Auffassung bei diesen Rezipienten bewirkt, als die gleiche Aussage mit zweiseitiger Argumentation.[105]

9   Wenn eine Aussage auch Argumente gegen die von ihr propagierte Auffassung enthält und von Rezipienten empfangen wird, die höheren Bildungsschichten angehören, dann ist es wahrscheinlicher, daß die Aussage einen stärkeren Einstellungswandel bei diesen Rezipienten bewirkt, als bei anderen, die niedrigeren Bildungsschichten angehören.[106]

10 Wenn eine Aussage nur Argumente für die von ihr propagierte Auffassung enthält und von Rezipienten empfangen wird, die niedrigeren Bildungsschichten angehören, dann ist es wahrscheinlicher, daß die Aussage einen stärkeren Einstellungswandel bei diesen Rezipienten bewirkt, als bei anderen, die höheren Bildungsschichten angehören.[107]

Berücksichtigt man nun gleichzeitig neben dem Bildungsniveau der Rezipienten auch ihre ursprüngliche Einstellung zum Gegenstand der Aussage, so bleibt die Hypothese 9 weiterhin bestehen. Sie gilt auch dann, wenn in ihrer Wenn-Komponente eine neue Bedingung hinzukommt, nämlich wenn die ursprüngliche Einstellung des Rezipienten zum Gegenstand der Aussage positiv oder negativ ist. Die Hypothese 10 muß aber jetzt in folgender Weise neu formuliert werden:

11 Wenn eine Aussage nur Argumente für die von ihr propagierte Auffassung enthält und von Rezipienten empfangen wird, die niedrigeren Bildungsschichten angehören und die eine übereinstimmende Einstellung zum Gegenstand der Aussage haben, dann ist es wahrscheinlicher, daß die Aussage einen stärkeren Einstellungswandel bei diesen Rezipienten bewirkt, als bei anderen, die gleichzeitig höhere Bildung und entgegengesetzte Einstellung haben.[108]

Die Rezipientengruppe, die in dieser Studie den niedrigsten Einstellungswandel aufwies, hatte erstens die zweiseitige Argumentation gehört, zweitens ein niedrigeres Bildungsniveau und drittens eine übereinstimmende Einstellung zum Gegenstand der Aussage.[109]

12 Wenn eine Aussage Argumente für und auch gegen die von ihr propagierte Auffassung enthält und von Rezipienten empfangen wird, die — eine Woche — später eine zweite Aussage mit Argumenten nur gegen die ursprünglich propagierte Auffassung empfangen, dann ist es wahrscheinlicher, daß ein geringerer Einstellungswandel im Sinne der zweiten Aussage bei diesen Rezipienten eintritt, als bei anderen, die zuerst eine Aussage mit einseitiger Argumentation empfangen hatten.[110]

Cohen[111] spricht in diesem Zusammenhang von "Inoculation" und vermutet, daß ein vorangegangener Empfang von Aussagen mit zweiseitiger Argumentation den Rezipienten immuner gegen konträre Auffassungen macht.

Wenn man diese und neuere Experimente über die Darstellungsformen von Aussagen ansieht, scheint es erforderlich zu sein, weiteren Fragen über dieses Problem nachzugehen. Einige der Fragen wären z. B. folgende: Werden die Gegenargumente in einer zweiseitigen Argumentation nur vorgetragen oder auch widerlegt? Wie überzeugend ist die Widerlegung? Inwieweit bewahrt die Aussage ihren zweiseitigen Charakter, wenn die Gegenargumente überzeugend widerlegt werden? Welche Überzeugungskraft wird den Argumenten für und den Argumenten gegen eine Auffassung beigemessen? Sind die Argumente verständlich und dem Rezipienten vertraut? Ist die zweiseitige Darstellungsform unter bestimmten Bedingungen tatsächlich wirkungsvoller oder sind die Unterschiede hinsichtlich der Immunität gegenüber konträren Aussagen nur darauf zurückzuführen, daß zweiseitige Argumentationen (z. B. in der Woche darauf, siehe Hypothese 12) eher Gruppendiskussionen bei den Rezipienten auslösen als einseitige Argumentationen? Neuere Experimente, die sich mit einigen dieser Fragen beschäftigen, kommen zu unklaren und zum Teil widersprüchlichen Ergebnissen und erlauben keine eindeutigen Schlußfolgerungen.[112]

4.3.2 Explizite und implizite Schlußfolgerungen

Ein anderer Unterschied in der Aussagengestaltung, der möglicherweise die Wirkungen der Überredungskommunikation auf den Einstellungswandel beeinflußt, bezieht sich darauf, ob es vorteilhafter ist, wenn die Schlußfolgerungen in einer Aussage vom Kommunikator explizit gezogen werden oder wenn es dem Rezipienten überlassen wird, selbst zu bestimmten Schlußfolgerungen zu kommen.

Hovland und Mandell[113], die dieser Frage in einem Experiment nachgingen, stellten fest, daß bei expliziten Schlußfolgerungen der Einstellungswandel mehr als das Doppelte betrug als bei impliziten Schlußfolgerungen. Trotz dieses Ergebnisses weisen Hovland, Janis und Kelley[114] in ihrem späteren Werk auf einige weitere Bedingungen hin, die von Fall zu Fall den relativen Vorteil der einen gegenüber der anderen Form der Aussagengestaltung mitbestimmen können: die Glaubwürdigkeit des Kommunikators, das Intelligenzniveau und sonstige Merkmale der Empfänger, wie z. B. Komplexität und Zentralität ihrer Einstellungen zu den in der Aussage enthaltenen Objekten. Die Glaubwürdigkeit des Kommunikators hängt unter anderem davon ab, ob er vom Rezipienten als Propagandist oder als objektiver Aussagender angesehen wird. Wenn nun der Kommunikator die Schlußfolgerungen selbst zieht, wird seine Überredungsabsicht deutlicher und dadurch möglicherweise seine Glaubwürdigkeit geringer. Es kann aber auch sein, daß ein Kommunikator mit sehr hoher Glaubwürdigkeit einen stärkeren Einstellungswandel gerade dann bewirkt, wenn er selbst seine Schlußfolgerungen klar vorträgt. Dies könnte um so mehr der Fall sein, je geringer das Intelligenzniveau der Rezipienten ist bzw. je weniger das Publikum in der Lage ist, die Aussage zu verstehen und selbst Schlußfolgerungen in Richtung der Überredungsabsicht zu ziehen.

Ähnlich argumentieren Thistlethwaite, De Haan und Kamenetsky[115], deren Untersuchungen das Ergebnis von Hovland und Mandell nicht bestätigte. Sie fanden, daß, wenn in einer Aussage Schlußfolgerungen explizit gezogen werden, die Auffassung des Kommunikators von erheblich mehr Rezipienten verstanden wird, als wenn die Rezipienten die Schlußfolgerungen selbst ziehen müssen. Explizite Schlußfolgerungen hatten jedoch in ihrem Experiment auf den Einstellungswandel der Rezipienten keinen stärkeren Einfluß als implizite. Demnach könnte man annehmen: Wenn die Rezipienten trotz der einen oder anderen Darbietungsform eine Aussage gleich gut verstehen, dann wird die Darstellung mit den expliziten Schlußfolgerungen keinen stärkeren Einfluß auf den Einstellungswandel haben als die Darstellung ohne Schlußfolgerungen. Von dieser Annahme ausgehend, könnten die voneinander abweichenden Ergebnisse der zwei oben genannten Experimente mit Hilfe der unterschiedlichen Komplexität der jeweils verwendeten Aussagen interpretiert werden. Die Aussage im Experiment von Hovland und Mandell behandelte das schwierige Problem der Geldentwertung. Hier trugen die expliziten Schlußfolgerungen des Kommunikators zum besseren Verständnis des Problems bei, weshalb diese Darbietungsform wirksamer war. Im Experiment von Thistlethwaite, De Haan und Kamenetsky dagegen ging es um die Politik der Vereinigten Staaten im Korea-Krieg, die bereits durch die Massenmedien vielfach in vereinfachter und verständlicher Form dargestellt worden war. Die explizite Darbietungsform zeigte hier keine wirkungsrelevanten Unterschiede auf.

Diese Komplexität der Aussage und auch die Zentralität der Einstellung des Rezipienten zu einem Aussagengegenstand berücksichtigten Hovland, Janis und Kelley bei der Formulierung folgender Hypothese:

13 Wenn in einer Aussage, die die zentralen Einstellungen des Rezipienten nicht stark betrifft (geringes „ego-involvement") und die eine Reihe komplizierter Argumente enthält, die Schlußfolgerungen vom Kommunikator explizit gezogen werden, dann ist es wahrscheinlicher, daß ein stärkerer Einstellungswandel eintritt, als wenn es in diesem Falle dem Rezipienten überlassen wird, selbst aus der Aussage Schlußfolgerungen zu ziehen.[116]

Außer den zwei genannten Arbeiten liegen — soweit dem Verfasser bekannt ist — keine empirischen Untersuchungen vor, die diese Darstellungsformen durch Variationen anderer Bedingungen systematisch untersucht haben. Hovland, Janis und Kelley berichten, daß Cooper und Dinerman[117] in ihrer Studie über die Reaktionen auf einen Pro-Toleranz-Film u. a. festgestellt haben, daß implizite Aussagen mehr die intelligenteren Zuschauer beeinflußt haben als die weniger intelligenten, die für die Aussagen unzugänglich waren. Dieses beiläufige Ergebnis von Cooper und Dinerman kann nicht als ausreichender Hinweis für die empirisch sonst nicht überprüfte Bedeutung der Intelligenz im Zusammenhang mit der Darstellungsform expliziter bzw. impliziter Schlußfolgerungen angesehen werden. Dennoch erweiterten sowohl Cohen als auch Berelson und Steiner[118] die Hypothese 13 dahingehend, daß sie in der Wenn-Komponente eine weitere Bedingung einführen: die Hypothese gilt vor allem für weniger intelligente Rezipienten.

4.3.3 Die Darstellungsfolge von Aussagen bzw. von Aussagenelementen innerhalb einer Aussage

Es wurde bereits auf die Ergebnisse einiger Experimente eingegangen, die die Wirkungen der einseitigen und zweiseitigen Argumentation in den Aussagen der Überredungskommunikation auf den Einstellungswandel der Rezipienten untersuchten. Während diese Experimente hauptsächlich die Wirkungen der Ein- bzw. Zweiseitigkeit der Argumentation prüften, befaßten sie sich nicht näher mit der Reihenfolge der Darbietung der Argumente, die unter bestimmten Bedingungen ebenfalls wirkungsrelevant sein kann. Mit diesem Problem beschäftigte sich ausführlich die Forschungsgruppe um Hovland im ersten Band der "Yale Studies in Attitude and Communication".

Die Reihenfolge der Darstellung von Argumenten bezieht sich erstens auf aufeinanderfolgende Aussagen und zweitens auf die Reihenfolge bestimmter Aussagenelemente innerhalb einer einzelnen Aussage.

Wenn einige Aussagen Argumente für und darauffolgende Aussagen Argumente gegen eine bestimmte Auffassung präsentieren, ist dann eine bestimmte Reihenfolge der Darbeitung wirksamer als eine andere? Diese Frage, die zuerst von Lund[119] untersucht wurde, wird das "primacy-recency" Problem genannt. Lund präsentierte seinen Studenten sechs Aussagen, die zu einem umstrittenen Problem eine bestimmte Auffassung propagierten, und dann weitere sechs Aussagen, die für eine genau entgegengesetzte Auffassung plädierten. Er stellte fest, daß die jeweils ersten Aussagen einen signifikant stärkeren Einfluß auf die Rezipienten hatten als die zweiten Aussagen. Auf Grund der Ergebnisse dieser Untersuchung formulierte Lund sein "Law of Primacy in Persuasion". Die Hypothese von Lund wurde aber von darauffolgenden Untersuchungen nicht bestätigt. Hovland und Mandell[120], die die wichtigsten und sich widersprechenden Ergebnisse über das "primacy-recency" Problem zusammenfaßten und kritisch betrachteten, behaupten, daß eine bestimmte Reihenfolge der Darstellung in der Regel keine und nur unter bestimmten − zum Teil noch unbekannten − Bedingungen eindeutige Vorteile gegenüber einer anderen Reihenfolge hat. Sie verlangen eine intensivere Erforschung dieses Problems im Zusammenhang mit den komplexen Fragen der Wahrnehmung, Aufmerksamkeit, Motivation und des Gedächtnisses, die möglicherweise für die unterschiedliche Wirksamkeit der Reihenfolge der Darbietung verantwortlich sind. In dem ersten Teil des zitierten Werkes der Yale Studien, welche der Reihenfolge der Darbietung aufeinanderfolgender Aussagen gewidmet ist, versuchen sie, einige Bedingungen herauszufinden, die die Wirksamkeit der ersten bzw. letzten Aussagen erhöhen. Die Ergebnisse dieser Experimente sollen nun kurz dargestellt werden:

14 Wenn mehrere Aussagen zuerst mit Argumenten nur für und dann mit Argumenten nur gegen eine Auffassung nacheinander und von verschiedenen Kommunikatoren präsentiert werden, dann bewirken die zuerst präsentierten Aussagen keinen stärkeren Einstellungswandel als die zuletzt präsentierten.[121]

15 Wenn eine Aussage nur die eine Seite eines strittigen Themas enthält und von Rezipienten empfangen wird, die gleich danach aufgefordert werden, ihre Einstellungen zu diesem Thema öffentlich kundzutun, und wenn diese Rezipien-

ten anschließend eine zweite Aussage empfangen, die eine entgegengesetzte Ansicht zu diesem Thema propagiert, dann ist es wahrscheinlicher, daß die zweite Aussage einen geringeren Einstellungswandel bei diesen Rezipienten bewirkt als bei anderen, die nach dem Empfang der ersten Aussage ihre Einstellungen nicht öffentlich kundgetan haben.[122]

Mit diesem Experiment wiesen die Autoren auf eine der vielen möglichen Bedingungen hin, die die Wirkungen der ersten Darstellung steigern. Eine dieser Bedingungen ist das "Commitment" des Rezipienten. Dieser schwer zu übersetzende Ausdruck, der in der angelsächsischen Literatur und in der Wirkungsforschung weit verbreitet ist, bedeutet, daß der Rezipient sich irgendwie festgelegt bzw. engagiert hat. Das Engagement wurde im Experiment für die eine Hälfte der Rezipienten dadurch erreicht, daß sie nach dem Empfang der ersten Aussage ihre Meinung öffentlich bekanntgeben, die andere Hälfte dagegen anonym niederschreiben sollte.

Während in der Hypothese 15 die öffentliche Verkündung der eigenen Einstellung ein "commitment" bedeutet, das einen "primacy effect" zur Folge hatte, stellten Hovland und Mandell[123] fest, daß die bloße Festlegung der Meinung des Rezipienten auf einem anonymen Fragebogen, nachdem nur die eine Seite eines Themas gehört wurde, kein "commitment" bedeute und damit auch keine signifikante Minderung der Wirksamkeit der zweiten Seite zur Folge habe.

16   Wenn eine Aussage von einem einzelnen Kommunikator präsentiert wird und widersprechende Informationen enthält, dann ist es wahrscheinlicher, daß die zuerst präsentierten Informationen einen stärkeren Einfluß auf die Einstellungen der Rezipienten haben als die zuletzt präsentierten.[124]

In drei Experimenten kam Luchins zu diesem Ergebnis und wies damit auf eine weitere Bedingung hin, die möglicherweise einen "primacy-effect" zur Folge hat. Er präsentierte seinen Versuchspersonen Aussagen mit Informationen über die Persönlichkeit eines unbekannten Schülers namens Jim. Die eine Aussage beschrieb Jim als einen nur extrovertierten, die andere als einen nur introvertierten Jungen. Eine dritte Aussage bestand aus der Kombination der ersten zwei und hatte die „extrovertiert−introvertiert" Reihenfolge, die unmittelbar nacheinander präsentiert wurde, und die vierte Aussage hatte die „Introvertiert−extrovertiert" Reihenfolge. Die Kontrollgruppen bekamen nur die extrovertierte oder introvertierte Darstellung; die Experimentalgruppen erhielten die dritte und vierte Aussage. Bei den Experimentalgruppen, die die zwei kombinierten Aussagen mit der sich widersprechenden Schilderung von Jim bekamen, waren die zuerst präsentierten Informationen wirksamer als die zuletzt präsentierten.

In einem weiteren Experiment untersuchte Luchins einige Bedingungen, die den relativ stärkeren Einfluß der zuerst präsentierten Information auf die Einstellungen der Rezipienten schwächten. In diesem Experiment wurden vier Gruppen gebildet. Die Hälfte der ersten Gruppe, die als Kontrollgruppe diente, empfing eine Aussage mit der „extrovertiert−introvertiert" Reihenfolge, die andere Hälfte mit der „introvertiert−extrovertiert" Reihenfolge. Die zweite Gruppe empfing dieselbe Aussage wie die erste Gruppe. Die Versuchspersonen der zweiten Gruppe wurden aber jeweils vor dem Empfang der beiden sich widersprechenden Informationen davor gewarnt, daß erste Eindrücke trügen könnten. In der dritten Gruppe wurde diese Warnung zwischen die zwei Informationen geschoben. Die vierte Gruppe mußte zwischen den zwei Informationen eine Rechenaufgabe lösen. Nur bei der Kontrollgruppe ließ sich ein „primacy-effect" aufzeigen, d. h. nur hier war der Einfluß der zuerst präsentierten Informationen stärker als der der zuletzt präsentierten. In den anderen drei Gruppen wurde ein stärkerer "recency-effect" festgestellt, d. h. hier hatten die zuletzt präsentierten Informationen einen stärkeren Einfluß auf die Einstellung der Rezipienten. Der Effekt war am stärksten bei der zweiten vorgewarnten Gruppe, dann bei der dritten, die zwischen den zwei Informationen gewarnt wurde, und am wenigsten stark bei der vierten Gruppe, die zwischen den Informationen die Rechenaufgabe lösen mußte.

17   Wenn eine Aussage a) von einem einzelnen Kommunikator präsentiert wird und b) zwei sich widersprechende Informationen enthält, und wenn Rezipienten dieser Aussage c) zwischen den zwei (sich widersprechenden) Informationen eine mathematische Rechenaufgabe lösen müssen und d) vor oder zwischen den zwei Informationen davor gewarnt werden, daß erste Eindrücke trügen können, dann ist es wahrscheinlicher, daß die zuletzt präsentierten Informationen einen stärkeren Einfluß auf die Einstellungen der Rezipienten haben als die zuerst präsentierten.[125]

Auch die Reihenfolge der Darbietung bestimmter Aussagenelemente innerhalb einer Aussage kann wirkungsrelevant sein. Mit der Untersuchung dieser Frage beschäftigen sich hauptsächlich die Experimente im zweiten Teil der Aufsatzsammlung von Hovland. Welche Hypothesen liegen nun aus diesen und auch aus später durchgeführten Untersuchungen zu folgenden Fragen vor? Sollen die Argumente mit einer höheren Überzeugungskraft vor den schwächeren Argumenten präsentiert werden? Welche ist die optimale Reihenfolge der Argumente für und gegen eine Auffassung? Soll eine Aussage zuerst Informationen präsentieren, die bestimmte Bedürfnisse der Rezipienten wecken, und dann Informationen, die zur Befriedigung dieser Bedürfnisse relevant sind oder umgekehrt? Soll eine Aussage zuerst erwünschte oder unerwünschte Informationen präsentieren?

Bei der ersten dieser Fragen geht es um die Anordnung der stärksten Argumente in einer Aussage. Wenn die Überzeugungskraft der Argumente in der Aussage steigt, dann spricht man von der "climax order", und wenn sie sinkt, von der "anticlimax order".[126] Zwei empirische Arbeiten befaßten sich mit den Wirkungen der beiden unterschiedlichen Anordnungen, kommen aber zu entgegengesetzten Ergebnissen. Während aus den empirischen Daten von Sponberg[127] hervorgeht, daß die Antiklimax-Anordnung wirksamer ist, stellte Cromwell[128] fest, daß der Einstellungswandel in Richtung der von der Aussage propagierten Auffassung bei der Klimax-Anordnung stärker ist.

Hovland, Janis und Kelley weisen auf einige Unterschiede, die speziell in diesen zwei Untersuchungen bestanden haben, und auf weitere Bedingungen hin, die möglicherweise für die unterschiedliche Wirksamkeit der Anordnung der wichtigsten Argumente in einer Aussage verantwortlich sein können. Sie glauben, daß die Schlüsselvariablen in den komplexen Bedingungen des Lernens, der Aufmerksamkeit und der Aufnahmebereitschaft zu suchen sind. Sie vermuten, daß, wenn die Rezipienten kein Interesse an einer Aussage haben und mit ihrem Inhalt nicht vertraut sind, dann die Antiklimax-Anordnung – d. h. stärkere Argumente am Anfang, schwächere am Ende der Aussage – wirksamer ist, weil dadurch die Aufmerksamkeit der Rezipienten auf die Aussage gelenkt wird. Wenn aber die Rezipienten die Bereitschaft haben, sich aufmerksam der Aussage zu widmen, die sie als wichtig betrachten und mit deren Inhalt sie vertraut sind, dann glauben die Autoren, daß die Klimax-Anordnung wirksamer ist als die Antiklimas-Anordnung, bei der die Abnahme der Überzeugungskraft der Argumente möglicherweise auch ein Nachlassen der Aufmerksamkeit und des Interesses nach sich ziehen kann.[129] Diese Vermutungen von Hovland, Janis und Kelley wurden jedoch bislang empirisch nicht überprüft.

18   Wenn eine Aussage zuerst bestimmte Bedürfnisse der Rezipienten weckt und anschließend Informationen präsentiert, die zur Befriedigung beitragen können, dann ist es wahrscheinlicher, daß diese Reihenfolge der Darbietung einen stärkeren Einstellungswandel bewirkt als die umgekehrte Reihenfolge.[130]

Cohen kommentiert in einem späteren Werk dieses Ergebnis wie folgt: ”Information presentend after a need is aroused can operate in a direct fashion; less effort is required on the part of the listener to see it as relevant to his needs. Those who receive the information first do not see the point of the information as they are getting it. They see its relevance only afterward, and by then they may already have lost much of it because they have not been paying close attention; in any case, they now have the job of reconstructing what they have heard in a manner relevant to their needs.“[131]
    Cohen stellte in seinem Experiment ferner fest, daß diese Reihenfolge der Darbietung bei den Rezipienten mit relativ schwachem Wissensdrang (”desire for understanding“) ein bedeutenderer Faktor der Einstellungsbeeinflussung war als bei Rezipienten mit einem hohen kognitiven Bedürfnis (”high cognitive need“).[132]
    Die vorangegangene Hypothese 18 nahm eine Beziehung zwischen der Reihenfolge bestimmter Aussagenelemente in der Aussage (z. B. Wecken von Bedürfnissen beim Rezipienten) und dem Einstellungswandel an. Im gleichen Experiment weist Cohen aber auf die zentrale Bedeutung bestimmter Merkmale der Persönlichkeit des Rezipienten hin (z. B. Wissensdrang), von dem es letztlich auch abhängt, ob die eine oder andere Reihenfolge der Darbietung wirksamer ist. Auf einige wirkungsrelevante Aspekte der Persönlichkeit des Rezipienten wird weiter unten ausführlicher eingegangen.

19   Wenn in einer Aussage zuerst jene Informationen präsentiert werden, die stark vom Rezipienten gewünscht sind und mit seinen Einstellungen übereinstimmen und anschließend die weniger gewünschten Informationen, die mit seinen Einstellungen nicht übereinstimmen, dann ist es wahrscheinlicher, daß diese Reihenfolge einen stärkeren Einstellungswandel bewirkt als die umgekehrte.[133]

McGuire zeigte in diesem Experiment ferner, daß die Wirksamkeit der Überredungskommunikation nicht nur davon abhängt, ob die Aussage mit den Einstellungen der
Rezipienten übereinstimmt und von ihm erwünscht ist, sondern auch davon, ob sie
andere Reaktionen beim Rezipienten hervorruft, die als intervenierende Variablen
zwischen den kommunikativen Stimulus und den Einstellungswandel treten. Solche
Variablen können sein: die Aufmerksamkeit, das Verständnis des Aussageninhaltes
und die Überprüfung der eigenen Einstellungen mit den Schlußfolgerungen der Aussage der Überredungskommunikation. Er bekam die Anregungen zur Formulierung
der in seinem Experiment untersuchten Hypothese aus den Postulaten der Lerntheorie von Hull. McGuire geht nämlich von folgender lerntheoretischen Überlegung aus:
Wenn der Rezipient zuerst unerwünschte Informationen empfängt, entwickeln sich
bei ihm bestimmte Habits, die das Lernen weiterer Informationen erschweren, um
ihn vor weiteren unerwünschten Erlebnissen zu schützen. Dadurch wird die Überredungskraft der späteren Informationen geringer. Wenn dagegen die ersten Informationen erwünscht sind, werden solche Habits entwickelt, die die Wahrscheinlichkeit des Lernens und dadurch auch die Überredungskraft weiterer − auch gegensätz-
licher − Informationen steigern.[134]

20   Wenn eine Aussage starke Argumente für die von ihr propagierte Auffassung
     und auch unbedeutende (dem Rezipienten unbekannte oder von ihm unbe-
     achtete − "nonsalient" −) Argumente gegen diese Auffassung enthält und von
     einem Kommunikator mit hohem Prestige präsentiert wird, dann ist es wahr-
     scheinlicher, daß eine Reihenfolge, die zuerst die Für-Argumente nennt, einen
     stärkeren Einstellungswandel bewirkt als eine Reihenfolge, bei der die Gegen-
     Argumente vorangehen.[135]

Janis und Feierabend interpretieren dieses Ergebnis mit Hilfe eines theoretischen
Ansatzes aus der Konflikttheorie ("approach-avoidance conflict").[136] "When the
main pro arguments are introduced first, they are in the focus of attention and
operate to keep the motivation to accept at a maximal level." (Diese Motivation
war in dem Experiment besonders stark, weil der Kommunikator ein hohes Prestige
hatte.)[137] "The con arguments are then likely to have comparatively little disruptive
effect, since they tend to be outcompeted by the opposite motivational tendency."[138]
    Einige ältere Studien hatten bereits auf den wichtigen Faktor Zeit hingewiesen,
der für die divergierenden Ergebnisse in den "primacy-recency" Untersuchungen verantwortlich sein könnte.[139] Batemann und Remmers stellten z. B. in ihrer Untersuchung fest, daß bei einer Messung der Einstellungen unmittelbar nach dem Empfang
von zwei unterschiedlichen Aussagen die Einstellungen stärker von der zweiten Aussage beeinflußt wurden ("recency effect"). Bei einer Messung aber zwei Monate nach
dem Empfang war dieser Effekt nicht mehr deutlich, und "primacy" Effekte machten
sich bemerkbar. Auf Grund einiger methodischer Unzulänglichkeiten dieses Experiments (z. B. keine Kontrollgruppe, keine systematische Variation der Reihenfolge
der Darbietung) mußten diese Ergebnisse neu überprüft werden, ehe sie akzeptiert
werden konnten.

Miller und Campbell[140] unternahmen den Versuch einer systematischen Untersuchung des Faktors Zeit im Zusammenhang mit der "primacy-recency" Problematik. Sie präsentierten den Versuchspersonen zwei Aussagen mit entgegengesetzten Argumenten. Die Aussagen wurden so gewählt, daß die Rezipienten möglichst keine Vorkenntnisse über den Inhalt der Aussage hatten, was Lernen und Gedächtnis hätte beeinflussen können. Sie variierten die Reihenfolge der Darstellung (für – gegen, gegen – für), das Zeitintervall zwischen dem Empfang der zwei Aussagen (kein Zeitintervall – eine Woche) und das Zeitintervall zwischen dem Empfang der zweiten Aussage und der Messung der Einstellungen (kein Zeitintervall – eine Woche). Durch diese Variationen kamen sie auf folgende acht Experimentalgruppen:

1.	Af	Ag	M	
2.	Af	Ag	Z	M
3.	Af	Z	Ag	M
4.	Af	Z	Ag	Z	M
5.	Ag	Af	M	
6.	Ag	Af	Z	M
7.	Ag	Z	Af	M
8.	Ag	Z	Af	Z	M

(A = Aussage; f = Fürargumente; g = Gegenargumente; M = Messung; Z = Zeitintervall (eine Woche))

Miller und Campbell gingen von der bekannten Vergessenskurve von Ebbinghaus[141] aus, derzufolge die Vergessensrate im Laufe der Zeit abnimmt. Die Vergessenskurve sinkt unmittelbar nach dem Empfang einer Aussage zuerst steil und dann immer flacher ab. Wenn nun zwei Aussagen mit verschiedener Argumentation nacheinander empfangen werden, muß ein "recency" Effekt um so stärker auftreten,
a) je größer das Zeitintervall zwischen den zwei Aussagen ist und
b) je kleiner das Zeitintervall zwischen der zweiten Aussage und der Messung der Einstellungen ist.
Die aus der Vergessenskurve abgeleiteten Annahmen über die Wirksamkeit der Reihenfolge der Aussagen in Abhängigkeit vom Zeitfaktor wurden nur für die Gruppen 3 und 7 in signifikanter Weise bestätigt, bei denen die Bedingungen für einen "recency"-Effekt optimal waren.

21 Wenn eine Aussage eine bestimmte Auffassung und eine folgende Aussage eine entgegengesetzte Auffassung enthält und zwischen den zwei Aussagen ein Zeitintervall von einer Woche besteht (= starkes Vergessen der ersten Aussage) und die Messung der Wirkungen unmittelbar nach der zweiten Aussage stattfindet (= sehr geringes Vergessen der zweiten Aussage), dann ist es wahrscheinlicher, daß die zweite Aussage einen stärkeren Einstellungswandel bewirkt als die erste.[142]

Von der Vergessenskurve ausgehend, würde man je nach der Größe des Zeitintervalls zwischen den zwei Aussagen sowie zwischen der zweiten Aussage und der Messung immer einen starken bzw. schwachen "recency"-Effekt, aber keinesfalls einen "primacy"-Effekt erwarten. Im Experiment von Miller und Campbell wurde aber in den Gruppen 2 und 6, bei denen die Bedingungen für einen "recency"-Effekt am wenigsten günstig waren, ein signifikanter "primacy"-Effekt festgestellt.

22 Wenn eine Aussage eine bestimmte Auffassung und eine nachfolgende Aussage eine entgegengesetzte Auffassung enthält und zwischen den Aussagen kein Zeitintervall besteht (=sehr geringe Vorteile für die zweite Aussage) und die Messung der Wirkungen nach einem Zeitintervall von einer Woche stattfindet (= kaum Unterschiede in den Vergessenskurven), dann ist es wahrscheinlicher, daß die erste Aussage einen stärkeren Einstellungswandel bewirkt als die zweite.[143]

Die Wirksamkeit der zuerst präsentierten Aussage in der Gruppe 2 kann nach Miller und Campbell nicht mit Hilfe des Lernens und Gedächtnisses erklärt werden, sondern durch andere Faktoren. "Coming first gives a statement no greater probability of being believed. We have a general tendency to find one side of an argument persuasive, providing we have not heard the other. Hearing it after we have heard the other, we are apt to be more critical and skeptical."[144]

Die Autoren stimmen mit Hovland, Janis und Kelley überein, die im Zusammenhang mit dem primary-recency-Problem die Bedeutung einiger dieser "acceptance factors", wie z. B. Einstellung zum Kommunikator, persönliches Engagement des Rezipienten, sein Streben nach Konsistenz und seine ursprünglichen Einstellungen zum Gegenstand der Aussage, hervorgehoben hatten.[145]

Eine neue Untersuchung von Insko[146] prüft die Hypothesen von Miller und Campbell. Diese systematische Überprüfung geschah durch die Manipulation von vier unabhängigen Variablen: dem Zeitintervall zwischen den zwei Aussagen, dem Zeitintervall zwischen der letzten Aussage und der Messung des Gedächtnisses und der Einstellung, der Reihenfolge der Darbietung und der Reihenfolge der Messungen (Meinung – Gedächtnis, Gedächtnis – Meinung). Die zwei abhängigen Variablen waren das Gedächtnis und die Einstellungen. Insko stellte in seinem Experiment fest, daß der unmittelbare Einfluß der zweiten Aussage auf das Gedächtnis und die Einstellungen der Rezipienten um so stärker ist, je größer das Zeitintervall zwischen den beiden Aussagen ist. Weiter ergab sich, daß der Einfluß der zweiten Aussage auf das Gedächtnis und die Einstellungen der Rezipienten um so schwächer ist, je größer das Zeitintervall zwischen der zweiten Aussage und der Messung ist. Das Ergebnis dieses Experiments stützt also die Hypothese 21. Die Hypothese 22 dagegen wurde weder von Insko noch von Thomas, Webb und Tweedie[147] bestätigt. Eine Analyse der Korrelationen zwischen der Gedächtnisänderung und dem Einstellungswandel stellte ferner die Grundannahme von Miller und Campbell in Frage, daß ein direkter Zusammenhang zwischen dem Gedächtnis und den Einstellungen der Rezipienten besteht. Aus der Korrelationsanalyse von Insko ging nicht hervor, daß das Gedächtnis die von der Zeit abhängige intervenierende Variable ist, die für die Wirkungen der Überredungskommunikation auf die Einstellungen der Rezipienten verantwortlich ist.

23 Wenn eine Aussage zuerst Argumente für und dann Argumente gegen eine Auffassung präsentiert und von Rezipienten empfangen wird, die mit dem in der
Aussage angesprochenen Thema vertraut (nicht vertraut) sind, dann ist es
wahrscheinlicher, daß die zuerst (zuletzt) präsentierte Auffassung einen stärkeren Einstellungswandel bewirkt als die zweite (erste).[148]

Diese Hypothesen wurden im Experiment von Lana bestätigt, und zwar unabhängig
davon, welche Argumente (für oder gegen) zuerst präsentiert wurden. Das gewählte
Thema war die Vivisektion, ein Begriff, dessen Bedeutung (Eingriff am lebenden
Tier zu wissenschaftlichen Zwecken) 95 % der Versuchspersonen kaum bekannt war.
Die Versuchspersonen wurden 12 Tage vor dem Experiment in drei Gruppen geteilt.
Die erste wurde einem langen Vortrag über die Vivisektion mit anschließender Diskussion ausgesetzt, die zweite nur einem kurzen Vortrag und die dritte weder einem
Vortrag noch einer Diskussion. Um die Beziehung zwischen Grad der Vertrautheit
und Reihenfolge der Darbietung einerseits und dem Einstellungswandel andererseits
zu untersuchen, wurde ein Thema ausgewählt, über das die Rezipienten keine Vorkenntnisse hatten. Der Grad der Vertrautheit der Rezipienten konnte, wie geschildert, leicht variiert werden. Wenn man aber annimmt, daß solche fast völlig unbekannte Themen meist auch geringe Bedeutung für den Rezipienten haben, wie es im
Experiment der Fall war, dann müßte neben der Vertrautheit auch diese geringe
Bedeutung, d. h. die geringe Zentralität des in der Aussage angesprochenen Einstellungsobjekts, als weitere einschränkende Bedingung in der Wenn-Komponente der
Hypothese enthalten sein. Durch die Berücksichtigung dieser und anderer spezieller
Bedingungen des Experiments würde die Allgemeinheit dieser Hypothese sinken.
Wegen dieser Überlegungen bezieht sich Lana bei der Formulierung seiner Hypothesen nur auf die konkreten Bedingungen, unter denen sein Experiment durchgeführt
wurde.[149]
     Diese kurze Zusammenfassung einiger Ergebnisse über die Wirkungen der Reihen-
folge der Darstellung von Aussagen auf die Einstellungen dürfte gezeigt haben, daß
die Erforschung auch dieser Fragen noch in ihren Anfängen steckt. Die Ergebnisse,
z. B. über das "primacy-recency"-Problem, sind noch widersprüchlich und unterstützen die Behauptung von Hovland (Hypothese 14), daß die Reihenfolge der Darstellung als solche kein wirkungsrelevanter Faktor ist. Nur wenn andere Faktoren
hinzukommen (wie z. B. das "commitment" der Rezipienten, Widersprüche in der
Aussage, Einschieben von Aktivitäten, Warnung davor, daß erste Eindrücke trügen
können, verschiedene Zeitintervalle zwischen den Aussagen und der Messung), die
in den Hypothesen angegeben wurden, nur unter bestimmten, zum großen Teil noch
unbekannten Bedingungen also, ist die erste oder letzte Aussage bzw. Argumentation
innerhalb einer Aussage wirkungsrelevanter als die andere. Die vorliegenden Hypothesen sind auch hier in der Regel als Ergebnisse einzelner Untersuchungen keinen
ernsthaften Falsifizierungsversuchen unterworfen worden. Daher bleibt vorläufig
die Frage weitgehend ungeklärt, ob und unter welchen Bedingungen die Reihenfolge
der Darstellung von Aussagen ein Faktor ist, der die Wirkungen der Überredungskommunikation beeinflußt.

4.3.4 Furchterregende und drohende Aussageninhalte

Es wird häufig behauptet, daß eine Aussage der Überredungskommunikation dann wirksamer ist, wenn sie nicht ausschließlich kognitive Elemente, sondern auch affektive Elemente enthält.[150] Aus diesem Grunde wurden in der Kommunikationsforschung die Wirkungen auch solcher Aussageninhalte untersucht, die den Rezipienten motivieren sollen, die in der Aussage der Überredungskommunikation propagierte Auffassung anzunehmen. Insbesondere wurde in diesem Zusammenhang und mit Hilfe von kontrollierten Experimenten der Frage nachgegangen, ob "rationale" Appelle in der Aussage wirksamer sind als „emotionale".

Die älteren Arbeiten über dieses Problem werden bei Hovland, Janis und Kelley[151] kritisch besprochen. Diese Untersuchungen kommen zu widersprüchlichen Ergebnissen: einige heben die Wirksamkeit der „rationalen", andere die: der „emotionalen" Apelle hervor. Hovland, Janis und Kelley weisen auf die Mängel dieser Arbeiten hin, die es versäumt haben, die Beziehungen zwischen bestimmten Aussageninhalten und bestimmten Motiven beim Rezipienten klar zu untersuchen. Einen wesentlichen Mangel dieser Arbeiten sehen sie ferner darin, daß es ihnen nicht gelungen ist, mit Hilfe der Aussagen- bzw. Inhaltsanalyse und durch operationale Definitionen eine klare Abgrenzung zwischen den „rationalen" und „emotionalen" Aussageninhalten zu treffen.[152] Darüber hinaus sind in diesen Untersuchungen keine Interpretationsversuche und auch keine theoretischen Ansätze zur Klärung der unterschiedlichen Wirkungen dieser Appelle auf die Rezipienten enthalten.

Einen bestimmten Typ von emotionalen Appellen, die besonders intensiv erforscht wurden, stellen die furchterregenden Appelle ("fear arousing appeals") dar. Diese sind auch für die Überredungsaussagen der Massenkommunikation von Bedeutung; denn viele Aussagen der Massenmedien, die z. B. bestimmte wirtschafts-, wehr-, gesundheitspolitische usw. Maßnahmen des Staates propagieren, haben einen furchterregenden und bedrohenden Inhalt. In diesen Aussagen werden unangenehme Situationen geschildert, die eintreten können, wenn die Rezipienten die Empfehlungen der Kommunikatoren nicht befolgen. Diese Appelle werden auch bei der Verbraucherbeeinflussung durch die Massenkommunikation oft verwendet. Trotz der Wichtigkeit dieser Fragestellung, sowohl für die Theorie als auch für die Praxis der Überredungskommunikation, liegen auch hier widersprüchliche Ergebnisse vor. Obwohl bereits eine große Anzahl von empirischen Studien durchgeführt wurden, bleiben auch hier viele Fragen offen.

Die wohl bekannteste Untersuchung auf diesem Gebiet dürfte die Arbeit von Janis und Feshbach[153] sein, deren — von späteren Untersuchungen in Zweifel gezogene — Ergebnisse in Lehrbüchern, Aufsatz- und Hypothesensammlungen bereits Eingang gefunden haben.[154] In ihrem Experiment bilden sie eine Kontroll- und drei Experimentalgruppen. Jeder der drei Experimentalgruppen wurde ein Vortrag über Zahnhygiene präsentiert. Alle Vorträge brachten die gleichen Informationen über die Ursachen des Zahnverfalls, unterschieden sich aber hinsichtlich der Stärke der Furchtappelle, die sie enthielten. Janis und Feshbach stellten fest, daß die Sorge um den Zahn- und Zahnfleischverfall bei den Rezipienten in den drei Gruppen unterschiedlich stark war und der jeweiligen furchterregenden Absicht der Aussage entsprach. Die Wirkungen dieser

Aussagen wurden durch einen Vergleich der früheren Zahnpflegegewohnheiten mit der Bereitschaft, neuere Pflegepraktiken anzuwenden, ermittelt. Der stärkste (schwäch- ste) Einstellungswandel zeigte sich bei der Gruppe, die die Aussage mit den schwäch- sten (stärksten) Furchtappellen empfangen hatte.[155] Eine Woche später wurden die Versuchspersonen einer zweiten Kommunikation ausgesetzt, die von einem anderen Kommunikator präsentiert wurde und zum Teil gegenteilige Auffassungen über die Zahnpflege vertrat. Es zeigte sich hier, daß diejenigen Rezipienten, die von der Aussa- ge mit den schwächsten Furchtappellen am stärksten beeinflußt waren, die gegentei- lige Auffassung der zweiten Kommunikation am wenigsten akzeptierten.

Janis und Feshbach meinen, daß die Rezipienten der Aussage mit den stärksten Furchtappellen infolgedessen in einen Zustand hoher emotionaler Spannung versetzt wurden, welche durch die Empfehlungen des Kommunikators nicht genügend redu- ziert wurde. Mit Hilfe einer Hypothese aus der Psychotherapie — "defensive avoidan- ce" — interpretieren sie ihre Ergebnisse dahingehend, daß die Rezipienten der furcht- erregenden und drohenden Appelle geneigt sind, diese Aussage zu ignorieren bzw. ihre Bedeutung zu minimieren. "When fear is strongly aroused but is not fully re- lieved by the reassurances contained in a mass communication, the audience will become motivated to ignore or to minimize the importance of the threat."[156]

Eine neuere Untersuchung von Janis und Terwilliger, in der die Abwehrhaltung der Rezipienten furchterregender Aussagen genauer zu messen versucht wird, be- stätigt diese frühere Interpretation und enthält folgende etwas allgemeinere Hypothe- se: "When a relatively high level of fear is induced by the warnings presented in a per- suasive communication, the recipients will become motivated to develop psycholo- gical resistances to the communicator's arguments, conclusions, and recommenda- tions."[157] Auch wenn die Interpretation von Janis und Feshbach zutreffend wäre, so lassen doch die speziellen Bedingungen in ihrem Experiment andere Bedeutungen ihrer Ergebnisse zu, von denen eine besonders plausibel erscheint. Den Versuchsper- sonen wurde in dem einen Vortrag mit dem stärksten furchterregenden Appell z. B. gesagt, daß die nicht richtige Zahnpflege zu gefährlichen Infektionen führen kann, die Arthritis, Lähmung, Nierenschäden und totale Blindheit zur Folge haben können. Da die Versuchspersonen Studenten waren, ist es durchaus möglich, daß sie diese Aus- sage als übertrieben und daher als unglaubwürdig angesehen haben. Dann wäre aber die fehlende Bereitschaft, die empfohlenen Zahnpflegepraktiken zu übernehmen, nicht nur auf die starke Furchterregung, sondern auch auf die Unglaubwürdigkeit der Aussage zurückzuführen.

Es ist überhaupt fraglich, ob die Ergebnisse von Janis und Feshbach zutreffend sind. Es liegt nämlich eine Reihe von Untersuchungen vor, die zu entgegengesetzter Schlußfolgerungen kommt. In diesen Arbeiten wurde eine positive Korrelation zwi- schen Furchterregung und Einstellungswandel festgestellt. Aus den übereinstimmen- den Ergebnissen dieser Arbeiten geht nach Leventhal, Singer und Jones die relativ ge- sicherte Hypothese hervor, daß " . . . fear functions as a drive which promotes the acceptance of recommended actions, and, regardless of the absolute level of fear arousal used in any study, the communication which arouses more fear will be more persuasive."[158]

Wenn man diese Hypothesen über den Zusammenhang zwischen Furchterregung und Einstellungswandel betrachtet, dann ist es notwendig, kritisch danach zu fragen, ob nicht bestimmte andere unkontrollierte Bedingungen vorhanden waren, die für die divergierenden Ergebnisse dieser Experimente verantwortlich sind. Eine solche Variable könnte z. B. die Bedeutung bzw. die Zentralität des in der Aussage angesprochenen Einstellungsobjekts für den Rezipienten sein. Eine andere Variable, die möglicherweise die Wirkungen dieser Aussagen erheblich beeinflußt, sind die Empfehlungen ("recommendations"), die der Kommunikator in diesen Aussagen macht, um die Furchterregung zu reduzieren. Inwieweit werden diese Empfehlungen des Kommunikators vom Rezipienten als ein geeigneter Weg zur Minderung der Furcht angesehen? So stellt z. B. die in einem Experiment enthaltene Empfehlung einer Impfung gegen Tetanie einen viel sichereren Schutz gegen diese Infektion dar, als das Zähneputzen einen Schutz gegen Zahnverfall bildet. Sind diese empfohlenen Wege dem Rezipienten verfügbar? Inwiefern also sind in diesen Empfehlungen des Kommunikators spezifische Pläne enthalten, die zu einer Furchtreduktion führen? Gerade diese letzte Variable untersuchten Leventhal, Singer und Jones. Sie stellten fest, daß diejenigen Versuchspersonen, die eine genaue Beschreibung der Möglichkeiten einer Impfung gegen Tetanie bekamen, sich signifikant häufiger gegen Tetanie impfen ließen als andere Versuchspersonen, die keine genaue Beschreibung erhielten.[159]

Aus der älteren und auch neuesten Literatur über die Wirkungen furchterregender Aussagen auf die Einstellungen und das Verhalten der Rezipienten geht lediglich hervor, daß unter bestimmten Bedingungen Furchtappelle relevante Faktoren im Wirkungsprozeß der Überredungskommunikation sein können. Trotz des Versuchs einzelner experimenteller Studien, einige dieser Bedingungen aufzuzeigen, bleiben noch zahlreiche Fragen über den Zusammenhang zwischen Furchterregung und Änderung der Einstellungen und dem Verhalten der Rezipienten ungeklärt. Wie in der Studie von Hovland, Janis und Kelley wird auch in neueren Arbeiten immer wieder auf die Notwendigkeit hingewiesen, mit Hilfe kontrollierter Experimente diesen Problemkreis intensiver zu erforschen.[160]

4.4. Das Medium und die Institution der Massenkommunikation

Wenn ein Überredungsversuch nicht durch die personelle Kommunikation, sondern durch die Massenkommunikation stattfindet, dann gehören zum kommunikativen Stimulus neben der Aussage und dem Kommunikator auch ein Massenmedium und eine Institution der Massenkommunikation. Unter Institutionen der Massenkommunikation sind die verschiedenen rechtlich-organisatorischen Einheiten zu verstehen, die sich eines technischen Verbreitungsmittels, d. h. eines Massenmediums, bedienen. Jede Zeitung, Filmgesellschaft, Rundfunk- und Fernsehanstalt ist eine solche publizistische Institution, die den Rezipienten ihre Aussagen mit Hilfe der Medien gedrucktes Wort, Film, Hörfunk und Fernsehen vermittelt.

Medium und Institution der Massenkommunikation weisen bestimmte Merkmale auf, die für die Wirkungen der Überredungskommunikation relevant sein können. Maletzke zählt einige mit den technischen Eigenarten der einzelnen Medien zusammenhängende Merkmale auf, die die Verhaltens- und Erlebnisweisen der Rezipienten in einer medienspezifischen Art beeinflussen.[161]

Einige Medien verbreiten ihre Aussagen nur optisch (gedrucktes Wort, Stummfilm) oder nur akustisch (Rundfunk) oder optisch-akustisch (Tonfilm, Fernsehen). Dadurch sind bestimmte medienspezifische Wahrnehmungsbedingungen gegeben, die möglicherweise wirkungsrelevant sind, aber noch weitgehend unerforscht bleiben. Da sich der Sehstrahl z. B. geradlinig, der Schall dagegen kugelförmig im Raum bewegt, sind die Leser und Zuschauer stärker an das Massenmedium gebunden als die Hörer. Von den technischen Gegebenheiten der einzelnen Massenmedien hängt es z. B. auch ab, ob der Zeitpunkt des Empfanges einer Aussage dem Rezipienten überlassen bleibt (gedrucktes Wort) oder von der publizistischen Institution bestimmt wird (Film, Rundfunk, Fernsehen), ob die Aussage in einer vom Empfänger gewählten Umgebung oder in einem bestimmten Raum (Kino) rezipiert wird, und ferner, ob der Rezipient die Aussage als Einzelner allein oder mit anderen empfängt.[162] Das gedruckte Wort und der Film können nur über zeitlich zurückliegende Ereignisse berichten; der Rundfunk und das Fernsehen dagegen haben auch die Möglichkeit der direkten Übertragung. Die Glaubwürdigkeit und die Wirkungen einer Aussage können also unter anderem auch von diesen technischen Gegebenheiten der einzelnen Medien abhängen, ob es sich z. B. bei einer Aussage um eine „Konserve" handelt, die manipuliert werden kann, oder um eine Live-Sendung, bei welcher der Rezipient ein Ereignis erlebt, das im Augenblick der Sendung stattfindet.

Über die Besonderheiten der einzelnen Massenmedien und der damit zusammenhängenden Vorstellungen der Rezipienten über diese Medien, z. B. über deren Prestige und Glaubwürdigkeit, liegen nur wenige systematische Untersuchungen vor, obwohl vieles darüber geschrieben wurde.[163] Lazarsfeld und Merton[164] stellten z. B. fest, daß für breite Publikumskreise die Massenmedien ein hohes Prestige haben, das auch auf den Kommunikator, die Aussage und die Institution der Massenkommunikation übertragen wird. Berelson und Steiner gehen von der Untersuchung von Lazarsfeld und Kendall aus und stellen folgende Behauptung auf: Der Gebrauch und vielleicht die Wirksamkeit verschiedener Medien variieren mit dem Bildungsgrad des Publikums: Je höher der Bildungsgrad, um so größer das Vertrauen zu Gedrucktem; je niedriger der Bildungsgrad, um so größer das Vertrauen zu Hör- und Bildmedien.[165] Über die unterschiedlichen Wirkungen der einzelnen Massenmedien kommt Klapper zu folgender Schlußfolgerung: "All other conditions being equal, as they are in the laboratory, face-to-face contact is more efficiently persuasive then radio, which, in turn, is more efficient than print. TV and films probably rank between face-to-face contact and radio, but this latter point has not been empirically demonstrated".[166] Diese Feststellung von Klapper sagt jedoch nichts darüber aus, welche unterschiedlichen Wirkungen die einzelnen Medien außerhalb des Laboratoriums haben.

Wie die aufgeführten Schlußfolgerungen, die als Beispiele gedacht waren, liegen auch weitere solcher undifferenzierter Behauptungen vor. Wenn man die zum Teil sich widersprechenden Ergebnisse in der Literatur über die unterschiedliche Wirksamkeit der einzelnen Massenmedien genauer ansieht, kommt man zu der Auffassung, daß es kaum möglich ist, irgendwelche Verallgemeinerungen zu machen. Es wurde von zahlreichen Untersuchungen immer wieder lediglich bestätigt, daß die unmittelbare personelle Kommunikation — vor allem mit vertrauenswürdigen Personen — im allgemeinen bei der Überredung wirksamer ist als die mittelbare bzw. „entfernte" Kommunikation mit einem vertrauensvollen Massenmedium, trotz des Prestiges des letzten.[167] Außer dieser empirisch bestätigten Feststellung über die relative Überlegenheit der interpersonellen Kommunikation bei der Beeinflussung sind andere Pauschalurteile, z. B. über die Wirksamkeit der einzelnen Medien, vor allem aus folgenden Gründen nicht gerechtfertigt:

1. Die einzelnen Massenmedien und Institutionen der Massenkommunikation bieten ein vielfältiges Angebot von Aussagen, die eine ganze Reihe von Wirkungen beim Rezipienten hervorrufen können. Es ist also nicht angebracht, generell von der Wirksamkeit eines Massenmediums zu sprechen, weil sie von der jeweils verbreiteten Aussage abhängen kann.[168]

2. Die Wirksamkeit der einzelnen Massenmedien, die als Verbreitungsmittel von den publizistischen Institutionen eingesetzt werden, muß immer im Zusammenhang mit diesen Institutionen untersucht werden. Die Einstellungen der Rezipienten zu einem Medium, z. B. zum gedruckten Wort, werden von ihren Einstellungen zu der jeweiligen publizistischen Institution, etwa zu der Wochenzeitung „Die Zeit" oder zum Boulevardblatt „Bild-Zeitung", abhängen.

3. Die Einstellungen der Rezipienten zu einem Medium und einer Institution der Massenkommunikation werden je nach den sozialstatistischen Merkmalen, z. B. Alter, Bildung, Intelligenz, soziale Schicht usw., und der damit zusammenhängenden präkommunikativen Einstellungsstruktur der Rezipienten sehr unterschiedlich sein. Daher müssen die medienspezifischen Wirkungen auch nach Rezipientenkreisen differenziert werden.

Die vorliegenden Verallgemeinerungen über das Prestige, die Glaubwürdigkeit und generell über die Wirksamkeit der einzelnen Medien bekräftigen die Auffassung, daß die Wirkungsforschung künftig auch diese Frage viel differenzierter untersuchen muß, als es bislang der Fall war.

4.5 Kritik an den Untersuchungen über wirkungsrelevante Variablen des kommunikativen Stimulus

In den Vorbemerkungen zu diesem Abschnitt wurde auf folgende drei Variablenkomplexe hingewiesen, die alle möglichen Einflußfaktoren im Wirkungsprozeß der Überredungskommunikation umfassen und daher eine Möglichkeit der Systematisierung dieser "mediating factors" bieten: den kommunikativen Stimulus, die Situation während und nach dem Empfang dieses Stimulus und den Rezipienten.

Die systematische Erforschung des Einflusses dieser Variablen der Überredungskommunikation auf den Einstellungswandel begann mit den bekannten Yale Studien und wird auch gegenwärtig intensiv weitergetrieben.[169] Die in den entsprechenden Experimenten übliche Vorgehensweise soll kurz dargestellt werden: Die Versuchspersonen haben zu einem bestimmten Objekt oder zu einer Klasse von Objekten eine präkommunikative Einstellung, die operational, d. h. als eine Position auf einer Einstellungsskala, definiert wird. Den Versuchspersonen werden Informationen zugeführt, die ihren Einstellungen widersprechen oder von diesen nur etwas abweichen. Bei der Zuführung der Informationen werden eine oder mehrere Faktoren aus diesen drei Variablenkomplexen variiert. Dabei wird versucht, den Einfluß anderer Faktoren auszuschalten bzw. konstant zu halten. Nach einer Messung der postkommunikativen Einstellungen werden die Änderungen in der bzw. die Wirkungen auf die Einstellungsstruktur des Rezipienten festgestellt, die auf die unabhängigen Variablen im Experiment zurückgeführt werden. Fast alle Experimente untersuchen die Wirkungen der Überredungskommunikation nur als Wirkungen auf die Einstellungsstruktur der Rezipienten, d. h. bei diesen Experimenten sind nicht Verhaltens-, sondern Einstellungsänderungen die abhängige Variable. Genau in dieses Schema passen auch die hier dargestellten Hypothesen, die sich aber mit der Wirkungsrelevanz der verschiedenen Merkmale nur eines dieser Variablenkomplexe, nämlich des kommunikativen Stimulus, befassen.

Das Ziel all dieser Untersuchungen war es, bestimmte charakteristische Merkmale des kommunikativen Stimulus herauszufinden, die seine Überredungskraft erhöhen. Es ist verständlich, daß dieses Ziel besonders intensiv auch von den Praktikern verfolgt wurde. Denn während der Forscher an allen Faktoren interessiert ist, die die Wirkungen der Überredungskommunikation beeinflussen, konzentriert sich die Aufmerksamkeit z. B. des Propagandisten oder Werbefachmannes hauptsächlich auf jene Einflußfaktoren, die auch manipulierbar sind. Solche Faktoren sind in erster Linie die verschiedenen Charakteristika des kommunikativen Stimulus. Die Situation während des Empfangs einer Aussage läßt sich dagegen schwerer manipulieren, und eine Manipulation der postkommunikativen Situation und/oder der Persönlichkeit des Rezipienten ist — außerhalb des kontrollierten Experiments und ohne einen Zwang auf den Rezipienten auszuüben, wie das etwa bei der Gehirnwäsche der Fall ist, nicht möglich.

Die Hauptschwierigkeit für die Praxis der Propaganda liegt nun darin, daß gerade die vom Propagandisten leicht manipulierbaren Merkmale des kommunikativen Stimulus, die hier besprochen wurden, häufig einen viel geringeren Einfluß auf die Wirkungen der Überredungskommunikation haben als die nicht manipulierbare Persönlichkeit des Rezipienten. Diese Auffassung wird von der nun folgenden Kritik der dargestellten Hypothesen über den kommunikativen Stimulus unterstützt.

Der erste kritische Einwand gegen diese Hypothesen bezieht sich darauf, daß sie in den wenigsten Fällen vor dem Hintergrund eines klaren theoretischen Konzepts formuliert wurden. Bei diesen Arbeiten handelt es sich in der Regel um sogenannte Erkundungsexperimente, die mehr der Suche nach relevanten Variablen als der Überprüfung eines theoretischen Ansatzes dienen. Bei denjenigen Hypothesen, die als Ausnahmefälle doch von konkreteren theoretischen Überlegungen ausgehen, handelt es sich um sehr unterschiedliche Ansätze, zu deren Erweiterung, Präzisierung und Vereinheitlichung noch keine befriedigenden Versuche unternommen wurden.[170] Aus diesem Grunde stellt Cohen im Anschluß an eine kurze Darstellung der Untersuchungen über die Wirksamkeit der verschiedenen Reihenfolgen der Darstellung folgende Forderung auf, die den gesamten Bereich der Forschung des Einstellungswandels durch die Überredungskommunikation betrifft: "As is true for the intire area of persuasive communication and attitude change, future study of the order of presentation should be based on the development of more elaborate theoretical models which take into account the laws of learning, perception, and motivation and on the conducting of crucial experiments which pit one theoretical approach against another."[171] Diese Äußerung deutet darauf hin, daß die vorliegenden Hypothesen noch weit von dem primären Ziel sozialwissenschaftlicher Forschung, nämlich der Formulierung und Überprüfung von Theorien mit hohem Informationsgehalt, entfernt sind.

Mit diesem Mangel an theoretischen Ansätzen hängt auch eine zweite Schwäche der Hypothesen und der ihnen zugrunde liegenden Untersuchungen zusammen, die in der folgenden kurz skizzierten Situation deutlich wird. Einige der hier erforschten Variablen werden in darauffolgenden Experimenten durch die Untersuchung eines Aspektes dieser Variable und durch die Einführung neuer Bedingungen sehr stark zerlegt. Dadurch wird es schwierig, die Ergebnisse zu vergleichen und den Zusammenhang zwischen der ursprünglichen Variablen und den in diesen Experimenten künstlich erzeugten Aspekten dieser Variablen zu sehen; denn in der Regel handelt es sich dabei um neue Variablen. Als Beispiel sei hier die Glaubwürdigkeit des Kommunikators genannt. Einige Autoren heben, wie wir gesehen haben, z. B. die vom Rezipienten wahrgenommene Überredungsabsicht des Kommunikators als wirkungsrelevanten Aspekt hervor, wogegen andere seine Zuständigkeit oder die Objektivität seiner Darstellung als relevantere Aspekte ansehen. In einem weiteren Experiment wird aber auf die Attraktivität des Kommunikators im Zusammenhang mit der Mitteilung seiner Überredungsabsicht als wirkungsrelevante Variable hingewiesen.

Die Vergleichbarkeit dieser Experimente wird auch dadurch erschwert, daß, obwohl einige der untersuchten Variablen gleich benannt werden, häufig unterschiedliche operationale Definitionen gebildet werden. In dem erwähnten Experiment von Mills und Aronson [172] wurde z. B. die unterschiedliche Attraktivität dadurch erreicht, daß derselbe weibliche Kommunikator einmal attraktiv und dann nicht attraktiv aussah. Tannenbaum dagegen ermittelte die Attraktivität des Kommunikators mit Hilfe des semantischen Differentials und einer Kombination von sechs Gegensatzpaaren. Die Aufteilung und Umdefinition von Variablen, die hier am Beispiel des Kommunikators angedeutet wurde, konnte auch bei vielen anderen Variablen des kommunikativen Stimulus verfolgt werden. Die geschilderte Situation und die widersprüchlichen Ergebnisse in diesem Bereich deuten nicht nur darauf hin, daß die Erforschung dieser Fragen sich noch in ihren Anfängen befindet, sondern lassen auch Zweifel an der Wirkungsrelevanz dieser Variablen aufkommen.

Eine wesentliche Schwäche der dargestellten Ergebnisse ist darin zu sehen, daß die Hypothesen im Anschluß an Experimente formuliert wurden, in denen es möglich, manchmal sogar offensichtlich war, daß auch unkontrollierte Variablen auf den Einstellungswandel als abhängige Variablen eingewirkt haben. Die Kontrolle aller möglichen determinierenden Variablen ist sicherlich die Hauptschwierigkeit bei der Anwendung des Experiments als sozialwissenschaftliche Forschungstechnik.[173] Es liegen aber bereits verschiedene Möglichkeiten der Kontrolle dieser Variablen vor, die in jenen Experimenten nicht genügend beachtet wurden.[174]

Alle Autoren, die die Wirkungsrelevanz der hier aufgezählten Merkmale des kommunikativen Stimulus untersuchen, scheinen sich darüber im klaren zu sein, daß der Einstellungswandel als abhängige Variable von einer Fülle situationaler, vor allem aber von Persönlichkeitsvariablen beeinflußt werden kann. Daraus folgt, daß diese Variablen in den Einstellungsexperimenten peinlich genau kontrolliert werden müßten. Trotz dieser Einsicht sind die meisten Experimente zum Einstellungswandel von bemerkenswerter Simplizität.[175] In ihren einfachen "pre - after designs" konzentrieren sie sich auf eine oder zwei unabhängige Variablen ohne zu versuchen, den Einfluß anderer Variablen, die sich in mehreren Experimenten als wirkungsrelevant erwiesen haben, zu berücksichtigen.

Bei der Darstellung der Ergebnisse über die Wirkungsrelevanz des Kommunikators, der einseitigen und zweiseitigen Argumentation und der anderen hier besprochenen Merkmale der Aussage zeigte sich aber, daß häufig die Wirksamkeit auch nur einer weiteren Variablen in der Lage war, den Einfluß der im Experiment kontrollierten Variablen auf den Einstellungswandel zu stärken, zu schwächen oder sogar völlig auszuschalten. Man denke an solche determinierenden Variablen wie z. B. die verschiedenen Dimensionen der präkommunikativen Einstellungsstruktur, die weiter unten noch besprochen werden, das Intelligenzniveau, das "need for cognition" con Cohen usw. Es müssen aber auch weitere Variablen berücksichtigt werden wie z. B. der Zeitpunkt der Messung, auf dessen Wirkungsrelevanz Miller und Campbell[176] und auch Insko[177] in ihren eindrucksvollen Experimenten über die Reihenfolge der Darstellung hingewiesen haben. Auch in den Arbeiten von Hovland und Weiss[178] und von Kelman und Hovland[179] wurde gezeigt, daß der festgestellte stärkere Einfluß des glaubwürdigeren Kommunikators auf den Einstellungswandel bereits nach drei und vier Wochen kaum mehr sichtbar war. Daher wäre es sinnvoller, von vornherein komplexere Hypothesen, d. h. mit mehreren determinierenden Variablen, zu formulieren und sie unter strengen Kontrollbedingungen zu überprüfen.

Die Beziehungen zwischen den verschiedenen determinierenden Variablen und dem Einstellungswandel, die in diesen Untersuchungen festgestellt wurden, gelten also zunächst nur unter den speziellen Bedingungen des jeweiligen Experiments, in dem diese Beziehungen untersucht wurden. Bereits der Versuch, eine Hypothese in einer anderen experimentellen Situation zu überprüfen, bringt die Gefahr mit sich, daß hier neue Variablen wirksam werden können. Bei der Darstellung der Wirkungsrelevanz von furchterregenden Aussagen wurde z. B. auf die Zentralität des in dieser Aussage angesprochenen Einstellungsobjekts für den Rezipienten als eine solche Variable hingewiesen, die in den meisten Untersuchungen kaum berücksichtigt wurde. Auch die Empfehlungen ("recommendations"), die der Kommunikator in diesen Aussagen darüber gab, wie man den furchterregenden Zustand beseitigen kann, stellten sich nach Leventhal, Singer und Jones[180] als wirkungsrelevant heraus. Bei der Überprüfung von Hypothesen muß also genauer, als es bislang der Fall war, darauf geachtet werden, daß diese unkontrollierten Variablen in der neuen experimentellen Situation nicht wirksam werden.

Eine Hypothese ist eine angenommene Beziehung zwischen einer oder mehreren unabhängigen, determinierenden Variablen und einer abhängigen, resultierenden Variablen. Um annehmen zu können, daß der Zusammenhang in einer Hypothese kausal ist, müssen vor allem folgende drei Bedingungen erfüllt sein: Erstens muß eine Kovariation zwischen der determinierenden und resultierenden Variablen bestehen, zweitens muß die determinierende Variable zeitlich vor oder gleichzeitig mit der resultierenden Variablen vorliegen, und drittens muß evident sein, daß andere Variablen als Determinanten nicht in Frage kommen.[181] Die ersten zwei Bedingungen sind in diesen Laboratoriumsexperimenten erfüllt, die dritte dagegen in der Regel nicht. Aus diesem Grunde lassen diese Wirkungsexperimente keine Schlüsse auf kausale Beziehungen zwischen unabhängigen und abhängigen Variablen zu.

Selbst wenn aus mehreren Laboratoriumsexperimenten mit größtmöglichen Kontrollen hervorgeht, daß ein bestimmtes Merkmal des kommunikativen Stimulus eine signifikante Beziehung zum Einstellungswandel aufweist, selbst dann wissen wir nicht alle – zum Teil noch unbekannten – Bedingungen, unter denen möglicherweise ein kausaler Zusammenhang stärker, schwächer oder ganz aufgehoben wird. Da in der außerexperimentellen Situation viele Variablen mit jeweils unterschiedlichen Stärken in einem noch unbekannten Zusammenwirken den Einstellungswandel beeinflussen können, ist es nicht zulässig, auch die Ergebnisse streng kontrollierter Experimente auf die Realität zu übertragen.

Ein weiterer Kritikpunkt ist, daß bei der Prüfung dieser Hypothesen nicht immer danach gefragt wurde, ob nicht eine alternative Hypothese die festgestellte Beziehung ebenfalls oder sogar besser hätte erklären können. Schließlich kann man als Schwäche dieser Hypothesen die Tatsache ansehen, daß meist noch keine ernsthaften Falsifizierungsversuche vorliegen.

Zusammenfassend kann also festgestellt werden, daß die hier besprochenen Hypothesen über die Wirkungsrelevanz einiger Merkmale des kommunikativen Stimulus weder auf der Grundlage eines theoretischen Konzepts formuliert, noch ernsthaften Falsifizierungsversuchen unterworfen wurden. Im Bereich der Wirkungsforschung der Überredungskommunikation ist es oft unmöglich, alle relevanten Einflußfaktoren, vor allem die in der Persönlichkeit des Rezipienten liegenden, konstant zu halten. Die Anwesenheit unkontrollierter Variablen kann aber die in einem Experiment untersuchte Beziehung verbergen und zur falschen Interpretation des Ergebnisses führen. Aus diesen Gründen dürfen die Beziehungen in diesen Experimenten weder als kausal angesehen noch generalisiert werden.

Einige Autoren sind nun der Auffassung, daß zur Verbesserung der in diesem Kapitel geschilderten Forschungssituation zahlreiche Replikationen der Experimente mit systematischen Variationen der verschiedenen Einflußfaktoren erforderlich sind.[182] Replikationen mit Hilfe von einfallsreichen Variationen der Experimentalvariablen können gewiß zur Erweiterung unseres Wissens beitragen. Gleichzeitig muß aber versucht werden, allgemeinere Theorien zur Erklärung des Einstellungswandels durch die Überredungskommunikation zu formulieren.[183] Daher ist es eine Verniedlichung der Probleme in diesem Forschungsbereich, wenn man nur die Replikationen als Möglichkeit der Verbesserung dieser Situation ansieht.

Angenommen, wir würden in umfangreichen und langwierigen Serien von Experimenten eine ganze Reihe der zusätzlichen Variablen bzw. Bedingungen finden, unter denen ein Merkmal des kommunikativen Stimulus einen Einstellungswandel zur Folge hat, dann stellt sich die Frage, ob die Aufstellung solcher Hypothesen sehr sinnvoll ist. Möglicherweise würde sie in ihrer Wenn-Komponente so viele einschränkende Bedingungen aufweisen, daß ihr Aussagewert sehr begrenzt wäre. Denn unter der Voraussetzung, daß sich der Gehalt der Dann-Komponente nicht ändert, sinkt der Gehalt der gesamten Hypothese, wenn der Gehalt der Wenn-Komponente – d. h. die Zahl der einschränkenden Bedingungen – steigt. Das bedeutet geringere Allgemeinheit und geringeren Informationsgehalt dieser Hypothese.[184]

Wenn man nun als Ziel der sozialwissenschaftlichen Forschung nicht nur die Beschreibung, sondern auch die Erklärung menschlichen Verhaltens ansieht und deshalb bestrebt ist, Hypothesen von niedrigem Allgemeinheitsniveau aus Hypothesen höheren Allgemeinheitsniveaus und aus bestimmten zusätzlichen Annahmen über spezifische Bedingungen zu deduzieren, so erhebt sich die Frage, ob es gegenwärtig nicht lohnender wäre, statt den kommunikativen Stimulus zu untersuchen, zunächst und in stärkerem Maße Experimente über die Wirkungsrelevanz bestimmter Persönlichkeitsvariablen durchzuführen. Diese Auffassung setzt sich allmählich in der sozialpsychologischen Wirkungsforschung durch.[185] Dabei wird zunehmend die vor dem Empfang einer Aussage bereits vorhandene Einstelluntsstruktur ("attitude structure") des Rezipienten beachtet, die den Prozeß der Einstellungsbildung und -änderung erheblich beeinflußt.

Die Bedeutung der präkommunikativen Einstellungsstruktur als relevante Variable für die Hypothesenbildung im Bereich der Wirkungen der Überredungskommunikation geht auch aus der Ergebnissammlung dieses Abschnitts hervor. Ein Blick auf die Hypothesen zeigt, daß in den Wenn-Komponenten die verschiedenen Merkmale des kommunikativen Stimulus meist nicht allein, sondern sehr häufig im Zusammenhang mit bestimmten Persönlichkeitsvariablen als Determinanten des Einstellungswandels angeführt sind.[186] Die Hypothese 4 weist z. B. als determinierende Variable nicht nur die wahrgenommene Überredungsabsicht des Kommunikators, sondern auch das starke „involvement" des Rezipienten auf. „Involvement" ist aber – wie wir noch sehen werden – nichts anderes als die präkommunikative Zentralität des in einer Aussage enthaltenen Einstellungsobjekts für den Rezipienten.

Über die präkommunikative Einstellungsstruktur als Variable im Wirkungsporzeß der Überredungskommunikation liegen bereits einige beachtenswerte theoretische Ansätze vor, die uns erlauben werden, Hypothesen mit höherem Allgemeinheitsniveau zu formulieren. Dadurch wäre ein Schritt zur Beseitigung des in diesem Bereich bestehenden Theorienmangels getan, der bei der Darstellung der Variablen des kommunikativen Stimulus besonders deutlich wurde.

5. Die präkommunikative Einstellungsstruktur des Rezipienten als zentrale Variable im Wirkungsprozeß der Überredungskommunikation

5.1 Das Einstellungskonzept als geeigneter Ansatz für die Formulierung von Hypothesen über den Wirkungsprozeß der Überredungskommunikation

In diesem Abschnitt werden nun einige Gründe angeführt, die die bereits aufgestellte Behauptung unterstützen, daß der Einstellungsbegriff besonders geeignet für die Hypothesenbildung in der Wirkungsforschung sei. Es wurde bereits mehrmals darauf hingewiesen, daß sich mit Hilfe dreier Variablenkomplexe alle denkbaren Faktoren im Wirkungsprozeß systematisieren lassen. Diese Variablen sind der kommunikative Stimulus, die Situation während und nach dem Empfang der Aussage und der Rezipient. Demnach müßte es sich bei den Hypothesen aus der Wirkungsforschung um angenommene Beziehungen zwischen irgendwelchen Ausprägungen dieser drei Hauptvariablen und bestimmten Wirkungen handeln. Schränkt man die Wirkungen der Überredungskommunikation nur auf die Änderung von Einstellungen ein, so müßten die Wenn-Komponenten dieser Hypothesen eine oder mehrere determinierende unabhängige Variablen aufweisen, von denen die resultierende Einstellungsänderung in der Dann-Komponente abhängt.

Im folgenden Schema, das durch die Berücksichtigung von einzelnen relevanten Variablen noch stark untergliedert werden kann, müßte dann jede Hypothese aus dem Wirkungsbereich einzuordnen sein: Wenn ein Stimulus der Überredungskommunikation – Aussage, Kommunikator, Medium und Institution der Massenkommunikation – bestimmte Merkmale K_1, K_2, ... K_n aufweist und von einem Rezipienten mit den Merkmalen R_1, R_2, ... R_n in einer Situation S_1, S_2, ... S_n empfangen wird, dann ist mit einer bestimmten Wahrscheinlichkeit W_1, W_2, ... W_n die Wirkung E_1, E_2, ... E_n auf die Einstellungen des Rezipienten zu erwarten. Ein Blick auf die Ergebnisse der Wirkungsforschung zeigt, daß die verschiedenen Hypothesen in diesem Bereich sich in das skizzierte Schema einordnen lassen. Dabei stellt man aber immer wieder fest, daß von den drei determinierenden Variablenkomplexen die Prädispositionen bzw. Einstellungen des Rezipienten besondere Beachtung gefunden haben, weil sie sich als besonders relevant erwiesen haben.

Wenn man die Ergebnisse der Wirkungsforschung in recht unterschiedlichen Wirkungsbereichen verfolgt – von den älteren Studien über die Wahlbeeinflussung bis zu neueren Arbeiten, z. B. über den Einfluß der Massenkommunikation auf abweichendes Verhalten und Kriminalität –, kann man tatsächlich zu der Ansicht gelangen, daß das bislang wichtigste und auch häufigste Ergebnis der Wirkungsforschung folgende

Verallgemeinerung ist, die nur in wenigen Fällen differenzierter formuliert wurde: Wenn die Aussagen der Massenkommunikation den Prädispositionen des Rezipienten entsprechen, dann ist es wahrscheinlicher, daß diese Aussagen bestimmte Wirkungen beim Rezipienten hervorrufen als andere Aussagen, für die das nicht zutrifft. Diese Auffassung wird von Berelson und Steiner vertreten, deren Sammlung der Hypothesen aus der empirischen Massenkommunikationsforschung die umfangreichste auf diesem Gebiet ist. Nach diesen Autoren und nach Klapper sind auch die zwischen dem Aussagenempfang und den Wirkungen intervenierenden Variablen der Wahrnehmung, der Aufmerksamkeit und Interpretation von den Prädispositionen des Rezipienten abhängig.[187] Wie in dieser Verallgemeinerung, so sind es in den meisten Hypothesen über den Wirkungsprozeß vor allem bestimmte Prädispositionen bzw. Einstellungen des Rezipienten, die im Zusammenhang mit anderen Variablen, die Wirkungen beim Rezipienten beeinflussen. Nach Berelson und Steiner sind Prädispositionen: ''The social und psychological state of the audience, or of a member of the audience, at the beginning of the communication: their information, interests, attitudes, group memberships, personality traits.''[188] Obwohl Berelson und Steiner hier diese Aufzählung vornehmen, beziehen sie sich bei der Erläuterung der Prädispositionen in der Regel entweder explizit auf die Einstellungen des Rezipienten oder auf Begriffe wie z. B. ,,dispositions'', ,,opinions'', ,,views'' und ,,interest'', die von dem bereits beschriebenen Einstellungsbegriff erfaßt werden. Auch Klapper meint in der Regel die präkommunikativen Meinungen und Attitüden, wenn bei ihm von Prädispositionen die Rede ist.

Andere Autoren verwenden statt Prädispositionen andere Variablen, um auf die Persönlichkeit des Rezipienten Bezug zu nehmen. Merton und Lazarsfeld z. B. schreiben: ''Propaganda will not produce the expected response unless its content corresponds to the psychological wants of the audience''.[189] Fearing[190] weist in seiner zusammenfassenden Betrachtung der Wirkungen der Massenkommunikation auf die zentrale Bedeutung des ''need-value-motivational system'' des Rezipienten im Wirkungsprozeß hin.

In diesen Beispielen wie in der gesamten Wirkungsforschung schlechthin spiegelt sich das Fehlen einer allgemeinen Persönlichkeitstheorie wider, mit deren Hilfe die voneinander abhängigen Aspekte der Persönlichkeit des Rezipienten, die für die Wirkungen der Überredungskommunikation relevant sind, erfaßt werden könnten: seine Erfahrungen aus der physischen und sozialen Umwelt, seine physiologische Struktur, seine Bedürfnisse sowie weitere Charakteristika der Persönlichkeit, die sich in empirischen Studien als wirkungsrelevant erwiesen. Ein Blick auf die verschiedenen Persönlichkeitsauffassungen und -theorien bestätigen die Ansicht, daß es in der Persönlichkeitspsychologie keine einheitliche Sprachregelung gibt.[191] Verschiedene Begriffe stehen nebeneinander und beziehen sich kaum auf andere bereits bestehende Begriffssysteme. Außerdem können die verschiedenen Ansätze nur zur Lösung einiger weniger Probleme beitragen und sind hinsichtlich ihrer psychologischen — oft impliziten — Annahmen und ihrer internen logischen Beschaffenheit nicht so explizit formuliert, daß ihre Implikationen einer strengen empirischen Prüfung unterzogen werden können.[192] Mit anderen Worten sind diese theoretischen Ansätze trotz ihrer Bezeichnung keine ,,Theorien''.

In Anbetracht dieser Situation und bei der Zielsetzung, die Wirkungen der Überredungskommunikation auf die Einstellungen der Rezipienten zu untersuchen, scheint der Einstellungsbegriff zweckmäßiger zu sein. Mehrere Gründe sprechen dafür, die Verwendung des Einstellungsbegriffs als den geeigneten Weg anzusehen, um auf jene Aspekte der Persönlichkeitsstruktur des Rezipienten Bezug zu nehmen, die für die Wirkungen der Überredungskommunikation relevant sind.

Auf einen wesentlichen Grund wurde bereits hingewiesen: In der empirischen Forschung haben sich die präexistenten Einstellungen des Rezipienten als eine zentrale Variable im Wirkungsprozeß erwiesen. Aus diesem Grunde sind in den meisten Hypothesen, z. B. bei Berelson und Steiner, als determinierende Variablen die Prädispositionen angeführt. Unter Prädispositionen werden aber Eigenschaften der Persönlichkeit des Rezipienten verstanden, die von dem in dieser Arbeit verwendeten Einstellungsbegriff impliziert sind.

Wie Roth zu zeigen versucht hat, finden zahlreiche Aspekte der Persönlichkeit, die in den verschiedenen Persönlichkeitsdefinitionen hervorgehoben wurden, letztlich ihren Niederschlag in den Einstellungen, die als allgemeine und durchgängige Bedingungen menschlichen Verhaltens verstanden werden können. „Bedingungen, in denen biologische, psychologische, (im engeren Sinne) soziokulturelle Einflüsse vereinheitlicht sind, in denen ererbte wie erworbene Komponenten in ihrer Interaktion miteinander und mit der Situation gleichermaßen gefaßt werden können und in denen sich strukturelle mit dynamischen Aspekten zu Funktionseinheiten zusammenschließen."[193] Im letzten Kapitel seiner Arbeit, in welchem Roth die Möglichkeit einer Persönlichkeitspsychologie als Theorie von Einstellungen erörtert, stellt er abschließend fest, daß, verglichen mit den bisher in der Persönlichkeitspsychologie üblichen analytischen Einheiten und Begriffssystemen, die in seiner Arbeit ausführlich dargestellt wurden, die Einstellungen sich als überlegen erwiesen haben. Mit Einstellungen als zentralem Begriff einer Persönlichkeitstheorie lassen sich nach Roth mehr Eigenarten individuellen Verhaltens besser erklären als mit den anderen in seiner Arbeit besprochenen Basisbegriffen wie „Habit", „Eigenschaft", „Faktor" und „Instinkt".[194] Ein weiterer Grund für die Eignung des Einstellungsbegriffes, speziell für die Wirkungsforschung, ist in den Besonderheiten der Überredungskommunikation zu sehen. Sie verfolgt das Ziel, den Rezipienten mit ihrer Aussage in einer bestimmten Richtung zu beeinflussen. Von allen Aspekten der Persönlichkeit des Rezipienten und von allen Einstellungen, die er zu verschiedenen Objekten hat, welche wirkungsrelevant sein können, aber zum Teil unbekannt oder schwer feststellbar sind, ist vor allem wichtig zu wissen, welche Einstellungen der Rezipient zu bestimmten konkreten Objekten des kommunikativen Stimulus hat.[195] Propagiert z. B. der Kommunikator einer Boulevardzeitung eine bestimmte politische Partei, so kann mit großer Wahrscheinlichkeit angenommen werden, daß von der Fülle aller möglichen Prädispositionen des Rezipienten seine Einstellung zu dieser Partei, zum Kommunikator und zu der Boulevardzeitung von entscheidender Bedeutung für die Selektion, Interpretation und die Wirkungen dieser Aussage auf seine Einstellungen sein wird.

So wird auch in der Praxis der empirischen Wirkungsforschung vorgegangen. Man untersucht vor dem Empfang einer Aussage hauptsächlich die Einstellungen des Rezipienten, die mit dem kommunikativen Stimulus zusammenhängen: zum Inhalt und zur Gestaltung der Aussage, zum Kommunikator, zum Medium und zur Institution der Massenkommunikation, die sich eines Massenmediums bedient. Diese präkommunikativen Einstellungen werden dann mit den Einstellungen nach dem Empfang der Aussage verglichen. Durch disen Vergleich können Hypothesen über den Zusammenhang zwischen der präkommunikativen Einstellungsstruktur und den Wirkungen der Überredungskommunikation überprüft werden.

Neben der theoretischen Relevanz des Einstellungsbegriffes, die durch die Arbeit von Roth nachdrücklich hervorgehoben wurde und die auch in den verschiedenen noch zu besprechenden Gleichgewichtstheorien zum Ausdruck kommt, liegt ein weiterer ebenso wichtiger Grund vor, der für die Brauchbarkeit dieses Begriffes spricht. Einstellungen können im Gegensatz zu den Variablen "predispositions", "psychological wants", „need-value-motivational System" usw., die in der Wirkungsforschung vielfach verwendet wurden, leichter operationalisiert werden. Vor allem die Namen Thurstone; Lickert; Guttmann; Stouffer; Lazarsfeld; Coombs; Osgood, Suci und Tannenbaum sind mit den bedeutendsten Operationalisierungsversuchen und methodologischen Problemen der Skalierungsverfahren eng verknüpft. Eine Zusammenfassung dieser in der empirischen Sozialforschung sehr aktuellen Diskussion bringen Torgerson[196] und in deutscher Sprache Sixtl.[197] Dann sei auch auf die Arbeit von Stosberg[198] hingewiesen, der die Brauchbarkeit dieser Instrumente für die Messung von Einstellungen untersucht. Neben einer kritischen Betrachtung der wichtigsten Skalierungsversuche werden die Möglichkeiten zur Messung von Einstellungen bei der Überprüfung von Hypothesen, deren Variablen Einstellungen sind, erörtert. Er untersucht die Probleme der Grundlagen der Messung und im Zusammenhang damit Fragen der Validität und Reliabilität sowie des Skalenniveaus. Er schneidet auch die Frage an, wieweit diese Meßverfahren geeignet sind, verschiedene Dimensionen des Einstellungsbegriffs, die nun im folgenden Abschnitt besprochen werden, zu erfassen.

5.2 Wirkungsrelevante Dimension der präkommunikativen Einstellungsstruktur

Wenn man die Einstellungen eines Rezipienten zu einem Objekt oder einer Klasse von Objekten vor dem Empfang einer Aussage der Überredungskommunikation kennt und diese in Zusammenhang mit den gegebenen situationalen Variablen und der Aussage berücksichtigt, dann ist man eher in der Lage, die Reaktionen des Rezipienten auf diese Aussage vorauszusagen und zu erklären, als wenn das nicht der Fall ist. Um die Möglichkeiten einer erfolgreichen Voraussage zu vergrößern, ist jedoch eine differenziertere Kenntnis dieser präkommunikativen Einstellungsstruktur erforderlich. Der Einstellungsbegriff wird also durch eine Differenzierung für die Aufstellung von Hypothesen im Wirkungsbereich brauchbarer.

Zu Beginn dieser Arbeit bei der Begriffserklärung wurde den Ausführungen von Roth gefolgt, der den Versuch unternimmt, den Einstellungsbegriff zu beschreiben. Dabei wurde festgestellt, daß Einstellungen

1. hypothetische Konstrukte sind,
2. sich auf Gegenstände beziehen.
3. im Laufe der individuellen Entwicklung gelernt werden und
4. durch ihren „System"-Charakter gekennzeichnet sind.

In diesem Abschnitt wird nun eine Differenzierung des Einstellungsbegriffes vorgenommen.[199] Dabei werden einige Dimensionen der präkommunikativen Einstellungen der Rezipienten aufgezeigt, die für die Wirkungen der Überredungskommunikation besonders relevant erscheinen und von der künftigen Wirkungsforschung untersucht werden sollten.

5.2.1 Richtung der Einstellung

Die Richtung ist die am leichtesten erfaßbare Dimension einer Einstellung. Zu ihrer Feststellung wird der Rezipient lediglich danach gefragt, ob er z. B. für oder gegen den Inhalt einer Aussage ist bzw. ob seine Emotionen zu einem Einstellungsobjekt positiv oder negativ sind. Die Richtung einer Einstellung ist durch die Affekte bzw. Emotionen bestimmt, die ein einstellungsbildendes Erlebnis begleiten. Wenn diese einstellungsbildenden Erfahrungen, die eine Person im Laufe ihres individuellen Lernprozesses macht, belohnend sind bzw. als angenehm empfunden werden, führen sie zu positiven, und wenn die Erfahrungen bestrafend sind bzw. als unangenehm empfunden werden, zu negativen Einstellungen.[200]

Wie bedeutend die Richtung der präkommunikativen Einstellungen des Rezipienten für die Wirkungen der Überredungskommunikation ist, geht aus fast jeder Arbeit in diesem Bereich hervor. In ihrer Sammlung der Ergebnisse der Wirkungsforschung weisen Berelson und Steiner auf folgende Hypothese hin: "Communications will be most effective − that is, will secure the response most in line with the intention of the communicator − when they are in accord with audience predispositions; when they tell people what they (most) want to be told."[201] Es wird behauptet, daß die Überredungskommunikation wirksamer ist, wenn die präkommunikativen Einstellungen des Rezipienten mit den in der Aussage enthaltenen Einstellungen übereinstimmen. Diese Übereinstimmung bezieht sich in erster Linie auf die Richtung und dann auch auf die Extremität dieser Einstellungen.

5.2.2 Extremität und Intensität der Einstellung

Die Information über die Einstellung eines Rezipienten wird erheblich erweitert, wenn man neben der Richtung auch den Grad und die Intensität dieser Einstellung kennt.[202] Die hier als Grad bzw. Extremität bezeichnete Dimension läßt sich relativ leicht erfassen, indem man z. B. den Rezipienten danach fragt, *wie* positiv bzw. negativ seine Einstellung zu einem Einstellungsobjekt ist. Die Extremität einer Einstellung wird durch die Position eines Wertes auf dem Kontinuum einer Einstellungsskala bestimmt. Je mehr ein Wert sich vom neutralen Mittelpunkt der Skala in der einen oder anderen Richtung entfernt, desto höher ist die Extremität dieser Einstellung.

Krech, Crutchfield und Ballachey sprechen in diesem Zusammenhang auch von der Valenz einer Attitude, die ein charakteristisches Merkmal jeder der drei Einstellungskomponenten – kognitive, affektive und Handlungskomponente – ist.[203]

Unter Intensität dagegen wird die Gewißheit verstanden, die ein Individuum in bezug auf eine mehr oder weniger extreme Einstellung hat bzw. die Stärke, mit der es diese Einstellung in seinen Äußerungen vertritt. Zur Feststellung dieser Dimension wurden u. a. folgende Fragen gestellt: Wie sicher sind Sie, daß ihre Auffassung richtig ist? Wie stark vertreten Sie diese Auffassung? Wie stark empfinden Sie das? „Die Dimension der Intensität, scharf unterschieden von der Dimension des Grades, ist ein wichtiger Anhaltspunkt dafür, ob jemand mit größerer oder geringerer Wahrscheinlichkeit seine Attitüde ändern wird, ob bei einer Blockierung der Äußerungsmöglichkeiten Frustrationen auftreten oder stark zur Handlung angereizt wird."[204] Auch Roth sieht in dieser Dimension „das Ausmaß, in dem eine Einstellung verhaltensdeterminierend wirkt."[205]

In der Einstellungsforschung wurde bei der Untersuchung der Beziehung zwischen den Dimensionen Extremität und Intensität eine hohe Korrelation festgestellt. Wenn man diese Beziehung graphisch darstellt und auf der Abszisse eines Koordinatensystems die Extremität und auf der Ordinate die Intensität einer Einstellung einträgt, ergibt sich in der Regel eine V-förmige Kurve. Die Intensität hat ihren Tiefpunkt um den neutralen Punkt der Einstellungsskala, und sie steigt um so mehr, je extremer die Einstellung wird.

Einstellung der Soldaten zum "Women's Army Corps":[206]

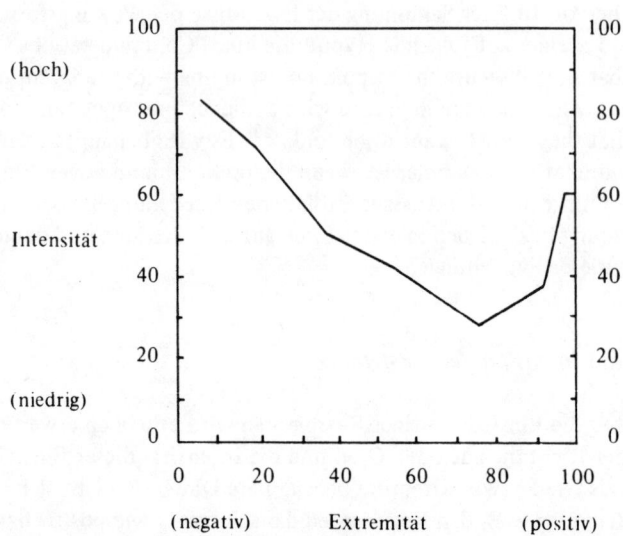

Der Rezipient einer Aussage der Überredungskommunikation mit einer extremen Einstellung zu einem Objekt wird also intensivere Emotionen und größere Gewißheit in bezug auf dieses Einstellungsobjekt haben als ein anderer Rezipient, der eine weniger extreme Einstellung hat. Wegen der hohen Korrelation zwischen der Extremität und der Intensität einer Einstellung und wegen der meßtechnischen Probleme bei der getrennten Erfassung dieser Dimensionen wird in der Literatur diese Unterscheidung in der Regel nicht beachtet.

Wie die Richtung, so sind auch die Extremität und die Intensität der Einstellung zu einem Objekt in signifikanter Weise von den Vorstellungen abhängig, die ein Individuum über den instrumentalen Wert dieses Objektes für die Befriedigung von Bedürfnissen bzw. für die Erreichung bestimmter Ziele hat. Rosenberg hat in einem Experiment diese Beziehung untersucht und festgestellt, daß Einstellungsobjekte, die von den Rezipienten als bedürfnisbefriedigend angesehen werden, positiver, andere dagegen, die zu Frustrationen führen, negativer beurteilt werden.[207]

Die Behauptung von Hartley und Hartley, daß die Extremität bzw. die mit ihr stark korrelierende Intensität einer Einstellung ein wichtiger Anhaltspunkt dafür ist, ob jemand mit größerer oder geringerer Bereitwilligkeit seine Einstellung ändert, wurde zum ersten Mal systematisch von Tannenbaum überprüft. Da er in seinem Experiment Zeitungsartikel verwendete, sind seine Ergebnisse für die Wirkungsforschung der Massenkommunikation besonders relevant. In seiner Untersuchung stellte er fest, daß der durchschnittliche Einstellungswandel, der durch die Aussagen der Überredungskommunikation verursacht wurde, umgekehrt proportional zur Extremität der ursprünglichen, d. h. präkommunikativen Einstellung seiner Versuchspersonen war, je extremer also diese Einstellung, desto geringer der Einstellungswandel. Die folgende Abbildung zeigt diesen Zusammenhang graphisch.

Ausmaß des Einstellungswandels als eine Funktion der präkommunikativen Einstellung zu einem Objekt:[208]

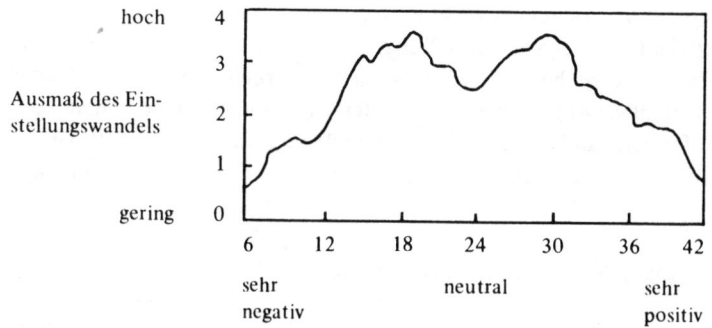

Extremität der präkommunikativen Einstellung zu einem Objekt

Trotz einiger methodologischer und forschungstechnischer Mängel ist die Arbeit von Tannenbaum eine der bemerkenswertesten Untersuchungen, die bislang in der Wirkungsforschung durchgeführt wurden. Während andere Wirkungsforscher, wie z. B. Klapper, undifferenzierte Verallgemeinerungen über den Wirkungsprozeß aufstellen, versucht Tannenbaum, die Bedingungen aufzudecken, von denen der Einstellungswandel abhängt. Dabei bedient er sich weitgehend auch der Einstellungsdimension, die hier als Extremität bezeichnet wird. Die Hypothese seiner Untersuchung lautet: Je höher die Extremität der präkommunikativen Einstellung des Rezipienten zu einem Einstellungsobjekt, desto geringer der durch die Überredungskommunikation bewirkte Wandel seiner Einstellung zu diesem Objekt. Die systematische Überprüfung dieser grundlegenden Hypothese und die Suche nach den Bedingungen, unter denen diese Beziehung stärker bzw. schwächer wird, dürfte eine der dringenden Aufgaben der künftigen Wirkungsforschung sein.

Außer dem bereits erwähnten Zusammenhang untersuchte Tannenbaum u. a. auch die Beziehungen zwischen der Extremität der Einstellung des Rezipienten zum Kommunikator, die er als Attraktivität des Kommunikators bezeichnet, und dem positiven Einstellungswandel. Auch die Beziehung zwischen der Extremität der Einstellung des Rezipienten zu einem Einstellungsobjekt und dem Wandel der Einstellung dieses Rezipienten zum Kommunikator wurde unter bestimmten Bedingungen untersucht, etwa wenn der Kommunikator für oder gegen eine Auffassung eintrat, die der präkommunikativen Einstellung des Rezipienten entspricht bzw. widerspricht.

Eine weitere Überlegung, die die Notwendigkeit einer stärkeren Berücksichtigung der wirkungsrelevanten Einstellungsdimension der Extremität unterstützt, sei an dieser Stelle nur der Vollständigkeit halber erwähnt, weil hierauf in Teil II des Bandes im Rahmen der dort behandelten Probleme noch ausführlich eingegangen wird: In dem letzten Werk der Reihe "Yale Studies in Attitude and Communication" beschäftigen sich Sherif und Hovland[209] mit den Urteilsprozessen, die für die Entstehung und den Wandel von Einstellungen besonders bedeutsam sind. Die Fragen, die sie vor allem zu beantworten versuchen, lauten: Wovon hängt es ab, ob ein Rezipient die in einer Aussage der Überredungskommunikation enthaltene Stellungnahme zu einem Einstellungsobjekt für extrem oder nicht extrem hält? Unter welchen Bedingungen ändert der Rezipient seine eigene Einstellung?

Die wesentlichste Hypothese, die in einer früheren Arbeit von Hovland, Harvey und Sherif[210] formuliert und in diesem Band der Yale Studien sowie in dem späteren Werk von Sherif, Sherif und Nebergall[211] überprüft und weiterentwickelt wurde, bezieht sich darauf, was diese Autoren als Assimilation und Kontrast bezeichnen.

5.2.3 Zentralität bzw. Bedeutsamkeit der Einstellung

Die Einstellungen der Rezipienten unterscheiden sich voneinander auch hinsichtlich anderer Dimensionen, wie z. B. der Zentralität bzw. Bedeutsamkeit einer Einstellung.

„Mit der Dimension der ‚Bedeutsamkeit' wird versucht, einen objektiven Index der Position einer Attitude in der gesamten Konstellation der Attitüden eines Befragten zu gewinnen. Ist die Attitude relativ zentral? Ist sie peripher?"[212] Ähnlich wie

Hartley und Hartley weisen auch andere Autoren auf diese Dimension hin. Sie bezieht sich auf die relative Bedeutung eines Einstellungsobjektes: Welche Zentralität hat die Einstellung zu diesem Objekt in der Einstellungsstruktur eines Individuums, d. h. welche Position nimmt sie in der gesamten Einstellungshierarchie ein? Je zentraler eine Einstellung, desto größer die individuelle Bedeutsamkeit eines Einstellungsobjekts für den Rezipienten.

Mit Hilfe des Begriffs der Bedeutsamkeit ("salience") versuchen Newcomb, Turner und Converse[213], die Dimension der Zentralität zu präzisieren. Das Unterscheidungskriterium ist dabei die Dauerhaftigkeit der Einstellung, die ein Merkmal der Zentralität, aber nicht der Bedeutsamkeit ist. Während z. B. eine Einstellung mit einer geringen Zentralität durch irgendwelche situationalen Bedingungen aktualisiert werden und dadurch eine kurzfristig hohe Bedeutsamkeit erlangen kann, handelt es sich bei zentralen bzw. peripheren Einstellungen um solche, die durch ihre Dauerhaftigkeit gekennzeichnet sind. Zur Klärung dieser Unterscheidung erwähnen die Autoren die Untersuchung von Stouffer[214], in der durch die Fragen eines Sozialforschers eine periphere Einstellung kurzfristig in den Vordergrund rückte. Stouffer versuchte, die Einstellungen eines repräsentativen Querschnitts der nordamerikanischen Bevölkerung zu der kommunistischen Drohung während des „kalten Krieges" festzustellen. Seine Interviewer stellten den Befragten zunächst folgende Frage: „Welche Probleme beunruhigen Sie am meisten? " Die Mehrheit der Antworten bezog sich auf zentrale Einstellungsobjekte, auf Probleme, die z. B. mit dem Beruf der Befragten, der Familie, der Gesundheit und der wirtschaftlichen Situation zusammenhingen. Weniger als 1 % der Bevölkerung gab die kommunistische Gefahr als Problem an. Die Einstellung zu diesem Objekt war demnach peripher. Als jedoch die Fragen immer konkreter wurden – z. B. „Gibt es andere, insbesondere weltpolitische Probleme, die Sie beunruhigen? " oder „Wie groß schätzen Sie die Gefahr der amerikanischen Kommunisten für dieses Land ein? " –, nahm der Prozentsatz der Antworten, in denen die kommunistische Gefahr ein bedeutsames Problem war, ständig zu (von 1 % auf 6 % und dann auf 43 %).

Bei der Bestimmung der zwei Pole auf der Dimension der Zentralität könnte angenommen werden, daß z. B. die Einstellungen eines Individuums zu sich selbst bzw. zu Objekten, die ihm sehr nahestehen, wie etwa seine Familie, sein Beruf usw., an dem einen Endpunkt dieses Kontinuums stehen, Objekte dagegen, die ihn kaum beschäftigen oder sogar unbekannt sind, sich an dem anderen Endpunkt befinden. Wiederholt wurde z. B. festgestellt, daß der Rezipient zentrale Einstellungen zu denjenigen Einstellungsobjekten hat, die er als Mittel zur Erreichung der wichtigsten, d. h. mit seinem „Ich" eng zusammenhängenden Ziele ansieht.[215]

Es ist ein bekanntes Ergebnis der Wirkungsforschung, daß die Aussagen der Überredungskommunikation, die die Absicht verfolgen, zentrale Einstellungen der Rezipienten, etwa zu religiösen Fragen oder zu politischen Parteien, zu ändern, sehr wenig Erfolg haben. "Because attitudes on such topics are, for many people, crucial to their self-images and central to clusters of related attitudes, they have occasionally been called 'ego-involved attitudes', and it has become something of a dictum that ego-involved attitudes are peculiarly resistant to conversion by mass communication – or for that matter, by other agencies."[216] Diese Auffassung wird auch durch die Experimente von Sherif und Hovland bestätigt: "In addition the greater the ego-involvement with an issue on which the individual has an established attitude, the narrower the latitude of acceptance and, consequently, the less the likelihood of opinion change through communication."[217] Ebenso hat Pilisuk[218] gezeigt, daß zentrale Einstellungen, wie etwa die Einstellung einer Person zu sich selbst, auch dann nicht geändert wurden, wenn dadurch eine Inkonsistenz bei seinen Versuchspersonen hätte reduziert werden können. In der Untersuchung von Pilisuk, die als eine Einschränkung des Konsistenzprinzips angesehen werden kann, haben die Versuchspersonen die Inkonsistenz zwischen zentralen Einstellungen toleriert und versucht, sie mit Hilfe von allen möglichen Rationalisierungen erträglicher zu machen. Der Überredungserfolg ist dagegen bei Aussagen, die auf eine Änderung peripherer Einstellungen abzielen, größer. Als Beispiel kann hier die kommerzielle Propaganda angeführt werden, in der versucht wird, Einstellungen mit geringer Zentralität — etwa gegenüber einem Waschmittel — zu beeinflussen.

Dasselbe Einstellungsobjekt, das in einer Aussage der Überredungskommunikation enthalten ist, kann für verschiedene Rezipienten ein unterschiedliches „ego-involvement"[219] haben. Welche Zentralität die Einstellung eines Rezipienten zu einem bestimmten Objekt hat, hängt letztlich von seiner gesamten Einstellungsstruktur ab, die im Laufe seiner individuellen Lernprozesse entwickelt wurde.

Wenn nun die Zentralität der Einstellungen der Rezipienten zu einem Objekt eine relevante Variable im Wirkungsprozeß der Überredungskommunikation ist, dann ist es sinnvoll, bei der Erfassung der präkommunikativen Einstellungsstruktur des Rezipienten neben der Richtung und Extremität auch diese Dimension zu berücksichtigen. Folgendes Beispiel mag die Notwendigkeit einer stärkeren Beachtung dieser Dimension in der künftigen Forschung unterstreichen.[220] Es wird angenommen, ein Rezipient sei zu einem Einstellungsobjekt, etwa einer politischen Partei, indifferent, weil er kein Interesse für Politik habe und daher wenig über diese Partei informiert sei. Weil die Einstellung dieses Rezipienten zu der Partei peripher und weder negativ noch positiv ist, würde bei der traditionellen Einstellungsmessung, die lediglich Richtung und Extremität berücksichtigt, diese Einstellung in der Nähe des Nullpunktes eingestuft. Ein anderer Rezipient interessiert sich sehr für Politik, hat eine zentrale Einstellung zu einer politischen Partei und ist über sie genauestens informiert. Seine Gefühle über sie sind aber gemischt, er ist in gleichem Maße für und gegen diese Partei. Auch diese Einstellung würde als neutral in der Nähe des Nullpunktes eingestuft. Es ist jedoch anzunehmen, daß in der — scheinbar gleichen — präkommunikativen Einstellungsstruktur der beiden Rezipienten wesentliche wirkungsrelevante Unterschiede bestehen.

Während des Wahlkampfes verbreiten die Parteien in starkem Maße Informationen über ihre Kandidaten, ihre Ziele usw. Bei dem gut informierten Rezipienten mit der zentralen Einstellung zur Politik ist eine Einstellungsänderung während des Wahlkampfes weniger wahrscheinlich als bei dem weniger informierten Rezipienten mit der peripheren Einstellung. Denn der erste Rezipient wird kaum etwas Neues über diese Partei erfahren können. Bei dem zweiten Rezipienten dagegen ist die Wahrscheinlichkeit größer, daß während des Wahlkampfes die Bedeutsamkeit seiner Einstellung kurzfristig steigt und sich durch die — für ihn — neuen Informationen seine Einstellung in die eine oder andere Richtung ändert. Die plausible Vermutung kann als Hypothese formuliert und durch eine empirische Untersuchung überprüft werden. Zur Unterstützung dieser Vermutung weisen Newcomb, Turner und Converse[221] auf die Präsidentschaftswahlen von 1960 in den Vereinigten Staaten hin, bei denen durch die Information, daß der Kandidat der Demokraten ein Katholik sei, die peripheren — als neutral registrierten — Einstellungen wenig informierter Wähler in kurzer Zeit extremer wurden, d. h. sich geändert haben.

Wegen der vermutlich hohen Korrelation zwischen Intensität und Zentralität einer Einstellung wurden bei der Bestimmung des „ego-involvement" einer Person in der Literatur beide Dimensionen herangezogen. Klapper schreibt hierzu: "One cannot, of course, simply assume that the term 'intensity' is synonymous with 'saliency' or 'commitment', the words commonly used to describe 'ego-involved' attitudes. But it would seem a logical expectation that the three factors would be closely related, and, in any case, the data clearly indicate that attitudes which are intensely held or which are particularly salient and extensively committing are particularly resistant to change."[222]

5.2.4 Komplexität, Differenziertheit und Verbundenheit des Einstellungssystems

Die Wirkungen der Überredungskommunikation können auch von weiteren charakteristischen Merkmalen der präkommunikativen Einstellungsstruktur der Rezipienten abhängen. Über die Wirkungsrelevanz der drei hier unterschiedenen Dimensionen — Komplexität, Differenziertheit und Verbundenheit — liegen keine empirischen Arbeiten vor. Dennoch häufen sich die — zunächst ungeprüften — Vermutungen über die Bedeutung dieser Dimensionen für den Einstellungswandel. Da diese Annahmen außerdem plausibel erscheinen und wahrscheinlich von der künftigen Einstellungsforschung bestätigt werden, erscheint es sinnvoll, diese Unterscheidungen vorzunehmen.

Unter Komplexität einer Einstellungskomponente wird im folgenden die Anzahl der kognitiven und affektiven Elemente in bezug auf einen Einstellungsgegenstand und unter Komplexität eines Einstellungsgefüges ("attitude cluster") die Anzahl der Einstellungen in diesem Gefüge verstanden. Wenn z. B. die Einstellung einer Person gegenüber einer politischen Partei viele kognitive und affektive Elemente hat, dann ist die kognitive und affektive Einstellungskomponente bei dieser Person komplexer als bei einer anderen Person, die nur wenig über die Partei weiß und wenige Emotionen ihr gegenüber hat. Wenn eine Person mehrere Handlungstendenzen hat, wenn sie z. B. bereit ist, Beiträge für die Partei zu zahlen, Aufgaben zu übernehmen, die Partei in verschiedener Weise zu propagieren, sie zu wählen usw., so hat diese Person dementsprechend eine komplexere Handlungskomponente als eine andere, die diese Partei nur wählt. Die Einstellungen zu Objekten wie etwa zur Religion, zur sozialen Marktwirtschaft, zu einer politischen Partei usw., sind für die meisten Einwohner der Bundesrepublik komplexer als zu anderen Objekten, wie z. B. zu einem Apfel. Außerdem dürfte das gesamte Einstellungsgefüge eines Rezipienten mit Hochschulbildung komplexer sein, als das eines Rezipienten mit Volksschulbildung. Je höher (niedriger) die Zahl der Bestandteile eines Einstellungssystems, desto größer (geringer) die Komplexität dieses Systems.[223]

Die Wahrscheinlichkeit der Änderung von Einstellungen durch die Überredungskommunikation hängt nach Krech, Crutchfield und Ballachey u. a. auch von der Dimension der Komplexität ab, die bei diesen Autoren „multiplexity" genannt wird. "A simplex attitude will be relatively more susceptible to incongruent change than will a highly multiplex attitude."[224] Zur Unterstützung dieser empirisch noch ungeprüften Behauptung wird das Beispiel eines Rezipienten mit einer antiamerikanischen Einstellung angeführt, die eine sehr geringe Komplexität aufweist, weil sie nur auf einem kognitiven Element beruht. Der Rezipient weiß bzw. glaubt, daß Amerika die Blockbildung in Europa unterstützt. Ein anderer Rezipient hat ebenfalls eine antiamerikanische Einstellung, deren Komplexität aber wesentlich größer ist; dieser weiß bzw. glaubt, daß Amerika ein kapitalistisches und militaristisches Land sei, daß die Vereinigten Staaten einen negativen Einfluß auf Südamerika und Südostasien ausüben, daß in diesem Land die Neger diskriminiert würden usw. Bei sonst gleichen Bedingungen ist die Wahrscheinlichkeit, daß durch die Überredungskommunikation eine Abschwächung oder Umkehrung der Einstellung stattfindet, beim ersten Rezipienten größer als beim zweiten, in dessen antiamerikanischer Einstellung wesentlich mehr Elemente geändert werden müssen, bis sie sich abschwächt oder ändert.

Eng mit der Komplexität hängt eine weitere Einstellungsdimension zusammen, die als „Differenziertheit" bezeichnet wird. Diese Dimension bezieht sich darauf, ob die einzelnen Einstellungsbestandteile – auf allen Ebenen des Einstellungssystems – klar differenziert sind oder ein diffuses Ganzes bilden. Wenn z. B. in der Einstellung eines Rezipienten zu den Studentendemonstrationen deutlich unterschieden wird zwischen Demonstranten der verschiedenen Hochschulgruppen, zwischen verfassungskonformen und verfassungswidrigen Handlungen, zwischen den Demonstrationsanlässen und Demonstrationsarten usw., liegt eine hohe Differenziertheit vor. Die Einstellung eines anderen Rezipienten dagegen, der glaubt, alle Studentendemonstrationen seien von Agenten gesteuert und durchgeführt, ist undifferenziert. Je schärfer (unschärfer) die Unterschiedenheit der Bestandteile im Einstellungssystem, desto höher (geringer) die Differenziertheit dieses Systems.[225] Die Fragen, die in diesem Zusammenhang vorrangig interessieren, beziehen sich darauf, ob und unter welchen Bedingungen und in welchem Ausmaß die Differenziertheit der präkommunikativen Einstellungsstruktur des Rezipienten die Wirkungen der Überredungskommunikation mitbestimmt. Dem Verfasser sind keine empirischen Arbeiten bekannt, die die Wirkungsrelevanz dieser präkommunikativen Einstellungsdimensionen untersuchen.

Ein weiteres Merkmal, aufgrund dessen sich Einstellungen unterscheiden können, bezieht sich auf das Ausmaß der Verbundenheit der Elemente in den Komponenten, der Komponenten in den Einstellungen und der Einstellungen im gesamten Einstellungsgefüge. Diese Dimension, die nach Krech, Crutchfield und Ballachey durch den Grad der Isolation oder Interrelation der Einstellungsbestandteile bestimmt wird, bezeichnen diese Autoren als "interconnectedness". Roth spricht von der Strukturiertheit eines Einstellungssystems. Hängt z. B. die Einstellung zu den Entwicklungsländern, zu Asien, Vietnam und den USA, zum Krieg, zum Kommunismus, zur Demokratie, zur Freiheit usw. eng (schwach) zusammen, dann liegt eine hohe (niedrige) Verbundenheit vor. Wenn die Einstellungen einer Person eine so strenge hierarchische Ordnung aufweisen, daß an ihrer Spitze eine Grundeinstellung, wie etwa zu einem religiösen Glauben oder zu einer Partei, steht, mit dem alle anderen Einstellungen eng verbunden sind, ist nach Krech, Crutchfield und Ballachey[226] der Fall gegeben, den man häufig als Ideologie bezeichnet. Der andere Extremfall liegt vor, wenn die einzelnen Bestandteile im Einstellungssystem kaum miteinander verbunden sind.

Die Tatsache, daß bestimmte Einstellungen stark zusammenhängen und ein sogenanntes "attitude cluster", d. h. ein integriertes Einstellungsgefüge, bilden, geht deutlich aus der bekannten Untersuchung von Adorno u. a. über die autoritäre Persönlichkeit hervor.[227] Sie stellten fest, daß bestimmte negative Einstellungen zu den Juden miteinander verbunden sind und in einer A-S-Skala zusammengefaßt werden können, die den Antisemitismus einer Person mißt. Um herauszufinden, ob die antisemitischen Einstellungen mit anderen Einstellungen verbunden sind und mit diesen ein "attitudes cluster" bilden, konstruierten die Autoren drei weitere Skalen, mit deren Hilfe sie die Einstellungen der Befragten erstens zu den Negern, zweitens zu anderen Minoritäten und drittens zu den Vereinigten Staaten als Nation ermittelten. Da sie wieder hohe Korrelationen zwischen den durch Anwendung dieser Skalen errechneten Werten feststellten, faßten sie diese drei Skalen erneut in einer Skala zusammen und nannten sie die E-Skala (Ethnozentrismus-Skala). Nachdem sie schließlich herausfanden, daß auch die Werte auf einer weiteren Skala, der F-Skala (Faschismus-Skala), sowohl mit den Werten der E-Skala als auch mit denen der A-S-Skala hoch korrelierten, wurden die Autoren in ihrer Auffassung bestärkt, daß alle diese Einstellungen in einem breiteren Einstellungsgefüge integriert sind, das selbst Bestandteil einer Persönlichkeitsstruktur, nämlich der autoritären Persönlichkeit ist.

Die Relevanz dieser Einstellungsdimension der Verbundenheit für den Wirkungsprozeß der Überredungskommunikation ist durch empirische Arbeiten kaum untersucht worden. Eine Arbeit, in der nur beiläufig auch auf diese Dimension hingewiesen wird, sei hier angeführt. Bei der experimentellen Überprüfung des Konsistenzprinzips, das weiter unten noch ausführlicher behandelt wird, stellte McGuire[228] fest, daß der durch die Überredungskommunikation bewirkte Einstellungswandel sich nicht nur auf den in der Aussage propagierten Einstellungsgegenstand beschränkt. Auch andere damit verbundene Einstellungen wurden dahingehend geändert, daß sich eine größere Konsistenz zwischen diesen Einstellungen ergab.

Da keine empirischen Arbeiten über diese Frage vorliegen, könnte man auf eine Alltagserfahrung hinweisen, die zeigt, wie schwierig es ist, Personen zu beeinflussen, deren Einstellungen eine hohe Verbundenheit aufweisen, z. B. Personen, die eine Ideologie vertreten. Es wird nicht leicht sein, mit Hilfe einiger in der Aussage der Überredungskommunikation enthaltenen Tatsachen und/oder Ansichten z. B. über Indochina und den Vietnamkrieg die Einstellung eines Rezipienten zum Vietnamkrieg zu ändern, wenn sie mit seinen Einstellungen zu Asien, zum Krieg, zum Kommunismus, zur Demokratie usw. eng zusammenhängt. Leichter dagegen wird der Rezipient einer antisemitischen Aussage ein Antisemit werden, wenn seine Einstellung zu den Juden kaum mit seinen anderen Einstellungen z. B. zur christlichen Nächstenliebe, zur Gleichheit, zur Toleranz usw. verbunden ist. Von diesen Überlegungen ausgehend könnte im Anschluß an Krech, Crutchfield und Ballachey die — noch zu überprüfende — Hypothese aufgestellt werden, daß " ... attitudes which are tied to other attitudes with high affective loadings will be relatively resistant to forces applied to change them in an incongruent direction, because the emotionality in the entire cluster, as it were, will be mobilized to resist change."[229]

Eine interessante Frage, die hier aufgeworfen werden kann, deren Beantwortung aber der künftigen Einstellungsforschung vorbehalten bleibt, bezieht sich auf die Beziehungen zwischen den drei hier beschriebenen Einstellungsdimensionen und der Zentralität. Die Dimensionen der Komplexität, Differenziertheit und Verbundenheit hängen sehr eng zusammen. Ein Rezipient, der z. B. in bezug auf ein Einstellungsobjekt, etwa in bezug auf Australien, nur ein einziges kognitives Element hat, kann nur eine völlig undifferenzierte Einstellung zu Australien haben, die auch keine Verbundenheit aufweist. Erhöht sich nun die Anzahl der Kognitionen und Emotionen — d. h. die Komplexität — in der Einstellung des Rezipienten zu Australien, dann wird mit großer Wahrscheinlichkeit auch die Differenziertheit und Verbundenheit dieser Einstellung steigen. Die Frage nach dem unterschiedlichen Ausmaß von Differenziertheit und Verbundenheit einer Einstellung ist also nur dann sinnvoll, wenn eine bestimmte Komplexität vorausgesetzt werden kann. Aus diesem Grunde wurden hier diese drei Dimensionen im Zusammenhang besprochen.

Auch die Dimension der Zentralität hängt mit diesen drei Dimensionen eng zusammen. Man kann sich zwar eine zentrale Einstellung mit einer geringen Komplexität und eine periphere Einstellung mit einer hohen Komplexität vorstellen. Dennoch ist es anzunehmen, daß in der Regel diese Dimensionen eng miteinander zusammenhängen und daß somit ein Rezipient mit einer zentralen Einstellung, z. B. zu einer politischen Partei, auch mehr kognitive und affektive Elemente in bezug auf diese Partei hat als ein anderer Rezipient mit einer peripheren Einstellung. Denn wenn eine Person sich für ein Einstellungsobjekt interessiert, d. h. eine zentrale Einstellung zu diesem Objekt hat, wird sie vermutlich mehr Informationen sammeln und dadurch die Komplexität der Einstellung zu diesem Objekt steigern. Mit zunehmender Information kann wiederum sein Interesse an diesem Einstellungsobjekt steigen.

Über den Zusammenhang zwischen dem Ausmaß an Informationen, die ein Rezipient über ein Objekt vor dem Empfang einer Aussage hat, und dem Einstellungswandel stellen Newcomb, Turner und Converse folgende Hypothese auf: " . . . attitudes about an object are more subject to change through contradictory incoming information when the existing mass of stored information about the object is smaller."[230]

Die Autoren nehmen ferner an, daß der Einstellungswandel auch von der Zentralität einer Einstellung abhängt und daß eine hohe Korrelation zwischen dem Einstellungswandel und dem Ausmaß der Zuwendung zu neuen Informationen über dieses Einstellungsobjekt besteht. Diese Hypothesen können graphisch wie folgt dargestellt werden:

Hypothetische Beziehungen zwischen dem Einstellungswandel und dem Ausmaß der Zuwendung zu neuen Informationen und/oder der präkommunikativen Komplexität und/oder der Zentralität einer Einstellung[231] :

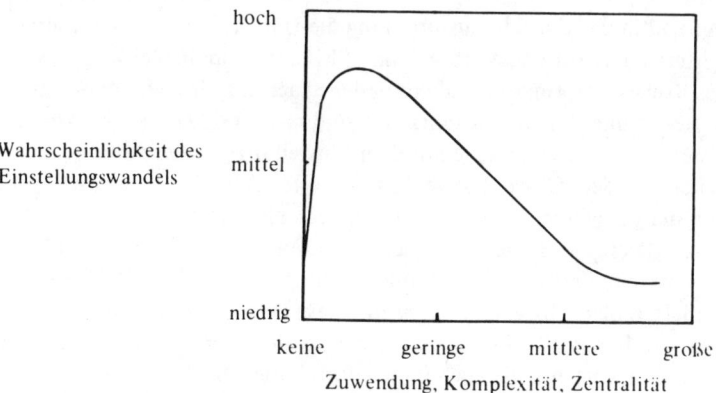

Die Kurve zeigt, daß je geringer (größer) die Zuwendung zu neuen Informationen und/oder die Komplexität und/oder die Zentralität der präkommunikativen Einstellung des Rezipienten, desto höher (niedriger) die Wahrscheinlichkeit des Einstellungswandels. Die vom Nullpunkt steil ansteigende Linie deutet darauf hin, daß der Empfang eines Mindestmaßes an Informationen Voraussetzung für den Einstellungswandel ist. Wenn also kein Informationszufluß stattfindet, ist auch kein Einstellungswandel möglich.

Diese Hypothesen über den Zusammenhang zwischen dem Einstellungswandel und den Dimensionen der präkommunikativen Einstellungsstruktur müssen noch empirisch überprüft werden. Aus älteren Arbeiten liegen aber bereits einige Ergebnisse vor, die zur Unterstützung dieser Hypothesen angeführt werden können. Sowohl in den älteren Wahlstudien der Columbia Universität als auch in neueren Untersuchungen des Wahlverhaltens wird übereinstimmend festgestellt, daß die wenigen Rezipienten, die z. B. durch die Aussagen der Massenkommunikation ihre Einstellung zu einer Partei ändern, in der Regel auch diejenigen sind, die periphere Einstellungen zur Politik, geringe Informationen über die Partei haben und die sich während des Wahlkampfes den politischen Informationen der Massenmedien nur wenig zuwenden. Dieses etwas paradoxe Ergebnis könnte durch die Untersuchung der verschiedenen hier zur Diskussion gestellten Einstellungsdimensionen erweitert und präzisiert werden. Dabei wäre es erforderlich zu fragen, ob die Einstellungen der Rezipienten mit einem geringen Informationsgrad bezüglich dieser Partei auch tatsächlich eine geringe Extremität, Intensität, Zentralität usw. aufweisen.

5.2.5 Konsistenz des Einstellungssystems

Von der Anzahl der Bestandteile in einem Einstellungssystem hängt die Komplexität ab, von der Schärfe, nach der diese Bestandteile unterschieden werden, die Differenziertheit und von dem Integrationsgrad der Bestandteile hängt die Verbundenheit des Systems ab. Eine weitere Einstellungsdimension bezieht sich nun auf die subjektive Vereinbarkeit bzw. die Konsistenz zwischen den Bestandteilen eines Einstellungssystems.

Während in der Einstellungsforschung die Dimensionen der Zentralität, Komplexität, Differenziertheit und Verbundenheit bislang kaum berücksichtigt wurden, findet das Konsistenzprinzip vor allem in der neuen sozialpsychologischen Literatur starke Beachtung. Im letzten Jahrzehnt sind mehrere theoretische Ansätze über die Konsistenz im Zusammenhang mit dem Einstellungswandel durch Kommunikation formuliert worden. Obwohl diese Ansätze unterschiedlich bezeichnet werden, gehen alle von der Annahme aus, daß Personen nach einer „konsonanten"[232], „kongruenten"[233], „gleichgewichtigen"[234], „konsistenten"[235], „symmetrischen"[236] Einstellungsstruktur streben und ihre Einstellungen dahingehend ändern, daß dieser Zustand aufrechterhalten bleibt bzw. erreicht wird. Diese Dimension bezieht sich auf alle drei Ebenen – d. h. auf die Ebenen der Elemente, der Komponenten und der Einstellungen – im Einstellungssystem, die auch in der Forschung berücksichtigt wurden. So untersuchten z. B. Festinger vor allem die Konsistenz zwischen den kognitiven und affektiven Elementen, Rosenberg die Konsistenz zwischen zwei Komponenten, Heider und auch Osgood und Tannenbaum die Konsistenz zwischen Einstellungen.

In diesem Zusammenhang ist in Übereinstimmung mit den Ergebnissen der Wirkungsforschung festzustellen, daß das Ausmaß der Konsistenz im präkommunikativen Einstellungssystem der Rezipienten sowohl die Selektion, die Interpretation und das Behalten von Aussagen als auch die Wirkungen dieser Aussagen entscheidend mitbestimmt.[237] Wenn ein Rezipient vor der Zuwendung zu einer Aussage der Überredungskommunikation eine inkonsistente Einstellung hat und die empfangene Aussage in der Lage ist, die vom Rezipienten erwünschte Konsistenz wiederherzustellen, dann ist die Wahrscheinlichkeit einer Einstellungsänderung größer, als wenn die präkommunikative Einstellungsstruktur von vornherein keine Inkonsistenz aufweist.

Bevor nun im nächsten abschließenden Teil mit der Darstellung des Konsistenzprinzips, der Ableitung einiger Grundhypothesen aus diesem Prinzip sowie mit einer kritischen Betrachtung der Brauchbarkeit dieser homöostatischen Ansätze für die Erklärung des Wirkungsprozesses der Überredungskommunikation begonnen wird, seien noch einige zusammenfassende Bemerkungen zu den hier besprochenen Einstellungsdimensionen angefügt.

5.2.6 Zusammenfassung

In der Wirkungsforschung herrscht übereinstimmend die Auffassung, daß die Persönlichkeit des Rezipienten die zentrale Variable im Wirkungsprozeß der Überredungskommunikation ist. Diese Auffassung ist vor allem darin begründet, daß auch alle anderen wirkungsrelevanten Faktoren, die etwa in der Aussage der Überredungskommunikation und der Situation während und nach dem Empfang einer Aussage liegen, erst von dem Rezipienten wahrgenommen werden müssen, somit also nur im Zusammenhang mit seinen Persönlichkeitsfaktoren wirksam werden können.

Im vorigen Kapitel wurde darauf hingewiesen, daß verschiedene Wirkungsforscher bei dem Versuch, auf diese zentrale Variable Bezug zu nehmen, außer den Einstellungen auch andere Persönlichkeitsfaktoren, wie z. B. Prädispositionen, Interessen, Ansichten, Meinungen, psychologische Struktur, motivationale Struktur usw., verwendet haben. Statt dieser Vielfalt der Begriffe wurde hier der arbeitsfähigere Einstellungsbegriff vorgeschlagen, auf dessen Vorteile an anderer Stelle eingegangen wurde. Im Anschluß an Krech, Crutchfield und Ballachey; Newcomb, Turner, Converse und Roth wurde hier die Auffassung vertreten, daß die Brauchbarkeit des Einstellungsbegriffs für die Determination individuellen Verhaltens und für die Erforschung der Wirkungen der Überredungskommunikation erheblich steigen kann, wenn dieser Begriff stärker differenziert wird.

Im Gegensatz zu der bisherigen Einstellungsforschung, die sich fast ausschließlich auf die Messung der Richtung und Extremität von Einstellungen konzentrierte, wäre es demnach erforderlich, auch andere Einstellungsdimensionen zu unterscheiden und ihre Messung zu versuchen. Von dieser Überlegung ausgehend, wurden hier die möglichen Einstellungsdimensionen zur Diskussion gestellt und auf ihre Relevanz für die Wirkungen der Überredungskommunikation hingewiesen. Es muß jedoch betont werden, daß es sich erst bei dem Versuch der Operationalisierung und meßtechnischen Erfassung dieser Dimensionen zeigen wird, ob diese Unterscheidungen bei dem augenblicklichen Stand der Meßinstrumente sinnvoll sind.[238] Dabei wäre es auch erforderlich zu prüfen, wie die einzelnen Dimensionen miteinander zusammenhängen, inwieweit sie sich überschneiden usw. Es wäre z. B. aufschlußreich festzustellen, ob und inwieweit das Ausmaß der Information, die ein Rezipient über ein Einstellungsobjekt hat, ein brauchbarer Indikator für die Erfassung der Komplexität, Differenziertheit und Verbundenheit dieser Einstellung ist.

In diesem Kapitel wurde ferner darauf hingewiesen, daß mit Hilfe des differenzierten Einstellungsbegriffs zahlreiche Hypothesen der Wirkungsforschung, die sich auf die Determinanten des Einstellungswandels durch die Überredungskommunikation beziehen und bislang zusammenhanglos nebeneinander stehen, systematisiert werden können. Die Fragen z. B., ob eine Aussage für den Rezipienten extreme Stellungnahmen enthält, hohes „ego-involvement" aufweist, ob das in der Aussage angesprochene Objekt mit anderen Einstellungsobjekten des Rezipienten verbunden ist und mit ihnen in Einklang steht, können mit Hilfe einer einzigen determinierenden Variablen, nämlich der präkommunikativen Einstellungen der Rezipienten, weitgehend geklärt werden.

Von dieser Überlegung ausgehend und trotz der geringen Zahl empirischer Arbeiten über diese Variable wagen Krech, Crutchfield und Ballachey die Aufstellung folgender Hypothese: "Congruent change (gemeint ist die Einstellungsbekräftigung – Anm. d. Verf.) ist relatively easier the more extreme, multiplex, consistent, interconnected, consonant, want serving, and centrally valued the attitude."[239] Dieselbe Hypothese kann auch für die Abschwächung und Umkehrung formuliert werden: Eine Abschwächung, vor allem aber eine Umkehrung von Einstellungen ist um so unwahrscheinlicher, je extremer, zentraler, komplexer, differenzierter, verbundener und konsistenter die präkommunikativen Einstellungen des Rezipienten sind. In einem ersten Schritt könnte in der Wirkungsforschung z. B. damit begonnen werden, diese umfassende Hypothese in einzelne Hypothesen aufzulösen, in denen jeweils eine Einstellungsdimension die determinierende Variable ist. In einem weiteren Schritt könnte dann der Versuch unternommen werden, folgende weitaus schwierigere Frage zu beantworten: Wie stark ist der relative Einfluß der einzelnen Dimensionen auf den Einstellungswandel?

Der Grund für die Erläuterung dieser Dimensionen ist also vor allem darin zu sehen, daß ein differenzierter Einstellungsbegriff der Wirkungsforschung wesentliche Anregungen geben kann. Dieses Einstellungskonzept kann zur Formulierung brauchbarer Hypothesen und damit zur Erklärung des Wirkungsprozesses der Überredungskommunikation beitragen.

6. Theoretische Ansätze über den Einfluß der präkommunikativen Einstellungsstruktur des Rezipienten auf Bildung und Änderung von Einstellungen

6.1 Die Konsistenzmodelle

Viele Ergebnisse der Wirkungsforschung sind — wie wir in der Hypothesensammlung gesehen haben — widersprüchlich und spiegeln den deutlichen Theorienmangel in diesem Bereich wider. Zu dieser Situation bemerkt Brown jedoch: "In recent years the topic of attitude change has picked up in interest because of a series of audacious attempts at systematic theory, all of them utilizing the same principle, the principle of cognitive consistency. The human mind, it seems, has a strong need for consistency and attitudes are generally changed in order to eliminate some inconsistency."[240]

Wenn man die Geschichte und Entwicklung verschiedener Wissenschaften verfolgt, begegnet man nach Merton[241] häufig Perioden, in denen einzelne Wissenschaftler, die nur wenig oder kaum miteinander in Kontakt standen, sehr ähnliche Gedanken entwickelt haben. Eine solche Periode in der Psychologie und Sozialpsychologie sind die zwei Jahrzehnte zwischen 1944 und 1964, in denen alle Varianten der Konsistenzmodelle entwickelt wurden.[242] Obwohl diese theoretischen Ansätze unterschiedlich bezeichnet werden, so gehen doch alle — wie gesagt — von der Grundannahme aus, daß Personen nach Konsistenz innerhalb und/oder zwischen ihren Einstellungen und/oder zwischen ihren Einstellungen und ihrem Verhalten streben. Die Grundannahme in den verschiedenen Ansätzen, die wir im folgenden Konsistenzmodelle nennen werden, ist weder neu, noch beschränkt sie sich nur auf den Bereich der Psychologie. In der Vergangenheit wurde wiederholt und in verschiedenen Wissenschaften auf solche Tendenzen zum „Gleichgewicht" bzw. zur „Harmonie" hingewiesen.

Die systematische Formulierung von theoretischen Ansätzen in den Sozialwissenschaften mit Hilfe des Konsistenzprinzips beginnt aber erst mit dem 1944 veröffentlichten Aufsatz von Heider [243], in dem er zum ersten Mal auf eine Tendenz zum Gleichgewicht zwischen „Einstellungen" und „Kausaleinheiten" (causal units) hinwies. Diese ersten Gedanken zur "Balance Theory" wurden später von Heider selbst ausführlicher dargestellt.[244] Eine Formalisierung der Gleichgewichtstheorie unternahm Cartwright und Harary.[245] Eine Erweiterung und Präzisierung erfuhr der Ansatz von Heider durch die Arbeit von Rosenberg und Abelson[246], auf die wir noch eingehen werden. Außerdem werden wir das Kongruenzmodell von Osgood und Tannenbaum[247], das Modell der affektiven-kognitiven Konsistenz von Rosenberg[248] und die Theorie der kognitiven Dissonanz von Festinger[249] kurz schildern. Auf die interessanten Ansätze von McGuire[250], Kelman[251] und Newcomb[252] werden wir dagegen nicht eingehen, weil in diesen Modellen das Konsistenzprinzip eine geringere Rolle spielt.

Das Gleichgewichtsmodell von Rosenberg und Abelson stellt eine Weiterentwicklung des zuerst 1958 in einem Aufsatz von Abelson und Rosenberg[253] entwickelten Modells dar. Grundbegriffe in diesem Modell sind die kognitiven Elemente und die kognitiven Relationen. Kognitive Elemente sind Einstellungsobjekte, d. h. konkrete oder abstrakte Objekte, wie z. B. Personen, Ideen, Institutionen usw. die affektiv geladen sind. Zu diesen Objekten kann eine Person eine positive (+), neutrale (0) oder negative (-) Einstellung haben. Kognitive Relationen sind die Verbindungen zwischen den kognitiven Elementen. Eine Relation ist positiv (p), wenn das eine kognitive Element das andere „mag", „unterstützt", „verteidigt", usw., z. B. „Peter verteidigt seinen Hund". Eine Relation ist negativ (n), wenn das eine kognitive Element das andere „nicht mag", „ablehnt", „bekämpft" usw., z. B. „Peter bekämpft den Wolf". Eine neutrale Relation liegt vor, wenn das eine Element „unabhängig von", „indifferent gegenüber" usw. dem anderen Element ist, z. B. „Peter hat den Streit nicht verursacht".

Zwei oder mehrere kognitive Elemente, die miteinander verbunden sind, bilden eine kognitive Einheit („cognitive unit"). Die Definition des Gleichgewichts erfolgt in diesem Modell anhand der Vorzeichen der Elemente und der Art der Relationen zwischen den Elementen in einer kognitiven Einheit.[254] Gleichgewicht in einer kognitiven Einheit, die nur aus zwei Elementen besteht, liegt vor:

a) wenn in der Wahrnehmung einer Person zwei Elemente mit gleichen Vorzeichen in positiver Relation zueinander stehen (+ p + oder − p −). Zum Beispiel: „(+) Peter, den ich mag, verteidigt (p) den (+) Hund, den ich mag", oder „(−) Ulf, den ich hasse, spielt mit (p) der (−) Katze, die ich hasse."

b) wenn in der Wahrnehmung einer Person zwei Elemente mit unterschiedlichen Vorzeichen in negativer Relation zueinander stehen, (+ n −). Zum Beispiel: „ (+) Peter, den ich mag, bekämpft (n) den (−) Wolf, den ich hasse."

Ungleichgewicht in einer kognitiven Einheit, die nur aus zwei Elementen besteht, liegt vor:

a) wenn in der Wahrnehmung einer Person zwei Elemente mit gleichen Vorzeichen in negativer Relation zueinander stehen, (+ n + oder − n −). Zum Beispiel: „(+) Peter, den ich mag, quält (n) den (+) Hund, den ich mag", oder „ (−) Ulf, den ich hasse, verabscheut (n) den (−) Wolf, den ich hasse."

b) wenn in der Wahrnehmung einer Person zwei Elemente mit unterschiedlichen Vorzeichen in positiver Relation zueinander stehen, (+ p −). Zum Beispiel: „(+) Peter, den ich mag, spielt mit (p) der (−) Katze, die ich hasse."

Ein Gleichgewicht bzw. Ungleichgewicht in einer kognitiven Einheit kann also demnach leicht erkannt werden: Wenn eine kognitive Einheit aus drei positiven Werten (Vorzeichen und Relationen) oder zwei negativen und einem positiven Wert besteht, befindet sie sich im Gleichgewicht. Wenn dagegen drei negative Werte oder zwei positive und ein negativer Wert vorliegen, befindet sich die kognitive Einheit im Ungleichgewicht.

Im Gegensatz zu anderen Konsistenztheoretikern betonen Rosenberg und Abelson, daß das Vorhandensein eines Ungleichgewichts nicht ausreicht, um eine Person zur

Beseitigung dieses Ungleichgewichts zu motivieren. Es ist in diesem Modell erforderlich, daß die Person über die Vorzeichen der Elemente und die Art der Relationen nachdenkt, d. h. daß das Ungleichgewicht der Person bewußt wird, ehe sie zu einem Wandel motiviert wird. Unentdeckte Ungleichgewichte lösen also keine Tendenz zum Gleichgewicht aus.

In diesem Modell werden von einer Reihe möglicher Wege zur Beseitigung oder Reduktion eines Ungleichgewichts nur folgende drei genannt[255]:

a) Änderung eines oder mehrerer Vorzeichen von Elementen und/oder Änderung der Art einer oder mehrerer Relationen;

b) Umdefinition oder „Differenzierung" eines oder mehrerer kognitiver Elemente. Beispiel: Nehmen wir an, daß in einer kognitiven Einheit folgendes Ungleichgewicht besteht: (+) Zigaretten fördern (p) den (−) Lungenkrebs. Das Ungleichgewicht wird durch folgende Differenzierung des kognitiven Elements „Zigarette" beseitigt: (+) Filterzigaretten fördern nicht (n) den (−) Lungenkrebs.

c) Aufhören, über die Elemente und ihre Relationen nachzudenken.

Die drei wichtigen Hypothesen des Gleichgewichtsmodells, die von Rosenberg und Abelson in zwei sehr einfallsreichen Experimenten überprüft und bestätigt wurden, lauten:

1. Wenn sich die Einstellungsstruktur einer Person im Ungleichgewicht befindet und der Person dieser Zustand bewußt ist, dann wird sie versuchen, das Ungleichgewicht − durch Änderung der Vorzeichen der Elemente und/oder der Art der Relationen oder durch Differenzierung der Elemente oder durch „aufhören zu denken" − zu beseitigen oder zu reduzieren.

2. Wenn sich die Einstellung einer Person im Ungleichgewicht befindet und der Person dieser Zustand bewußt ist, dann wird sie diejenige Möglichkeit zur Beseitigung oder Reduktion dieses Zustandes wählen, die ihr am mühelosesten erscheint.

Um die zweite Hypothese zu prüfen, präsentierten Rosenberg und Abelson ihren Versuchspersonen, die ein Ungleichgewicht in ihrer Einstellungsstruktur aufwiesen, drei verschiedene Aussagen. Die erste enthielt solche Informationen, mit deren Hilfe die Wiederherstellung des Gleichgewichts leicht − d. h. durch die Änderung nur eines Wertes (eines Vorzeichens oder einer Relation) − ermöglicht wurde. Die zweite Aussage enthielt Informationen, mit deren Hilfe die Wiederherstellung des Gleichgewichts schwerer − nämlich durch Änderung zweier Werte − möglich war. Die dritte Aussage enthielt Informationen, mit deren Hilfe die Wiederherstellung des Gleichgewichts am schwersten − nämlich durch Änderung dreier Werte − ermöglichst wurde. Dabei stellten die Autoren zunächst fest, daß von den Versuchspersonen die erste Aussage am häufigsten und die zweite häufiger als die dritte ausgewählt wurde.

In den Experimenten wurde ferner gezeigt, daß die Bereitschaft, eine Aussage der Überredungskommunikation aufzunehmen, dann am größten war, wenn diese Aussage den einfachsten Weg der Beseitigung des Ungleichgewichts darstellte und zugleich die Befriedigung der Bedürfnisse des Rezipienten ermöglichte. Wenn aber die Aussage nur einen einfachen Weg zur Wiederherstellung des Gleichgewichts bot, dieser Weg aber die Befriedigung bestimmter Bedürfnisse des Rezipienten blockierte, dann waren die Versuchspersonen geneigt, auch andere Aussagen auszuwählen, die zwar einen mühevolleren Weg zur Lösung des Ungleichgewichts anboten, dafür aber − zugleich − die Befriedigung eines Bedürfnisses beim Rezipienten ermöglichten.

3. Wenn die Einstellung einer Person sich um Ungleichgewicht befindet und der Person dieser Zustand bewußt ist, dann strebt sie nicht nur eine mühelose Beseitigung oder Reduktion dieses Zustandes an, sondern auch eine Maximierung des potentiellen Nutzens und Minimierung des potentiellen Schadens.

Aus den Ergebnissen ihrer Untersuchung geht nach den Worten von Rosenberg und Abelson hervor, daß " . . . in addition to a force propelling the individual toward the redress of imbalance as heretofore defined, another major force may be operative. *This second force is conceived as driving the individual toward the maximization of potential gain and the minimization of potential loss.* . . . In general, by 'gain' or 'loss' we mean the fulfillment or frustration of motives *other* than those driving the individual toward formal cognitive balance."[256] Rosenberg und Abelson gehen nicht darauf ein, ob und unter welchen Bedingungen das Konsistenzstreben stärker oder schwächer ist als andere Motive, sondern weisen nur auf die Notwendigkeit hin, diese Fragen in späteren Untersuchungen zu klären. Mit ihrem Ergebnis schneiden sie aber ein zentrales Problem an, das gegenwärtig viel diskutiert wird. Bei dieser Diskussion geht es einmal um die Frage, ob man das Konsistenzstreben als ein Motiv unter anderen Motiven verstehen soll, und zum anderen darum, ob es möglich ist, den Konsistenzansatz mit den verschiedenen motivationalen Ansätzen zu integrieren. Hierbei ist vor allem an den „funktionalen" Ansatz zur Bildung und Änderung von Einstellungen gedacht, der von der Forschungsgruppe um Katz an der Michigan Universität entwickelt wurde.[257] Auf das zentrale Problem einer Integration dieser beiden theoretischen Ansätze werden wir noch kurz eingehen.

6.1.2 Das Kongruenzmodell

Von allen Konsistenztheorien weist das Kongruenzmodell von Osgood und Tannenbaum die präziseste Formulierung auf. In diesem 1955 entwickelten Modell, in dem einige Hypothesen über die Richtung und das Ausmaß des Einstellungswandels aufgestellt werden, gehen die Autoren von der Annahme aus, daß Personen eine Kongruenz zwischen einer neuen Einstellung und ihrer präkommunikativen Einstellungsstruktur anstreben. " . . . changes in evaluation are always in the direction of increased congruity with the existing frame of referende."[258]

Grundlegende Elemente in diesem Modell sind, wie bei der Gleichgewichtstheorie, die Einstellungsobjekte.[259] Zur Messung der Richtung und Extremität der Einstellung einer Person zu einem dieser Objekte wurde eine 7-Punkt-Skala (von + 3 über 0 bis −3) verwendet, die später von Osgood, Suci und Tannenbaum[250] bei der Entwicklung der Technik des semantischen Differentials verfeinert wurde. Weitere Elemente in dem Modell sind die Verbindungen — „bonds" — zwischen den Einstellungsobjekten. Sie können assoziativ(das entspricht den positiven Relationen im Gleichgewichtsmodell) oder dissoziativ (negative Relationen) sein. Eine assoziative Verbindung zwischen zwei kognitiven Objekten liegt vor, wenn z. B. das eine Objekt das andere „billigt", eine dissoziative dagegen, wenn das eine Objekt das andere „mißbilligt".

Kongruenz in der Einstellungsstruktur einer Person herrscht dann,

a) wenn assoziative Verbindungen zwischen Objekten mit gleicher Skalenposition (d. h. mit der gleichen Richtung, gleichen Extremität) bestehen und

b) wenn dissoziative Verbindungen zwischen Objekten mit gleicher Extremität, aber unterschiedlicher Richtung, d. h. anderem Vorzeichen, bestehen.

Inkongruenz dagegen liegt vor,

a) wenn assoziative Verbindungen zwischen positiv oder negativ bewerteten Objekten mit unterschiedlicher Extremität und

b) wenn dissoziative Verbindungen zwischen Objekten mit unterschiedlicher Richtung und unterschiedlicher Extremität bestehen.

Wenn die Einstellungsstruktur einer Person einen dieser Inkongruenzfälle aufweist, dann wird eine Tendenz zur Beseitigung der Inkongruenz ausgelöst. Die Stärke dieser Tendenz kommt nach diesem Modell in dem gesamten Weg, der auf der Skala zurückgelegt werden muß, bis die Kongruenz wiederhergestellt ist, zum Ausdruck. Die Stärke der Tendenz zum Gleichgewicht ist gleich der Differenz zwischen dem tatsächlichen Skalenwert einer Einstellung und dem Skalenwert, der bei Kongruenz eingenommen werden müßte. Ein neuer Gedanke dieses Modells ist, daß je extremer die Einstellung zu einem Objekt ist, desto geringer der Weg sein wird, den diese Einstellung zur Erreichung der Kongruenz auf der Skala zurücklegen wird. Osgood und Tannenbaum formulieren ihre Annahme präzise: "In terms of producing attitude change, the total pressure toward congruity is distributed between the objects of judgment associated by an assertion in inverse proportion to their separate degrees of polarization."[261]

Der in empirischen Untersuchungen häufig getroffenen Feststellung, daß man einerseits nur assoziative Verbindungen zwischen Einstellungsobjekten mit gleichen Vorzeichen erwartet (z. B. Eisenhower +3 fördert die Pressefreiheit+2), daß man jedoch andererseits Informationen über assoziative Verbindungen zwischen Objekten mit ungleichen Vorzeichen (z. B. Eisenhower +3 unterstützt den Kommunismus − 3) als unglaubwürdig ansieht, trägt das Modell Rechnung. Ein Korrekturfaktor − "correction for incredulity" − wird dann berücksichtigt, wenn dissoziative Relationen zwischen Einstellungsobjekten mit gleichen Vorzeichen und assoziative zwischen Objekten mit ungleichen Vorzeichen bestehen. Der Korrekturfaktor wird von dem hypothetischen Wandel − der andernfalls eintreten würde − abgezogen.

Ein weiterer Korrekturfaktor ist die "assertion constant", die eingeführt wurde, weil die Autoren von folgender Annahme ausgehen: Wenn A (Aussagender, "source") etwas über B (Objekt, "concept") sagt und diese Beziehung inkongruent ist, dann werden sowohl A als auch B sich in Richtung auf Kongruenz bewegen. Das Objekt B wird aber nach Osgood und Tannenbaum[262] einen größeren Wandel durchmachen als der Aussagende A. Die Implikationen dieser Annahme sind für die Kommunikationsforschung besonders relevant, weil hier eine Aussage immer durch einen Kommunikator und/oder ein Massenmedium verbreitet wird. Aus diesem Grunde wollen wir mit Hilfe eines Beispieles etwas näher darauf eingehen.

Nehmen wir z. B. an, zwei positive Einstellungsobjekte sind assoziativ miteinander verbunden, z. B. Eisenhower +3 (Kommunikator) lobt Nixon +1 (Einstellungsobjekt). Zur Herstellung des Gleichgewichts würden sich nach den bisherigen Aussagen des Modells beide Einstellungen in Richtung auf Kongruenz bewegen. Da nach Osgood und Tannenbaum das Ausmaß des Wandels einer Einstellung in umgekehrtem Verhältnis zu ihrer Skalenposition bzw. zu ihrer Extremität steht, wird die Einstellung zu Eisenhower 1/4, die zu Nixon 3/4 des Weges auf der Einstellungsskala zurücklegen. Die Kongruenz wäre bei + 2,5 erreicht (z. B. Eisenhower + 2,5 lobt Nixon + 2,5). Will man jetzt den oben genannten Korrekturfaktor berücksichtigen, der in dem Experiment von Tannenbaum[263] ± 0,17 (einer Einheit auf der 7-Punkt-Skala) lag, dann wird das Objekt – Nixion – einem noch stärkeren Wandel unterworfen sein als der Aussagende – Eisenhower – (Eisenhower + 2,67 lobt Nixon + 2,67).

Dieses Modell und seine Vor- und Nachteile gegenüber den anderen Ansätzen werden bei Brown ausführlich dargestellt. Dennoch soll abschließend auf drei Gedanken hingewiesen werden, die von Osgood und Tannenbaum zum ersten Mal in die Diskussion des Konsistenzprinzips gebracht wurden:

a) Eine Inkongruenz liegt vor, wenn zwei Einstellungen nicht nur eine unterschiedliche Richtung, sondern auch eine unterschiedliche Extremität aufweisen.

b) Der von einer Inkongruenz ausgelöste Druck – zur Wiederherstellung der Kongruenz – wird auf beide, zueinander in inkongruentem Verhältnis stehenden Einstellungen ausgeübt.

c) Dieser Druck auf eine Einstellung wird um so größer sein, je geringer die Extremität dieser Einstellung ist.[264] Der große Nachteil dieses stark formalisierten Modells besteht darin, daß einige seiner quantitativen Voraussagen weder plausibel sind noch empirisch überprüft wurden. Nach Brown hat Tannenbaum in seiner bereits zitierten Arbeit lediglich den Nachweis erbracht, daß nur die Grundannahmen des Modells zutreffen. Brown stellt fest, daß "much of the quantitative detail in the model is intuitively dubious and unsupported by published data."[265]

6.1.3 Das Modell der affektiven – kognitiven Konsistenz

Während sich die beiden bisher geschilderten Konsistenzmodelle mit dem Gleichgewicht bzw. der Kongruenz zwischen Einstellungen zu verschiedenen Objekten befassen, untersucht der Ansatz von Rosenberg[266] die Konsistenz zwischen der affektiven und kognitiven Komponente einer Einstellung zum gleichen Objekt. Seinen Ansatz bezeichnet er auch als "A Structural Theory of Attitude Dynamics", weil er von der Struktur einer Einstellung ausgeht. Er untersucht zunächst die Frage nach der Beziehung der Komponenten in einer Einstellung und dann nach dem Prozeß, der stattfindet, wenn diese Einstellung einem Wandel unterworfen wird.

Der ersten dieser Fragen ging Rosenberg[267] in einer älteren Arbeit nach. Dabei versuchte er, die Begriffe „affektive" und „kognitive" Komponente zu operationalisieren und sie genauer, als es bis zu diesem Zeitpunkt der Fall war, zu messen. Die Affektionen von 117 Studenten gegenüber einem Einstellungsobjekt – Redefreiheit für die kommunistische Partei – erfaßte er mit Hilfe einer 5-Punkte-Skala, die von extremer Billigung bis zur extremen Mißbilligung dieses Objektes reichte. Bei der Operationalisierung der Kognitionen ("beliefs") ging er davon aus, daß die Kognitionen einer Person in bezug auf ein Einstellungsobjekt mit einigen ihrer Ziele zusammenhängen und daß diese Ziele eine unterschiedliche Bedeutung für die Person haben können. Drei bis fünf Wochen nach der Erfassung der Affektionen präsentierte er den Studenten 35 solcher Ziele (wie z. B. „von anderen geachtet sein", „hohes Einkommen beziehen" usw.), die zunächst auf einer 21-Punkt-Skala nach ihrer Bedeutung — "value importance" — eingestuft werden sollten. Das Kriterium für die Bedeutung und daher für die Einstufung dieses Zieles war das Ausmaß der Befriedigung, die die Erreichung dieses Zieles den Versuchspersonen verschaffen würde (von maximaler Befriedigung + 10 bis zur maximalen Nicht-Befriedigung −10).

Die Studenten wurden dann aufgefordert, auf einer 11-Punkte-Skala diese 35 Ziele nochmals einzustufen. Bei der Einstufung sollten die Versuchspersonen von ihrem Urteil darüber ausgehen, ob und inwieweit das Einstellungsobjekt zur Erreichung oder Nicht-Erreichung der 35 unterschiedlich bewerteten Ziele beitragen kann (vollständige Erreichung des Zieles + 5, vollständige Verhinderung − 5). Diese von den Versuchspersonen wahrgenommene Eignung eines Einstellungsobjektes für die Erreichung eines Zieles nannte Rosenberg "perceived instrumentality". Durch die algebraische Addition der Produkte aus "value importance" und "perceived instrumentality" entwickelte er einen Index zur Erfassung der kognitiven Komponente.[268]

Aus den Ergebnissen der Untersuchung ging hervor, daß die Richtung und Intensität der Affektionen seiner Versuchspersonen gegenüber dem Einstellungsobjekt — Redefreiheit für die Kommunisten — eine signifikante Beziehung zu ihren Kognitionen aufwiesen, d. h. zu ihren Vorstellungen über die Eignung dieses Objekts für die Erreichung hochbewerteter Ziele. Rosenberg formulierte folgende Hypothese: "When a person has a relatively stable tendency to respond to a given object with either positive or negative affect, such a tendency is accompanied by a cognitive structure made up of beliefs about the potentialities of that object for attaining or blocking the realization of valued states; the sign (positive or negative) and extremity of the affect felt toward the object are correlated with the content of its associated cognitive structure."[269]

Bei der zweiten Frage ging Rosenberg von dieser Hypothese aus und untersuchte den Prozeß, der in der Struktur einer sich ändernden Einstellung stattfindet. Nach seiner Auffassung ist der strukturelle Ansatz, den er zunächst für die Untersuchung einer statischen Einstellungsstruktur entwickelt hat, auch für die Analyse der dynamischen Prozesse des Einstellungswandels geeignet.

Bei dieser Analyse geht Rosenberg von folgenden Hypothesen aus[270]:
1. Wenn die affektive und kognitive Komponente einer Einstellung konsistent zueinander sind, dann ist diese Einstellung beständig.
2. Wenn zwischen der affektiven und kognitiven Komponente einer Einstellung eine Inkonsistenz besteht und diese die Toleranzgrenze einer Person für die betreffende Inkonsistenz überschreitet, dann ist diese Einstellung unbeständig.
3. Wenn die Einstellung einer Person — im Sinne der Hypothese 2 — unbeständig ist, dann wird diese Person durch folgende drei Möglichkeiten versuchen, die Inkonsistenz und Unbeständigkeit ihrer Einstellung zu beseitigen:

a) Sie wird die Aussage der Überredungskommunikation oder die anderen Stimuli, die diesen Zustand verursacht haben, zurückweisen, d. h. sie wird die ursprüngliche konsistente und beständige Einstellung wiederherstellen.

b) Sie wird die inkonsistente Einstellungskomponente von anderen Komponenten isolieren, d. h. die „unwiderrufliche" Inkonsistenz jenseits der Schwelle aktiver Bewußtheit einordnen.[271]

c) Sie wird die Aussage der Überredungskommunikation oder die anderen Stimuli, die diesen Zustand verursacht haben, akzeptieren und ihre ursprüngliche Einstellung ändern, um eine neue konsistente und beständige Einstellung zu bilden.

Aus diesen Hypothesen leitete Rosenberg zwei weitere Hypothesen ab, die auch für die Erforschung der Wirkungen der Überredungskommunikation relevant sind:

4. Wenn durch eine Aussage der Überredungskommunikation oder durch andere Stimuli die kognitive Komponente der Einstellung einer Person in bezug auf ein Objekt in Richtung auf Inkonsistenz geändert wird und a) die Toleranzgrenze der Person für diese Inkonsistenz überschritten wird und b) die Inkonsistenz weder isoliert noch außerhalb der aktiven Bewußtheit gesetzt werden kann, dann wird eine korrespondierende Änderung der affektiven Komponente dieser Einstellung in Richtung auf Konsistenz folgen.

5. Wenn durch eine Aussage der Überredungskommunikation oder durch andere Stimuli die affektive Komponente der Einstellung einer Person zu einem Objekt in Richtung auf Inkonsistenz geändert und a) die Toleranzgrenze der Person für diese Inkonsistenz überschritten wird und b) die Inkonsistenz weder isoliert noch außerhalb der aktiven Bewußtheit gesetzt werden kann, dann wird eine korrespondierende Änderung der kognitiven Komponente dieser Einstellung in Richtung auf Konsistenz folgen.

Die Hypothese 4 wurde in einer Reihe früherer Untersuchungen, die bei Rosenberg genannt werden, bestätigt. In diesen Arbeiten wurde also gezeigt, daß durch die Änderung der kognitiven Wissenselemente — "beliefs" — eines Individuums bezüglich eines Gegenstandes auch seine gefühlsmäßige Stellungnahmen diesem Gegenstand gegenüber geändert werden. Die Hypothese 5 dagegen wurde zum ersten Mal von Rosenberg aufgestellt, überprüft und bestätigt. In seinem bekanntgewordenen Experiment induzierte er bei seinen Versuchspersonen auf dem Wege der posthypnotischen Suggestion Affektänderungen und stellte dann signifikante kognitive Änderungen in Richtung auf Konsistenz fest.

Das Modell von Rosenberg wurde aus folgenden Gründen dargestellt:

1. Der Verfasser geht in seinem Modell von einem Einstellungsbegriff aus, der mit dem in dieser Arbeit verwendeten übereinstimmt. Insbesondere der Systemcharakter von Einstellungen wird in diesem „strukturellen Ansatz" hervorgehoben, weil er zeigt, daß *eine* Änderung in der Einstellungsstruktur weitere Änderungen nach sich ziehen kann.

2. Im Gegensatz zu den anderen Konsistenzansätzen befaßt sich dieses Modell mit der Konsistenz zwischen den Komponenten einer Einstellung zu einem Objekt. Dadurch wird die Auffassung bekräftigt, daß sich die Konsistenz als eine wirkungsrelevante Dimension der präkommunikativen Einstellungsstruktur der Rezipienten

auf alle drei Ebenen des hier verwendeten Einstellungsbegriffs bezieht; d. h. ein Rezipient von Aussagen der Überredungskommunikation ist bemüht, eine Konsistenz a) zwischen den Elementen in einer Einstellungskomponente, b) zwischen den Komponenten in einer Einstellung und c) zwischen den Einstellungen in der gesamten Einstellungsstruktur zu erreichen.

3. Die aus diesem Ansatz abgeleiteten Hypothesen sind für die Wirkungsforschung der Überredungskommunikation besonders relevant. Durch weitere Arbeiten müßten Bedingungen gesucht werden, unter denen die Hypothesen zutreffen, d. h. es müßte geprüft werden, ob und inwieweit die Übermittlung von rein kognitiven Elementen in bezug auf ein Einstellungsobjekt auch eine Änderung der Gefühle gegenüber diesem Einstellungsobjekt nach sich zieht.

4. Schließlich wird durch den hier unternommenen Versuch der Operationalisierung der kognitiven Komponente auf eine Möglichkeit der Integration von motivationalen Ansätzen in dem Einstellungsansatz hingewiesen. Auf diese Frage, die ein zentrales Problem der gegenwärtigen Sozialpsychologie darstellt, werden wir — wie gesagt — noch kurz eingehen.

6.1.4 Das Dissonanzmodell

Das wohl bekannteste Konsistenzmodell ist die 1957 von Festinger entwickelte „Theorie der kognitiven Dissonanz"[272], die die vergleichsweise stärkste Verbreitung in der sozialpsychologischen Forschung fand. Auch die meisten der zahlreichen Experimente zur Überprüfung des Konsistenzprinzips wurden von Festinger und seinen Mitarbeitern durchgeführt.[273]

Ein Grund für die starke Verbreitung der Theorie der kognitiven Dissonanz liegt darin, daß dieser Ansatz — obwohl er weniger präzise formuliert ist als andere Ansätze, wie z. B. das Kongruenzmodell von Osgood und Tannenbaum — vergleichsweise mehr Anwendungsmöglichkeiten bietet. Aus den Annahmen dieses theoretischen Ansatzes konstruierte Festinger ein umfangreiches System von Aussagen, die es gestatten, viele menschliche Verhaltensweise in verschiedenen Situationen zu erklären und vorauszusagen.

Im Gegensatz zu anderen Konsistenztheoretikern untersucht Festinger auch die Beziehung zwischen den Einstellungen einer Person und seinem beobachtbaren Verhalten ("overt behavior"). Diese Beziehung, die ein zentrales Problem der Einstellungsforschung darstellt, wird vor allem von den Kritikern des Einstellungsbegriffes hervorgehoben. Sie weisen darauf hin, daß es nicht immer sicher ist, daß das Verhalten einer Person ihren Einstellungen — die nur, wenn sie verbal ausgedrückt werden, der Messung zugänglich sind — entspricht.[274] Das Dissonanzmodell versucht, dieses Problem zu umgehen, indem es durch die Spezifizierung einer Reihe von Bedingungen auch Situationen analysiert, in denen die Einstellungen mit dem beobachtbaren Verhalten übereinstimmen.

In dem theoretischen Ansatz von Festinger kann sich die Dissonanz oder Konsonanz auf drei Fälle beziehen. Es wird davon ausgegangen, daß Konsonanz zwischen a) den Einstellungen eines Individuums untereinander, b) den Einstellungen und Verhaltensweisen und c) den Verhaltensweisen untereinander besteht und/oder angestrebt wird. Drei Beispiele hierzu: Wenn die Person X eine positive Einstellung zur freien Marktwirtschaft hat, wird sie sehr wahrscheinlich auch positive Einstellungen zu einer Reihe von Zielen und Maßnahmen der liberalen Wirtschaftspolitik haben. Die Person X wird sich ihren Einstellungen entsprechend verhalten und jene Partei wählen, die die freie Marktwirtschaft unterstützt. Die Person X wählt jene Partei, für die sie auch Spenden gibt.

Festinger und seine Mitarbeiter untersuchen ferner Situationen, in denen mit großer Wahrscheinlichkeit eine Dissonanz entsteht sowie verschiedene Arten, diese Dissonanz zu verringern oder zu vermeiden, und einige Faktoren, die darüber entscheiden, welche dieser Arten angewandt werden.

Wie die anderen Konsistenztheoretiker, geht auch Festinger von der Grundannahme aus, daß Individuen nach der Erhaltung oder Herstellung einer inneren Harmonie bzw. nach Konsonanz zwischen ihren Kognitionen streben. Kognitionen bestehen aus "cognitive elements" oder aus Gruppen ("clusters") von kognitiven Elementen. Unter einer Kognition versteht Festinger " . . . any knowledge, opinion, or belief about the environment, about oneself, or about one's behavior".[275] Wenn man von dem in dieser Arbeit verwendeten Einstellungsbegriff ausgeht, der die Kognitionen, Affektionen und die Handlungsbereitschaft eines Individuums umfaßt, kann man in dem Ansatz von Festinger statt von Kognitionen von Einstellungen sprechen. Demnach streben Individuen nach einer Konsonanz innerhalb und zwischen ihren Einstellungen.

In dem theoretischen Ansatz von Festinger, der die Relationen zwischen den kognitiven Elementen bzw. zwischen den Einstellungen analysiert, werden drei Arten von — vom Individuum subjektiv wahrgenommen — Beziehungen zwischen diesen kognitiven Elementen unterschieden:

1. Die Beziehung ist konsonant, wenn — von anderen kognitiven Elementen abgesehen — das eine kognitive Element aus dem anderen folgt, z. B. „ich halte diese Partei für sehr gut", „ich wähle diese Partei".
2. Die Beziehung ist dissonant, wenn — von anderen kognitiven Elementen abgesehen — aus dem einen Element die Negation des anderen folgt, z. B. „ich halte diese Partei für sehr gut", „ich habe diese Partei nicht gewählt".
3. Die Beziehung ist irrelevant, wenn eine Person zwischen diesen Elementen keinen Zusammenhang sieht, z. B. „ich halte diese Partei für sehr gut", „am liebsten verbringe ich meinen Urlaub am Meer".

Diese Definitionen der „Dissonanz" und „Konsonanz" wurden bei Festinger mit Hilfe von theoretischen Begriffen formuliert. Sie geben uns keine klaren Anhaltspunkte dafür, ob und wo eine Dissonanz entstehen wird. Dieser Ansatz kann uns jedoch „ . . . zu Ideen darüber führen, auf welche Situationen die Aussagen der Theorie der kognitiven Dissonanz anzuwenden sind."[276] Festinger und seine Mitarbeiter haben bei ihrer Bemühung, die Aussagen ihres theoretischen Ansatzes zu überprüfen, zahlreiche Bedingungen und Situationen gefunden, in denen die Wahrscheinlichkeit, daß eine Dissonanz entsteht, sehr hoch ist. Gerade diesen einfallsreichen Experimenten, die der gegenwärtigen sozialpsychologischen Forschung vor allem in USA erhebliche Anregungen gegeben haben, verdankt die Theorie der kognitiven Dissonanz ihre starke Verbreitung.[277]

Bevor wir uns mit diesen dissonanzerzeugenden Situationen befassen, von denen die eine für die Problematik des Einstellungswandels durch die Überredungskommunikation besonders relevant ist, wollen wir die Grundzüge dieser Theorie in Form von Hypothesen darstellen. Die ersten drei wichtigsten Hypothesen, die sich auf die motivationale Rolle der kognitiven Dissonanz beziehen, sollen in Festingers Formulierung wiedergegeben werden:

1. "The existence of dissonance, being psychologically uncomfortable, will motivate the person to try to reduce the dissonance and achieve consonance."[278]

    Den motivationalen Aspekt der Dissonanz, der in dieser Hypothese durch die Bezeichnung "psychologically uncomfortable" klar zum Ausdruck kommt, formuliert Malewski präziser. Nach ihm wirkt eine kognitive Dissonanz als Strafe, ihre Reduktion dagegen als Belohnung.[279]

2. "When dissonance is present, in addition to trying to reduce it, the person will actively avoid situations and information which would likely increase the dissonance."[280]

3. "The strength of the pressures to reduce the dissonance is a function of the magnitude of the dissonance."[281]

    Die nächsten zwei Hypothesen beziehen sich auf die Bestimmungsfaktoren der Stärke der Dissonanz bzw. — nach Malewski — der Höhe der Bestrafung.

4. Je bedeutsamer die kognitiven Elemente sind, zwischen denen eine Dissonanz entsteht, desto stärker die Dissonanz.

5. Je größer die Zahl und die Bedeutung der kognitiven Elemente, die in einem dissonanten Verhältnis zueinander stehen, im Vergleich zu der Zahl und der Bedeutung der in einem konsonanten Verhältnis zueinander stehenden Elemente sind, desto stärker die Dissonanz.[282]

Wenn also die Zahl und/oder die Bedeutung der dissonanten kognitiven Elemente, verglichen zu der Zahl und/oder der Bedeutung der konsonanten Elemente, steigt (sinkt), nimmt das Ausmaß der Dissonanz zu (ab).

$$\frac{\text{Stärke der}}{\text{Dissonanz}} = \frac{\text{Bedeutung x Zahl der dissonanten Elemente}}{\text{Bedeutung x Zahl der konsonanten Elemente}}$$

6. Wenn eine Dissonanz vorliegt, dann kann sie nach Festinger durch folgende Aktivitäten vermieden oder reduziert werden:
    a) durch Änderung eines oder mehrerer Elemente, die die Dissonanz bedingen;
    b) durch Vermehrung der kognitiven Elemente, die konsonant zu bereits vorhandenen kognitiven Elementen sind;
    c) durch Verringerung der Bedeutung bzw. durch Bagatellisierung der dissonanten kognitiven Elemente oder dadurch, daß man sich einredet, die Dissonanz bestehe nur dem Scheine nach.

In einem neueren Aufsatz unternimmt Opp[283] den Versuch, den Wunsch einer Person nach positiver Selbstbewertung aus der Theorie der kognitiven Dissonanz abzuleiten.[284] Die Plausibilität der folgenden von Opp hinzugefügten Hypothese ging auch aus dem besprochenen Modell von Rosenberg und Abelson hervor, die bei ihren Versuchspersonen festgestellt haben, daß sie denjenigen Weg der Dissonanzreduktion vorzogen, der ihnen am wenigsten mühsam erschien.

8. Der Erfolg der Bemühung, Dissonanz zu reduzieren, ist um so größer,
   a) je zugänglicher bestimmte neue kognitive Elemente sind, die eine konsonante Beziehung zu den bereits bestehenden kognitiven Elementen aufweisen;
   b) je geringer die Resistenz ist, die die kognitiven Elemente gegenüber Änderungen aufweisen;
9. Die Resistenz der kognitiven Elemente gegenüber Änderungen ist um so höher,
   a) je stärker diese kognitiven Elemente von der „Realität" unterstützt werden;
   b) je größer die Zahl der konsonanten Beziehungen dieser Elemente zu anderen bereits bestehenden Elementen ist.[286]

Festinger und auch Brehm und Cohen untersuchen in ihren Arbeiten einige typische Situationen, bei denen eine Dissonanz entstehen kann. Vier solcher dissonanzerzeugenden Situationen, die die breite Anwendungsmöglichkeit dieser Theorie aufzeigen und die in zahlreichen Experimenten untersucht wurden, sehen folgendermaßen aus:

a) Entscheidungen werden getroffen, die Wahlakte zwischen mindestens zwei Möglichkeiten sind. In diesen "free choice situations" sind einerseits die positiven kognitiven Elemente der abgelehnten Alternative, andererseits die negativen kognitiven Elemente der gewählten Alternative dissonant mit der getroffenen Entscheidung.

b) Durch Belohnungen und Bestrafungen werden Personen zu Verhaltensweisen veranlaßt, etwa in "forced compliance situations", die ihren Einstellungen widersprechen.

c) Ein Mitglied einer Gruppe macht Äußerungen und/oder merkt, daß seine Auffassung von der der anderen Gruppenmitglieder abweicht.

d) Personen werden freiwillig, vor allem aber unfreiwillig oder zufällig neuen Informationen ausgesetzt. Die neuen kognitiven Elemente bezüglich eines Einstellungsobjektes, die z. B. in einer Aussage der Überredungskommunikation enthalten sind, können dissonant sein, d. h. den präkommunikativen Einstellungen des Rezipienten zu diesem Objekt widersprechen.

Von diesen vier Situationen werden wir uns im nächsten Abschnitt nur mit der letzten näher befassen, weil dieser Fall für die Fragestellung der vorliegenden Arbeit besonders relevant ist. Die Theorie der kognitiven Dissonanz wurde hier dargestellt, weil dieser Ansatz den bislang beachtenswertesten Versuch darstellt, auch Fragen der Wirkungsforschung zu beantworten. Durch die Formulierung und Prüfung einiger aus diesem Ansatz abgeleiteter Hypothesen kann ein erster Schritt zur Beseitigung des ausgeprägten Theorienmangels in diesem Bereich getan werden.

6.2 Interpretation einiger Ergebnisse der Wirkungsforschung mit Hilfe der Konsistenzmodelle

In diesem Abschnitt wird gezeigt, daß der Wirkungsprozeß der Überredungskommunikation – etwa bei den Medien Presse, Hörfunk, Film und Fernsehen – ein breites Anwendungsgebiet der Konsistenztheorien darstellt. Mit Hilfe von zwei der hier geschilderten Konsistenzmodelle werden wir versuchen, einige wichtige Ergebnisse der Wirkungsforschung zu erklären, d. h. aus den Aussagen dieser Modelle logisch abzuleiten.

Ein zentrales Ergebnis der Wirkungsforschung, das nach Klapper von zahlreichen empirischen Untersuchungen bestätigt wurde, lautet: Wenn Aussagen der Massenkommunikation von Rezipienten empfangen werden, dann ist eine Bekräftigung der präkommunikativen Einstellungen die wahrscheinlichste, eine Abschwächung die weniger wahrscheinliche und eine Umkehrung die am wenigsten wahrscheinliche Wirkung.[287] Dieses Ergebnis ist nach Klapper und anderen Autoren größtenteils auf den Selektionsprozeß zurückzuführen.[288] Bei der Untersuchung dieses Prozesses wurde wiederholt festgestellt, daß Personen diejenigen Aussagen eher auswählen und besser behalten, die ihren präkommunikativen Einstellungen entsprechen und die Aussagen in der Regel so interpretieren, daß sie mit ihren Einstellungen übereinstimmen.[289]

Festinger sowie Brehm und Cohen weisen in ihren Arbeiten auf eine Reihe empirischer Untersuchungen hin, die diese drei Hypothesen über die selektive Zuwendung, Wahrnehmung und Interpretation und das selektive Behalten bestätigen.[290] Erwähnt sei z. B. die bekannte Untersuchung von Ehrlich u. a.[291], deren signifikante Ergebnisse die erste dieser Selektionshypothesen bestätigen. Die Autoren stellten fest, daß Personen, die einen Wagen einer bestimmten Marke gekauft hatten, überwiegend (mehr als 80 % der Versuchspersonen) diejenigen Werbeprospekte auswählten, die die Vorzüge des gekauften Wagens hervorhoben. Diese Personen vermieden die Lektüre von Werbeprospekten vor allem über jene Autos, die bei dem Kauf auch in Betracht gezogen wurden. Die Versuchspersonen wählten also konsonante Informationen aus und vermieden dissonante Informationen mit dem Ziel, die vorliegende Dissonanz, die durch die Kaufentscheidung entstanden war, zu reduzieren.

Wir wollen nun zeigen, daß dieses selektive Verhalten der Rezipienten von Aussagen der Massenmedien mit Hilfe einer allgemeineren Hypothese der Theorie der kognitiven Dissonanz erklärt werden kann. Der Einfachheit halber werden wir uns nur mit der selektiven Zuwendung befassen. Es soll erklärt werden, warum Personen diejenigen Aussagen der Massenmedien auswählen (vermeiden), von denen sie erwarten, daß sie mit ihren präkommunikativen Einstellungen übereinstimmen, d. h. konsonant sind (nicht übereinstimmen, d. h. dissonant sind). Die Erklärung besteht in einer Deduktion folgender Art[292]:

Allgemeine Hypothese (Explikans)
Wenn Personen wissen oder glauben, daß erwartete Informationen die Entstehung oder Verstärkung (die Aufhebung oder Reduktion) einer Dissonanz bewirken können, dann vermeiden (wählen) sie diese Informationen (aus).

Singuläre Anfangsbedingungen
Die Person A weiß oder glaubt, daß bestimmte − z. B. in der Aussage B des Massenmediums C enthaltene − Informationen die Entstehung oder Verstärkung (Aufhebung oder Reduzierung) einer Dissonanz bewirken können.

Explikandum

Die Person A vermeidet (wählt) diese Informationen (aus) – die z. B. in der Aussage B des Massenmediums C enthalten sind –.

Mit dieser Ableitung sollte lediglich unsere in dieser Arbeit vertretene Auffassung über die Brauchbarkeit des Einstellungsbegriffs unterstützt werden. Es wurde gezeigt, daß die präkommunikativen Einstellungen des Rezipienten – mit denen eine erwartete Aussage der Überredungskommunikation konsonant oder dissonant sein kann – eine beachtenswerte Variable im Selektions- und daher auch im Wirkungsprozeß der Überredungskommunikation ist. Ferner wurde gezeigt, daß theoretische Ansätze, wie der von Festinger, die mit dem Einstellungsbegriff arbeiten, zur Erklärung einiger Ergebnisse der Wirkungsforschung beitragen können. In diesem Zusammenhang kann noch hinzugefügt werden, daß das Dissonanzmodell von Festinger der einzige – dem Verfasser bekannte – Ansatz ist, der zur Erklärung des Selektionsprozesses bereits angewendet und in zahlreichen Experimenten überprüft wurde. Es wurde jedoch weder behauptet, daß die Annahmen der Theorie der kognitiven Dissonanz zutreffen, noch daß dieser Ansatz die einzig denkbare Erklärungsmöglichkeit ist.

Einschränkungen sind erforderlich, weil aus den verschiedenen Bereichen, in denen die Konsistenzhypothesen angewendet wurden, bereits Ergebnisse vorliegen, die die Hypothesen nicht bestätigen. Diese konträren Ergebnisse, auf die hier nicht ausführlicher eingegangen wird, sind die Hauptursache dafür, daß in letzter Zeit auch die Kritik an dem Konsistenzprinzip zugenommen hat.[293]

Eine derartige Kritik im Zusammenhang mit dem hier besprochenen Selektionsprozeß ist in dem neuesten Aufsatz von Sears und Freedman[294] zu finden. Die Autoren befassen sich nur mit der Problematik der selektiven Zuwendung und versuchen zunächst eine Klärung dieses in der Literatur nicht einheitlich gebrauchten Begriffes. Bei ihrer kritischen Betrachtung aller bekannten Untersuchungen über die selektive Zuwendung stellen sie dann fest, daß nur aus fünf dieser Untersuchungen eine Präferenz für konsistente Informationen hervorgeht. Acht Studien zeigen weder eine klare Präferenz für konsistente noch für inkonsistente Informationen, und aus fünf weiteren Untersuchungen geht sogar eine Präferenz für inkonsistente Informationen hervor.

Angesichts der widersprüchlichen Ergebnisse kommen die Autoren zu der Schlußfolgerung, daß gegenwärtig keine ausreichende Evidenz für die Hypothese einer allgemeinen Präferenz für konsistente Informationen vorliegt.

Die aus der Theorie der kognitiven Dissonanz abgeleitete Hypothese über die selektive Zuwendung zu Informationen – die nach dieser Theorie ein wichtiges Mittel der Dissonanzreduktion ist – wird also von den empirischen Untersuchungen nicht immer bestätigt. "Thus the use of dissonance theory to specifiy particular circumstances under which selectivity would occur has not been a great success. Unfortunately, it remains the only systematic theoretical effort, as well as the only one that has generated a body of empirical research."[295]

Ein weiteres bekanntes Ergebnis der Wirkungsforschung, das in der weiter oben vorgenommenen Hypothesensammlung dargestellt wurde, lautet: Wenn eine Aussage der Überredungskommunikation von einem glaubwürdigen Kommunikator propagiert wird, dann ist sie wirksamer, als wenn sie von einem unglaubwürdigen Kommunikator propagiert wird. Hovland, Janis und Kelley[296] wiesen auf zwei Möglichkeiten der Interpretation dieses Ergebnisses hin. Die erste Interpretation ging von der Annahme aus, daß sich Rezipienten der Aussage eines glaubwürdigen Kommunikators aufmerksamer zuwenden und von dieser Aussage mehr lernen, als dies bei einem unglaubwürdigen Kommunikator der Fall ist. Aus drei von diesen Autoren angeführten Untersuchungen ging jedoch hervor, daß die Rezipienten der Aussage des unglaubwürdigen Kommunikators genau so viel über den Inhalt der Aussage wußten wie die des glaubwürdigen Kommunikators. Nach der empirischen Widerlegung der ersten Annahme halten die Autoren folgende Interpretation für zutreffender: Die Aussage eines glaubwürdigen Kommunikators ist deshalb wirksamer, weil Rezipienten eher motiviert sind, die Aussage eines glaubwürdigen Kommunikators als die eines unglaubwürdigen zu akzeptieren.

Versuchen wir nun, diese Interpretation, die von Hovland, Janis und Kelley nicht näher begründet wird, mit Hilfe des Konsistenzprinzips zu erklären. Wie an anderer Stelle bereits erwähnt, waren die Aussagen, die den Versuchspersonen in den meisten Experimenten präsentiert wurden, Aussagen der Überredungskommunikation, d. h. sie enthielten Stellungnahmen zu einem Objekt, die von den Einstellungen der Rezipienten zu diesem Objekt abwichen. Demnach können wir der Einfachheit halber annehmen, daß die Einstellung der Rezipienten zu diesen Aussagen in der Regel negativ war. Gehen wir ferner davon aus, daß die Rezipienten zu den glaubwürdigen Kommunikatoren eine positive und zu den unglaubwürdigen eine negative Einstellung hatten. Untersuchen wir nun die Konsistenzsituation bei den Rezipienten in diesen zwei Fällen. Für den Rezipienten, der die Aussage des glaubwürdigen Kommunikators empfängt, ist die Situation — nach dem Gleichgewichtsmodell — inkonsistent: zwei Einstellungsobjekte mit unterschiedlichen Vorzeichen stehen in positiver Relation zueinander (glaubwürdiger Kommunikator (+) propagiert (p) konträre Auffassung (−)). Für den Rezipienten dagegen, der die Aussage des unglaubwürdigen Kommunikators empfängt, ist die Situation konsistent: zwei Einstellungsobjekte mit gleichen Vorzeichen stehen in positiver Relation zueinander (unglaubwürdiger Kommunikator (−) propagiert (p) konträre Auffassung (−)).

Wenn die Annahmen des Konsistenzprinzips zutreffen, dann ist der Rezipient im ersten Fall bestrebt, die entstandene Inkonsistenz zu beseitigen bzw. zu reduzieren. Eine der Möglichkeiten zur Erreichung der Konsistenz besteht in der Änderung seiner präkommunikativen Einstellung in Richtung auf die — durch die Aussage der Überredungskommunikation — propagierte Auffassung über das Einstellungsobjekt (glaubwürdiger Kommunikator (+) propagiert (p) eine inzwischen auch vom Rezipienten gebilligte Auffassung (+)). Wendet man hier das Kongruenzmodell an, so wird die Inkonsistenz durch eine gegenseitige Annäherung der zwei inkongruenten Einstellungsobjekte beseitigt. Die Kongruenz wird durch Änderung der Einstellungen des Rezipienten sowohl zum Kommunikator (sie wird weniger positiv) als auch zum Inhalt der Aussage (sie wird weniger negativ) erreicht. Diese Voraussage wurde von Tannenbaums empirischer Untersuchung bestätigt.[297] Im zweiten Falle dagegen hat der Rezipient eine konsistente Situation vor sich und daher auch keine Veranlassung, seine Einstellung zu ändern. Diese Konsistenzüberlegung kann also dafür verantwortlich sein, daß Aussagen von glaubwürdigen Kommunikatoren einen stärkeren Einfluß auf die Einstellungen der Rezipienten haben als die von unglaubwürdigen Kommunikatoren.

Das Konsistenzprinzip bietet also auch bei diesem bekannten Ergebnis der Wirkungsforschung eine Erklärungsmöglichkeit. Der Versuch, weitere Ergebnisse der Wirkungsforschung mit Hilfe des Konsistenzprinzips zu erklären, ist sicherlich eine interessante und lohnende Aufgabe. Da es jedoch in diesem Abschnitt lediglich nur darum ging zu zeigen, daß das Konsistenzprinzip solche Erklärungsmöglichkeiten bietet, werden wir uns mit diesen zwei Beispielen begnügen.

6.3 Kritische Betrachtung der Konsistenzmodelle

Das steigende Interesse am Konsistenzprinzip wurde vor allem in jüngster Zeit von zunehmender Kritik begleitet.[298] Bei der Darstellung der Konsistenzmodelle wurden in Anlehnung an Brown[299] bereits einige Vor- und Nachteile dieser Modelle angedeutet. Brown geht z. B. bei der Beurteilung des Kongruenzmodells von drei Kriterien aus, die die Brauchbarkeit eines Modells bestimmen: die Klarheit und Konsequenz in der formalen Struktur des Modells, die Wirklichkeitsnähe und die Eignung des Modells für exakte Voraussagen. Nach ihm liegt die Stärke des Kongruenzmodells hauptsächlich in seiner formalen Struktur. Bei der Übertragung der Aussagen des Modells auf die Realität treten aber bereits eine Reihe von Schwierigkeiten auf, vor allem weil das Modell nichts über komplexe Einstellungsstrukturen sagt, in denen zahlreiche Einstellungsobjekte und Relationen zwischen diesen Objekten bestehen. Das Kongruenzmodell macht von allen Modellen zwar die genauesten Voraussagen über das Ausmaß und die Richtung des Einstellungswandels. Diese quantitativen Voraussagen sind jedoch weder plausibel noch wurden sie bislang empirisch bestätigt. Tannenbaum hat, wie bereits erwähnt, lediglich die Grundannahmen dieses Modells vor allem über die Richtung des Einstellungswandels bestätigen können. Gerade diese konkreten Voraussagen des Kongruenzmodells, die noch geprüft werden müssen, können nach Brown die empirische Forschung stark anregen und zur Präzisierung des Konsistenzansatzes beitragen.

Ein Vorteil des Gleichgewichts- und Dissonanzmodells gegenüber dem Kongruenzmodell ist es, daß sie nicht nur den Einstellungswandel als möglichen Weg der Beseitigung oder Reduktion einer Inkonsistenz ansehen, sondern auch andere sehr realistische Möglichkeiten, wie z. B. Suche nach konsonanten Informationen, Bagatellisierung und Differenzierung eines inkonsistenten Einstellungsobjektes, Aufhören, über die Inkonsistenz nachzudenken usw., berücksichtigen.[300] Gerade die Flexibilität dieser Modelle geht aber auf Kosten ihrer formalen Struktur und der Präzision ihrer Voraussagen. Denn sie sagen weder etwas darüber aus, welche der möglichen Reaktionen auf eine Inkonsistenz im konkreten Fall eintreten wird, noch etwas darüber, welches ungleichgewichtige bzw. dissonante Element sich in welchem Ausmaß ändern wird.

Alle Konsistenzmodelle gehen von sehr einfachen kognitiven Strukturen aus. Um die Darstellung zu erleichtern, untersuchen sie in der Regel wirklichkeitsfremde Einstellungsstrukturen, in denen nur zwei Einstellungsobjekte in einer positiven oder negativen Relation zueinander stehen. Eine Ausnahme stellen die Gleichgewichtsmodelle in der Fassung von Abelson und Rosenberg[301] und von Cartwright und Harary[302] dar, die versuchen, komplexere Einstellungsstrukturen zu untersuchen, d. h. solche, in denen eine Vielzahl von Einstellungsobjekten in mehreren Relationen zueinander steht. Doch diese Versuche sind nicht befriedigend, vor allem weil gegenwärtig nur wenige und sehr unzureichende Techniken zur Erforschung solcher komplexer Einstellungsstrukturen vorliegen. Um jedoch wirklichkeitsnahe Voraussagen machen zu können, ist es erforderlich, das gesamte Ungleichgewicht in einer Einstellungsstruktur festzustellen und die Wege zur Lösung eines solchen Ungleichgewichts herauszufinden.

Von allen Konsistenztheoretikern weisen nur Festinger und Rosenberg darauf hin, daß eine sehr plausible Möglichkeit der Reaktion auf eine Inkonsistenz das Ertragen dieser Inkonsistenz ist. Sie sprechen von einer Toleranzschwelle für Inkonsistenz, die erst überschritten werden muß, ehe eine Person Veranlassung hat, ihre Inkonsistenz auf verschiedenen Wegen zu reduzieren. Keiner der Autoren beschäftigt sich jedoch näher mit dieser Frage. Die Toleranzschwelle ist möglicherweise für verschiedene Einstellungsobjekte und verschiedene Personen sehr unterschiedlich.[303] Der Gedanke, daß eine Inkonsistenz bis zu einem — individuell unterschiedlichen — Grade ertragen bzw. toleriert werden kann, stellt eine klare Einschränkung des hier besprochenen Konsistenzprinzips dar, die künftig in diesen Ansätzen stärker berücksichtigt werden muß.

Brown[304] bringt eine ausführliche Kritik vor allem des Dissonanzmodells, weil nach seiner Auffassung die Grundbestandteile dieses Modells — kognitive Elemente, Implikationen, Ausmaß der Dissonanz — am wenigsten klar definiert sind. Während z. B. in den anderen Konsistenzmodellen die kognitiven Elemente klar als einzelne Einstellungsobjekte (die Partei X, die ethnische Gruppe Y) definiert sind, versteht Festinger im Dissonanzmodell darunter ganze Sätze („ich rauche Zigaretten", „Zigaretten sind gesundheitsschädigend"), die in der Regel jedoch nicht immer affektiv geladen sind.

Kritisiert wird auch die Definition der Dissonanz bei Festinger. Brown weist darauf hin, daß ein Dissonanz nicht als eine logische Kontradiktion, sondern als ein von der subjektiven Wahrnehmung einer Person abhängiger Widerspruch verstanden werden muß. Dieser Widerspruch bezieht sich, wie Brehm und Cohen hervorgehoben haben, darauf, " . . . what else a person expects when he holds a given cognition".[305] Ob eine Dissonanz zwischen zwei kognitiven Elementen einer Person besteht, hängt also auch von anderen Kognitionen und Erwartungen dieser Person ab. Brown führt folgendes Beispiel an: Kanada liegt im Norden der Vereinigten Staaten, Windsor (Kanada) im Süden von Detroit (USA). Wenn man glaubt, daß Detroit in Kanada und Windsor in USA liegen, dann sind diese kognitiven Elemente konsonant. Eine Dissonanz kann nur dann entstehen, wenn man einerseits weiß, daß Windsor tatsächlich in Kanada und Detroit in USA liegen, andererseits aber den genauen Verlauf der Grenzen dieser Staaten nicht kennt. Zwei kognitive Elemente einer Person können je nach dem, welche sonstigen Kognitionen diese Person hat, dissonant oder konsonant sein.

Brown weist ferner kritisch darauf hin, daß die Dissonanztheoretiker in ihren Experimenten von bestimmten Prämissen ausgehen, die vorliegen müssen, damit eine Dissonanz als solche empfunden wird. In den meisten Experimenten beziehen sich diese Prämissen, die in der Regel nicht explizit genannt werden, auf ein be - stimmtes Selbstbild ("self conception") der Personen, die eine Dissonanz aufweisen. Brown führt ein Beispiel aus der Untersuchung von Festinger und Carlsmith[306] an. In diesem Experiment versuchten die Untersuchungsleiter, eine Dissonanz bei den Versuchspersonen folgendermaßen zu induzieren: Über ein Experiment, das die Versuchspersonen langweilig fanden, sollten sie sagen, daß es interessant war. Um diese Aussage zu machen, bekamen einige Versuchspersonen einen und andere zwanzig Dollar. Die Versuchsleiter gingen von der Annahme aus, daß zwischen folgenden zwei kognitiven Elementen eine Dissonanz besteht: „Ich finde dieses Experiment langweilig", „Ich sage, das Experiment ist interessant." Die Vermutung einer Dissonanz in diesem Beispiel beruht aber auf der Prämisse: „ Ich sage, was ich glaube." Hat jedoch eine Versuchsperson ein sehr negatives Bild von sich selbst, hält sie sich z. B. für einen Lügner, der sehr häufig das sagt, was er nicht glaubt, dann stehen die zwei oben genannten Sätze in keinem dissonanten Verhältnis zueinander. Eine Reihe von Prämissen, die Brown aufzählt und von denen die Dissonanztheoretiker ausgehen, sind realistisch und mögen in der Tat zutreffen. Dennoch ist es erforderlich, die Prämissen explizit zu nennen und die Ergebnisse der Experimente nur auf jene Fälle zu beziehen, bei denen die Prämissen zutreffen, etwa nur auf solche Personenkreise, die ein der jeweiligen Prämisse entsprechendes Selbstbild auch tatsächlich haben.

Ein weiterer Kritikpunkt, der hauptsächlich gegen die Experimente der Dissonanztheoretiker vorgebracht wird, bezieht sich darauf, daß die meisten Ergebnisse dieser Experimente auch ohne Anwendung des Konsistenzprinzips, d. h. durch andere Überlegungen, interpretiert werden können.[307] Die Konsistenztheoretiker beschäftigen sich kaum mit dieser Frage, und sie versuchen nicht, ihre theoretischen Ansätze so zu präzisieren und zu erweitern, daß die Möglichkeiten solcher alternativer Erklärungen verringert werden.

Eine wichtige Kritik gegen die Konsistenztheorien wird von Pepitone[308] vorgebracht. Nach ihm sind diese Modelle „kognitive Modelle", weil sie Prozesse schildern, die sich in der kognitiven Struktur eines Individuums abspielen. Auch die Inkonsistenz, die eine Person als unangenehm empfindet und zu reduzieren versucht, bezieht sich auf diese kognitive Struktur, etwa auf kognitive Elemente, Einstellungen usw. Die kognitive Struktur ist jedoch nur ein Bereich, der menschliches Verhalten determiniert. Nach Pepitone ist es erforderlich, daß die kognitiven Modelle auch andere Bereiche berücksichtigen oder aber die Beziehung der kognitiven Ansätze zu anderen verhaltensrelevanten Bereichen klar formulieren. Der Autor führt als Beispiel die Prozesse an, die in der Psychoanalyse als „unbewußte" Prozesse bezeichnet werden. Wie können einige Mechanismen der Ich-Verteidigung, wie z. B. Rationalisierung, Projektion usw., mit den kognitiven Modellen integriert werden? Auch andere Variablen der Frustration, Angst, Agression usw. sowie physiologische Determinanten des Verhaltens sind in diesen Modellen nicht berücksichtigt. Nach Pepitone kommt ein fundamentales Problem der Konsistenztheorien – und auch anderer theoretischer Ansätze – in folgender Frage klar zum Ausdruck: "What is the essentially cognitive aspect or cognitive locus of the causes of behavior, and how do these interact with other aspects or loci of the causes of behavior? "[309]

Schließlich bezieht sich die Kritik an den Konsistenztheorien auf methodologische Probleme, insbesondere auf die Art der Manipulation und der Analyse der Variablen in einer ganzen Reihe von Experimenten, die zur Prüfung der theoretischen Ansätze durchgeführt wurden. Vier Kritikpunkte methodologischer Art, die nach McGuire häufig vorgebracht werden, sind[310]:

1. Obwohl eine Inkonsistenz auf verschiedenen Wegen beseitigt oder reduziert werden kann, konzentriert sich das Interesse in vielen Experimenten nur auf einen dieser Wege.

2. Kritisiert werden auch die komplizierten und häufig spitzfindigen Manipulationen, die eine künstliche Atmosphäre schaffen, in der unkontrollierte situationale Variablen die Ergebnisse beeinflussen können. Dadurch wird die Interpretation und Verallgemeinerung der Ergebnisse und ihre Replikation erheblich erschwert.

3. Ein weiteres Problem stellen einige Techniken dar, die in diesen Experimenten angewendet werden, obwohl ihre Eignung noch sehr umstritten ist. Auch durch diesen Umstand wird die Übertragung der Ergebnisse auf außerexperimentelle Situationen erschwert. McGuire[311] nennt in diesem Zusammenhang die Technik des "role playing", die vor allem von den Dissonanztheoretikern, aber auch von Rosenberg und Abelson angewendet wurde, außerdem die Computer-Simulation und drittens die Hypnose, die, wie bereits erwähnt, von Rosenberg dazu benutzt wurde, um Affektänderungen auf dem Wege der posthyponotischen Suggestion zu induzieren.

4. Ein wichtiges methodologisches Problem der Konsistenztheorien ist schließlich die Messung des Ausmaßes der Inkonsistenz. Bestimmte Verhaltensweisen, wie verbale Äußerungen über ein Einstellungsobjekt, werden in diesen theoretischen Ansätzen als Folge einer vorliegenden Inkonsistenz angesehen. Das Ausmaß der Inkonsistenz und ihr motivationaler Aspekt sind theoretische Konstrukta und können nicht direkt beachtet werden. In den meisten Experimenten wird aber nicht einmal der Versuch unternommen, die Inkonsistenz indirekt zu erfassen. Eine Messung der genannten Variablen ist jedoch vor allem deshalb erforderlich, weil auch andere theoretische Konstrukta – bzw. das Streben nach Konsistenz im Zusammenhang mit diesen Variablen – für ein bestimmtes Verhalten verantwortlich sein können. Es kann z. B. sein, daß eine Person die Maximierung von Belohnungen und Minimierung von Bestrafungen anstrebt und nur deshalb seine Einstellung zu einem Objekt ändert. Um die Wahrscheinlichkeit alternativer Erklärungsmöglichkeiten zu verringern, können die Leiter dieser Experimente die Versuchspersonen dazu auffordern, verbal ihre empfundene Inkonsistenz zum Ausdruck zu bringen. Sie können aber auch einige neuere von McGuire genannte physiologische Indizes anwenden.

Die Kritik an den Konsistenzmodellen bezieht sich also auf begriffliche, methodologische und auch auf solche Fragen, die bestimmte Ergebnisse der Untersuchungen der Konsistenztheoretiker betreffen. Angesichts dieser wachsenden und bedeutenden Kritik schreibt McGuire, der 1960 selbst ein Konsistenzmodell entwickelt hat, folgendes:

"Clearly, the consistency theorists have been moving ahead on many fronts. It will come as no shock, though, when I say not all questions have been answered to everyone's satisfaction. (Indeed, if I were not among friends and in the company of many of the faithful, I might suggest that perhaps we have not answered any question to anyone's satisfaction.)"[312]

Trotz der schwerwiegenden Kritik, die McGuire zu dieser zugespitzten Äußerung veranlaßt hat, wollen wir abschließend die Bedeutung der in diesem Abschnitt besprochenen theoretischen Ansätze nochmals hervorheben.

Die Konsistenzmodelle stellen einen Versuch dar, ein theoretisches Konzept zur Erklärung menschlichen Verhaltens zu formulieren. Da in den Sozialwissenschaften keine allgemeinen Theorien vorhanden sind, ist eine Auseinandersetzung mit jedem neuen Versuch, der zur Entwicklung einer solchen Theorie beitragen kann, erforderlich. Gerade im Bereich der Wirkungsforschung der Überredungskommunikation, der bislang von einem nahezu vollständigen Theorienmangel gekennzeichnet wird, scheint eine Berücksichtigung solcher theoretischer Ansätze besonders sinnvoll zu sein, vor allem weil das Konsistenzprinzip, wie wir gesehen haben, eine Möglichkeit der Systematisierung und Erklärung einer Reihe von Ergebnissen in diesem Bereich bietet.

Der Konsistenzansatz wurde stark angegriffen und wird möglicherweise letztlich sogar verworfen. Es scheint in der Tat, daß die Variable "Bedürfnis nach Konsistenz" allein nicht ausreicht, um komplexes menschliches Verhalten zu erklären und vorauszusagen. Dennoch leistet dieser Ansatz einen beachtlichen Beitrag zum Fortschritt der Sozialwissenschaften; seine Bedeutung zeigt sich nicht zuletzt darin, daß er zwei Jahrzehnte lang die sozialpsychologische Forschung erheblich angeregt hat. Eine große Zahl von Experimenten wurde durchgeführt, Hypothesen wurden aufgestellt, vorläufig bestätigt oder falsifiziert. Neue erweiterte und präzisere Hypothesen wurden formuliert und erneut einer Prüfung ausgesetzt. Die zahlreichen Ergebnisse dieser Forschung haben zu einer beträchtlichen Erweiterung unseres Wissens geführt. Obwohl die Entwicklung einer allgemeinen Theorie menschlichen Verhaltens nach wie vor ein Fernziel bleibt, so können doch einige Gedanken und Ergebnisse der Konsistenztheoretiker zur Erreichung dieses Fernziels beitragen. Deutsch und Krauss stellen in ihrem Werk über die sozialpsychologischen Theorien im Anschluß an ihre Beschreibung der Theorie der kognitiven Dissonanz fest: "In the present stage of development of social psychology, no one is ever 'right' for very long. The life span of any theory is short. By its very provocativeness and hold generalization, Festinger's work stimulates the research which will create new ideas, some of which constitute a more systematic development of ideas that he first brought to life."[313]

6.4 Der motivationale Aspekt in den Konsistenzmodellen und im Einstellungsbegriff

In den Konsistenzmodellen tauchen zwei miteinander zusammenhängende Probleme auf, die sich auf den motivationalen Charakter einer Inkonsistenz beziehen und in diesen Modellen kaum berücksichtigt wurden.[314] Das erste Problem lautet: Ist das

Streben nach Konsistenz ein Bedürfnis *für sich,* oder kann dieses Streben auf ein anderes grundlegenderes Bedürfnis reduziert werden? Das zweite Problem, auf das bereits im vorhergehenden Abschnitt hingewiesen wurde, lautet: Können für die Ergebnisse der Experimente zum Konsistenzprinzip bzw. für bestimmte Verhaltensweisen — außer dem Streben nach Konsistenz — auch andere motivationale Kräfte verantwortlich sein?

Zum ersten Problem nehmen nach Pepitone[315] die meisten Konsistenztheoretiker keine klare Stellung. Nur Festinger betont, "that dissonance, that is the existence of nonfitting relations among cognitions, is a motivating factor in its own right."[316] Heider[317] dagegen sieht — in Anlehnung an Spinoza — den motivationalen Aspekt des Ungleichgewichts im Zusammenhang mit einem grundlegenden Streben der Individuen nach „größerer Perfektion". Eine ähnliche Auffassung vertreten auch Osgood und Tannenbaum[318], die von einem grundlegenden Streben nach „Vereinfachung der kognitiven Struktur" sprechen. Brehm und Cohen[319], die Mitarbeiter von Festinger, betrachten zwar die Dissonanzreduktion als eine selbständige motivationale Kraft, bringen diese aber letztlich doch in Zusammenhang mit Belohnungen und Bestrafungen. Die zuletzt genannten Autoren weisen auf den Sozialisationsprozeß hin, durch den das Individuum lernt, daß Konsistenz belohnend, Inkonsistenz dagegen bestrafend wirkt.

Wenn Inkonsistenz als eine Spannung verstanden wird, die bestrafend, deren Reduktion dagegen belohnend wirkt, dann ist nach Pepitone die Grundannahme der — so formulierten — Konsistenzansätze keineswegs neu. Eine Reihe früherer motivationaler und lerntheoretischer Ansätze ist jahrzehntelang von diesem Postulat ausgegangen, dessen Brauchbarkeit Pepitone in Frage stellt. "In today's theoretical market, however, that unqualified tension reduction postulate has minimum purchasing power. In fact, many types of experiments have long since vanquished it from the field."[320] Zur Begründung seiner Äußerung führt der Autor einige Experimente auf, in denen gezeigt wurde, daß z. B. das Bedürfnis nach Reduktion von Spannungen keine notwendige Bedingung für das Lernen ist. Pepitone stellt sogar die Universalität des Bedürfnisses nach Konsistenz in Frage. Obwohl keine systematischen Experimente zu diesem Problem vorliegen, weist z. B. die Beobachtung von bestimmten intellektuellen Verhaltensweisen darauf hin, daß Individuen häufig kognitive Inkonsistenzen — z. B. Probleme, Rätsel, Gegensätze, Paradoxien usw. — suchen. Pepitone zählt einige Bedingungen auf, unter denen die Suche nach einer Inkonsistenz plausibel erscheint. Er schließt seine Ausführungen über dieses motivationale Problem wie folgt ab: "If consistency-seeking is a need in itself, one would expect it to be widely shared, at least within a given culture. Casual observations would seem to suggest, however, that the strain toward consistency is more a subcultural value than a universal need."[321]

Auch zum zweiten Problem, d. h. zur Frage, ob für bestimmte Verhaltensweisen außer dem Streben nach Konsistenz auch andere motivationale Faktoren verantwortlich sind, nimmt Pepitone Stellung. Wie andere Kritiker versucht auch der Autor, einige Ergebnisse der Konsistenztheoretiker nicht mit dem Streben nach Konsistenz, sondern mit anderen motivationalen Kräften zu interpretieren.[322] Am klarsten wird jedoch diese Frage bei Malewski[323] besprochen und beantwortet. Malewski betrachtet die Konsistenz als eine unter mehreren Belohnungsarten. Er analysiert die Ergebnisse in drei Situationen, die von den Dissonanztheoretikern häufig untersucht wurden. Dabei stellt er fest, daß man diese Ergebnisse, die durch das Dissonanzmodell erklärt wurden, auch mit Hilfe eines anderen motivationalen Faktors bzw. mittels einer anderen Belohnungsart erklären kann. Eine solche Belohnung, die nach Malewski alternative Erklärungsmöglichkeiten bietet, ist die „Stärke des Eigenwertgefühls". Nach seiner Auffassung hat die Erhöhung des eigenen Wertes für ein Individuum belohnenden Charakter.[324]

Wenn sich also bestimmte Verhaltensweisen, die mit Hilfe des Konsistenzprinzips erklärt wurden, auch mittels einer anderen Belohnungsart — wie etwa der Stärkung des Eigenwertgefühls — erklären lassen, dann müssen nach Malewski folgende drei Situationen unterschieden und systematisch untersucht werden[325]:

"1. Situationen, in denen dissonanzreduzierende Verhaltensweisen zugleich in anderer Weise belohnt werden.

2. Situationen, in denen dissonanzreduzierende Verhaltensweisen weder andere Formen von Belohnungen noch von Bestrafungen einbringen.

3. Situationen, in denen dissonanzreduzierende Verhaltensweisen gleichzeitig noch anderweitig bestraft werden."[326]

Zur Prüfung des Konsistenzansatzes ist vor allem die Untersuchung der zweiten und dritten Situation erforderlich. Malewski führt drei Experimente auf, die sich mit diesen Situationen befaßten. Dabei mußte ein Individuum zur Reduktion seiner Inkonsistenz ein negatives Urteil über sich selbst akzeptieren und ein positives Urteil ablehnen. Aus den empirischen Daten bei Malewski geht eindeutig hervor, daß es außer dem Bedürfnis nach Konsistenz auch ein Bedürfnis nach Erhöhung des eigenen Wertes gibt, welches mit dem ersten Bedürfnis in Konflikt stehen kann.[327] Wenn aber ein Konflikt vorliegt, dann können die Voraussagen der Konsistenzmodelle nicht eintreffen. „Wenn man aus der Dissonanztheorie konkrete Voraussagen ableitet, muß man bedenken, ob das dissonanzreduzierende Verhalten nicht eine Bestrafung anderer Art zur Folge hat. Wird diese Bedingung nicht erfüllt, so können die betreffenden Voraussagen keine Gültigkeit besitzen. Die Berücksichtigung dieser anderen Belohnungen und Bestrafungen ermöglicht zuweilen wesentlich präzisere Voraussagen."[328] Ähnlich wie Malewski sind auch andere Autoren der Auffassung, daß eine stärkere Berücksichtigung des motivationalen Aspekts in den Konsistenzmodellen zu einer Präzisierung und Erweiterung dieses Ansatzes führen kann.[329]

Bei der Prüfung des Konsistenzansatzes müssen also künftig vor allem folgende zwei Fragen stärker beachtet werden:

a) Welche Bedürfnisse, deren Befriedigung belohnend wirkt, hat ein Individuum — etwa der Rezipient einer Aussage der Überredungskommunikation — außer dem Bedürfnis nach Reduktion einer Inkonsistenz?

b) Sind die anderen Bedürfnisse und die mit ihrer Befriedigung zusammenhängenden Belohnungen schwächer, gleich stark oder stärker als das Bedürfnis nach Konsistenz?

Zur Erklärung des Prozesses der Bildung und Änderung von Einstellungen liegen nur zwei beachtenswerte theoretische Ansätze vor. Der erste ist der in der vorliegenden Arbeit besprochene Konsistenzansatz. Der zweite ist der motivationale oder funktionale Ansatz, der von der Forschungsgruppe um Katz an der Universität von Michgan entwickelt wurde.[330] Für den Versuch einer Integration der zwei theoretischen Ansätze sprechen vor allem folgende zwei Gründe: a) Das Streben nach Konsistenz, als ein Bedürfnis unter anderen, scheint allein nicht geeignet, die Grundlage einer allgemeinen Theorie zu bilden. Denn vermutlich wird sich — wie in den oben genannten Experimenten von Malewski; Frentzel; Grzelak — auch in anderen Untersuchungen zeigen, daß der motivationale Faktor allein nicht ausreicht, um komplexes menschliches Verhalten zu erklären und vorauszusagen. b) Der „funktionale Ansatz" von Katz berücksichtigt den Konsistenzgedanken weitgehend.

Verschiedene Schulen der Psychologie führen nach Sarnoff und Katz[331] die Entstehung und Änderung von Einstellungen im wesentlichen auf einen einzigen motivationalen Faktor zurück. Die Gestalttheoretiker behaupten, daß das Individuum nach Sinngebung, Strukturierung und Organisation seiner Umwelt strebt. Ähnlich argumentieren die von der gestaltpsychologischen Tradition beeinflußten Konsistenztheoretiker, die ein Bedürfnis nach konsistenter Organisation der kognitiven Struktur postulieren. Die Lerntheoretiker sehen die Bildung und Änderung von Einstellungen in Abhängigkeit vom Streben nach Belohnung und der Vermeidung von Bestrafungen. Die psychoanalytisch orientierte Schule, deren Auffassung z. B. bei den Autoren der "Authoritarian Personality"[332] klar zum Ausdruck kommt, behaupten schließlich, daß vor allem die Mechanismen der Ich-Verteidigung — z. B. Wahrung des Selbstbildes und Selbstintegrität — die entscheidenden Faktoren für die Bildung und Änderung von Einstellungen sind.

Die Forschungsgruppe in Michigan versucht, diese Auffassungen in einem neuen theoretischen Ansatz zu integrieren. Nach ihrer Auffassung liegen die Ursachen für die Entstehung und den Wandel von Einstellungen nicht in einer, sondern in mehreren Funktionen, die diese Einstellungen für ein Individuum erfüllen. "The conditions necessary to arouse or modify an attitude very according to the motivational basis of the attitude."[333] Zunächst gingen die genannten Autoren von folgenden drei Funktionen aus: Einstellungen werden gebildet und geändert, wenn sie dazu dienen, a) erwünschte Ziele (Belohnungen) zu erreichen und unerwünschte Ziele (Bestrafungen) zu vermeiden, b) das Individuum bei der Wahrung und Verteidigung seines Ich zu unterstützen und c) die Umwelt rational zu strukturieren und ihr einen Sinn zu verleihen. Diese Klassifizierung ist nach Sarnoff und Katz[334] das Ergebnis mehrjähriger Forschungsarbeiten, die durch die Konfusion angeregt wurden, welche nach Meinung der Autoren in der Erforschung des Einstellungswandels und über die damit einhergehenden motivationalen Prozesse herrschte.

Der Unterscheidung der drei motivationalen Determinanten legte die Forschungsgruppe zwei empirische Untersuchungen zugrunde, bei denen es darum ging, Vorurteile gegenüber Negern abzubauen bzw. Einstellungen zu Negern zu ändern.[335] Aus den Ergebnissen der Untersuchungen ging nach Katz die Notwendigkeit hervor, den drei Funktionen, mit denen die Forschungsgruppe arbeitete, eine vierte, die "value-expressive function" hinzuzufügen.

Katz[336] unterscheidet vier Funktionen, von deren Erfüllung die Bildung und Änderung von Einstellungen abhängt:

1. Die „instrumental" oder „adjustive" oder „utilitarian" Funktion: Durch diese
Funktion wird der Tatsache Rechnung getragen, daß Individuen eine Maximierung
von Belohnungen und eine Minimierung von Bestrafungen anstreben. Die Bildung

und Änderung von Einstellungen ist von der „Instrumentalität" bzw. „Nützlichkeit" eines Einstellungsobjektes abhängig, d. h. von der Eignung dieses Objektes, Belohnungen zu maximieren und Bestrafungen zu minimieren. Im Zusammenhang mit der Erörterung dieser Funktion weist der Autor zugleich auf den Konsistenzgedanken hin: "The clarity, consistency and nearness of rewards and punishments, as they relate to the individual's activities and goals, are important factors in the acquisition of such attitudes."[337]

2. Die "ego-defensive" Funktion: Individuen versuchen ihr Selbstbild zu verteidigen. Einstellungen, die eine „Ich-Verteidigung" ermöglichen, werden gebildet und entsprechend geändert. Die Mittel, die ein Individuum zur „Ich-Verteidigung" anwendet, umfassen auch die Mechanismen der Reduktion einer Inkonsistenz, wie z. B. selektive Zuwendung, falsche Interpretation, aber auch andere Mittel, wie z. B. Rationalisierung und Projektion.

3. Die "value-expressive" Funktion: Das Individuum versucht nicht nur, das bedrohte Selbstbild zu verteidigen, sondern es sucht auch eine Bestätigung der zentralen Werte, die mit seinem Selbstbild eng zusammenhängen. Einstellungen und/oder Einstellungsänderungen, die diese Funktion erfüllen können, werden angestrebt.

4. Die "knowledge" Funktion: Individuen versuchen, ihre Umwelt zu verstehen und ihre Wahrnehmungen und Kognitionen besser, d. h. klarer und *konsistenter* zu organisieren. Eine Ursache für die Bildung und Änderung von Einstellungen liegt auch in dieser Funktion, die Einstellungen erfüllen können.

Es wird hier nicht beabsichtigt, diesen funktionalen Ansatz ausführlich darzustellen und zu kritisieren. Das theoretische Konzept von Katz wurde nur kurz geschildert, um zu zeigen, daß mit diesen vier Bedürfnissen auch das Bedürfnis nach Konsistenz eng zusammenhängen kann[338]. Mit der kurzen Darstellung sollte lediglich die Frage aufgeworfen werden, ob und inwieweit eine Integration dieser zwei theoretischen Ansätze möglich und ergiebig ist. Abschließend sei auf McGuire hingewiesen, der ebenfalls eine Beziehung zwischen den zwei Ansätzen sieht und ihre Zusammenfügung befürwortet. "Attitudes have been analysed as serving many functions: utility, expression, meaning, ego defensiveness, etc. It seems likely that maintenance of consistency plays an important role in all of these functions; certainly, in the last two. We feel that an integration into the functional approach is another avenue by which consistency theories, to the mutual benefit of both kinds of approach, could be brought into heuristically provocative interaction with other approaches."[339]

Eine stärkere Berücksichtigung des motivationalen Aspekts ist unseres Erachtens nicht nur in den Konsistenzmodellen sondern auch im Einstellungskonzept erforderlich. Bei der Darstellung der Einstellungsdimensionen wurde die in der Literatur verbreitete Auffassung wiedergegeben, daß die Dimensionen Richtung, Extremität, Intensität und Zentralität einer Einstellung zu einem Objekt von den Vorstellungen eines Individuums über den instrumentalen Wert dieses Objekts für die Befriedigung von Bedürfnissen abhängt.[340] Es muß jedoch an dieser Stelle hervorgehoben werden, daß dieser Zusammenhang zwischen den einzelnen Einstellungsdimensionen und der Bereitschaft eines Individuums, eine bestimmte Einstellung zu bilden und/oder zu ändern, systematisch kaum erforscht ist.

Die Brauchbarkeit des Einstellungskonzeptes – als Basisbegriff für die Formulierung von Hypothesen über menschliches Verhalten bzw. über die Wirkungen der Überredungskommunikation – könnte steigen, wenn man z. B. in der präkommunikativen Einstellungsstruktur des Rezipienten einer Aussage den motivationalen Aspekt mehr beachten würde. Es müßte zunächst die Frage geklärt werden, ob und inwieweit die Bereitschaft zur Bildung und Änderung einer Einstellung durch die Berücksichtigung der oben genannten Dimensionen miterfaßt werden kann. Kommt die Motivation einer Person in bezug auf Übernahme und Änderung einer Einstellung in den anderen Dimensionen nicht hinreichend zum Ausdruck, so müßte eine weitere Einstellungsdimension eingeführt werden. Dies wird von Krech, Crutchfield und Ballachey[341] unternommen. Den bereits besprochenen Dimensionen fügen die Autoren eine weitere hinzu, die sie „Stärke und Anzahl der Bedürfnisse, die eine Einstellung befriedigen kann", nennen. Zur Erfassung dieser Dimension müßte neben der Stärke und der Anzahl der Bedürfnisse, die eine Einstellung befriedigen kann, auch die Instrumentalität dieser Einstellung ermittelt werden. Das heißt, *inwieweit* ist ein Einstellungsobjekt bzw. die Einstellung zu diesem Objekt *in der Lage,* eine unterschiedlich große Anzahl verschieden starker Bedürfnisse zu befriedigen? [342]

Wenn der motivationale Aspekt im Einstellungsbegriff entweder durch die bereits vorhandenen Einstellungsdimensionen oder durch die Einführung der von Krech, Crutchfield und Ballachey vorgeschlagenen Dimension erfaßt wird, dann kann der gesamte theoretische Ansatz von Katz, der soeben dargestellt wurde, in das Einstellungskonzept integriert werden. Hierzu wäre lediglich erforderlich, bei der Erfassung der Einstellungsstruktur einer Person auch festzustellen, ob und inwieweit eine bestimmte Einstellung in der Lage ist, die von Katz genannten "instrumental", "ego-defensive", "value-expressive" und "knowledge" Funktionen zu erfüllen.[343]

7. Abschließende Bemerkungen

Durch die rasche Verbreitung der Massenmedien und insbesondere des Fernsehens in den letzten drei Jahrzehnten ist das Interesse der Öffentlichkeit und der wissenschaftlichen Forschung an den Wirkungen der Massenkommunikation erheblich gestiegen. Von verschiedenen Seiten wird eine Reihe von Fragen über die Wirkungen der Massenkommunikation *auf breite Publikumskreise* gestellt: Wird durch die Massenmedien der Wissensstand des Publikums erhöht, das Publikum manipuliert, der Geschmack nivelliert, die Jugendkriminalität gefördert? usw. In der vorliegenden Arbeit sind wir davon ausgegangen, daß eine befriedigendere und differenziertere Beantwortung dieser und ähnlicher globaler Fragen leichter wird, wenn wir zunächst den kaum systematisch erforschten Prozeß der Beeinflussung *eines einzelnen Rezipienten* und der dabei relevanten Faktoren genauer untersuchen. Bei der Analyse dieses Prozesses nahmen wir eine Einschränkung vor und untersuchten nur die Beeinflussung von Einstellungen. Nach der hier vertretenen Auffassung können alle relevanten Faktoren, die die Wirkungen von Aussagen der Überredungskommunikation auf die Einstellungen *eines* Rezipienten beeinflussen, in drei Variablenkomplexen zusammengefaßt werden: dem kommunikativen Stimulus, den situationalen Faktoren und der Persönlichkeit des Rezipienten, die diese Stimuli wahrnimmt und interpretiert.

Teilaspekte des kommunikativen Stimulus, die wirkungsrelevant sein können, sind die verschiedenen Merkmale des Kommunikators, der inhaltlichen und formalen Struktur der Aussage, der publizistischen Institution und des technischen Mediums. In Form von Hypothesen wurde eine Reihe wichtiger Ergebnisse über die Wirkungsrelevanz einiger dieser Merkmale des kommunikativen Stimulus dargestellt. Wir haben zu zeigen versucht, daß die zahlreichen Untersuchungen über diese Fragen nicht den Eindruck erwecken dürfen, die Problematik sei ausreichend erforscht. Wie aus unserer Darstellung und Kritik der Ergebnisse und Untersuchungen hervorging, ist eher das Gegenteil der Fall. Die vorliegenden Ergebnisse sind widersprüchlich, und eine Vielzahl von zunächst bestätigten Hypothesen wurde in späteren Untersuchungen in Frage gestellt.

Der gegenwärtig unbefriedigende Stand der Wirkungsforschung ist nicht nur auf die Unzulänglichkeit der verfügbaren Forschungstechniken, sondern auch und vor allem auf das Fehlen von theoretischen Ansätzen zurückzuführen. Das wichtigste Ziel der vorliegenden Arbeit bestand darin, auf die Notwendigkeit einer stärkeren Berücksichtigung bestimmter theoretischer Ansätze hinzuweisen und die Eignung des Einstellungskonzepts für die.Entwicklung eines solchen Ansatzes aufzuzeigen.

Alle Veränderungen und Prozesse, die in der Literatur unter dem Begriff der Wirkungen zusammengefaßt werden, vollziehen sich letztlich bei demjenigen, der die Aussagen der Überredungskommunikation wahrnimmt und interpretiert. Aus diesem Grunde haben wir den Rezipienten dieser Aussagen in den Mittelpunkt unserer Betrachtung gestellt. Eine Möglichkeit zur Erfassung der verschiedenen voneinander abhängigen Aspekte der Persönlichkeit des Rezipienten, die die Wirkungen der Überredungskommunikation entscheidend beeinflussen können, haben wir im Einstellungskonzept gesehen. Die Ergebnisse empirischer Untersuchungen und theoretischer Überlegungen zeigten, daß die präkommunikative Einstellungsstruktur des Rezipienten eine zentrale Variable im Wirkungsprozeß der Überredungskommunikation ist.

Die Eignung des Einstellungskonzeptes für die Entwicklung theoretischer Ansätze und für die Erklärung und Voraussage einiger Phänomene des Wirkungsprozesses wurde anhand der Konsistenzmodelle gezeigt. Diese in der jüngeren sozialpsychologischen Forschung sehr beachteten Modelle arbeiten überwiegend mit dem Einstellungsbegriff. Nach den Konsistenzmodellen ist die Konsistenz oder Inkonsistenz in der präkommunikativen Einstellungsstruktur des Rezipienten eine die Wirkungen von Aussagen der Überredungskommunikation determinierende Variable. Auch die selektive Zuwendung zu Informationen, die selektive Interpretation und das selektive Behalten von Aussagen können, wie wir gesehen haben, mit Hilfe des Konsistenzprinzips erklärt werden. Es muß jedoch darauf hingewiesen werden, daß sich die Konsistenzmodelle in der Regel *nur auf eine* der möglichen Einstellungsdimensionen beziehen. Wir haben jedoch weitere mögliche Einstellungsdimensionen unterschieden, die das Einstellungskonzept differenzieren und brauchbarer machen können. So könnte eine Reihe der genannten Schwächen der Konsistenzmodelle sicherlich dadurch beseitigt werden, daß außer der Konsistenz auch die anderen Einstellungsdimensionen, etwa die Extremität, Komplexität und Verbundenheit berücksichtigt werden.

Aufgrund der Ausführungen der vorliegenden Arbeit können einige Forderungen an die künftige Wirkungsforschung gestellt werden. Sie soll vor allem versuchen,

1. die in den Sozialwissenschaften entwickelten theoretischen Ansätze stärker zu berücksichtigen. Diese Notwendigkeit wurde durch die Darstellung der Konsistenzmodelle, mit deren Hilfe einige Ergebnisse der Wirkungsforschung erklärt werden können, hervorgehoben.

2. geeignetere Verfahren zur Messung der interdependenten wirkungsrelevanten Variablen, insbesondere
   a) des kommunikativen Stimulus (z. B. Verbesserung der Techniken der Aussagen- bzw. Inhaltsanalyse) und
   b) der Persönlichkeit des Rezipienten,
   zu entwickeln.

3. das Einstellungskonzept mit den hier zur Diskussion gestellten Einstellungsdimensionen zu differenzieren und die Brauchbarkeit dieses Konzepts für die Formulierung von Hypothesen über den Wirkungsprozeß der Überredungskommunikation genauer zu prüfen. Dabei wäre es vor allem erforderlich,
   a) die einzelnen Einstellungsdimensionen abzugrenzen und zu messen,
   b) ihre Beziehung zueinander zu untersuchen und
   c) den in diesen Dimensionen implizierten motivationalen Aspekt genauer zu analysieren.

Durch die Untersuchung dieser Fragen könnte die Möglichkeit einer Integration sowohl der Ansätze der Konsistenztheoretiker als auch der motivationalen Ansätze im Einstellungskonzept geprüft werden. Wenn durch die künftige Forschung die in der vorliegenden Arbeit skizzierten Möglichkeiten einer Präzisierung und Erweiterung des Einstellungsbegriffs realisiert werden, dann könnte mit dem Einstellungskonzept ein beachtlicher Schritt zur Beseitigung des Theorienmangels in der Wirkungsforschung getan werden.

Teil II:

Selbsteinschätzung, Kommunikationsdiskrepanz und Einstellungswandel

von Krista Stosberg

1. Problemstellung

Die Forschungsgruppe ‚Massenkommunikation' des Sozialwissenschaftlichen Forschungszentrums hat sich seit längerer Zeit darum bemüht, ein theoretisches Konzept zu erarbeiten, das es ermöglichen soll, zur Erklärung des Massenkommunikationsprozesses beizutragen. Dieser Ansatz wurde im Rahmen der „Systematik der Massenkommunikationsforschung"[344] zuerst konzipiert, in der Arbeit von Bessler[345] weiterentwickelt und erhielt seine vorläufig letzte Fassung bei 1970 durchgeführten empirischen Untersuchungen.[346] Es handelt sich dabei um ein Programm für die Formulierung und Prüfung von Hypothesen über die Aussagenentstehung und Aussagenwirkung im Massenkommunikationsprozeß. Dieses im nächsten Kapitel näher zu beschreibende Programm bildet den Ausgangspunkt für die vorliegende Arbeit, wobei eine Beschränkung auf jenen Teil des Massenkommunikationsprozesses erfolgt, dessen Gegenstand die Wirkungen der Aussagen sind. Im Mittelpunkt stehen bestimmte präkommunikative Einstellungen der Rezipienten, von denen angenommen wird, daß sie relevante Faktoren im Wirkungsprozeß der Massenkommunikation darstellen. Um die Art und Weise ihres Einflusses und das Ausmaß ihrer Bedeutsamkeit näher zu bestimmen, wurde ein Experiment durchgeführt, das gleichzeitig dem Zweck dient, jenes zugrunde gelegte Programm erstmals empirisch auf seine Brauchbarkeit zu prüfen. In diesem Sinne stellt diese Arbeit einen Versuch dar, zur Erklärung der Wirkungen der Massenkommunikation beizutragen.

Massenkommunikation kann bekanntlich als ein Spezialfall der Kommunikation angesehen werden, deren besondere Form vor allem dadurch gekennzeichnet wird, daß die Partner hier durch ein technisches Medium miteinander verbunden sind. Aus Gründen der einfachereren und weniger kostspieligen Überprüfung der in dieser Arbeit aufgestellten Hypothesen handelt es sich bei dem Stimulus, wie er in dem hier durchgeführten Experiment verwendet wurde, nicht um eine eigentliche Aussage eines Massenmediums. Der Stimulus besteht stattdessen aus einer „einfachen" Kommunikation in schriftlicher Form. Dieses Vorgehen erscheint zulässig, weil sich die in dieser Arbeit angeschnittene Problematik auf einige jener Aspekte aus dem Bereich der Massenkommunikationsforschung konzentriert, die diese mit der allgemeinen Kommunikationsforschung gemein hat. Denn es handelt sich hier um die Frage, welche Rolle bestimmte Prädispositionen von Individuen in einem Prozeß der Beeinflussung spielen. Sowohl bei der Diskussion bereits abgeschlossener Studien zu diesem Thema als auch in der hier durchgeführten empirischen Untersuchung stehen vor allem solche Prädispositionen von Rezipienten im Mittelpunkt, die auch für die Erklärung der Wirkungen im Kommunikationsprozeß relevant sind. Die meisten bisher vorliegenden Erkenntnisse über den Prozeß der Beeinflussung wurden denn auch im Rahmen der allgemeinen Kommunikation gewonnen.[347]

110

Die wissenschaftliche Massenkommunikationsforschung ist in dem hier verstandenen Sinne Teil der sozialwissenschaftlichen Forschung. Das Ziel sozialwissenschaftlicher Forschung ist die Erklärung und Voraussage des menschlichen Verhaltens im sozialen Bereich. Hierzu bedarf es *allgemeiner* sozialwissenschaftlicher Theorien, die imstande sind, möglichst viele verschiedene Verhaltensweisen in möglichst vielen sozialen Bereichen unabhängig von Raum und Zeit zu klären. Zu den Theorien, die eine relativ große Zahl von Ereignissen erklären, gehören die Konsistenztheorien[348] sowie der verhaltenstheoretische Ansatz Malewskis.[349]

Erklärung des Massenkommunikationsprozesses bedeutet Erklärung des Verhaltens der am Massenkommunikationsprozeß beteiligten Personen. Mithin handelt es sich hier um Verhaltensweisen in einem speziellen sozialen Bereich. Wenn es sich bei den genannten Theorien um allgemeine Verhaltenstheorien handelt, müssen sie auch dieses Verhalten in einem bestimmten sozialen Bereich erklären können. Die im Verlauf dieser Arbeit zu führende Diskussion über bestimmte Prädispositionen, die als Determinanten im Wirkungsprozeß der Massenkommunikation auftreten, sowie die hierzu durchgeführte empirische Untersuchung sind denn auch im Lichte dieser allgemeinen Theorien menschlichen Verhaltens zu sehen.

Durch diese Vorgehensweise soll sich zeigen, ob die Konsistenzmodelle, insbesondere die Theorie Festingers bzw. der Ansatz von Malewski in der Lage sind, die speziellen Ergebnisse der im Rahmen dieser Arbeit diskutierten empirischen Untersuchungen hinreichend zu erklären, was eine weitere Bestätigung bedeuten würde, oder ob gegebenenfalls, und wenn ja, in welcher Weise, Modifizierungen und Ergänzungen notwendig sind.

1.1   Der hier verwendete Einstellungsbegriff

Der englische Ausdruck "attitude" ist in der vorliegenden Arbeit gleichbedeutend mit dem Begriff Einstellung. Es soll auch nicht auf Unterschiede zwischen Einstellungen einerseits und Dispositionen, Haltungen, Wertstrukturen, Attitüden, Gesinnungen, Valenzen, Erwartungen, Prädispositionen etc. andererseits eingegangen werden. Alle diese Begriffe werden synonym verwendet. Hierfür spricht nicht zuletzt der Umstand, daß ihre Operationalisierung allgemein mit Hilfe von Einstellungsskalen erfolgt.

Wenn hier von Einstellungen die Rede ist, dann soll folgendes darunter verstanden werden: Einstellungen sind stets auf einen Gegenstand bezogene, systembedingte und erlernte Reaktionsweisen eines Individuums, die dessen Wahrnehmungen, dessen Denken, Behalten, Empfinden und Handeln mitbestimmen.[350]

Diese Definition von Einstellungen erhebt in keiner Weise den Anspruch, umfassend und (oder) endgültig zu sein. Sie dient lediglich dem Zweck, eine Grundlage der Verständigung für alle weiteren Ausführungen zu schaffen und erscheint für die in dieser Arbeit angeschnittene Problematik ausreichend.

2. Die Determinanten und Resultanten der Hypothesen dieser Arbeit in ihrem Zusammenhang mit einem Programm zur Bildung von Hypothesen über die Wirkungen der Massenkommunikation

Das Programm für die Aufstellung von Hypothesen über den Massenkommunikationsprozeß wurde, wie bereits ausgeführt, in verschiedenen Arbeiten erörtert und mehrfach modifiziert. Auf eine ausführliche Darstellung dieser „Rahmenanweisungen" für die Aufstellung von Hypothesen kann daher hier verzichtet werden. An dieser Stelle wird nur insoweit auf das theoretische Programm eingegangen, als es für die Herstellung des Zusammenhangs zwischen diesem Programm und den in der vorliegenden Arbeit aufgestellten und zu prüfenden Hypothesen notwendig ist. Dabei soll von der zuletzt konzipierten und überarbeiteten Fassung des Ansatzes ausgegangen werden.

In diesem Konzept zur Erklärung des Massenkommunikationsprozesses wird zunächst eine Teilung des Gesamtprozesses in drei Phasen vorgenommen: In der ersten Phase sind Hypothesen über den Prozeß der Aussagenentstehung in den Institutionen der Massenkommunikation aufzustellen.[351] In der zweiten Phase müssen Hypothesen über die Wirkungen von Aussagen auf einzelne Rezipienten gebildet werden. In einer dritten Phase schließlich sind Behauptungen über die Konsequenzen der Beeinflussung einzelner Rezipienten durch die Massenmedien für die Erhaltung und den Wandel politischer und sozialer Systeme zu formulieren.[352] In der vorliegenden Untersuchung konzentriert sich das Interesse ausschließlich auf die zweite Phase.

Das Programm für die Formulierung von Hypothesen zur Erklärung der Wirkungen der Massenkommunikation besteht aus potentiellen Determinanten und Resultanten der zu bildenden Hypothesen sowie aus Anweisungen über die Vorgehensweise bei der Messung dieser Variablen. Das Konzept enthält die folgenden Determinanten des Wirkungsprozesses:

1. (X_A), die in den Aussagentexten tatsächlich geäußerten Einstellungen zu den Einstellungsobjekten I, II, III . . . N; die in der Aussage zum Ausdruck kommenden Einstellungsäußerungen werden mit Hilfe aussagenanalytischer Techniken gemessen.

2. Die präkommunikativen Einstellungen der Rezipienten:

(X_B), ihre Einstellungen zu den Einstellungsobjekten I, II, III . . .N, zu denen in den Aussagentexten tatsächlich Stellung genommen wird;

(X_C), ihre prädispositionale Selbsteinschätzung;

(X_D), ihre Erwartungen von den mutmaßlichen Einstellungsäußerungen in den Aussagentexten, sofern diese die Einstellungsobjekte I, II, III . . . N betreffen, zu denen in den Texten tatsächlich Stellung genommen wird;

(X_E), die Zentralität ihrer Einstellungen zu den Einstellungsobjekten I, II, III . . . N, zu denen in den Aussagentexten tatsächlich Stellung genommen wird, innerhalb ihrer Einstellungsstruktur.

Die Messung der Variablen X_B, X_C, X_D und X_E erfolgt mit Hilfe von Einstellungsskalen.

Die Erforschung der Wirkungen von Aussagen der Massenmedien auf die Rezipienten wird in diesem Programm auf Einstellungsänderungen beschränkt. Wirkungen werden als Veränderungen in der Einstellungsstruktur von Rezipienten definiert. Eine solche Definition des Begriffs Wirkungen der Massenkommunikation wurde aus Gründen der Zweckmäßigkeit unter meßtechnischen Gesichtspunkten gewählt. Darüber hinaus kann von der Annahme ausgegangen werden, daß möglichen Verhaltensänderungen der Rezipienten zumindest in der Regel Einstellungsänderungen vorausgegangen sind.[353] Da nicht alle meßbaren Veränderungen in der Einstellungsstruktur erfaßt werden können, werden nur bestimmte Einstellungen gemessen. Hierbei handelt es sich um die Einstellungen zu solchen Einstellungsobjekten, zu denen in der Aussage Stellung bezogen wird. Durch einen Vergleich der präkommunikativen Einstellung des Rezipienten zu einem bestimmten Gegenstand mit seiner postkommunikativen Einstellung zu demselben Gegenstand werden die gegebenenfalls eingetretenen Einstellungsänderungen des Rezipienten (Wirkung der Aussage der Massenkommunikation) ermittelt.

Die Hypothesen des Wirkungsprozesses kann man, mathematisch ausgedrückt, mit folgender Funktion erfassen:

$$(Y_A) \ldots (Y_N) = X_A, X_B, X_C, X_D, X_E)$$

$(Y_A) \ldots (Y_N)$ sind dabei die Resultanten der Hypothesen über die Wirkungen der Massenkommunikation, also die möglichen Einstellungsänderungen, die die Rezipienten nach dem Empfang der Aussage im Hinblick auf die in der Aussage angesprochenen Einstellungsobjekte I, II, III . . . N vorgenommen haben. Diese Wirkungen der Massenkommunikation können als eine Funktion der Determinanten X_A, X_B, X_C, X_D, X_E angesehen werden, die in jeweils verschiedenen Kombinationen und Ausprägungen Einfluß ausüben können.

Es wurde bereits darauf hingewiesen, daß sich die im Rahmen der vorliegenden Arbeit aufgestellten und zu prüfenden Hypothesen über die Wirkungen der Massenkommunikation an dem eben beschriebenen Programm orientieren. In diesen Hypothesen werden Behauptungen darüber aufgestellt, in welcher Weise verschiedene Kombinationen verschiedener oben bezeichneter Determinanten und ihrer Ausprägungen für die Einstellungsänderung von Rezipienten von Bedeutung sein können. Dabei handelt es sich um Variationen von X_A, X_B und X_C. Die Variablenkomplexe X_D und X_E werden in der hier durchgeführten Untersuchung nicht berücksichtigt. In den in dieser Arbeit im Mittelpunkt stehenden Hypothesen werden die in der Aussage enthaltenen Einstellungsäußerungen zu einem bestimmten Einstellungsobjekt, die Einstellungen der Rezipienten zu demselben Objekt sowie die prädispositionale Selbsteinschätzung der Rezipienten als Determinanten im Wirkungsprozeß aufgeführt. Die Berücksichtigung der Erwartung von den mutmaßlichen Einstellungsäußerungen durch die Rezipienten konnte nach der Anlage des in der vorliegenden Untersuchung durchgeführten Experiments unterbleiben, weil die Versuchspersonen unter den hier gegebenen besonderen Umständen keine Erwartungen über die Aussage, mit denen sie in dem Experiment konfrontiert wurden, bilden konnten.[354]

Während dieses Programmkonzept lediglich allgemeine *Rahmenanweisungen* für die Formulierung von Hypothesen enthält, soll in der vorliegenden Arbeit der Versuch unternommen werden, durch die *Bildung* und *Überprüfung spezieller* Hypothesen aus diesem Programm Kenntnisse über das Zusammenwirken der Determinanten in den Hypothesen über die Wirkungen der Massenkommunikation zu erhalten. Eine solche Vorgehensweise trägt dazu bei, jenes Programm nach und nach auszufüllen, indem es mit empirischen Ergebnissen über den Einfluß verschiedener Determinanten bzw. Determinantenkombinationen quasi „angereichert" wird. Gleichzeitig kann die vorliegende Untersuchung, wie bereits angedeutet, als eine erste Prüfung jenes Programms im Hinblick auf seine Brauchbarkeit und Zweckmäßigkeit angesehen werden.

Mit dieser Arbeit werden demnach vor allem zwei Ziele verfolgt: Einmal werden spezielle Hypothesen aufgestellt, die mit dem Einstellungsbegriff arbeiten und die vor dem Hintergrund jenes eben beschriebenen Programms zu sehen sind. Zum anderen wird die Untersuchung dieser Hypothesen auf der Grundlage eines theoretischen Ansatzes durchgeführt, der einen relativ hohen Allgemeinheitsgrad besitzt. Damit wird der Versuch unternommen, die speziellen Ergebnisse der Untersuchung über die Wirkungen der Massenkommunikation mit Hilfe einer allgemeinen Theorie menschlichen Verhaltens zu erklären.

3. Der theoretische Ansatz der Untersuchung

Im folgenden werden die Theorien bzw. die theoretischen Überlegungen, welche die Grundlage für die in dieser Arbeit durchgeführte empirische Untersuchung bilden, zunächst in allgemeiner Form vorgetragen. Im Anschluß daran werden die in der vorliegenden Untersuchung verwendeten Variablen beschrieben und ihre Auswahl begründet. In einem weiteren Abschnitt dieses Kapitels werden zahlreiche der bisher vorliegenden Arbeiten, deren Fragestellungen mit der hier behandelten Problematik in engem Zusammenhang stehen, erörtert. Hierbei werden u. a. die jeweils verwendeten theoretischen Konzepte, zu denen vielfach die Dissonanztheorie gehört, diskutiert. Im letzten Abschnitt dieses Kapitels sollen schließlich die zu prüfenden Hypothesen der vorliegenden Studie vor dem Hintergrund der diskutierten theoretischen Ansätze formuliert werden.

3.1 Einige Hypothesen des Dissonanzmodells

Zu den neueren theoretischen Ansätzen bei der Erklärung und Voraussage der Wirkungen der Massenkommunikation auf die Einstellungen der Rezipienten gehören die Konsistenzmodelle. Diese werden im ersten Teil, Kapitel 6. dieses Buches ausführlich dargestellt. An dieser Stelle soll daher nur noch einmal kurz auf das Dissonanzmodell, soweit es für die Verständlichkeit bei der Erklärung der Ergebnisse des Experiments notwendig erscheint, eingegangen werden. Denn das von Festinger[355] entwickelte Konzept bildet im wesentlichen die theoretische Grundlage für die hier durchgeführte empirische Untersuchung. Darüber hinaus sollen der verhaltenstheoretische Ansatz Malewskis[356] so wie er von Bledjian im Teil I, Abschnitt 6.2 diskutiert wurde, und eine im Zusammenhang mit den Konzepten Festingers und Malewskis relevante Abhandlung von Opp[357] hier berücksichtigt werden.

Im folgenden werden nur diejenigen Hypothesen der Theorie Festingers kurz wiederholt, die für die spezielle Fragestellung des zweiten Teils des vorliegenden Bandes von Bedeutung sind:

1. Das Vorhandensein von Dissonanz wird von einem Individuum als störend empfunden und wird es motivieren, den Versuch zu unternehmen, die Dissonanz zu reduzieren und Konsonanz zu erreichen.[358]

2. Wenn Dissonanz vorhanden ist, wird ein Individuum neben dem Versuch, diese zu reduzieren, zusätzlich Aktivität zeigen, um Situationen und Informationen zu meiden, die geeignet sein können, die Dissonanz zu vergrößern.[359]

3. Die Stärke des Drucks in Richtung auf eine Reduktion der Dissonanz ist eine Funktion der Größe der Dissonanz.

Diese Hypothese wurde von OPP präzisiert und explizit als je-desto Satz formuliert: „Je größer die perzipierte Dissonanz zwischen kognitiven Elementen ist, desto eher versuchen Personen, Dissonanz zu reduzieren und Konsonanz zu erreichen."[360] Opp spricht nicht nur von kognitiver Dissonanz, sondern präziser von „perzipierter kognitiver Dissonanz". Dieser Formulierung liegt die zweifellos richtige Überlegung zugrunde, daß dem Auftreten dissonanzreduzierender Handlungen die *Wahrnehmung* der Dissonanz durch den Akteur und nicht durch den Beobachter notwendigerweise vorausgehen muß. Im Gegensatz zur Dissonanztheorie ist dieser Gedanke, wie bereits ausgeführt, in dem von Rosenberg und Abelson entwickelten Gleichgewichtsmodell enthalten.

4. Je bedeutsamer die kognitiven Elemente sind, zwischen denen eine Dissonanz entsteht, desto stärker die Dissonanz.
5. Wenn eine dissonante Beziehung vorliegt, so kann ein Individuum diese theoretisch auf folgende Art und Weise reduzieren bzw. weitere Dissonanz vermeiden:
   a) durch Veränderung eines oder mehrerer kognitiver Elemente, die die Dissonanz hervorrufen,
   b) durch Vermehrung der kognitiven Elemente, die sich in Konsonanz mit bereits vorhandenen kognitiven Elementen befinden,
   c) dadurch, daß die Bedeutung einer bestehenden kognitiven Dissonanz „heruntergespielt" wird, oder die dissonante Beziehung „verdrängt" wird, oder das Individuum sich davon zu überzeugen sucht, die Dissonanz existiere nur scheinbar.

Bei den genannten Alternativen handelt es sich lediglich um die rein logischen mehr oder weniger abstrakt formulierten Möglichkeiten, die Dissonanz zu reduzieren.[361] In der Empirie sind nun zahlreiche Reduktionsarten denkbar, die zwar aus den logischen Möglichkeiten ableitbar sein müssen, aber dennoch konkret in sehr unterschiedlichen Reaktionsweisen bestehen können. Um in einem Experiment Voraussagen machen zu können, ist es daher erforderlich, die empirisch möglichen Verhaltensweisen jeweils vorher zu analysieren.[362]

Für welche der vorhandenen Reduktionsarten sich das Individuum entscheidet, darüber gibt eine von Opp präzisierte Hypothese Festingers Auskunft:

6. „Je positiver eine Person eine perzipierte Möglichkeit, Dissonanz zu reduzieren oder zu vermeiden, bewertet, desto eher wird sie diese Möglichkeit realisieren."[363]

Festinger und seine Mitarbeiter analysierten verschiedene Situationen, in denen Dissonanz auftreten kann. Bledjian stellte vier solcher dissonanzhervorbringenden Situationen dar, von denen aber nur eine beschrieben werden soll, weil nur diese im Zusammenhang mit den hier zu prüfenden Hypothesen relevant ist. Im Kommunikationsbzw. Massenkommunikationsprozeß tritt die folgende Situation sehr häufig auf: „Personen werden freiwillig, vor allem aber unfreiwillig oder zufällig, neuen Informationen ausgesetzt. Die neuen kognitiven Elemente bezüglich eines Einstellungsobjektes, die z. B. in einer Aussage der Überredungskommunikation enthalten sind, können dissonant sein, d. h. den präkommunikativen Einstellungen des Rezipienten zu diesem Objekt widersprechen."[364]

Die Beobachtung, daß in einer derartigen Situation eine kognitive Dissonanz entsteht, ermöglicht die Anwendung der Dissonanztheorie bei der Erklärung und Voraussage der Wirkungen der Kommunikation.

Obwohl die Theorie der kognitiven Dissonanz einen relativ hohen Allgemeinheitsgrad besitzt, ist jedoch zu vermuten, daß sie nur unter bestimmten Bedingungen gilt, die wiederum aus einer noch allgemeineren Theorie abgeleitet werden müssen. Zu diesen Bedingungen wird vor allem das Bedürfnis zu rechnen sein, Dissonanz überhaupt zu reduzieren. Denn wenn eine kognitive Dissonanz zwar empfunden wird, aber kein Bedürfnis besteht, diese zu reduzieren, dann können aufgrund der Dissonanztheorie keine Voraussagen für das Verhalten gemacht werden. Realistischer als das Nichtvorhandensein eines derartigen Bedürfnisses scheint jedoch die Annahme zu sein, daß das Bedürfnis nach Reduktion der Dissonanz bei verschiedenen Personen lediglich in unterschiedlichem Maße vorhanden ist. Auf diesen Umstand ist bereits mehrfach hingewiesen worden. Dabei erscheint es plausibel anzunehmen, daß die Stärke des Konsonanzbedürfnisses wiederum abhängig ist von verschiedenen Einstellungen, wie z. B. von der Selbsteinschätzung bzw. von eventuell mit der Selbsteinschätzung korrelierenden Persönlichkeitsfaktoren.

3.2 Die Selbstbewertungs-Hypothese und ihr Verhältnis zur Dissonanztheorie

Die kritischen Einwände, die Malewski und seine Mitarbeiter gegenüber der Dissonanztheorie vorbrachten, — die ihnen zugrunde liegenden und für die Fragestellung der hier durchgeführten empirischen Untersuchung relevanten theoretischen Überlegungen wurden im Teil I, Abschnitt 6.2 erörtert — konzentrieren sich auf die Berücksichtigung vor allem einer weiteren Belohnungsart und führten zu der Annahme, daß Individuen bei Verhaltensentscheidungen möglicherweise sogar Präferenzen für die Belohnungsart der Erhöhung des eigenen Wertes aufweisen. Um das zu prüfen, ging Frentzel in ihrer Untersuchung von folgender Hypothese aus: "The desire to strengthen one's self-esteem is a motivating factor stronger than the desire for the reduction of cognitive dissonance."[365] Diese als Selbstbewertungs-Hypothese bekannte Annahme konnte durch mehrere Untersuchungen vorläufig bestätigt werden.[366]

Es hat den Anschein, daß aufgrund dieser Hypothese die Dissonanztheorie modifiziert werden müßte.[357] Denn eine der Aussagen dieser Theorie besagt, daß Personen bestrebt sind, ihre kognitive Dissonanz zu reduzieren, und das soll grundsätzlich heißen, daß dieser Wunsch *immer* vorhanden ist. Wenn demgegenüber jedoch die Aussage besteht, daß der Wunsch nach positiver Selbstbewertung stärker — und deterministisch formuliert also immer stärker — ist als der Wunsch nach kognitiver Konsonanz, so gilt die Dissonanztheorie offensichtlich nur unter der Bedingung, daß keine andere Belohnungsart eine höhere Anziehungskraft besitzt als die Reduktion der kognitiven Dissonanz. Diese Bedingung aber würde den Geltungsbereich der Dissonanztheorie beschränken. Ob eine Modifikation erforderlich ist, oder ob die Selbstbewertungs-Hypothese möglicherweise mit den Aussagen der Dissonanztheorie vereinbar ist, wurde von den genannten Kritikern dieser Theorie nicht untersucht.

In seinem bereits mehrfach zitierten Aufsatz versuchte Opp[368] zu zeigen, daß die Selbstbewertungs-Hypothese die Theorie Festingers nicht nur nicht widerlegt, sondern eine weitere Bestätigung der Dissonanztheorie darstellt. Zu diesem Zweck unternahm es Opp, die Selbstbewertungs-Hypothese in ihrer allgemeinen Formulierung aus der Theorie der kognitiven Dissonanz logisch abzuleiten, um auf diese Weise den Nachweis zu führen, daß die Selbstbewertungs-Hypothese eine spezielle Aussage der Dissonanztheorie darstellt, die nur unter den sich aus der generellen Theorie ergebenden Bedingungen gilt. Im folgenden soll die von Opp durchgeführte Ableitung der Selbstbewertungs-Hypothese aus der Theorie der kognitiven Dissonanz in zusammengefaßter Form wiedergegeben werden.[369]

Gemäß der Selbstbewertungs-Hypothese ist der Wunsch, positive Selbstbewertung zu erreichen, ein stärkeres Motiv zum Handeln als der Wunsch, kognitive Dissonanz zu reduzieren. Durch Analyse des bereits zitierten Experiments von Frentzel versuchte Opp zu zeigen, daß Verhaltensweisen zur Erreichung positiver Selbstbewertung auch interpretiert werden können als Verhaltensweisen zur Reduktion von kognitiver Dissonanz.[370] Die Erreichung positiver Selbstbewertung kann damit also die Realisierung kognitiver Konsonanz bedeuten. Ausgehend von dieser Überlegung läßt sich die Selbstbewertungs-Hypothese umformulieren: Wenn eine Person den Wunsch hat, positive Selbstbewertung zu erreichen, dann wird sie solche Handlungen ausführen, die ihrer Meinung nach geeignet sind, diese positive Selbstbewertung zu realisieren. Mit anderen Worten: Personen werden immer versuchen, eine konsonante Beziehung zwischen dem einen kognitiven Element (Wunsch nach positiver Selbstbewertung) und dem daraus folgenden kognitiven Element (Handlungen zur Erreichung positiver Selbstbewertung) zu erreichen. Beide Elemente können jedoch als Bestandteile eines kognitiven Elements, des Selbstbewertungselements S interpretiert werden. Personen handeln dann so, daß Konsonanz innerhalb der Bestandteile dieses Selbstbewertungselements S besteht. Das heißt, Personen wollen immer eine höhere Selbstbewertung erreichen, und zwar auch dann, wenn dadurch andere Elemente dissonant werden. Die umformulierte Hypothese lautet dann also: ,,Wenn das Element S dissonant ist mit einem anderen Element, dann verändern Personen dieses andere Element.''[371]

Auch Frentzel wies jedoch darauf hin, daß die Selbstbewertungs-Hypothese sicherlich nicht immer gelte. Es erhebt sich daher die Frage, unter welchen Bedingungen die Hypothese gilt. Wie bereits erwähnt, leitete Opp diese Bedingungen aus der allgemeineren Theorie der kognitiven Dissonanz ab. Ein solches Vorgehen ist möglich, da die Erreichung positiver Selbstbewertung als Reduktion kognitiver Dissonanz interpretiert worden war. Da die wichtigsten Hypothesen der Dissonanztheorie im Rahmen des hier verwendeten theoretischen Ansatzes bereits aufgeführt wurden, sollen hier lediglich die daraus abgeleiteten Bedingungen genannt werden:

1. Die Selbstbewertungs-Hypothese gilt nur unter der Voraussetzung, daß eine Person den Wunsch hat, positive Selbstbewertung zu erreichen und diesen Wunsch bisher nicht realisiert hat.[372]
2. Die Person muß eine Dissonanz zwischen dem Selbstbewertungselement S und einem anderen Element X perzipieren.

3. Perzipiert eine Person Dissonanz zwischen dem Element X und einem oder mehreren anderen Elementen, welche zwar von Element S verschieden sind, aber mit diesem in dissonanter oder konsonanter Beziehung stehen, so wird die Person Element X nur dann ändern, wenn die Beibehaltung der Bestandteile von Element S positiver bewertet wird als die Beibehaltung der anderen Elemente.
4. Je größer die perzipierte Dissonanz zwischen Element S und Element X ist, desto eher wird eine Person versuchen, Element X zu ändern.
5. Wenn eine Person die Möglichkeit perzipiert, Element X zu verändern, dann wird sie gemäß Hypothese 6 der Dissonanztheorie Element X durch solche Aktivitäten verändern, die sie am positivsten bewertet.

Unter Erfüllung dieser Bedingungen gilt die Selbstbewertungs-Hypothese. Werden alle diese Bedingungen in die Hypothese aufgenommen, so kann sie in folgender Weise formuliert werden: „Wenn ein kognitives Element X dissonant ist mit Element S und wenn Element X konsonant mit einem oder mehreren anderen Elementen ist, gilt: Je positiver ein Akteur die Beibehaltung der Bestandteile des Elements S bewertet, und je stärker die Dissonanz zwischen Element X und Element S ist, desto eher wird er eine konsonante Beziehung zwischen Element X und Element S herstellen, wenn er die Möglichkeit perzipiert, Element X zu ändern."[273]

Aufgrund dieser Überlegungen hat es den Anschein, daß die Selbstbewertungs-Hypothese mit den Aussagen der Dissonanztheorie vereinbar ist, wodurch sich eine Modifikation der Theorie in diesem Fall zunächst erübrigt. Dieser Zusammenhang bedarf aber noch der weiteren empirischen Überprüfung. Das im Rahmen der vorliegenden Arbeit durchgeführte Experiment ist auch unter diesem Aspekt zu sehen.

3.3. Beschreibung der in der vorliegenden Untersuchung verwendeten Variablen

3.3.1 Die Selbsteinschätzung der Rezipienten

3.3.1.1 Vorbemerkung

In der sozialwissenschaftlichen Forschung tauchen die Begriffe „Selbst", „Selbstkonzept", „Selbsteinschätzung" etc. in verschiedenen Zusammenhängen auf. Etwas vereinfachend läßt sich sagen, daß man hier vor allem drei Forschungsbereiche unterscheiden kann[374]:
1. Beschreibende Studien zur Entwicklung des Selbstkonzepts. Hierbei handelt es sich um die Unterscheidung und Beschreibung bestimmter Phasen im Prozeß der Formung eines Selbstkonzepts bei den Individuen. Die Phasen in der Herausbildung eines Selbstkonzepts werden vor dem Hintergrund und in Wechselwirkung mit anderen Entwicklungsstufen des Individuums gesehen.[375]
2. Untersuchungen über Variablen, von denen angenommen wird, daß sie die Entstehung des Selbstkonzepts beeinflussen können. In diesem Fall müssen Hypothesen

gebildet werden, in denen die verschiedenen Ausprägungen des Selbstkonzepts die Resultante darstellen. Hierauf soll weiter unten noch eingegangen werden.

3. Untersuchungen über den Zusammenhang zwischen dem Selbstkonzept von Individuen und deren Verhalten. Hierbei müssen Hypothesen aufgestellt werden, in denen verschiedene Ausprägungen des Selbstkonzepts allein oder im Zusammenhang mit anderen Variablen als Determinante (n) für die Reaktionen von Individuen auftreten. Die in der vorliegenden Untersuchung diskutierten Fragen gehören in diesen Bereich.

3.3.1.2 Alternative Termini

In der sozialwissenschaftlichen Literatur wird im Rahmen der genannten drei Problemkreise abwechselnd gesprochen von: „Selbst" (self), „Selbsteinschätzung" (self-esteem), „Selbstkonzept" (self-concept), „Selbstannahme" (self-acceptance), „Selbstbild" (self-image), „Selbstbewertung" (self-evaluation), „Selbstvertrauen" (self-confidence), „Selbstbewußtsein" (self-assurance), um nur die gebräuchlisten zu nennen. Von diesen scheint „Selbsteinschätzung" die am häufigsten verwendete Bezeichnung zu sein, welche vor allem in der Massenkommunikationsforschung überwiegend gewählt wird. Ob und in welcher Weise sich alle diese Begriffe in ihrer Bedeutung unterscheiden, soll im Rahmen dieser Arbeit nicht entschieden werden. Bei Durchsicht der Literatur zeigt sich, daß die Verwendung dieser Begriffe keineswegs einheitlich ist, und es entsteht der Eindruck, daß klare Abgrenzungen äußerst schwierig sind.

So werden von einigen Autoren z. B. die Begriffe „Selbstkonzept" und „Selbstbild" einerseits und die Ausdrücke „Selbsteinschätzung", „Selbstannahme" und „Selbstbewertung" andererseits synonym gebraucht, wobei die ersteren jeweils als die umfassenderen Begriffe angesehen werden. Super[376] etwa weist auf die Bedeutung einer Differenzierung zwischen dem Selbstkonzept und der Selbsteinschätzung für die Forschungen zur Theorie des Selbstkonzepts hin und unterscheidet u. a. zwischen „Dimensionen" und „Metadimensionen" des Selbstkonzepts, wobei die Selbsteinschätzung als eine solche Metadimension bezeichnet wird. Bei den Dimensionen des Selbstkonzepts handelt es sich nach Super um "the dimensions of personality, the traits which people attribute to other and to themselves"[377]. Die Metadimensionen hingegen, verstanden als die Dimensionen der Dimensionen des Selbstkonzepts, sind "the characteristics of the traits which people attribute to themselves"[378].

Shaw und Wright[379], die sich wiederum auf andere Autoren beziehen, machen diese Unterschiede nicht und verstehen die von den Individuen entwickelten unterschiedlichen Konzeptionen gegenüber der eigenen Person als unterschiedliche Grade der Selbstannahme. Auch Wylie[380] bezeichnet in ihrer Ergebnissammlung zu Forschungsarbeiten über das Problem des Selbstkonzepts die Selbsteinschätzung bzw. Selbstannahme zwar als Aspekte des Selbstkonzepts, behandelt im übrigen jedoch die genannten Begriffe weitgehend als Synonyme. Beim Studium von Forschungsberichten über empirische Untersuchungen gewinnt man trotz z. T. uneinheitlichen Gebrauchs den Ein-

druck, daß die meisten Autoren mehr oder weniger dasselbe meinen, wenn von „Selbsteinschätzung", „Selbstbild", „Selbstbewertung", „Selbstannahme", „Selbstkonzept"
etc. gesprochen wird.

Im Rahmen des hier behandelten Themas erscheint es nicht erforderlich, auf die
Diskussion um die Abgrenzung dieser Begriffe weiter einzugehen. Die verschiedenen
Bezeichnungen in der Literatur sollen aus pragmatischen Gründen daher im folgenden
als Synonyme verstanden werden, wobei im Anschluß an das Vorgehen in der Massen-
kommunikationsforschung und um der Einheitlichkeit willen in der hier durchge-
führten empirischen Untersuchung ausschließlich von der „*Selbsteinschätzung*" der
Rezipienten die Rede sein wird. Was darunter zu verstehen ist, soll in den folgenden
Abschnitten näher erläutert werden.

3.3.1.3 Die begriffliche Erfassung des Faktors Selbsteinschätzung in der Literatur

Bei der Behandlung der Selbsteinschätzung als Variablen in Hypothesen, die einer
empirischen Überprüfung zugänglich gemacht werden, gibt es in der Literatur grundsätzlich zwei Möglichkeiten, die sich nach der Vorgehensweise bei der Messung dieses
Faktors richten: In dem einen Fall wird die Selbsteinschätzung experimentell manipuliert[381], im anderen Fall wird von der Selbsteinschätzung als einer Prädisposition,
als von einem "chronic state" ausgegangen. Die unterschiedlichen Verfahren beruhen
also auf einer jeweils unterschiedlichen Behandlung der Variable Selbsteinschätzung
im Experiment. In der vorliegenden Arbeit wird von der im allgemeinen üblichen Be-
trachtungsweise einer prädispositionalen Selbsteinschätzung ausgegangen. Alle Ausführungen hinsichtlich der begrifflichen Klärung des Faktors Selbsteinschätzung sowie der im Zusammenhang damit zitierten Literatur sind unter diesem Gesichtspunkt
zu sehen.

Die Prädisposition Selbsteinschätzung wird bei einer Reihe von Autoren operational
definiert. Vor allein in den zahlreichen empirischen Untersuchungen, in denen der
Einfluß der Selbsteinschätzung untersucht wird, erfolgt die Begriffsbestimmung mit
Hilfe der Beobachtungssprache, wodurch das theoretische Konstrukt Selbsteinschätzung
einer Messung zugänglich gemacht werden soll. Auch bei der vorliegenden empirischen
Untersuchung wird die *Messung* des Konstrukts Selbsteinschätzung bei einer bestimmten Rezipientengruppe durchgeführt, und die begriffliche Erfassung des Konstrukts
erfolgt unter diesem Aspekt.

Ebenso wird an dieser Stelle der Versuch unternommen, den Begriff Selbsteinschätzung auch konstitutiv zu definieren, also eine Begriffsbestimmung mit Hilfe
anderer Termini der Theoriesprache vorzunehmen. Dabei handelt es sich um Begriffe, die von der Beobachtungsebene mehr oder weniger weit entfernt sind.

Bei A. Cohen, einem der Autoren der Yale-Studien, deren Gegenstand Kommunikation und Einstellungswandel ist, wird der Faktor Selbsteinschätzung in folgender
Weise beschrieben: "Self-esteem concerns the amount of value an individual attributes to various facets of his person and may be said to be affected by the successes
and failures he has experienced in satisfying central needs. It may be viewed as a
function of the coincidence between an individual's aspirations and his achievement

of these aspirations".[383] Dabei werden bei Cohen fünf Bedürfnisbereiche ("need areas") unterschieden: Leistung (Erfolg), Autonomie, Anerkennung, Anschluß und Kogni-tion.[384] Nach dieser Beschreibung[385] faßt Cohen seine Überlegungen in dem Satz zu-sammen: "Self-esteem, then, may be defined as the degree of correspondence between an individual's ideal and actual concepts of himself".[386] Eine allgemeinere, jedoch auch weniger informative Auskunft über das, was er unter hoher Selbsteinschätzung versteht, gibt Coopersmith, wenn er an einer Stelle schreibt: "persons high in their estimates of personal worth".[387] Wiederum der Beobachtungssprache näher sind die Begriffe, mit denen Janis und Field den Faktor Selbsteinschätzung erfassen, wenn sie im Zusammenhang mit niedriger Selbsteinschätzung von "feelings of social inferiority" sprechen und diese durch "feelings of social inadequacy", "social inhibitions" und "test anxiety" repräsentiert sehen.[388] Solche Begriffe bedürfen jedoch einer Opera-tionalisierung, wobei sich die Frage erhebt, welche Verhaltensweisen und Reaktionen bei welchen Individuen in welchen Persönlichkeitsbereichen Gefühle der sozialen Untergeordnetheit bzw. sozialen Inadäquatheit etc. anzeigen.

3.3.1.4 Die hier zugrunde gelegte Konzeption des Selbsteinschätzungsbegriffs als Einstellung

Nach diesen Ausführungen kann die Selbsteinschätzung als ein Zusammenhang von verschiedenen Einstellungen angesehen werden, die das Individuum gegenüber der eigenen Person haben kann.[389] Die Selbsteinschätzung, definiert als Einstellung zu sich selbst[390], erscheint also nicht als eine einzelne Einstellung, sondern als ein ganzes Bündel von Einstellungen, das sich auf verschiedene Persönlichkeitsbereiche bzw. Einstellungsobjekte des Individuums beziehen kann. Diese Einstellungsobjekte können auf verschiedenen Ebenen liegen. So kann sich die Einstellung eines Indivi-duums zur eigenen sozialen „Adäquatheit" beispielsweise zusammensetzen aus den Einstellungen des Individuums zur eigenen Leistungsfähigkeit, zu seinen Beziehungen zur Umwelt, zu seinem Verhalten in schwierigen Situationen etc.[391] Dabei läßt sich z. B. die Einstellung zur eigenen Leistungsfähigkeit allgemein wieder aufteilen in verschiedene Einstellungen zu Leistungsfähigkeiten auf unterschiedlichen Gebieten. Ebenso verhält es sich etwa mit der Einstellung zur eigenen Meinung. Zu dem Ein-stellungskomplex, der sich auf die eigene Person bezieht (Selbsteinschätzung), gehört sicherlich auch die Einstellung zur eigenen Meinung. Diese allgemeine Einstellung zur eigenen Meinung bezieht sich vermutlich aber wiederum auf verschiedene Einstel-lungen des Individuums zu verschiedenen Dingen. So kann z. B. ein und dieselbe Per-son ihre Einstellung zu den Notstandsgesetzen als sehr fundiert betrachten, ihre Ein-stellung zu einem bestimmten wirtschaftspolitischen Problem dagegen weniger hoch bewerten.

Es kann dabei von der Annahme ausgegangen werden, daß Individuen mit niedriger Selbsteinschätzung in der Regel nicht von allen ihren Einstellungen zu verschiedenen Einstellungsobjekten eine geringe Meinung besitzen, ebensowenig wie Individuen mit hoher Selbsteinschätzung von allen ihren Einstellungen zu verschiedenen Einstellungs-objekten eine hohe Meinung haben dürften. Entsprechendes wird für die Einstellungen des Individuums zu den Leistungsfähigkeiten auf verschiedenen Gebieten gelten. Dennoch erscheint es zulässig – und nur das geschieht hier –, von der Existenz einer allgemeinen Tendenz zu einer mehr hohen oder einer mehr geringen prädispositionalen Selbsteinschätzung auszugehen.

Im Anschluß an diese Überlegungen empfiehlt es sich, die so beschriebene Variable Selbsteinschätzung als Wirkungsfaktor im Massenkommunikationsprozeß nicht lediglich mit Hilfe der Einstellung zur eigenen Meinung in bezug auf ein Einstellungsobjekt zu erfassen, denn es handelt sich bei der Selbsteinschätzung „um ein mehr oder weniger integriertes Konglomerat aus den Meinungen und Einstellungen, die das Individuum über sich selbst und seine Beziehung zur Umwelt hat".[392] Daher erscheint es notwendig, eine Messung der prädispositionalen Selbsteinschätzung in einer empirischen Untersuchung für verschiedene Bereiche vorzunehmen.

Aufgrund dieser Ausführungen kann der Faktor Selbsteinschätzung als eine Einstellung, wenn auch als eine Sonderform, betrachtet werden. Um eine Sonderform handelt es sich deshalb, weil diese Einstellung zu sich selbst genau genommen aus einem System von Einstellungen zu verschiedenen das Individuum in irgendeiner Weise betreffenden Objekten besteht.

Im Zusammenhang mit einer genauen Erfassung der Selbsteinschätzung als Verhaltensdeterminante im Massenkommunikationsprozeß müßte geprüft werden, auf welchen Dimensionen die Selbsteinschätzung variieren kann. Zur Unterscheidung einer positiven von einer negativen Selbsteinschätzung (Richtung) bedürfte es einer Einstellungsskala, auf der ein Nullpunkt verzeichnet ist. Im Rahmen der vorliegenden Arbeit wird lediglich eine Messung auf Ordinalskalenniveau vorgenommen, da sich bei der hier verwendeten Likert-Skala kein Nullpunkt konstruieren läßt. Von Bedeutung für die Reaktionen der Rezipienten kann jedoch auch das Ausmaß höherer oder niedrigerer Selbsteinschätzung sein. Entsprechendes gilt für die Dimension Intensität. Relativ geringe Unterschiede dürften bei den Individuen im Hinblick auf die Dimension Bedeutsamkeit bzw. Zentralität der Einstellung zu sich selbst bestehen. Denn es ist zu vermuten, daß die individuelle Bedeutsamkeit des Einstellungsgegenstandes – nämlich die eigene Person bzw. die eigene Person direkt betreffende Bereiche – bei den meisten Individuen relativ gleich und relativ groß ist, so daß die Selbsteinschätzung als eine im Einstellungsgefüge der einzelnen Individuen zentrale Einstellung anzusehen ist. Untersuchungen über die Strukturiertheit, Komplexität und Konsistenz der Selbsteinschätzung könnten jedoch zu genaueren Kenntnissen über die Rolle dieser Variable im Wirkungsprozeß der Massenkommunikation führen.

Der Selbsteinschätzungsbegriff, so wie er hier konzipiert wird, deckt sich damit nicht voll mit dem von Bessler verwendeten Begriff der Selbsteinschätzung.[393] Während dieser die Selbsteinschätzung lediglich auf die Einstellung zu dem in der Aussage enthaltenen Einstellungsobjekt bezieht, wird der in der vorliegenden Arbeit zugrunde gelegte Selbsteinschätzungsbegriff in dem eben beschriebenen Sinn sehr viel genereller gefaßt und auch zu messen versucht. Nach der hier vertretenen Auffassung handelt es sich bei der von Bessler betonten speziellen Form der Selbsteinschätzung um eine Variable, deren Affinität zu der in der Wirkungsforschung relevanten und im Teil I bei der Erörterung der Einstellungsdimensionen bereits erwähnten Variablen "ego-involvement" (Ich-Beteiligung) so stark erscheint, daß eine exakte Abgrenzung äußerst schwierig sein dürfte. Insbesondere müßte in diesem Zusammenhang geprüft werden, ob und in welcher Weise beide Variablen unabhängig voneinander gemessen werden können.

Es erscheint plausibel anzunehmen, daß das Vorliegen einer hohen Einschätzung der eigenen Einstellung in bezug auf ein bestimmtes Einstellungsobjekt bei einem Individuum häufig mit einer Ich-Beteiligung hinsichtlich dieses Einstellungsobjektes verbunden ist. Ebenso könnte man vermuten, daß bei geringer Einschätzung der eigenen Meinung zu einem bestimmten Einstellungsobjekt selten eine Ich-Beteiligung des Individuums in bezug auf dieses Einstellungsobjekt vorliegt. Der Faktor Ich-Beteiligung ist jedoch nicht als eine selbständige Einstellung anzusehen, sondern bezieht sich auf die Dimension der Zentralität einer Einstellung zu einem bestimmten Einstellungsobjekt.[394] Aber auch für den Fall, daß jene spezielle Art der Selbsteinschätzung nicht weitgehend mit der Variablen Ich-Beteiligung übereinstimmt, erhebt sich die Frage, ob die so verstandene Selbsteinschätzung nicht eher als eine weitere, selbständige, bisher nicht analysierte Dimension, auf der Einstellungen variieren können, zu betrachten ist. Das würde bedeuten, daß die in dem dargestellten Programm als selbständig ausgewiesene Determinante X_C des Wirkungsprozesses auch lediglich als eine Dimension, auf der die Determinante X_B variiert, angesehen werden kann.

3.3.1.5 Determinanten der Selbsteinschätzung

Zur besseren Charakterisierung der Variable Selbsteinschätzung soll noch einiges über die Faktoren gesagt werden, die die Entwicklung der Selbsteinschätzung beeinflussen können. Damit wird keineswegs ausgeschlossen, daß diese Faktoren ihrerseits einem Einfluß unterliegen können, der von der Selbsteinschätzung des Individuums ausgeht, so daß in Wahrheit von einer Wechselbeziehung gesprochen werden müßte. Weil von den Wirkungen verschiedener Grade der Selbsteinschätzung jedoch im folgenden noch ausführlich die Rede sein wird, sollen die Beziehungen an dieser Stelle lediglich einseitig betrachtet werden. Eine detaillierte Darstellung und Diskussion der wichtigsten Ergebnisse von Untersuchungen über die Determinanten des Selbstkonzepts findet sich bei Wylie.[395]

Persönlichkeitstheoretiker, die sich mit den Bedingungen für die Entwicklung eines Selbstkonzepts befassen, betonen in diesem Zusammenhang vor allem die Bedeutung der Eltern-Kind-Interaktionen. Hierbei wird von folgenden Überlegungen ausgegangen: Bei dem Selbstkonzept handelt es sich um das Ergebnis eines Prozesses, in dem Wahrnehmungen, Kognitionen und Werte gelernt werden. Ein wichtiger Teil dieses Lernens besteht im Beobachten der Reaktionen anderer auf das eigene Verhalten.

Es sind nun die Eltern, die am frühesten und fortlaufendsten mit den Kindern in Kontakt treten. Dieser Umstand sowie die Tatsache, daß die Beziehungen zwischen Eltern und Kind affektgebunden sind und seitens der Kinder ein Abhängigkeitsverhältnis besteht, ermöglichen es den Eltern, einen großen Einfluß hinsichtlich dessen, was das Kind über sich selbst lernt, auszuüben. So wird das Kind schon frühzeitig mit Verhaltensstandards konfrontiert, die seiner Rolle und seinem sozialen Status entsprechen. Es lernt seine Fähigkeiten und deren Grenzen einzuschätzen und wird von den Eltern beeinflußt in dem Grad, mit dem es bestimmte bei ihm auftretende Empfindungsäußerungen von Feindschaft, Eifersucht etc. als „normal" hinnimmt.[396] Merkt das Kind, daß es von seinen Eltern geliebt und sein Verhalten belohnt wird, so wird es auch sich selbst akzeptieren und sich relativ sicher fühlen. Wird es dagegen ständig frustiert in der Weise, daß Unmögliches von ihm verlangt und ihm Versagen vor Augen geführt wird, so bildet sich ein Gefühl der Unzulänglichkeit heraus, das der Entwicklung eines positiven Selbstgefühls entgegensteht.[397]

Eine wichtige Rolle bei der Entwicklung der Selbsteinschätzung spielen in zunehmendem Alter vor allem die sozialen Interaktionen mit anderen Personen und Personengruppen. „Selbst-Beschreibungen und Selbstbewertungen einer Person haben die Tendenz zur Übereinstimmung mit den von einer geachteten Gruppe gegebenen Beschreibungen und Bewertungen der eigenen Person"[398] führt Esters aus und zitiert Untersuchungen, in denen diese Hypothese bestätigt wird.[399] Ein Teil der Forschungen in diesem Bereich konzentriert sich vor allem auf zwei Arten von Zusammenhängen: Einmal auf den möglichen Einfluß stereotypisierter Verhaltenserwartungen, die mit einer bestimmten Rolle (einschließlich der Geschlechtsrolle) bzw. einem bestimmten Status verknüpft sind, auf die Struktur des Selbstkonzepts des jeweiligen Rollenträgers und zum anderen auf die Wirkung, die das Innehaben einer bestimmten Rolle auf die Selbsteinschätzung des Individuums hat.[400]

Als ein weiterer Faktor, der für die Ausprägung des Selbstkonzepts von Bedeutung ist, müssen die körperlichen Eigenschaften eines Individuums angesehen werden. Man kann von der Annahme ausgehen, daß körperliche Eigenschaften, die vom Individuum niedrig bewertet werden, geeignet sind, seine allgemeine Selbsteinschätzung zu unterminieren, während andererseits hoch bewertete körperliche Eigenschaften die allgemeine Selbsteinschätzung zu erhöhen vermögen.[401] Untersuchungen zu diesem Thema sind jedoch in der sozialwissenschaftlichen Forschung bisher äußerst selten.

Auf einer etwas anderen Ebene, aber hier dennoch erwähnt, liegen die Veränderungen im Selbstkonzept des Individuums, die als eine Funktion psychotherapeutischer Behandlungen untersucht werden. Mit diesem Problem beschäftigt sich u. a. die von Rogers und Dymond[402] herausgegebene Aufsatzsammlung über den Zusammenhang zwischen Psychotherapie und Persönlichkeitswandel. Bei Patienten, die einer solchen Therapie ausgesetzt werden, ist der Abstand zwischen realer und idealer Selbsteinschätzung — beide Formen werden meist mit Hilfe des Q-Sorts[403] gemessen — relativ groß. Der Erfolg der Therapie wird dadurch ermittelt, inwieweit sich dieser Abstand im Anschluß an die Behandlung verringert hat.

Zu den exaktesten Untersuchungen, die im Zusammenhang mit dem Selbstkonzept gemacht wurden, gehören die Studien über die Wirkungen eines experimentell manipulierten Erfolges oder Mißerfolges auf die Selbsteinschätzung von Individuen. Eine solche Manipulation erfolgt entweder dadurch, daß die Versuchspersonen eine Information erhalten, in der persönliche Eigenschaften, die sie besitzen, abgewertet werden, oder in der Weise, daß der Versuchsleiter den Erfolg bzw. Mißerfolg bei der Lösung einer Aufgabe mitteilt, von der gesagt wird, daß sie z. B. hohe intellektuelle Fähigkeiten voraussetzt. Aufgrund der Ergebnisse dieser Untersuchungen kann man sagen, daß unter bestimmten Bedingungen bei Individuen die Tendenz besteht, im Anschluß an derartige im Experiment herbeigeführte Erfolgs- bzw. Mißerfolgserlebnisse ihre Selbsteinschätzung zu ändern. Dies geschieht sehr häufig im Hinblick auf die Einschätzung der eigenen Fähigkeiten für die Lösung der gestellten Aufgabe bzw. bei der Selbsteinschätzung in bezug auf die bewerteten persönlichen Eigenschaften. Sehr viel weniger häufig jedoch ist als Folge eines einzigen Erfolgs- bzw. Mißerfolgserlebnisses eine allgemeine, grundsätzliche Änderung in der Selbsteinschätzung zu beobachten.[404] Darüber hinaus haben die Untersuchungen ergeben, daß Individuen sich häufiger nach einem induzierten Erfolg höher einschätzen als nach einem induzierten Mißerfolg geringer.[405]

Bei den in diesem sehr kurzen Überblick über einige relevante Determinanten der Selbsteinschätzung aufgeführten Variablen handelt es sich genau genommen eher um verschiedene Variablenklassen, zu denen eine jeweils mehr oder weniger große Anzahl von verschiedenen Faktoren gehört, die bei der Entwicklung der Selbsteinschätzung eine Rolle spielen können. Weil im Rahmen dieser Arbeit jedoch nur am Rande auf das Problem der Entstehung der Selbsteinschätzung eingegangen werden kann, mußte auf eine ausführlichere Diskussion dieser einzelnen Faktoren in ihrem Zusammenhang mit der Selbsteinschätzung verzichtet werden.

3.3.2 Die Kommunikationsdiskrepanz

Das Ausmaß der Diskrepanz zwischen der präkommunikativen Einstellung des Rezipienten zu einem bestimmten Einstellungsobjekt und der in der Aussage enthaltenen Einstellungsäußerung zu demselben Einstellungsobjekt ist die zweite der hier zur Diskussion stehenden Variablen und wird mit ,,Kommunikationsdiskrepanz" benannt. Sie soll im Zusammenhang mit der eben beschriebenen Variablen ,,Selbsteinschätzung" auf ihre Relevanz im Wirkungsprozeß der Massenkommunikation untersucht werden. Die Beschreibung dieses Faktors erfordert keine weiteren Ausführungen; denn es handelt sich hierbei um die Diskrepanz zwischen Einstellungen, d. h. um ein ganz bestimmtes Verhältnis von Einstellungen zueinander, welche gegenüber ein und demselben Gegenstand bestehen. Ausführliche Erläuterungen zum Einstellungsbegriff selbst und eine Begründung für die Wahl dieses Begriffes als grundlegendem Konstrukt des theoretischen Ansatzes dieser Arbeit wurden bereits gegeben. Die Kommunikationsdiskrepanz bezeichnet den vom Rezipienten wahrgenommenen Unterschied seiner eigenen präkommunikativen Einstellung zu einem bestimmten Einstellungsobjekt und der in einer Aussage geäußerten Einstellung zu demselben Einstellungsobjekt. Das Ausmaß der Diskrepanz ergibt sich also aus dem Vergleich zweier Einstellungen, nämlich der Variablen X_A und X_B des verwendeten Konzepts. Von der Art und Weise der Messung verschiedener Diskrepanzsituationen wird in dem Kapitel über die Darstellung der Forschungstechnik noch ausführlicher die Rede sein.

3.3.3 Allgemeine Bedeutung der ausgewählten Variablen für die Erklärung der Wirkungen der Massenkommunikation

Im Mittelpunkt der vorliegenden Arbeit stehen, wie gesagt, die Wirkungen der Massenkommunikation auf die Einstellungen der Rezipienten. Zur Erforschung dieser Wirkungen wurde ein Programm zur Formulierung von Hypothesen über die Wirkungen der

126

Massenkommunikation aufgestellt, das in Kapitel 2 dieser Arbeit bereits erörtert wurde. Die Auswahl der Variablen für die hier durchgeführte Untersuchung bzw. die Aufstellung der zu prüfenden Hypothesen orientierte sich u. a. an diesem Programm, das damit einer ersten Konfrontation mit der Realität ausgesetzt wird.

Von den in diesem Programm formulierten vier potentiellen Determinanten des Wirkungsprozesses werden in dem theoretischen Konzept dieser Arbeit — wie bereits ausgeführt — nur drei berücksichtigt. Es sind das die Variablen X_A, X_B und X_C.[406] Da in der vorliegenden Arbeit die Faktoren X_A und X_B als Determinanten des Wirkungsprozesses nicht getrennt, sondern gemeinsam in ihrem ganz bestimmten Verhältnis zueinander von Interesse sind, lassen sich die Determinanten und die Resultante der Hypothesen, die hier aufgestellt und überprüft werden, mathematisch ausgedrückt mit folgender Funktion erfassen:

$$Y = F\,(X_{ABdp}, X_C)$$

Dabei ist Y die postkommunikative Einstellung der Rezipienten zu einem bestimmten Einstellungsobjekt.[407] X_{ABdp} bezeichnet die Kommunikationsdiskrepanz und X_C die Selbsteinschätzung der Rezipienten. Demnach werden in dieser Arbeit die Wirkungen der Massenkommunikation als eine Funktion der Diskrepanz zwischen einer in der Aussage enthaltenen Einstellungsäußerung und der Einstellung des Rezipienten hinsichtlich des in der Aussage angesprochenen Einstellungsobjekts sowie der Selbsteinschätzung der Rezipienten untersucht.

Die Kommunikation, welche eine Einstellungsänderung im Sinne der gegebenen Information hervorbringen soll, wird häufig als Überredungskommunikation ("persuasive communication") bezeichnet.[408] Eine Unterscheidung zwischen Kommunikation und Überredungskommunikation erscheint jedoch überflüssig, da die Messung dieser „beiden" Aussagenarten mit Hilfe *eines* Mißinstruments, nämlich einer Technik der Aussagenanalyse, erfolgt. Es handelt sich demnach nur um eine einzige Variable, die Kommunikation oder Überredungskommunikation genannt werden kann. Die Entscheidung für den Ausdruck „Überredungskommunikation" ist dabei jedoch weniger vorteilhaft. Denn wenn hiermit bereits etwas über die Wirkung der Aussagen gesagt werden soll, so ist einzuwenden, daß es ja von vornherein gerade *nicht* feststeht, ob die Rezipienten mit Hilfe der Kommunikation tatsächlich „überredet" werden. Wenn die Bezeichnung „Überredungskommunikation" sich aber auf die Intention des Kommunikators beziehen soll, so läßt sich entgegnen, daß diese ja nicht gemessen wird, wenn die Kommunikation als Determinante von Einstellungsänderung auftritt, sondern lediglich die in der Kommunikation enthaltene Einstellungsäußerung. Im folgenden wird daher auf die Verwendung des Begriffs „Überredungskommunikation", wie er in der Literatur oft anzutreffen ist, verzichtet, Stattdessen wird von der Kommunikation bzw. der Aussage gesprochen.

Bei den Untersuchungen über die Bedingungen des Einstellungswandels durch Aussagen der Massenkommunikation wird von der Annahme ausgegangen, daß für die Rezipienten, die einer Stellungnahme ausgesetzt werden, die sich von ihrer eigenen Meinung unterscheidet, eine Tendenz besteht, ihre Einstellung in Richtung auf die gegebene Stellungnahme zu ändern. Es erhebt sich nun die Frage, ob und in welcher Weise zwischen der Kommunikationsdiskrepanz und dem Ausmaß der Einstellungsänderung eine Beziehung besteht. Untersuchungen über diesen Zusammenhang und die ihm zugrunde liegenden Prozesse gehören zu den relativ vernachläßigten Themen der Massenkommunikationsforschung. Aufgrund der bisherigen Untersuchungsergebnisse, auf die im nächsten Abschnitt noch näher eingegangen werden soll, läßt sich jedoch sagen, daß es sich hier um eine für die Erklärung des Massenkommunikationsprozesses relevante Variable handelt.

In einer Reihe von Studien ist gezeigt worden, daß Einstellungsänderungen der Rezipienten in Richtung der gegebenen Information um so stärker sind, je größer die Kommunikationsdiskrepanz wird. Andere Forschungsarbeiten haben gezeigt, daß eine solche lineare Beziehung zwischen Kommunikationsdiskrepanz und Einstellungswandel nur bis zu einem bestimmten Punkt auf dem Diskrepanzkontinuum beobachtet wird. Von diesem Punkt an nehmen mit zunehmender Diskrepanz Häufigkeit und Ausmaß des Einstellungswandels der Rezipienten ab. Dieser Wechsel in der Reaktion wird fixiert durch den individuellen Annahme- bzw. Ablehnungsbereich ("latitude of acceptance" und "latitude of rejection") im Hinblick auf Aussagen der Massenkommunikation, in denen Einstellungsäußerungen enthalten sind, die von Einstellungen der Rezipienten zu einem bestimmten Einstellungsobjekt abweichen. Die Grenze zwischen Annahme- und Ablehnungsbereich bildet dann jenen Punkt auf der Diskrepanzskala, wo ein Maximum an Einstellungswandel erreicht ist. Die Frage ist nun, bei welchem Grad von Kommunikationsdiskrepanz der Annahmebereich bei den einzelnen Rezipienten beendet ist und der Ablehnungsbereich beginnt. Diese Frage ist in der empirischen Massenkommunikationsforschung nicht sehr häufig untersucht worden. Es geht dabei um die Bestimmung jener Faktoren, welche die individuell vorhandene Ausdehnung der Annahme- und Ablehnungsbereiche beeinflussen können. Als ein solcher Faktor ist z. B. die Variable Ich-Beteiligung anzusehen, die in einer empirischen Untersuchung, von der im nächsten Abschnitt näher zu handeln sein wird, auf ihre diesbezügliche Wirksamkeit hin erforscht wurde.

In der vorliegenden Arbeit wird diese Frage im Zusammenhang mit einem möglichen Einfluß der Selbsteinschätzung der Rezipienten untersucht. Die Selbsteinschätzung von Rezipienten als Prädisposition ist bereits vielfach Gegenstand der Forschung auf dem Gebiet der Massenkommunikation bzw. Kommunikation gewesen. Hingewiesen sei hier besonders auf die Studien zum Thema Selbsteinschätzung und Einstellungswandel, die von der bereits zitierten Yale-Gruppe vor allem in dem Buch "Personality and Persuasibility"[409] zusammengefaßt sind. Aufgrund der Ergebnisse dieser Untersuchungen kann man von der Annahme ausgehen, daß Individuen mit geringer Selbsteinschätzung ihre Meinung eher ändern als Individuen mit hoher Selbsteinschätzung. Diese Hypothese wird neben anderen im Rahmen der hier durchgeführten empirischen Untersuchung — jedoch unter anderen Bedingungen als den in der amerikanischen Forschung gegebenen — mit Hilfe eines eigens dazu entwickelten Instruments zur Messung von Selbsteinschätzung überprüft.

Wenn eine geringe Selbsteinschätzung bedeutet, daß die eigene Person nicht sehr hoch bewertet wird, dann bezieht sich das in der Regel auch auf die Einstellung zur eigenen Meinung. Es erscheint daher plausibel anzunehmen, daß ein Individuum, das von seinen eigenen Meinungen nicht viel hält, eher geneigt ist, diese Meinungen zu ändern und sich den Ansichten anderer anzuschließen als ein Individuum, das seine eigene Meinung hoch bewertet. Über diese Annahme hinaus könnte man vermuten, daß Individuen mit geringer Selbsteinschätzung auch eher bereit sind, von den eigenen Einstellungen entferntere Meinungen anzunehmen als Individuen mit hoher Selbsteinschätzung. Das würde bedeuten, daß der Annahmebereich bei Rezipienten mit geringer Selbsteinschätzung größer ist als bei Rezipienten mit hoher Selbsteinschätzung bzw. daß bei Rezipienten mit hoher Selbsteinschätzung im Falle von Konfrontationen mit Stellungnahmen, die in immer größerem Maße von der eigenen Einstellung abweichen, der Ablehnungsbereich eher erreicht ist.

Das heißt, daß die Selbsteinschätzung der Rezipienten als ein Faktor in Frage kommen könnte, der zu der Bestimmung jenes Grades an Kommunikationsdiskrepanz beiträgt, bei dem ein Maximum an Einstellungswandel erreicht wird. Sieht man einmal von einer derartigen speziellen Art der Einflußnahme des Faktors Selbsteinschätzung ab, so läßt sich aufgrund der eben angestellten Überlegungen jedenfalls vermuten, daß die Reaktionen in bezug auf das Ausmaß des Einstellungswandels im Massenkommunikationsprozeß bei verschiedenen Stufen der Kommunikationsdiskrepanz u. a. von der Selbsteinschätzung der Rezipienten abhängt.

3.4 Erörterung bisher vorliegender Untersuchungen über Kommunikationsdiskrepanz, Selbsteinschätzung der Rezipienten und Einstellungswandel

Die Durchführung von Untersuchungen zum Thema Kommunikation und Einstellungswandel erfolgte unter Verwendung verschiedener theoretischer Ansätze.[410] Hierbei muß vor allem das theoretische Konzept der Dissonanztheorie unterschieden werden von den theoretischen Überlegungen, die den Yale-Studien der Gruppe um C. I. Hovland zugrundeliegen. Bei der Klärung der Beziehungen zwischen Kommunikationsdiskrepanz und Einstellungswandel gingen die Forscher der Yale-Gruppe vor allem von der Judgmental-Theorie[411] aus, während andere sich auf die Dissonanztheorie bezogen. Die in der vorliegenden Untersuchung aufgestellten Hypothesen erfuhren daher ihre Begründung vor allem mit Hilfe dieser beiden Theorien. Daß es sich dabei vielfach um nur scheinbar verschiedene Erklärungsversuche handelt, die oft denselben kritischen Einwänden ausgesetzt werden können, soll im Verlauf dieses Abschnitts noch Gegenstand der Diskussion sein. Die Struktur der Beziehungen zwischen Selbsteinschätzung und Einstellungswandel wurde im Rahmen der Yale-Studien vor allem auf der Grundlage des „genetischen" und des „dynamischen" Ansatzes diskutiert, während andere Forscher auch hier auf die Dissonanztheorie rekurrieren.

Im folgenden soll ein Überblick über eine Reihe von Untersuchungen zur Problematik des Zusammenhangs von Kommunikation und Einstellungswandel gegeben werden, soweit sie für die Zielsetzung der vorliegenden Studie relevant sind. Die Diskussion konzentriert sich auf Arbeiten zu den Themen Diskrepanz und Einstellungswandel einerseits sowie Selbsteinschätzung und Einstellungswandel andererseits, wobei diese Beziehungen z. T. im Zusammenhang mit verschiedenen zusätzlichen Variablen analysiert werden. Mit dem in dieser Arbeit durchgeführten Experiment wird der Versuch unternommen, beide Untersuchungsgruppen dadurch zu verbinden, daß das Ausmaß des Einstellungswandels in Abhängigkeit von dem Zusammenhang zwischen Kommunikationsdiskrepanz und Selbsteinschätzung gesehen wird.

Gegenstand der nun folgenden Diskussion sind die Fragestellung, die Ergebnisse und – soweit vorhanden – die theoretischen Ansätze zur Klärung der jeweiligen Untersuchungsergebnisse. Auf die in den verschiedenen Studien verwendeten Forschungstechniken und Versuchsanordnungen kann in den meisten Fällen nicht näher eingegangen werden, weil die Arbeit sonst zu umfangreich würde. Es muß jedoch darauf hingewiesen werden, daß die Art und Weise experimenteller Anordnungen die Ergebnisse von Untersuchungen beeinflussen können und unterschiedliche Resultate somit eventuell auf diesen Umstand zurückzuführen sind.

Die Übersicht erhebt nicht den Anspruch, vollständig zu sein. Die Auswahl und Reihenfolge der in diesem Abschnitt zu besprechenden Arbeiten erfolgte auf der Grundlage der in der vorliegenden Studie untersuchten Determinanten des Einstellungswandels bzw. der hier zu prüfenden Hypothesen. In diesem Rahmen soll die Tendenz in der Entwicklung der Untersuchung dieser Variablen bzw. Variablenkombinationen bei der Erforschung des Einstellungswandels aufgezeigt und auf einige Mängel hingewiesen werden. Darüber hinaus erfolgen auch kritische Stellungnahmen im Lichte des diskutierten Programms zur Bildung von Hypothesen über die Wirkungen der Massenkommunikation.

Bei den in den verschiedenen Untersuchungen verwendeten Stimuli zur Prüfung der Hypothesen handelt es sich, wie auch in dem hier durchgeführten Experiment, in den meisten Fällen nicht um Aussagen der Massenkommunikation sondern um verschiedene Arten der Kommunikation.

3.4.1 Darstellung und Kritik von Untersuchungen über den Zusammenhang zwischen Kommunikationsdiskrepanz und Einstellungswandel

Aufgrund der bereits vorliegenden Forschungsergebnisse über den Zusammenhang zwischen Kommunikationsdiskrepanz und Einstellungswandel werden in der Literatur herkömmlicherweise drei Gruppen von Wirkungszusammenhängen gebildet: Mit Hilfe der nachfolgenden Skizzen sollen diese drei Resultate annäherungsweise veranschaulicht werden.[412]

Figur 1: Empirisch festgestellte Beziehungen zwischen Einstellungswandel und Kommunikationsdiskrepanz

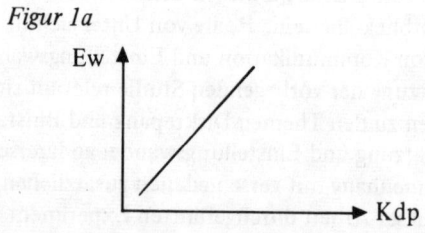

Figur 1a

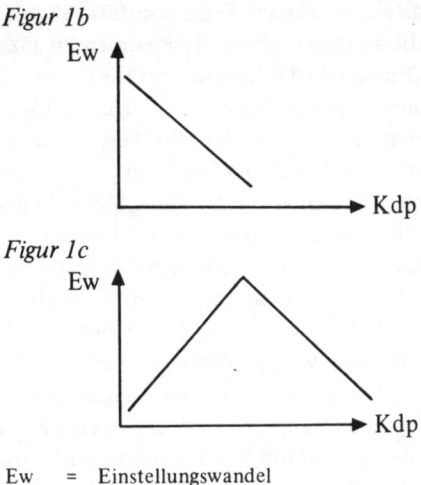

Figur 1b

Ew

Kdp

Figur 1c

Ew

Kdp

Ew = Einstellungswandel
Kdp = Kommunikationsdiskrepanz

Während die Figur 1a) eine ansteigend lineare, monotone Beziehung zwischen Einstellungswandel und Kommunikationsdiskrepanz zeigt, weist die Figur 1b) eine fallend lineare, monotone Beziehung zwischen diesen beiden Variablen aus. In der Figur 1c) schließlich ist diese Beziehung zunächst ansteigend linear, um dann von einem bestimmten Ausmaß der Kommunikationsdiskrepanz an linear zu fallen, d. h. die Beziehung zwischen den beiden Variablen ist hier nicht monoton.

Der größte Teil der Studien zu dem hier angesprochenen Thema kam zu dem in Figur 1a) dargestellten Ergebnis, eine Untersuchung erbrachte das in Figur 1b) skizzierte Resultat, und in zunehmend zahlreicher werdenden Studien konnte die in Figur 1c) dargestellte Beziehung festgestellt werden. Diese letzte Gruppe setzt sich im großen und ganzen aus neueren Untersuchungen zusammen. Die Diskussion der Untersuchungen soll nun im wesentlichen gemäß der aufgrund der erzielten Ergebnisse gegebenen Gliederung erfolgen.

Zu der Reihe von Forschern, die in ihren Untersuchungen zu dem in Figur 1a) bereits gezeigten und im folgenden noch näher zu erläuternden Ergebnis gekommen sind, gehören: Hovland und Pritzker[413], Goldberg[414], Fisher und Lubin[415], Fisher, Rubinstein und Freeman[416], Ewing[417], Harvey, Kelley und Shapiro[418], Zimbardo[419], Rosenbaum und Franc[420], Bergin[421]. Abgesehen von z. T. spezielleren Zielsetzungen wird in den Studien dieser Autoren, wenn auch gelegentlich unter Verwendung anderer Termini, die Frage behandelt, ob, in welcher Weise und unter welchen Bedingungen die Größe der Diskrepanz zwischen der Einstellung eines Individuums gegenüber einem bestimmten Einstellungsobjekt und der in einer Aussage propagierten Einstellung zu demselben Einstellungsobjekt das Ausmaß der Einstellungsänderung bezogen auf das betreffende Objekt beeinflußt. Die genannten Autoren kommen auf verschiedenen Wegen und unter Berücksichtigung verschiedener Bedingungen ziemlich übereinstimmend zu dem Ergebnis, daß sich im allgemeinen um so mehr Einstellungsänderungen zeigen, je größer die Kommunikationsdiskrepanz ist. Ein Maximum an Diskrepanz führt zu einem Maximum an Einstellungswandel. Das bedeutet, daß es am zweckmäßigsten ist, in Kommunikationen, die auf Überredung der Rezipienten abzielen, einen Standpunkt zu wählen, der eine größtmögliche Diskrepanz zur Einstellung der Rezipienten bedeutet.

Nach Brehm und Cohen[422] sowie den Ausführungen von Whittaker[423] , der sich wiederum auf die erstgenannten Autoren bezieht, läßt sich dieses Ergebnis aufgrund der Festingerschen Theorie der kognitiven Dissonanz interpretieren. Die in einer Aussage enthaltenen und von der eigenen Überzeugung abweichenden kognitiven Elemente lassen, für den Fall, daß das Individuum einer solchen Aussage ausgesetzt wird, eine Dissonanz entstehen, die dann ihrerseits zu einem die Spannung reduzierenden Verhalten führt. Hieraus folgt: Je größer die Kommunikationsdiskrepanz, um so größer die empfundene Dissonanz und um so größer der Einstellungswandel.[424]

Bei diesem Erklärungsversuch wird jedoch unterstellt, daß eine Reduktion der kognitiven Dissonanz nur durch Einstellungsänderung vorgenommen werden kann. Tatsächlich ist — darauf wurde bereits an anderer Stelle hingewiesen — Dissonanzreduktion keineswegs immer gleichbedeutend mit Einstellungswandel. Grundsätzlich handelt es sich bei der Dissonanzreduktion durch Einstellungsänderung bzw. konformes Verhalten lediglich um eine von mehreren Möglichkeiten, deren genaue Zahl durch die jeweilige Versuchsanordnung bestimmt wird. Warum die Rezipienten also bei zunehmender Dissonanzerfahrung lediglich mit Meinungsänderung reagieren, wird nicht geklärt.[425] Die Frage nach der Präferenz für die eine oder andere Art der Dissonanzreduktion wird in der gegebenen Interpretation zunächst nicht zufriedenstellend beantwortet. Im weiteren Verlauf der Ausführungen bei Brehm und Cohen[426] wird im Zusammenhang mit der Erklärung anderer Untersuchungsergebnisse diese Problematik jedoch angeschnitten; darauf wird an entsprechender Stelle noch Bezug genommen.

Auf einige der neueren Untersuchungen, die zu ähnlichen Ergebnissen wie den vorangehend geschilderten führten, soll an dieser Stelle etwas näher eingegangen werden. Hierbei handelt es sich zunächst um die Studie von Hovland und Pritzker[427], die von der Frage ausgingen, ob Kommunikationen, in denen ein größeres Ausmaß an Einstellungswandel propagiert wird, tatsächlich mehr Einstellungsänderungen hervorbringen als Aussagen, in denen ein geringeres Ausmaß an Einstellungswandel propagiert wird. Um diese Hypothese zu überprüfen, wurde das Ausmaß des propagierten Meinungswandels im Experiment manipuliert. Dies geschah in der Weise, daß unabhängig von der jeweiligen Einstellung der Probanden gegenüber dem Aussagengegenstand drei verschiedene Diskrepanzstufen gebildet wurden, mit denen die Probanden dann in drei verschiedenen Kommunikationen konfrontiert wurden. Die in den Kommunikationen vertretenen Meinungen stammten von hinsichtlich des angesprochenen Themas anerkannten Autoritäten, die als solche allgemein respektiert wurden.

Die Untersuchung erbrachte eine Bestätigung der eingangs aufgestellten Hypothesen. Theoretische Überlegungen bei der Interpretation des Ergebnisses der Studie führten die Autoren jedoch zu der Erwartung, daß die beobachtete positive Korrelation zwischen Ausmaß an Diskrepanz und Ausmaß an Einstellungswandel nur für solche Situationen verallgemeinert werden könnte, in denen ein „positiver" Kommunikator (im Sinne von vertrauenswürdig, mit Prestige ausgestattet, wohlgelitten) herangezogen werde. Bei Verwendung von Kommunikationen, in denen die Meinung eines „negativen" oder auch nur neutralen Kommunikators zum Ausdruck käme, müßten, so schließen die Autoren, vermutlich ganz andere Voraussagen in bezug auf die zur Diskussion stehende Beziehung gemacht werden.

Lubin und Fisher[428] untersuchten die Frage: Führen größere Diskrepanzen im Kommunikationsprozeß zu stärkerer „Beeinflussung" als geringe Diskrepanzen? Die Prüfung dieser Frage erbrachte — je nach der Art und Weise, in der „Beeinflussung" gemessen wurde — unterschiedliche Ergebnisse. Die Beeinflussung wurde zunächst daran gemessen, wie weit sich das Individuum nach erfolgter Kommunikation von seinem ursprünglichen Urteil entfernt hatte („movement"). Der Grad der Beeinflussung wurde in diesem Fall als Unterschied zwischen der prä- und der postkommunikativen Einstellung der Versuchspersonen zu demselben Einstellungsobjekt ausgedrückt. Bei dieser Vorgehensweise zeigte sich, daß die durchschnittliche Entfernung von der ursprünglichen Einstellung mit zunehmender Diskrepanz größer wurde. Anders war das Ergebnis, als der Grad der Beeinflussung durch den Grad der Konformität ausgedrückt wurde, wobei Konformität gleichbedeutend war mit der Einstellungsänderung des Individuums im Verhältnis zum Abstand zwischen seiner Einstellung und der seines Kommunikationspartners. In Abweichung von dem ersten Ergebnis („movement") erwies sich die Konformität als eine fallende, nicht lineare, monotone Funktion der Diskrepanz. — Bei dieser Studie zeigt sich bereits, wie schwierig und problematisch die Einteilung verschiedener Untersuchungen in Gruppen ist. Denn dieses letzte Resultat der Untersuchung von Lubin und Fisher müßte eher der durch Figur 1b) charakterisierten Gruppierung von Arbeiten zugeordnet werden.

Gegenstand der Untersuchung von Zimbardo[429] sind einmal die Beziehung zwischen der Meinungsänderung und dem Ausmaß an Diskrepanz, zum anderen die Beziehung zwischen der Meinungsänderung und dem Grad von Ich-Beteiligung bei dem Rezipienten. Zur Klärung dieser Beziehungen geht Zimbardo von Hypothesen aus, nach denen das Ausmaß an Meinungsänderung sowohl bei zunehmendem Ausmaß an Diskrepanz als auch bei zunehmender Ich-Beteiligung des Rezipienten steigt.

Da die Variable Ich-Beteiligung im Zusammenhang mit im folgenden noch zu diskutierenden Untersuchungen verschiedentlich auftaucht und dieser Begriff in der Literatur nicht immer einheitlich verwendet wird, sei hier ein kurzer Exkurs gestattet: Bei dem Faktor Ich-Beteiligung handelt es sich nicht um eine Einstellung im Sinne des hier verwendeten Konzepts, sondern lediglich um eine Dimension, auf der die Einstellung des Rezipienten zum Gegenstand der Aussage variieren kann. Wie bereits ausgeführt, können Einstellungen auf verschiedenen Dimensionen variieren, von denen eine die Bedeutsamkeit oder Zentralität der Einstellung ist. Die Ich-Beteiligung kann sich auf diese Dimension der Bedeutsamkeit einer Einstellung im Einstellungsgefüge des Individuums beziehen.[430] Neben dieser Interpretation werden die Begriffe "ego-involvement" oder „involvement" häufiger in einem spezielleren Sinne gebraucht. Hovland, Harvey und Sherif[431] z. B., aber auch Freedman[432], auf dessen Untersuchung noch näher eingegangen werden soll, beziehen sich auf eine ganz spezielle Position auf dem Einstellungskontinuum. "That is, involvement will refer to degree of concern about or commitment to a specific response or position."[433] Mit dieser Auffassung des Begriffs wird mehr die Dimension der Intensität einer Einstellung angesprochen.

Eine Unterscheidung in etwas anderer Form macht Zimbardo, wenn er von "issue-involvement" und "response-involvement" spricht. Der erste Ausdruck betrifft den "concern with a given issue because it is intrinsically involving and is related to the individual's needs and values".[434] Gegenstand in der von Zimbardo durchgeführten Untersuchung ist jedoch das "response-involvement". Diese Variante "may be viewed as the individual's concern with the consequences of his response or with the instrumental meaning of his opinion."[435] Die Entscheidung für diese Form des "involvement" hat nach Meinung des Autors Vorzüge bei der Messung der Variable: Während "responce-involvement" dann in bezug auf ursprünglich neutrale Einstellungen relativ exakt manipuliert werden kann, erscheint eine solche Vorgehensweise bei dem prädispositionalen "issue-involvement" nicht möglich. "This naturalistic kind of issue-involvement often confounds a number of factors, such as initial differences in commitment, social support, information, etc."[436] Bei der von der Hovland-Gruppe herangezogenen Variable „Involvement" handelt es sich, wie Cohen[437] ausführt, z. B. um die Form des "issue-involvement".

Die Abgrenzung dieser beiden Varianten von Ich-Beteiligung soll hier jedoch nicht weiter erörtert werden, zumal eine solche Unterscheidung in der Literatur keineswegs überall vorgenommen wird. In empirischen Studien, in denen die Ich-Beteiligung Gegenstand der Untersuchung ist, wird in der Regel keine explizite Spezifizierung dieser Art durchgeführt. Zimbardo[438] weist gegen Ende seiner Ausführungen jedoch auf die Notwendigkeit einer intensiveren Forschung hinsichtlich der Variablen "issue-" und "response-involement" als Determinanten des Einstellungswandels hin.

Die Studie von Zimbardo brachte bei Verwendung verschiedener Maße für Meinungsänderung folgende konsistente Ergebnisse[439]:
1. Personen mit einem hohen Grad von Ich-Beteiligung änderten ihre Meinung signifikant stärker als Personen mit niedriger Ich-Beteiligung.
2. Das Ausmaß an Meinungsänderung nimmt mit steigender Diskrepanz zwischen Kommunikator und Rezipient signifikant zu.
3. Zwischen dem Grad von Ich-Beteiligung und dem Ausmaß an Diskrepanz konnte keine signifikante Korrelation festgestellt werden.
4. Die Meinungen in der Gruppe, bei der die größte Dissonanz auftrat, änderten sich signifikant stärker als die Meinungen in allen anderen Gruppen. Die Meinungen in der Gruppe mit der geringsten Dissonanz änderten sich am wenigsten.

Diese Ergebnisse stimmen mit den Voraussagen der Dissonanztheorie überein. Bei allen experimentellen Bedingungen handelte es sich um einen im hohen Maße positiv bewerteten Kommunikator. Dies bedeutete, daß bei zunehmender Diskrepanz ebenso wie bei zunehmender Ich-Beteiligung die Dissonanz bei den Rezipienten größer wurde. Eine besondere Verstärkung der Dissonanz erlebten daher die Personen mit hoher Ich-Beteiligung, als sie mit einer zunehmend größeren Diskrepanz konfrontiert wurden. Aufgrund der experimentellen Anordnung, in welcher die Heranziehung eines in hohem Maße glaubwürdigen Kommunikators vorgesehen war, wurden alle Möglichkeiten der Dissonanzreduktion außer der Meinungsänderung — in diesem Falle also auch ihre „klassische" Alternative, die Herabwürdigung des Kommunikators— ausgeschlossen. Aus diesem Grunde kam es bei zunehmender Dissonanz lediglich zu ständig zunehmender Meinungsänderung in allen Gruppen, besonders aber in der Gruppe der Personen mit hoher Ich-Beteiligung, wie das nachfolgende Schaubild zeigt.

Figur 2[440] :

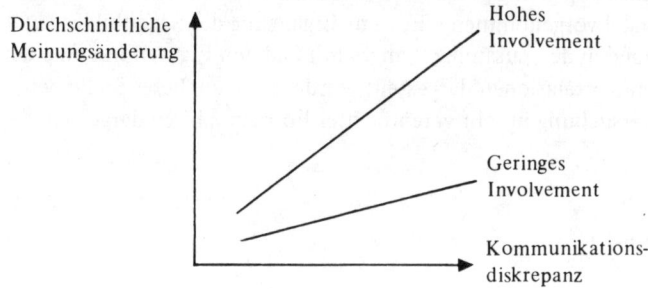

Ausgehend von der in zahlreichen Studien festgestellten Beziehung, nach der das Ausmaß des Einstellungswandels um so größer wird, je mehr sich die Diskrepanz verstärkt, suchte Cohen[441] nach den Bedingungen, die diese Relation näher bestimmen. Hierbei konnte er im Gegensatz zu dem bisher vorwiegend erzielten Ergebnis hinsichtlich des untersuchten Zusammenhangs bei Vorliegen einer bestimmten Verhaltensdisposition des Rezipienten u. a. eine Korrelation feststellen, die durch eine fallende, lineare, monoton verlaufende Kurve (Figur 1b) gekennzeichnet ist.

Bei den von Cohen in seiner Arbeit untersuchten Variablen handelt es sich um eine der verschiedenen Formen des "commitment".[442] Nach Auffassung von Cohen spielt das Ausmaß der Anstrengung oder Bemühung, die aufgewandt wurden, um die in einer Aussage vertretene und von der eigenen Einstellung abweichende Position zu verstehen, eine Rolle für den Ablauf der Beziehung zwischen Diskrepanz und Einstellungswandel. Gemäß seinem von der Dissonanztheorie abgeleiteten theoretischen Bezugsrahmen formuliert Cohen seine zentrale Hypothese: Bei einem höheren, aber nicht bei einem geringeren Grad an bewußt aufgewendeter Anstrengung tritt bei größer werdender Diskrepanz zwischen der ursprünglichen Position und der neuen Information in zunehmendem Maße kognitive Dissonanz auf, was wiederum zu steigendem Einstellungswandel führt.

Die Prüfung dieser Hypothesen ergab, daß das Vorliegen einer nur geringen Anstrengung ("low effect condition"), zu einem direkten Widerstand führte, die Information anzunehmen: Das Ausmaß des Einstellungswandels im Sinne der propagierten Einstellung war um so größer, je geringer die Kommunikationsdiskrepanz wurde. Unter der Bedingung einer großen Anstrengung ("high effort condition") erfüllten sich die Erwartungen der Dissonanztheorie: Das Ausmaß des Einstellungswandels war um so größer, je größer die Diskrepanz wurde.[443] Die mit zunehmender Diskrepanz steigende Dissonanz zwischen dem Verhalten (Anstrengung) des Individuums und seinen Kognitionen (ursprüngliche Einstellung) wurde reduziert, indem die Kognitionen mit dem Verhalten in Übereinstimmung gebracht wurden, d. h. es erfolgte ein Einstellungswandel in Richtung auf die in der Aussage vertretene Einstellung, um deren Verständnis das Individuum sich sehr bemüht hatte.[444] Im Vergleich zu Zimbardo wird bei Cohen jedoch nicht eindeutig genug geklärt, warum die Disonanzreduktion vor allem durch Einstellungswandel vorgenommen wird. Zur Ergänzung des Schaubildes auf S. 131, in dem aus Gründen des Zusammenhanges mit anderen Figuren nur eine der von Cohen gefundenen Korrelationen dargestellt wurde, seien an dieser Stelle beide Ergebnisse der Untersuchung in sehr vereinfachter Form graphisch dargestellt.

Figur 3:

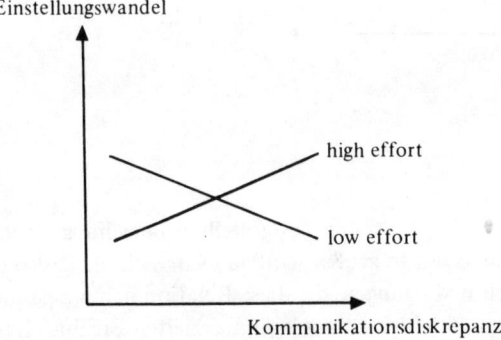

In der von Hovland, Harvey und Sherif[445] durchgeführten Untersuchung über den Einfluß verschiedener Argumentationen zum Thema Prohibition kamen die Autoren zu einem Ergebnis, das von dem Resultat einer anderen von Hovland und Pritzker unternommenen Studie abweicht.[446] Es konnte nämlich festgestellt werden, daß Kommunikationen, in denen für die Aufhebung der Prohibition argumentiert wurde, bei den Probanden den größten Effekt im Sinne der Aussage erzielten, die in nur gemäßigter Form (mittlere Diskrepanz) für ihre Beibehaltung eintraten. Bei den überzeugten Befürwortern der Prohibition (große Diskrepanz) bewirkte die Kommunikation dagegen eine Erhärtung ihrer Position gegen die Aufhebung. Dieser "reinforcement-effect" im Sinne einer Bekräftigung einer Einstellung erzielte im Hinblick auf die Intention des Kommunikators bzw. der Kommunikation also sogar einen "boomerang-effect". Zu ähnlichen Resultaten kamen Sherif und Hovland[447], als sie in einem Experiment republikanisch und demokratisch eingestellte Studenten mit Aussagen konfrontierten, die von stark prorepublikanisch bis zu stark prodemokratisch reichten.

Damit war in der Erforschung des Zusammenhangs zwischen Kommunikationsdiskrepanz und Einstellungswandel eine Wendung eingetreten, welche in der begründeten Annahme bestand, daß es sich bei dem Verhältnis dieser beiden Faktoren zueinander nicht um eine monotone (und damit auch nicht um eine lineare) Beziehung handele. Hovland machte den Versuch, die Inkonsistenz der Ergebnisse in den bisherigen Untersuchungen, die sich in zum Teil gegenläufigen oder zumindest nicht übereinstimmenden Korrelationen zeigte, zu überwinden, indem er es sowohl in der oben bereits zitierten Studie[448] als auch durch eine weitere Untersuchung[449] unternahm, die genaue Beziehung zwischen Diskrepanz und Einstellungswandel näher zu spezifizieren.

Die Gruppe um Hovland ging bei der näheren Bestimmung dieses Zusammenhangs von der Vermutung aus, daß die nichtübereinstimmenden Forschungsergebnisse von dem Umstand herrührten, daß einige Forscher in ihren Untersuchungen einen Gegenstand gewählt hatten, demgegenüber eine hohe Ich-Beteiligung existierte. Lediglich bei geringer Ich-Beteiligung käme es bei größer werdender Diskrepanz zu steigendem Einstellungswandel, während bei hoher Ich-Beteiligung das Ausmaß des Einstellungswandels mit zunehmender Diskrepanz zurückgehe.[451]

Zur Erklärung dieses Zusammenhangs zwischen Ich-Beteiligung, Diskrepanz und Einstellungswandel bezieht sich die Hovland-Gruppe auf die "Judgmental-Theory"[452], nach der der Beurteilungsprozeß hinsichtlich des Standorts von Kommunikationen unter der Voraussetzung, daß die in der Aussage vertretene Position nicht ganz eindeutig ist, durch den "Assimilations-Kontrast-Effekt" gekennzeichnet ist. Die aufgrund dieses Effekts gemachten Voraussagen haben folgenden Inhalt: Je größer die Diskrepanz zwischen der Position eines Individuums und der propagierten Position in bezug auf einen bestimmten Aussagengegenstand, in um so größerer Entfernung wird die propagierte Position vom Individuum wahrgenommen ("contrast effect"). Wenn jedoch nur eine geringe Diskrepanz zwischen den Positionen existiert, besteht für das Individuum die Tendenz, die Position des Kommunikationspartners in größerer Nähe zur eigenen Position zu sehen ("assimilation effect").[453] Je nach dem Ausmaß der Diskrepanz wird also die in der Aussage vertretene Einstellung entweder als von der eigenen Einstellung weiter entfernt oder näher wahrgenommen, als sie tatsächlich ist. Die jeweiligen Assimilations- bzw. Kontrastregionen sind theoretisch determiniert durch den Annahme- oder Toleranzbereich ("latitude of acceptance") und den Ablehnungs- oder Intoleranzbereich ("latitude of rejection")[454]. Solange die gegebene Information in den Annahmebereich fällt, wird sie aufgrund des Assimilationseffekts als noch näher wahrgenommen und größere Diskrepanzen werden zu einem größeren Einstellungswandel führen; sobald die Information jedoch in den Ablehnungsbereich fällt, erscheint aufgrund des Kontrasteffekts die Entfernung zur Position des Individuums größer als sie ist, und zunehmende Diskrepanzen führen zu nur noch geringem oder negativem Einstellungswandel ("boomerang-effect"). Extrem diskrepante Informationen fallen bei Individuen mit hoher Ich-Beteiligung gegenüber dem Gegenstand der Aussage in den Ablehnungsbereich, was zur Folge hat, daß die Information zurückgewiesen und nicht angenommen (Einstellungswandel) wird.

Das von Freedman[455] durchgeführte Experiment knüpfte nun direkt an die Untersuchungen von Hovland u. a. an. Freedman kritisierte, daß die Erklärung, die Hovland u. a. für den oben beschriebenen Vorgang geben, nicht zufriedenstellend wäre; denn es bliebe die entscheidende Frage, *warum* anstelle von Einstellungswandel eine Ablehnung der Information erfolge, unbeantwortet. Statt einer Erklärung gäben Hovland und seine Mitarbeiter nicht viel mehr als eine Beschreibung des Vorgangs auf der Grundlage der Konzepte "latitude of acceptance" und „latitude of rejection".[456]

Zielsetzung der Arbeit von Freedman war es, eine der Bedingungen näher zu bestimmen, unter denen in der Beziehung zwischen Kommunikationsdiskrepanz und Einstellungswandel das Ausmaß des Einstellungswandels am größten ist. Dabei ging er von der Vorstellung aus, daß zwischen Diskrepanz und Einstellungswandel ungeachtet des Grades an Ich-Beteiligung in bezug auf die ursprüngliche Position von Individuen eine nichtmonotone Beziehung besteht, daß aber die Variable Ich-Beteiligung eine wichtige Determinante für die Bestimmung desjenigen Ausmaßes an Diskrepanz ist, bei dem ein Maximum an Einstellungswandel auftritt. Im Anschluß an diese Vermutungen formulierte er die in seinem Experiment zu überprüfende Hypothese, nach der ein Maximum an Einstellungswandel unter der Bedingung einer hohen Ich-Beteiligung bei einer gemäßigteren Diskrepanzstufe zu erwarten ist als unter der Bedingung einer niedrigen ,,Ich-Beteiligung''.

In der Untersuchung wurde diese Hypothese bestätigt. Unter der Bedingung einer hohen Ich-Beteiligung ist das Ausmaß des Einstellungswandels dann am größten, wenn das Ausmaß der Diskrepanz gemäßigt ist (mittlerer Wert zwischen niedrig und hoch). Die Beziehung zwischen Diskrepanz und Einstellungswandel ist unter beiden Bedingungen als nichtmonoton anzusehen, obwohl sie bei niedriger Ich-Beteiligung für einen weiten Diskrepanzbereich zunächst monoton ist und die Kurve einen ansteigenden Verlauf zeigt.

Zur Erklärung seiner Ergebnisse wies Freedman darauf hin, daß die Schwierigkeit einer Einstellungsänderung als eine Funktion der Kommunikationsdiskrepanz angesehen werden muß; die Zurückweisung der Kommunikation dagegen wird mit zunehmender Diskrepanz nicht schwieriger. Das bedeutet, daß ein Maximum an Einstellungswandel genau an dem Punkt auf dem Diskrepanzkontinuum auftritt, wo der Widerstand gegenüber der Meinungsänderung gerade noch etwas geringer ist als der Widerstand gegenüber der Zurückweisung. Weil eine Zunahme von Ich-Beteiligung im Hinblick auf die ursprünglich eingenommene Position die Änderung der Meinung schwieriger macht, verringert sie gleichzeitig das Ausmaß an Diskrepanz, bei dem die Kurve ihre Richtung ändert, bei dem also das Maximum an Einstellungswandel erreicht ist. Das ist dann genau der Punkt, an dem der Ablehnungsbereich (''latitude of rejection'') beginnt.

Die von Freedman[457] gegebene Erklärung erscheint jedoch auch noch lückenhaft. Denn es kann die Frage nicht beantwortet werden, *warum* es gerade an einem ganz bestimmten Punkt auf dem Diskrepanzkontinuum (mittlere Diskrepanz) und nicht an irgendeiner anderen Stelle für das Individuum schwieriger wird, seine Meinung zu ändern als sie zurückzuweisen. Welche psychologischen Prozesse hier schließlich und endlich eine Rolle spielen, kann Freedman nicht entscheiden. Insofern bleibt seine Erklärung, ebenso wie die der meisten Forscher auf dem Gebiet, in erster Linie eine ad hoc Erklärung. Sein theoretischer Ansatz erlaubt im wesentlichen lediglich nachträglich gegebene Plausibilitätserklärungen, ermöglicht jedoch keine zuverlässigen Voraussagen.

Im Anschluß an die Untersuchung von Freedman soll in einem Exkurs auf ein Versäumnis hingewiesen werden, das sowohl in dieser Untersuchung als auch in den Studien von Hovland u. a. und Zimbardo mehr oder weniger offenkundig wird.[458] Hierbei handelt es sich um das Problem der *Wahrnehmung* der in den verschiedenen Versuchsanordnungen unterschiedlich manipulierten experimentellen Bedingung der Kommunikationsdiskrepanz. Wenn Probanden mit Aussagen konfrontiert werden, in denen nach dem Urteil des Forschers Einstellungen propagiert werden, die in unterschiedlicher Weise von den ursprünglichen Einstellungen der Probanden abweichen, so ist damit keineswegs gewährleistet, daß die Probanden die Abweichungen in der gleichen Weise wahrnehmen, wie es der Intention des Forschers entspricht. Für die Überprüfung der aufgestellten Hypothesen ist es jedoch von Bedeutung, daß die Rezipienten bei der Konfrontation mit beispielsweise geringen, mittleren und großen Kommunikationsdiskrepanzen die in der Aussage vertretenen Einstellungen auch tatsächlich in einer geringen, mittleren und großen Entfernung von der eigenen Einstellung wahrnehmen. Zumindest, was die genannten Untersuchungen betrifft, tauchen in dieser Hinsicht Zweifel auf. Um die Übereinstimmung von vorgegebenen und wahrgenommenen Kommunikationsdiskrepanzen in einem möglichst hohen Maße zu gewährleisten, müßte diese Frage für jede Untersuchung zum gesonderten Gegenstand einer empirischen Überprüfung werden. Eine andere, mit weniger Aufwand verbundene Möglichkeit, diesbezüglich weitgehende Übereinstimmung zu erzielen, besteht in einer entsprechenden Gestaltung der Versuchsanordnung.[459]

Whittaker[460], der bereits mehrfach zitiert wurde, führte eine Untersuchung zur Prüfung verschiedener Hypothesen durch, mit dem Ziel, die Beziehungen zwischen Kommunikationsdiskrepanz und Einstellungswandel weiter zu klären und damit einen Beitrag zur Überwindung der aufgezeigten inkonsistenten Forschungsergebnisse auf diesem Gebiet zu leisten. Die theoretische Grundlage bildete dabei die auf das Assimilations-Kontrast-Konzept[461] zurückgehende Vorstellung von Annahme- und Ablehnungsbereichen. Die Brauchbarkeit dieses theoretischen Ansatzes vergleicht er dann mit dem, was die Dissonanztheorie zur Erklärung der hier geprüften Zusammenhänge zu leisten imstande ist.

Nach der im Mittelpunkt der Arbeit von Whittaker stehenden Hypothese existiert zwischen dem Ausmaß des Einstellungswandels und dem Grad der Kommunikationsdiskrepanz eine grundsätzlich nicht lineare und damit auch nicht monotone Beziehung. Es wurde angenommen, daß es einen optimalen Diskrepanzgrad gebe, welcher zu einem Maximum an Einstellungswandel führe und daß bei allen anderen Diskrepanzgraden das Ausmaß des erzielten Einstellungswandels geringer sei. Weiterhin vermutete der Autor, daß bei einem extrem hohen Diskrepanzgrad ein negativer Einstellungswandel auftreten würde, also eine Wirkung entstehe, die als " ..boomerang-effect" bezeichnet wird.[462] Hierauf formulierte der Autor sehr präzise, welche verschiedenen Reaktionen im Verhalten von Rezipienten bei Variationen der Kommunikationsdiskrepanz seiner Meinung nach zu erwarten seien.

Gegenstand der Untersuchung von Whittaker waren jedoch noch einige zusätzliche Hypothesen.[463] Die erste hiervon besteht in der Behauptung, daß die positive Beurteilung einer Kommunikation im Hinblick auf Fairneß und Objektivität des in ihr vertretenen Standpunkts in dem Maße abnimmt, wie die Diskrepanz zwischen der in der Aussage enthaltenen Einstellung und der Einstellung des Rezipienten zunimmt. Die zweite über die zentrale These hinaus hier aufgestellte und überprüfte Hypothese betrifft den Prozeß der Wahrnehmung der in einer Aussage vertretenen Einstellung durch den Rezipienten. Dabei ging Whittaker von der Überlegung aus, daß die Wahrnehmung der in einer Aussage geäußerten Einstellung gegenüber einem bestimmten Aussagengegenstand abhängig sein könne von der Einstellung, die der Rezipient selbst gegenüber dem gleichen Gegenstand hat. Der vermutete Zusammenhang gestalte sich dann in der Weise, daß bei Vorliegen einer geringen Kommunikationsdiskrepanz die in der Aussage enthaltene Einstellung als der eigenen Einstellung näher wahrgenommen würde, als es der Wirklichkeit entspricht. Dieser Umstand, so nahm Whittaker an, würde dazu führen, daß die Rezipienten die in der Aussage enthaltene Einstellung im Sinne ihrer eigenen Einstellung verändern bzw. umdeuten. Größer werdende Kommunikationsdiskrepanzen würden hingegen die Neigung des Individuums, eine solche Umdeutung vorzunehmen, immer mehr verringern.

Die letzte der von Whittaker untersuchten Hypothese schließlich lautet: Personen, deren Einstellungen gegenüber einem bestimmten Gegenstand sehr extrem sind, zeigen die Tendenz, mehr Positionen auf dem Einstellungskontinuum zurückzuweisen als anzunehmen (Assimilationseffekt im Annahmebereich). Die Toleranz gegenüber andersartigen Standpunkten zu einem bestimmten Thema nimmt also mit zunehmender Extremität der vom Individuum eingenommenen Einstellung ab.

In der Untersuchung wurden diese Hypothesen bestätigt. Gemäß der zentralen Hypothese zeigte sich ein Verlauf des Einstellungswandels, der in Abhängigkeit von dem Ausmaß der Diskrepanz durch ein Ansteigen und nach Erreichung eines Höhepunktes durch einen Abfall der Kurve gekennzeichnet war. In Übereinstimmung mit der Hypothese trat das erwartete Maximum an Einstellungswandel weder bei einer sehr geringen, noch bei einer sehr großen Kommunikationsdiskrepanz auf. Bei der größten verwendeten Diskrepanzstufe zeigte sich entsprechend der Vermutung ein "boomerang-effect". Für die Berechtigung der Annahmen über die Beurteilungen der Versuchspersonen hinsichtlich der Objektivität etc. von Kommunikationen, über die Einordnung von in der Aussage vertretenen Positionen sowie über ihre Reaktion auf in den Annahmebereich fallende Einstellungen konnte ebenfalls empirische Evidenz gesammelt werden.

Im Verlauf der vom Autor gegebenen Interpretation[464] der Untersuchungsergebnisse wird ausgeführt, daß jede Einstellung einer Person durch einen Annahmebereich (Toleranzspielraum) und durch einen Bereich der Ablehnung gekennzeichnet sei. Dabei kann die Relation dieser beiden Bereiche zueinander von einer Einstellung zur anderen – auch bei ein und derselben Person – variieren. Demnach ist jede Einstellung durch eine Struktur gekennzeichnet, die durch unterschiedlich große Anteile des jeweiligen Annahme- und Ablehnungsbereichs bestimmt wird. Das Ausmaß der beiden Bereiche einer Einstellung ist abhängig von bestimmten Faktoren, die nach der hier vertretenen Auffassung als Dimension der Einstellung zum Gegenstand der Aussage betrachtet werden. Hierbei handelt es sich um die von Whittaker in seiner letzten Hypothese angesprochene Extremität der Einstellung sowie die Rolle der bereits bei Hovland u. a.[465], Freedman[466] etc. diskutierten Dimension Bedeutsamkeit (Ich-Beteiligung) der Einstellung gegenüber einem bestimmten Aussagengegenstand.

Die Ausdehnung der jeweiligen mit einer Einstellung verbundenen Annahme- und Ablehnungsbereiche stellt sich also als eine Funktion der Dimensionen Extremität und Bedeutsamkeit bzw. Zentralität der Einstellung zum Kommunikationsgegenstand dar. Im Anschluß hieran schien der Schluß gerechtfertigt, daß Aussagen, in denen Einstellungen vertreten werden, die für die rezipierende Person in den Annahmebereich fallen und dazu der eigenen Einstellung noch ziemlich nah sind, zu den relativ geringsten Einstellungsänderungen führen. Das Ausmaß der Einstellungsänderung steigt dann mit größer werdender Kommunikationsdiskrepanz, jedoch nur solange, wie die in der Aussage eingenommene Position in den Annahmebereich der Versuchsperson fällt. Erreicht die Position in der Aussage schließlich den Ablehnungsbereich des Individuums (definiert als große Diskrepanzen), so nimmt konsequenterweise von hier an das Ausmaß des Einstellungswandels ab. Nimmt die Kommunikationsdiskrepanz noch weiter zu, so daß die Position in der Aussage immer mehr in den Ablehnungsbereich fällt, resultiert daraus ein negativer Einstellungswandel ("boomerang-effect").

Gezielte Versuche, Einstellungsänderungen zu erreichen, sind also nur möglich, so betont Whittaker, wenn Kenntnisse über die jeweiligen Anteile der Annahme- und Ablehnungsbereiche der Einstellungen eines Individuums bestehen. Für den Fall, daß eine Gruppe von Rezipienten dazu gebracht werden soll, aufgrund einer Aussage ihre Einstellung zu einem ganz bestimmten Aussagengegenstand zu ändern, so kann das wirkungsvoll nur geschehen, wenn die durchschnittliche Ausdehnung von Annahme- und Ablehnungsbereich der betreffenden Rezipientengruppe oder einfach ihre durchschnittliche Position auf dem Einstellungskontinuum bekannt ist. Nehmen die Rezipienten gegenüber einem bestimmten Gegenstand eine gemäßigte oder mittlere Position ein und liegt in bezug auf den Gegenstand der Aussage keine hohe Ich-Beteiligung (großer Annahmebereich) vor, so ist es im Hinblick auf das Ausmaß des Einstellungswandels am wirkungsvollsten, wenn in der Aussage eine Einstellung vertreten wird, die von der Einstellung der Rezipienten stark abweicht. Bestehen gegenüber dem verwendeten Gegenstand jedoch sehr extreme Ansichten mit hoher Ich-Beteiligung (geringer Annahmebereiche), so sind Einstellungsänderungen im Sinne der propagierten Einstellung vermutlich nur dann zu erwarten, wenn die Kommunikationsdiskrepanz gering ist.

Nach der Auffassung Whittakers lassen sich die Ergebnisse der Untersuchung auf der Grundlage der Dissonanztheorie nicht ausreichend erklären.[467] Zur Begründung führte er aus, daß größere Kommunikationsdiskrepanzen zwar das Auftreten von größerer kognitiver Dissonanz hervorruft, Ergebnisse empirischer Untersuchungen aber gezeigt haben, daß diese größere Dissonanz nicht durch Einstellungswandel reduziert werde. Der Autor wies dann darauf hin, daß ein solches Verhalten bekanntlich nicht die einzige der von Festinger erkannten Möglichkeiten der Dissonanzreduktion sei. Daher könne es sein, daß Probanden, bei denen eine geringe kognitive Dissonanz auftritt, diese durch Einstellungswandel reduzieren, während Probanden, bei denen eine große kognitive Dissonanz entsteht, diese auf andere Weise reduzieren.

Dieser Hinweis läuft, ohne daß es von Whittaker ausdrücklich gesagt wird, auf den Einwand hinaus, daß die Dissonanztheorie weder darüber informiert, bis zu welchem Diskrepanzgrad die Dissonanz durch Einstellungswandel reduziert wird, noch von welcher anderen Möglichkeit der Reduktion Gebrauch gemacht wurde. Zur Klärung dieser Fragen hält Whittaker das Konzept der Annahme- und Ablehnungsbereiche für geeigneter. Dies, so führte der Autor aus, gilt nicht nur für die Interpretation der speziellen Ergebnisse seiner Untersuchung, sondern vor allem im Hinblick auf die Möglichkeiten, die dieser Ansatz bietet, um die Wirksamkeit der auf Überredung von Rezipienten abzielenden Kommunikationen zu erhöhen.[468]

Die Bedingungen für den Ablauf des Beurteilungsvorgangs im Kommunikationsprozeß untersuchten auch Ward[469], Dillehay[470] und, wie bereits zitiert, Atkins, Deaux und Bieri.[471] Ohne daß die Konsequenzen für den Einstellungswandel Gegenstand der

Untersuchung waren, zeigte sich in der Studie von Ward, daß die Beurteilung von "Items" von dem Grad der Ich-Beteiligung des Beurteilenden beeinflußt wurde. Je höher der Grad der Ich-Beteiligung war, um so weiter entfernt von der eigenen Position wurden mit der eigenen Einstellung nicht übereinstimmende Items eingeordnet. In Übereinstimmung mit den Ergebnissen von Whittaker deutet dieses Resultat ebenfalls auf die Existenz eines relativ geringen Annahmebereichs bei Personen mit hoher Ich-Beteiligung gegenüber dem angesprochenen Einstellungsgegenstand hin. Zu einem entsprechenden Ergebnis kam auch Dillehay, dessen speziellere Hypothesen auf den sich als richtig erweisenden Annahmen basierten, daß sowohl die Einstellung von Personen, die im Vergleich zu anderen mit dem angesprochenen Aussagengegenstand mehr vertraut sind als auch die Einstellung von Personen, bei denen im Vergleich zu anderen eine höhere Ich-Beteiligung im Hinblick auf den Gegenstand vorliegt, einen geringeren Annahmebereich und einen größeren Ablehnungsbereich haben. Dillehay unternahm im Anschluß an die Darstellung seiner Ergebnisse den Versuch, diese nicht nur auf der Grundlage des Assimilations-Kontrast-Effekts zu erläutern, sondern eine Interpretation des Ablaufs von Beurteilungsprozessen mit Hilfe des Konzepts der kognitiven Dissonanz zu geben.

Deaux und Bieri beschäftigten sich mit dem Problem der Wahrnehmung von Kommunikationen bzw. Kommunikationsdiskrepanzen und dem hierauf basierenden Beurteilungsprozeß von Aussagen. Aufgrund ihrer Ergebnisse kamen die Autoren zu dem Schluß, daß es für das Ausmaß des Einstellungswandels nicht auf die tatsächliche, sondern auf die von den Rezipienten wahrgenommene Kommunikationsdiskrepanz ankomme (wobei jedoch beide übereinstimmen können). Die wahrgenommene Kommunikationsdiskrepanz bestimmt dann nicht für sich genommen, sondern nur im Zusammenhang mit anderen Persönlichkeits- und situationalen Variablen (Einstellungen und Dimensionen von Einstellungen) die Größe des Einstellungswandels, der vor dem Hintergrund von Annahme- und Ablehnungsbereichen gesehen wird. Bei Versuchspersonen, die eine Kommunikation in der Weise wahrnahmen, daß sie in ihren Annahmebereich fiel, kam es in den Beurteilungen weit häufiger zu einer assimilierenden Verzerrung ("assimilative distortion") der Kommunikationen als bei Versuchspersonen, die die Aussage als in ihren Ablehnungsbereich gehörend wahrnahmen.

In die Gruppe derer, die in ihrer Studie eine nichtmonotone Beziehung zwischen Kommunikationsdiskrepanz und Einstellungswandel feststellten, gehören auch Aronson, Turner und Carlsmith.[472] Die Autoren untersuchten die Beziehung zwischen diesen beiden Variablen in Abhängigkeit von dem Faktor „Glaubwürdigkeit des Kommunikators" und interpretierten ihre Ergebnisse auf der Grundlage der Dissonanztheorie. Insbesondere galt dabei ihr Interesse der Klärung der Frage, unter welchen Bedingungen verschiedene Arten der Reduktion einer kognitiven Dissonanz gewählt werden.

Aronson, Turner und Carlsmith gingen in ihrer Untersuchung von den nichtübereinstimmenden Ergebnissen über den Zusammenhang zwischen Kommunikationsdiskrepanz und Einstellungswandel und den Versuchen in der Literatur, diese Inkonsistenz zu überwinden, aus. Hovland u. a.[473] hatten, wie oben bereits ausgeführt, diese Nichtübereinstimmung durch Einführung der Variable Ich-Beteiligung beseitigen wollen und eine monotone Beziehung mit ansteigendem Kurvenverlauf nur für den Fall vorausgesagt, daß es sich um Probanden mit einer geringen Ich-Beteiligung gegenüber dem Gegenstand der Aussage handle. Festinger und Aronson[474], deren Ausführungen auf der Dissonanztheorie basierten, erklärten die unterschiedlichen Ergebnisse durch ein Zusammenwirken der Variablen Kommunikationsdiskrepanz und Glaubwürdigkeit des Kommunikators.[475] Die Autoren der hier zu diskutierenden Untersuchung knüpften an die von Festinger und Aronson durchgeführte Analyse an und versuchten, mit Hilfe eines Experiments nicht nur die Struktur der Beziehungen zwischen Kommunikationsdiskrepanz und Einstellungswandel näher zu beleuchten, sondern gleichzeitig bestimmte Hypothesen der Dissonanztheorie weiter zu überprüfen, damit in Zukunft aufgrund dieser Theorie zuverlässigere Voraussagen als bisher gemacht werden können.

Gemäß der Festingerschen Theorie tritt bei einem Individuum, dessen Einstellung von der in einer Aussage durch einen glaubwürdigen Kommunikator propagierten Einstellung abweicht, kognitive Dissonanz auf. Denn das Wissen, gegenüber einem bestimmten Gegenstand eine ganz bestimmte Einstellung zu haben, ist dissonant mit dem gleichzeitig vorhandenen Wissen, daß ein glaubwürdiger Kommunikator zu demselben Gegenstand eine andere Einstellung vertritt. Dabei muß das Gefühl der Dissonanz um so größer werden, je mehr die Kommunikationsdiskrepanz zunimmt. Das Individuum kann im allgemeinen nun die kognitive Dissonanz durch mindestens vier Verhaltensweisen reduzieren. Es hat einmal die Möglichkeit, seine Meinung zu ändern und sie in größere Nähe zu der des geschätzten Kommunikators zu bringen. Stattdessen kann es auch bei seiner Einstellung bleiben und versuchen, bei anderen Individuen hierfür soziale Unterstützung zu finden. Abgesehen davon kann die Person versuchen, die Einstellung des Kommunikators zu ändern[476] und sie in größere Nähe zu der eigenen Einstellung zu bringen. Schließlich bleibt dem Probanden noch die Möglichkeit, den Kommunikator in seiner Glaubwürdigkeit herabzusetzen, d. h. seine Vertrauenswürdigkeit und seine Fähigkeit, über das behandelte Thema fachmännisch zu urteilen, in Zweifel zu ziehen. In den meisten experimentellen Situationen bleibt dem Probanden aufgrund der Versuchsbedingungen jedoch lediglich die Wahl zwischen Einstellungswandel und Herabwürdigung des Kommunikators bzw. der Zurückweisung der Kommunikation.

Aronson, Turner und Carlsmith gingen in ihrer Arbeit von der bereits bei Festinger und Aronson formulierten Annahme aus, daß für die Beantwortung der Frage, welche dieser Reduktionsarten unter welchen Bedingungen im Kommunikationsprozeß gewählt werden, der Faktor Glaubwürdigkeit des Kommunikators die entscheidende Rolle spielt. Ziel ihres Experiments war die Bestimmung der genauen Bedingungskonstellationen — also der Konstellationen der Variablen Kommunikationsdiskrepanz und Glaubwürdigkeit des Kommunikators — unter denen der Einstellungswandel und die Herabsetzung des Kommunikators als alternative Möglichkeiten zur Reduktion der kognitiven Dissonanz benutzt werden. Gleichzeitig wollten die Autoren damit einen weiteren Beitrag zur Erklärung der nichtübereinstimmenden Forschungsergebnisse zum Thema Kommunikationsdiskrepanz und Einstellungswandel leisten.

Für den Fall, daß ein Kommunikator vollkommene Glaubwürdigkeit besitzt, ist seine Herabwürdigung ausgeschlossen. Hierbei würde eine Dissonanzreduktion folglich nur durch Einstellungswandel möglich sein, und es ergäbe sich eine lineare monotone Funktion zwischen den untersuchten Variablen.[477] Besitzt dagegen ein Kommunikator überhaupt keine Glaubwürdigkeit, so käme es nach Aronson, Turner und Carlsmith weder zu einem Einstellungswandel noch zu einer Herabwürdigung des Kommunikators, weil aufgrund des extrem unglaubwürdigen Kommunikators keinerlei kognitive Dissonanz entsteht.

Eine Entscheidung für die stärkere Verwendung der einen oder anderen Reduktionsart muß also nur für den Fall gefällt werden, daß die Glaubwürdigkeit des Kommunikators zwischen 0 und unendlich liegt. Aronson, Turner und Carlsmith wählten für ihr Experiment einen in hohem Maße glaubwürdigen und einen mäßig glaubwürdigen Kommunikator. Im einzelnen wurden gemäß der Dissonanztheorie folgende Hypothesen aufgestellt: Bei Heranziehung eines in hohem Maße glaubwürdigen Kommunikators steigt das Ausmaß des Einstellungswandels mit zunehmender Kommunikationsdiskrepanz. Bei Verwendung eines mäßig glaubwürdigen Kommunikators nimmt das Ausmaß des Einstellungswandels nur bis zu einem bestimmten Punkt auf dem Diskrepanzkontinuum zu. Von dieser Dissonanzstufe an wird in steigendem Maße die Herabsetzung des Kommunikators als zusätzliches Mittel der Dissonanzreduktion gewählt.

Die Überprüfung der Hypothesen, bei der drei verschiedene Kommunikationsdiskrepanzen manipuliert wurden[478], erbrachte der Tendenz nach eine Bestätigung der angenommenen Zusammenhänge. Das nachfolgende Schaubild verdeutlicht die festgestellten Beziehungen.

Figur 4[479]:

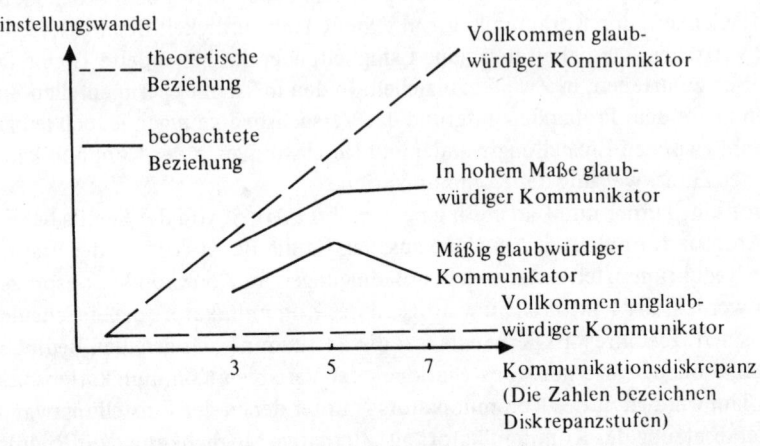

Aufgrund des Schaubildes wird deutlich, daß unter der Bedingung eines in hohem Maße glaubwürdigen Kommunikators bei allen Diskrepanzstufen mehr Einstellungswandel auftritt als unter der Bedingung eines mäßig glaubwürdigen Kommunikators. Außerdem

144

steigt entsprechend der Voraussage unter der ersten Bedingung das Ausmaß des Einstellungswandels mit zunehmender Diskrepanz, obwohl der Anstieg von der mittleren Diskrepanzstufe an flacher wird. Unter der Bedingung des mäßig glaubwürdigen Kommunikators erfolgt nicht nur überall weniger Einstellungswandel, sondern dieser erreicht seinen Höhepunkt bereits bei einer mittleren Kommunikationsdiskrepanz, um dann zunehmend zugunsten der anderen Reduktionsart (Herabwürdigung des Kommunikators) geringer zu werden. Zwischen den beiden gestrichelten Kurven, die den theoretischen Verlauf, wie er oben beschrieben wurde, angeben, liegen die in der Empirie zu beobachtenden Kurven[480], deren Verlauf die Einstellungsänderungen der in das Experiment einbezogenen Probanden wiedergibt. Sobald der Kommunikator nicht mehr vollkommen, sondern nur noch in hohem Maße glaubwürdig ist, zeigt sich bei allen Diskrepanzstufen ein geringerer Einstellungswandel, weil es bei Vorliegen dieser Bedingung in stärkerem Maße zu einer Herabwürdigung des Kommunikators kommt, um einen Teil der kognitiven Dissonanz zu reduzieren. Bei weiter abnehmender Glaubwürdigkeit des Kommunikators erreicht die Kurve dann ihr Maximum noch früher, weil das eine Mittel, die kognitive Dissonanz zu reduzieren, das andere zunehmend ersetzt: Von einer bestimmten (mittleren) Diskrepanzstufe an wird die Herabwürdigung des Kommunikators zu der hauptsächlich gewählten Art der Dissonanzreduktion.[481]

Ergänzend hierzu läßt sich sagen, daß das Ausmaß des Einstellungswandels unter den beiden geschilderten experimentellen Bedingungen im Vergleich zu einem vollkommen glaubwürdigen Kommunikator auch deswegen bei allen Diskrepanzgraden geringer ist, weil das gesamte Ausmaß der empfundenen kognitiven Dissonanz in dem Maße sinkt, in dem die Glaubwürdigkeit des Kommunikators zurückgeht.

Aufgrund ihrer Untersuchung und der Analyse anderer Studien kamen die Autoren zu der Überzeugung, daß die nicht übereinstimmenden Ergebnisse im Bereich der Forschung zum Thema Kommunikationsdiskrepanz und Einstellungswandel von dem Umstand herrühren, daß die Möglichkeiten einer Herabwürdigung des Kommunikators jeweils explizit oder implizit unterschiedlich waren. Um die grundsätzliche Vereinbarkeit der von ihnen gefundenen Ergebnisse mit den übrigen Forschungsresultaten auf diesem Gebiet aufzuzeigen, hatten die Autoren einige andere Untersuchungen im Hinblick auf die dort vorgenommene Behandlung der Variable „Glaubwürdigkeit des Kommunikators"[482] studiert. Aronson, Turner und Carlsmith wiesen darauf hin, daß in den Untersuchungen, in denen sich eine linear ansteigende Kurve bei der Analyse des Zusammenhangs von Kommunikationsdiskrepanz und Einstellungswandel ergeben hatte, nur schwerlich die Möglichkeit bestand, den Kommunikator herabzuwürdigen. Dies zeigte sich z. B. bei Zimbardo[483], der jeweils den besten Freund der betreffenden Versuchsperson als Kommunikator verwendete. Bei Hovland und Pritzker[484] war der Kommunikator nach den Worten der Autoren eine „vom Rezipienten respektierte Persönlichkeit" und bei Goldberg[485] bestand die Kommunikation aus Urteilen, die der Proband selbst und einige andere Gleichaltrige abgegeben hatten.

Diejenigen Autoren, die bei extremer Kommunikationsdiskrepanz einen zunehmend geringer werdenden Einstellungswandel beobachteten, so versuchten Aronson, Turner und Carlsmith mit ihrer Analyse zu zeigen, hatten dagegen einen mehr oder weniger neutralen Kommunikator gewählt. In der Untersuchung von Hovland u. a.[486] erhielt der Proband keinerlei Informationen über den Kommunikator, in der Studie von Fisher und Lubin[487], die zu einem ähnlichen Ergebnis gekommen waren, bestand keine Eindeutigkeit hinsichtlich der Glaubwürdigkeit des Kommunikators.

Hierzu muß jedoch gesagt werden, daß Fisher und Lubin, wie bereits ausgeführt, je nach der Art der Messung des Einstellungswandels zu zwei unterschiedlichen Ergebnissen gelangten. Ihre beiden Untersuchungsabschnitte wurden unter der gleichen Bedingung hinsichtlich der Glaubwürdigkeit des Kommunikators durchgeführt. Nur in einer Untersuchung kamen die Autoren zu einem Ergebnis, das ähnlich dem von Hovland u. a. erzielten Resultat war, in dem anderen Fall stellten sie trotz der leichten „Herabsetzbarkeit" des Kommunikators eine lineare, ansteigende Beziehung zwischen Kommunikationsdiskrepanz und Einstellungswandel fest.

In Cohens[488] Untersuchung war der Kommunikator nur indirekt durch eine Beschreibung der Aussage bestimmt worden: Wurde diese als kompliziert und schwierig zu verstehen dargestellt, so ergab sich eine lineare abfallende Beziehung, wurde sie jedoch als einfach und schnell zu verstehen eingeführt, zeigte sich eine lineare steigende Kurve. Aronson, Turner und Carlsmith sprachen hierauf die plausibel erscheinende Vermutung aus, daß ein Kommunikator, der zwar nicht näher beschrieben wird, aber imstande ist, ein kompliziertes Thema zu behandeln, glaubwürdiger und daher als weniger leicht herabzuwürdigen erscheint, als ein Kommunikator, der sich zu einem simpleren Thema äußert. Darüber hinaus erscheint es nach Ansicht der Autoren psychologisch schwierig, einen Kommunikator herabzuwürdigen bzw. eine Kommunikation zurückzuweisen, von der gesagt wird, daß man möglicherweise nicht in der Lage sei, sie zu begreifen, weil eine solche Zurückweisung dann als Zeichen eines Mißerfolges gewertet werden könnte.

In einer späteren Untersuchung setzten sich Bochner und Insko[489] ebenfalls mit dem Einfluß der Glaubwürdigkeit einer Kommunikation bzw. eines Kommunikators auf das Verhältnis zwischen Kommunikationsdiskrepanz und Einstellungswandel auseinander. Dabei gingen sie von folgenden Hypothesen aus: a) Sowohl unter der Bedingung einer im hohen Maße glaubwürdigen Herkunft einer Kommunikation als auch unter der Bedingung einer mittleren Glaubwürdigkeit besteht zwischen Kommunikationsdiskrepanz und Einstellungswandel eine nicht lineare, nichtmonotone Beziehung. b) Das Maximum des Einstellungswandels liegt bei Vorliegen einer hohen Glaubwürdigkeit bei einem höheren Diskrepanzgrad als bei Vorliegen einer mittleren Glaubwürdigkeit. Während die erste Hypothese der theoretischen Grundlage entbehrt und nach Plausibilitätsgesichtspunkten formuliert wurde, orientiert sich die zweite an Voraussagen, die aufgrund der Dissonanztheorie möglich erscheinen. Danach wird die Entscheidung für die Reduktionsart der Herabwürdigung der Glaubwürdigkeit des Kommunikators, die ja vermutlich für die Abnahme des Einstellungswandels bei steigender Kommunikationsdiskrepanz verantwortlich ist, um so schwieriger, je glaubwürdiger die Herkunft der Kommunikation für den Rezipienten ist.

Das Besondere an der von Bochner und Insko durchgeführten Untersuchung ist die Verwendung eines auch in extremere Bereiche ausgedehnten Diskrepanzkontinuums. Damit griffen die Autoren einen bereits in einer anderen Untersuchung von Insko, Murashima und Saiyadain[490] gemachten Vorschlag auf. In dieser Studie war die Überlegung angestellt worden, daß viele Autoren, die eine lineare ansteigende Beziehung zwischen Kommunikationsdiskrepanz und Einstellungswandel festgestellt haben, stattdessen eine nichtlineare, nichtmonotone Beziehung gefunden hätten, wenn sie die Diskrepanzskala vergrößert und damit den Einfluß extremer Abweichungen zwischen der Einstellung des Rezipienten und der in der Aussage enthaltenen Einstellung zu ein und demselben Gegenstand festgestellt hätten. So wurde im Gegensatz zu früheren Untersuchungen bei Bochner und Insko die gesamte Dimension der Diskrepanz gänzlich manipuliert. Dies ging soweit, daß die Aussage, die den extremsten Diskrepanzgrad enthielt, praktisch sinnlos war. Insgesamt ergaben sich bei dem in dieser Untersuchung gewählten Aussagengegenstand neun verschiedene Diskrepanzgrade. Im Unterschied zu Aronson, Turner und Carlsmith wurde die manipulierte Glaubwürdigkeit der Kommunikatoren[491] darüber hinaus in einer Voruntersuchung empirisch überprüft.

Die gemäß der Hypothese a) getroffene Voraussage erwies sich nur für die Bedingung der mittleren Glaubwürdigkeit als richtig. Nur in diesem Fall, nicht jedoch bei Vorliegen einer hohen Glaubwürdigkeit, ergab sich für das Verhältnis zwischen Kommunikationsdiskrepanz und Einstellungswandel eine signifikant nichtlineare Beziehung. Unter der Bedingung einer hohen Glaubwürdigkeit fiel die Kurve zwar bei extremen Diskrepanzgraden stark ab, wär aber im ganzen trotzdem signifikant linear. Bei hoher Glaubwürdigkeit stieg also das Ausmaß des Einstellungswandels mit zunehmender Kommunikationsdiskrepanz ständig an und nahm erst von einem sehr extremen Punkt auf dem Diskrepanzkontinuum an rapide ab. So war die Vermutung nicht bestätigt worden, daß sich bei Erfassung der gesamten Diskrepanzdimension selbst bei hoher Glaubwürdigkeit des Kommunikators eine nichtlineare nichtmonotone Beziehung zeigen würde. Aus diesem Grunde erschien in dem Experiment, das für die hier vorgelegte Arbeit durchgeführt wurde, eine derartige Vorgehensweise der Manipulation der Kommunikationsdiskrepanz nicht zweckmäßig. Denn die Ausdehnung des Diskrepanzkontinuums in extreme Regionen hatte sich für die Klärung der Beziehung zwischen Diskrepanz und Einstellungswandel zunächst einmal als irrelevant erwiesen.

Die Hypothese b) wurde durch die Überprüfung bestätigt: Bei Probanden, die einer Kommunikation ausgesetzt worden waren, deren Herkunft ihnen als sehr glaubwürdig erschien, zeigte sich bis zu einer größeren Diskrepanzstufe ein zunehmender Einstellungswandel, als das bei Probanden der Fall war, die mit Aussagen konfrontiert wurden, deren Herkunft nur mittlere Glaubwürdigkeit besaß. Die Interaktion zwischen den Kurventrends für die Kommunikationsquellen war signifikant. Dabei ergab sich bei mittlerer und hoher Glaubwürdigkeit kein Unterschied für die mittleren Diskrepanzgrade im Ausmaß des vollzogenen Einstellungswandels. Für die hohe Glaubwürdigkeit zeigte sich jedoch bei den extremen Diskrepanzgraden sehr viel mehr Einstellungswandel als für die mittlere Glaubwürdigkeit bei extremen Diskrepanzen.

Hiermit wird die Diskussion von Untersuchungen über den Zusammenhang zwischen Kommunikationsdiskrepanz und Einstellungswandel abgeschlossen. Es ist versucht worden, einen Überblick über die verschiedenen Richtungen und Entwicklungen dieser Untersuchungen zu geben, um auf diese Weise den Zusammenhang des im Rahmen der vorliegenden Arbeit durchgeführten Experiments mit früheren Arbeiten in diesem Forschungsbereich herzustellen. Es sollte gezeigt werden, daß die Beziehung zwischen Kommunikationsdiskrepanz und Einstellungswandel von verschiedenen Faktoren beeinflußt und gestaltet wird. Zielsetzung des in dieser Arbeit durchgeführten Experiments ist die Beantwortung der Frage, ob und in welcher Weise sich der Faktor „Selbsteinschätzung der Rezipienten" auf diese Beziehung auswirkt.

Grundlage der hier besprochenen empirischen Untersuchungen ist vor allem das auf dem Assimilations-Kontrast-Effekt beruhende theoretische Konzept und der mit der Dissonanztheorie gegebene Ansatz. Vielfach wurden diese beiden Konzeptionen von ihren Vertretern als gegensätzlich empfunden. Gemäß der Dissonanztheorie wird im allgemeinen folgende Reaktion der Rezipienten erwartet: Je größer das Ausmaß der Kommunikationsdiskrepanz, um so größer ist die empfundene Dissonanz und um so größer ist auch das Ausmaß an Einstellungswandel. Diese Erwartung hatte sich, wie gezeigt werden konnte, keineswegs immer bestätigt. Ein solcher Kurvenverlauf ergab sich nur unter bestimmten Bedingungen. Die vielfach vorgefundene nichtmonotone Beziehung zwischen Kommunikationsdiskrepanz und Einstellungswandel versuchten dann die Anhänger des Assimilations-Kontrast-Konzepts mit folgenden Hypothesen zu erklären: Je größer das Ausmaß der Kommunikationsdiskrepanz, um so weiter entfernt wird die Position des Kommunikators bzw. die in der Aussage vertretene Position vom Rezipienten wahrgenommen (d. h. also, weiter entfernt von der eigenen Einstellung, als es tatsächlich der Fall ist — "contrast effect"), um so eher fällt die Position des Kommunikators bzw. die in der Aussage vertretene Position in den Ablehnungsbereich ("latitude of rejection") des Rezipienten. Das bedeutet wiederum, daß die Kommunikation zurückgewiesen wird und weniger Einstellungswandel erfolgt.

Hiergegen läßt sich jedoch einwenden, daß eine Herabsetzung der Glaubwürdigkeit des Kommunikators oder eine Zurückweisung der Kommunikation im Ablehnungsbereich nicht bedeuten muß, daß keine kognitive Dissonanz mehr besteht. Es kann trotzdem weiterhin Dissonanz, und zwar bei größer werdender Kommunikationsdiskrepanz auch größer werdende Dissonanz bestehen; sie wird jedoch von einem bestimmten Punkt auf dem Diskrepanzkontinuum an überwiegend durch eine andere Reduktionsart als durch Einstellungswandel reduziert. Dieser Punkt kann durchaus übereinstimmen mit jenem Wert auf der Diskrepanzskala, bei dem der Annahmebereich aufhört und der Ablehnungsbereich beginnt. Die Kritiker der Dissonanztheorie sind also im Unrecht, wenn sie behaupten, daß nur mit Hilfe der Konzeption von Annahme- und Ablehnungsbereichen die nichtmonotone Beziehung zwischen den beiden Variablen erklärt werden könnte.

3.4.2 Darstellung und Kritik von Untersuchungen über den Zusammenhang zwischen der Selbsteinschätzung der Rezipienten und Einstellungswandel

Weil das Anliegen der vorliegenden Arbeit in einer weiteren Klärung des Zusammenhangs zwischen Kommunikationsdiskrepanz, Selbsteinschätzung der Rezipienten und dem Einstellungswandel im Prozeß der (Massen-)Kommunikation besteht, erscheinen die Untersuchungen über den Einfluß der Selbsteinschätzung auf den Einstellungswandel von ebenso großer Relevanz wie die im voraufgehenden Abschnitt diskutierten Untersuchungen über den Einfluß der Kommunikationsdiskrepanz auf den Einstellungswandel. Denn die Selbsteinschätzung der Rezipienten wird im Sinne eines theoretischen Konstrukts als eine Einstellung angesehen, die für die Erhellung des diskutierten Zusammenhangs zwischen Kommunikationsdiskrepanz und Einstellungswandel von Be-

Bedeutung sein kann und die den Ablauf des Wirkungsprozesses von Aussagen der (Massen-)Kommunikation beeinflußt. Vor allem unter diesem Gesichtspunkt muß die Rolle der Variable Selbsteinschätzung in dieser Arbeit verstanden werden. Daher wird im folgenden eine schwerpunktmäßige Erörterung von Untersuchungen über die Abhängigkeit des Einstellungswandels von der Selbsteinschätzung der Rezipienten gegeben werden, die einen Eindruck von den Forschungen in diesem Bereich vermitteln soll.

Ein Ziel der Forschung auf dem Gebiet der (Massen-)Kommunikation ist die Isolierung von Faktoren, die eine unterschiedliche „Überredungsempfänglichkeit" (''susceptibility to persuasion'') oder Überredbarkeit (''persuasibility'') von Rezipienten bestimmen. Die Konsistenz individueller Unterschiede in der Überredbarkeit wurde u. a. in einer umfassenden Untersuchung von Janis und Field[492] erforscht. Eine solche Beobachtung führt natürlich zu der Frage nach den Quellen jener individuellen Unterschiede in der Überredbarkeit, die auch als Überredbarkeitsfaktoren (''persuasibility factors'') bezeichnet werden. Hierunter wird verstanden ''any variable attribute within a population that is correlated with consistent individual differences in responsiveness to one or more classes of influential communications''.[493] In einem Überblick über Fragestellungen und Ergebnisse zahlreicher Forschungsarbeiten zur Problematik der Überredbarkeit in sozialen Situationen wiesen Janis und Hovland[494] auf die Unterscheidung von „Kommunikations-gebundenen" und „Kommunikations-freien" Überredbarkeitsfaktoren hin. „Kommunikations-gebundene" Faktoren sind solche, die in irgend einer Form mit den Eigenschaften des Kommunikationsstimulus verknüpft sind. Hierzu gehören u. a. „Argument-gebundene", „Stil-gebundene", „Kommunikator-gebundene", „Medium-gebundene" und „Situations-gebundene" Faktoren.[495] „Kommunikations-freie" Faktoren, mit deren Einfluß sich die Arbeiten in dem von Hovland und Janis herausgegebenen Werk ''Personality and Persuasibility'' vor allem befassen, begründen im Gegensatz dazu eine mehr allgemeine Empfänglichkeit eines Individuums für die verschiedenen Arten der Überredung und des sozialen Einflusses. Die Autoren gingen dabei von der Vermutung aus, daß diese Variablen unabhängig von der Art des Inhalts und den besonderen Eigenschaften der Aussage wirksam werden, wann immer eine Person mit einer auf Überredung abzielenden Aussage konfrontiert wird.[496]

Zu den potentiellen Quellen der individuellen Unterschiede in der Überredbarkeit zählen verschiedene Persönlichkeitsfaktoren, von denen wiederum einige zu den der Tendenz nach „nicht-gebundenen" Persönlichkeitsvariablen gehören. So fallen in diese Gruppe z. B. in der Regel Unterschiede des Geschlechts[497], der Intelligenz[498] und verschiedene motivationale Faktoren, von denen vermutet wird, daß sie das Individuum zu einer hohen oder geringen Beeinflußbarkeit in sozialen Situationen prädisponieren. Zu den Motivstrukturen von Personen, die in diesem Zusammenhang Gegenstand von Untersuchungen waren, gehört z. B. auch der sogenannte „feindliche" Persönlichkeitstyp[499] (''hostile personality''), der durch stark aggressives Verhalten, Argwohn und Streitlust gekennzeichnet ist. Außerdem wurden u. a. autoritäre Persönlichkeiten[500], Personen mit stark ausgeprägter Phantasie[501] und solche mit neurotischem Rechtfertigungsbedürfnis[502] auf ihre Überredbarkeit hin untersucht. Der im folgenden im Mittelpunkt der Diskussion stehende Faktor Selbsteinschätzung der Rezipienten wird als mögliche Determinante der Überredbarkeit in der Literatur gewöhnlich jener Gruppe der hier aufgezählten Persönlichkeitsfaktoren zugeordnet.

Bevor auf die Untersuchungen über den Zusammenhang zwischen der Selbsteinschätzung der Rezipienten und ihrer Überredbarkeit näher eingegangen wird, soll hier kurz die Verwendung der Termini Überredbarkeit ("persuasibility") und Meinungsänderung ("opinion change") und ihre Beziehung zueinander erläutert werden. In der Literatur erscheint die Variable „persuasibility" in der Regel in dem Sinne gleichbedeutend mit der Variable "opinion change", als mit der letzteren die Operationalisierung der ersten versucht wird. Der Grad der Überredbarkeit wird gemessen an dem Ausmaß der Meinungsänderung. In einer der Untersuchungen von Janis z. B. beschreibt er die Methode zur Messung der Überredbarkeit wie folgt: "the subjects are given an initial opinion test; next they are exposed to a series of persuasive communications; then they are given a postcommunication opinion test to determine the degree to which their opinions change in the direction of the communicators conclusions".[503] In dieser Weise wird, zumindest in der sozialpsychologischen Literatur, die Variable „persuasibility" hauptsächlich verstanden und sehr häufig werden die beiden Termini völlig synonym gebraucht.[504] "Opinion", oft definiert als verbalisierte Einstellung, verbalisierter Glaube oder verbalisiertes Werturteil[505], wird in diesem Sinne häufig nur als eine Komponente der Einstellung betrachtet.[506] Dennoch werden in der Regel alle Untersuchungen über die Wirkungen von (Massen-) Kommunikation auf den Einstellungswandel auf die Erforschung von Meinungsänderungen beschränkt.[507]

In zahlreichen Studien wurde bisher der Zusammenhang zwischen Selbsteinschätzung und Einstellungswandel bzw. verschiedenen Arten konformen Verhaltens untersucht.[509] Einen großen Anteil daran hat die Yale-Gruppe, in deren Programm dieser Forschungsgegenstand eine wichtige Rolle spielt. Eine Reihe dieser Studien wird vor allem in der bereits mehrfach zitierten Aufsatzsammlung "Personality and Persuasibility" aufgeführt und diskutiert. Janis und Cohen geben in dieser Sammlung[510] und in dem Band "Communication and Persuasion"[511] eine zusammenfassende Darstellung der Ergebnisse. Als wichtigstes und häufigstes Resultat zeigte sich dabei eine inverse Beziehung zwischen Selbsteinschätzung und Einstellungswandel: Personen mit einer hohen Selbsteinschätzung sind in geringerem Maße überredbar als Personen mit niedriger Selbsteinschätzung. Dies gilt sowohl für die Aussagen der Massenmedien als auch für die Überredbarkeit bei "face-to-face" Kommunikationen. Zwischen Selbsteinschätzung und Einstellungswandel besteht eine monotone negative Beziehung. Die neuere Forschung in diesem Bereich zeichnet sich durch eine vermehrte Einführung zusätzlicher Bedingungen aus, die zu einer Modifikation der ursprünglich gefundenen Beziehung führen. Einige der jüngeren Untersuchungen werden daher im folgenden kurz diskutiert. Zuvor soll jedoch die theoretische Konzeption, auf der ein Teil der zu besprechenden neueren als auch der älteren Untersuchungen beruht, erläutert werden. Dabei handelt es sich um zwei Ansätze, die vorzugsweise in den Yale-Studien verwendet wurden.

Die verschiedenen theoretischen Konzepte, die den Forschungen über Persönlichkeitsfaktoren und Einstellungswandel zugrunde liegen, lassen sich grob klassi-

150

fizieren in genetische und dynamische Erklärungen.[512] Ziel des ersten Konzepts ist es zu erklären, „wie eine Person zu dem wird, was sie ist", Ziel des zweiten ist die Beantwortung der Frage „warum sich eine Person im Augenblick in einer ganz bestimmten Weise verhält."[513] Grundlagen der in diesem Zusammenhang weniger häufig verwendeten genetischen Konzepte sind z. B. die Lerntheorien und die Psychoanalyse.[514] Genetische Erklärungsansätze, in denen auf Überlegungen der Lerntheorie Bezug genommen wird, finden sich u. a. bei Abelson und Lesser.[515] Nach der Auffassung dieser Autoren ist die Selbsteinschätzung einer Person eine Funktion der im Laufe der individuellen Lerngeschichte erfahrenen Bekräftigungen. Bei Personen mit hoher Selbsteinschätzung, so wird vermutet, ist dabei die individuelle Lerngeschichte durch vornehmlich positive Bekräftigungen gekennzeichnet, während Personen mit geringer Selbsteinschätzung überwiegend negative Bekräftigungen erlebten. Die inverse Beziehung zwischen Selbsteinschätzung und Beeinflußbarkeit läßt sich dann mit Hilfe der Annahme erklären, daß eine geringere Selbsteinschätzung und ein hoher Grad von Überredbarkeit ihre Wurzeln in ein- und derselben Art von Ereignissen haben: nämlich in den früheren Erfahrungen von eigener Unzulänglichkeit und Versagen. Personen mit niedriger Selbsteinschätzung tendieren dazu, sich selbst für weniger wertvoll und von anderen Menschen verschieden anzusehen und sind daher geneigt, sich mehr beeinflussen zu lassen als Personen mit hoher Selbsteinschätzung.

Zu einer etwas anderen Interpretation, die mehr in den Bereich des dynamischen Ansatzes fällt, kam Cohen.[516] In einer früheren Studie des Autors über die Beziehung von charakteristischen Ich-Verteidigungsmechanismen und der Selbsteinschätzung[517] hatte sich gezeigt, daß Personen mit hoher Selbsteinschätzung von Ich-Verteidigungsmechanismen Gebrauch machen, die auf Vermeidung oder Ausweichen der das Bedürfnis nach Verteidigung hervorrufenden Ereignisse abzielen. Solche Vermeidungs- oder Ausweichmechanismen befähigen das Individuum, bedrohende Aspekte eines Stimuluskomplexes aus seinen Kognitionen auszuschalten. Personen mit geringer Selbsteinschätzung dagegen reagierten mehr mit expressiver Verteidigung.[518] Expressive Mechanismen führen eher dazu, diese Bedrohungen zu verzerren, als sie auszuschalten und so das Individuum ihnen gegenüber empfänglicher zu machen, als das bei dem erstgenannten Verteidigungstyp der Fall ist. Aufgrund dieser Überlegung folgerte Cohen, daß im Falle von Appellen, welche die Selbsteinschätzung bedrohen, Personen mit hoher Selbsteinschätzung in stärkerem Maße mit der Zurückweisung solcher Appelle reagieren als Personen mit geringer Selbsteinschätzung.[519] Die Einstellung zu sich selbst erweist sich damit als eine wichtige Determinante im Wirkungsprozeß der Massenkommunikation, weil sie unterschiedliche Reaktionsbereitschaften im Hinblick auf Aussagen impliziert, die das Selbstbild des Individuums in irgendeiner Weise betreffen.

Zielsetzung der Untersuchung von Gelfand[520] war die Erforschung der Wirkungen von prädispositionaler und manipulierter Selbsteinschätzung auf die soziale Beeinflußbarkeit. Die Möglichkeit, daß Unterschiede in der Messung der Variable Selbsteinschätzung zu unterschiedlichen Ergebnissen hinsichtlich des Zusammenhangs zwischen diesem Faktor und dem Ausmaß des Einstellungswandels führen könnten, war bisher kaum beachtet worden. Überhaupt existierten nur wenige Untersuchungen, in denen die Selbsteinschätzung experimentell manipuliert worden war.[521] Das Gesamtergebnis der Untersuchung Gelfands erbrachte eine Bestätigung der These von der inversen Beziehung zwischen Selbsteinschätzung und Beeinflußbarkeit für beide Arten der Messung. Eine in hohem Maße signifikante Korrelation ergab sich interessanterweise zwischen prädispositionaler und experimentell manipulierter Selbsteinschätzung: Die Probanden, die Erfahrungen ausgesetzt wurden, welche mit der üblichen Einschätzung ihrer Person (prädispositionale Selbsteinschätzung) nicht übereinstimmten, zeigten eine signifikant stärkere Beeinflußbarkeit als Probanden, deren Erfahrungen mit ihrer bereits vorhandenen Einstellung gegenüber sich selbst konsistent waren.[522] Das heißt also, daß Probanden, die entweder eine hohe prädispositionale Selbsteinschätzung hatten und dann erfuhren, daß sie bei der Bewältigung einer Aufgabe versagt hatten (Manipulation von geringer Selbsteinschätzung) und Probanden, die eine geringe prädispositionale Selbsteinschätzung hatten und erfuhren, daß sie erfolgreich waren (Manipulation von hoher Selbsteinschätzung) leichter zu überreden waren, als solche Probanden, die eine hohe prädispositionale Selbsteinschätzung aufwiesen und erfolgreich waren bzw. eine niedrigere prädispositionale Selbsteinschätzung hatten und erfolglos waren.

Leventhal und Perloe[523] lieferten mit ihrer Untersuchung zusätzliche Daten für den Ansatz von Cohen.[524] Gegenstand ihrer Studie war die Beziehung zwischen Selbsteinschätzung und Überredbarkeit unter Berücksichtigung einer weiteren Variablen, nämlich der Ähnlichkeit bzw. Unähnlichkeit zwischen Kommunikator und Rezipient hinsichtlich relevanter Charaktereigenschaften. Es konnte gezeigt werden, daß die bekannten Unterschiede in der Überredbarkeit zwischen Personen mit hoher und geringer Selbsteinschätzung lediglich unter der Bedingung einer Unähnlichkeit im geschilderten Sinne offenbar wurden. Nur bei Vorliegen dieser Bedingung wurden gemäß den Hypothesen Cohens Personen mit hoher Selbsteinschätzung von optimistischen, belohnenden, dem Selbstgefühl schmeichelnden Kommunikationen mehr beeinflußt als von bedrohenden, bestrafenden Aussagen, und nur unter dieser Bedingung zeigten Personen mit geringer Selbsteinschätzung die entgegengesetzte Tendenz.

Aufgrund des Cohenschen Ansatzes von den unterschiedlichen Verteidigungsmechanismen bei Personen mit hoher und geringer Selbsteinschätzung ist jedoch keine zufriedenstellende Erklärung für die Begrenzung der gefundenen Beziehung auf den Fall der Unähnlichkeit zwischen Kommunikator und Rezipient möglich. Leventhal und Perloe wiesen hierzu nur auf eine plausibel erscheinde Überlegung hin, nach der die Zurückweisung einer Aussage, in der, wie es in ihrer Untersuchung der Fall war, persönliche Reaktionen des Kommunikators beschrieben wurden, die denen des Rezipienten sehr ähnlich waren, gleichbedeutend ist mit der Zurückweisung der eigenen Person. Die defensive Zurückweisung einer derartigen Kommunikation ist daher möglicherweise unbefriedigender als der Verzicht auf eine Verteidigung überhaupt. Im Falle einer Unähnlichkeit dagegen fällt dieses Hindernis weg und die vorausgesagten Verteidigungsmechanismen können in der Weise wirksam werden, daß eine unterschiedliche Überredbarkeit für Personen mit hoher und mit geringer Selbsteinschätzung zu beobachten ist.[525]

In Konkretisierung des theoretischen Konzepts von Cohen entwickelte Silverman[526] ein Begriffsmodell der Überredbarkeit, das auf der Beziehung zwischen Überredbarkeit und Selbsteinschätzung im Zusammenhang mit der Vorliebe für bestimmte Verteidigungsmechanismen basiert. Die Reaktion auf Überredung wurde konzipiert als eine Form defensiven Verhaltens. Dabei repräsentieren die Beeinflußbarkeit und der Widerstand gegenüber einer Beeinflussung die unterschiedlichen Arten defensiven Verhaltens bei Personen mit geringer und hoher Selbsteinschätzung. Auf der Grundlage dieser Überlegungen versuchte Silverman, die Wirkungen einer Bedrohung der Selbsteinschätzung auf die Überredbarkeit von Personen mit hoher und geringer Selbsteinschätzung zu erforschen.[527] Die Bedrohung der Selbsteinschätzung wurde experimentell manipuliert durch Konfrontation der Versuchspersonen mit einer Mißerfolgserfahrung bei einem für die Selbsteinschätzung relevanten Verhalten. Dabei ging der Autor von der Hypothese aus, daß die Bedrohung der Selbsteinschätzung bei jedem Probanden die Tendenz verstärken würde, sich des für ihn gebräuchlichen Verteidigungsmechanismus zu bedienen. Das heißt, es wurde vermutet, daß die Mißerfolgserfahrung die Überredbarkeit bei Probanden mit geringer Selbsteinschätzung erhöhen, bei Probanden mit hoher Selbsteinschätzung dagegen verringern würde. Die empirische Prüfung erbrachte eine Bestätigung der Hypothese, und die Vermutung von den unterschiedlichen Wirkungen einer Ich-Bedrohung auf die Überredbarkeit von Personen mit hoher und geringer Selbsteinschätzung erwies sich als richtig.

Auch Dabbs[528] knüpfte mit seiner Untersuchung an das Konzept von Cohen bzw. an die weiterführenden Überlegungen in nachfolgenden Studien an. Dabbs ging dabei von der Vermutung aus, daß die Annahme oder Zurückweisung einer Aussage in Abhängigkeit von der Übereinstimmung bzw. Nichtübereinstimmung des Aussageninhalts mit den charakteristischen Verteidigungsmechanismen der Probanden gesehen werden muß. Es wurde erwartet, daß die Probanden solche Aussage zurückweisen würden, deren Inhalt mit den jeweiligen Verteidigungsmechanismen, welche die Personen mit unterschiedlicher Selbsteinschätzung kennzeichnen, unvereinbar ist. Bei der Durchführung der Untersuchung wurden die Versuchspersonen mit „pessimistischen" und „optimistischen" Aussagen konfrontiert, deren Kommunikatoren im Hinblick auf die Bewältigung des in der Aussage angesprochenen Problems einmal stark, aktiv und als ʲer Aufgabe gewachsen ("copers") und zum anderen schwach, passiv und als der Aufgabe nicht gewachsen ("noncopers") beschrieben wurden. Im Gegensatz zu der ursprünglichen Annahme hatte die optimistische oder pessimistische Kommunikation keinen Einfluß auf das Ausmaß des Einstellungswandels. Stattdessen zeigte sich eine Korrelation zwischen den Eigenschaften des Kommunikators (erfolgreich — nicht erfolgreich) und den Eigenschaften der Probanden (hohe — geringe Selbsteinschätzung): Personen mit hoher Selbsteinschätzung wurden stärker beeinflußt durch die Aussage des erfolgreichen Kommunikators, Personen mit geringer Selbsteinschätzung stärker durch die Aussage des nicht-erfolgreichen Kommunikators, und das, obwohl die Versuchspersonen beider Gruppen den schwachen, passiven Kommunikator ungünstig beurteilten.

Individuen mit hoher und geringer Selbsteinschätzung, so modifizierte Dabbs die Ausführungen Cohens[529] und anderer Forscher[530], unterscheiden sich in der Art und Weise ihrer Anpassung an die Umwelt: Personen mit hoher Selbsteinschätzung sind aktiv und versuchen, sich mit ihrer Umwelt zu messen ("copers"). Personen mit geringer Selbsteinschätzung dagegen sind passiv und reagieren ausweichend ("noncopers"). Für den Fall der Konfrontation mit einer bedrohenden Situation, was für das Experiment von Dabbs zutraf, werden die Probanden durch jeweils den Kommunikator mehr beeinflußt, der ihnen im Hinblick auf den angewendeten Anpassungsmechanismus am ähnlichsten ist.[531] Personen mit hoher Selbsteinschätzung lassen sich daher leichter von "copers", Personen mit geringer Selbsteinschätzung leichter von "noncopers" überreden.

Zu einer näheren Bestimmung des Zusammenhangs zwischen Selbsteinschätzung und Überredbarkeit gelangten auch Gollob und Dittes.[532] Sie gingen von der Vermutung aus, daß zwischen verschiedenen Kommunikationstypen und der Selbsteinschätzung Wechselbeziehungen bestehen, die dann zu unterschiedlichen Wirkungen in bezug auf die Überredbarkeit führen. Danach würde die ursprüngliche Beobachtung, nach der niedrige Selbsteinschätzung mit hoher Überredbarkeit korreliert, wahrscheinlich auch nur bei Vorliegen bestimmter Aussageneigenschaften Geltung haben. In ihrem Experiment untersuchten Gollob und Dittes die Wirkungen der Selbsteinschätzung von Rezipienten auf ihre Überredbarkeit in Abhängigkeit sowohl von der Komplexität einer Aussage als auch von der in ihr enthaltenen Bedrohung für die Selbsteinschätzung des Rezipienten. Darüber hinaus setzten sich die Autoren mit den Unterschieden zwischen prädispositionaler und manipulierter Selbsteinschätzung und deren Einfluß auf die Überredbarkeit auseinander.

Die Überprüfung ihrer Hypothesen zeigte, daß zwischen Selbsteinschätzung und Überredbarkeit sehr komplexe Beziehungen bestehen. Im einzelnen erbrachte sie folgende Ergebnisse: 1. Eine inverse Beziehung (geringe Selbsteinschätzung – hohe Überredbarkeit) zwischen manipulierter Selbsteinschätzung und der Überredbarkeit konnte nur unter der Bedingung festgestellt werden, daß die propagierte Meinung keine Bedrohung des eigenen Wertes darstellt und klar und eindeutig formuliert ist. 2. Für den Fall, daß die Annahme der klar und eindeutig formulierten propagierten Meinung zu einer verstärkten Bedrohung des eigenen Wertes führte, ergab sich eine positive Beziehung zwischen manipulierter Selbsteinschätzung und Überredbarkeit (geringe Selbsteinschätzung – geringe Überredbarkeit). Bei der Interpretation dieses Zusammenhangs war die Überlegung maßgebend, daß Personen, deren Selbstbild bedroht ist (geringe Selbsteinschätzung), in der Regel bemüht sein werden, ihr Selbstgefühl zu heben. Das bedeutet, daß sie sich der Annahme von Aussagen widersetzen, die durch ihren Inhalt geeignet sind, die Bedrohung der Selbsteinschätzung noch zu verstärken. 3. Eine ebenfalls positive Beziehung (geringe Selbsteinschätzung – geringe Überredbarkeit) zeigte sich bei einem sehr komplexen Aussageninhalt, welcher durch irreführende Sätze charakterisiert war. Mehr Probanden mit geringer Selbsteinschätzung tendierten bei Konfrontation mit einem solchermaßen komplexen Aussageninhalt dazu, diesen zu mißdeuten und den Standpunkt des Kommunikators nicht richtig zu verstehen, so daß sie weniger von ihm beeinflußt wurden.[533] Nach der Annahme der Autoren bedeutet die Konfrontation mit einer Aussage, von der man nicht weiß, ob man sie verstanden hat, ebenfalls eine Bedrohung des Selbstbildes, so daß ohnehin bereits bedrohte Individuen (geringe Selbsteinschätzung) dazu neigen können, einer weiteren Bedrohung auszuweichen. 4. Die gewonnenen Ergebnisse erwiesen sich als ziemlich unergiebig im Hinblick auf einen Vergleich der Wirkungen unterschiedlicher Messung der Variable Selbsteinschätzung auf die Überredbarkeit. Zwischen den beiden Maßen für die Selbsteinschätzung – prädispositionale und manipulierte (Erfolg-Mißerfolg Bedingung) Selbsteinschätzung – konnte keinerlei signifikante Beziehung festgestellt werden.[534]

Zu ähnlichen Resultaten, wie in der soeben diskutierten Studie, kamen Nisbett und Gordon[535], deren Untersuchungsgegenstand ebenfalls die Art und Weise des Zusammenhangs zwischen Selbsteinschätzung und sozialer Beeinflußbarkeit in Abhängigkeit von bestimmten Eigenschaften des Aussageninhalts — nämlich seiner Verständlichkeit und Plausibilität — darstellte. War die Kommunikation leicht zu verstehen oder war sie relativ wenig plausibel, so zeigte sich eine negative lineare Beziehung zwischen Selbsteinschätzung und Überredbarkeit. Eine nichtmonotone Beziehung konnte festgestellt werden, wenn der Aussageninhalt leicht zu verstehen, aber nicht sehr plausibel war. Leicht positiv war der Zusammenhang schließlich unter der Bedingung eines schwer zu verstehenden, aber in hohem Maße plausiblen Aussageninhalts.[536]

Eine positive Beziehung zwischen den beiden Variablen vermuteten auch Brehm und Cohen.[537] Die Autoren unternahmen in einer kurzen Abhandlung den Versuch, Voraussagen über das Verhalten von Personen mit hoher und geringer Selbsteinschätzung in Situationen, in denen sie einer sozialen Beeinflussung ausgesetzt sind, aus der Dissonanztheorie abzuleiten. Hierbei gingen sie von folgenden Überlegungen aus: Personen mit hoher Selbsteinschätzung neigen mehr als Personen mit geringer Selbsteinschätzung dazu, ihre eigene Meinung hochzubewerten und diese für fundiert und richtig zu halten. Sie mögen daher auch weniger bereit sein, sich freiwillig einer Konfrontation mit einer von der eigenen Meinung abweichenden Information auszusetzen. Ist dies jedoch der Fall, hat also eine Person mit hoher Selbsteinschätzung einmal in eine derartige Konfrontation eingewilligt, so empfindet sie mehr Dissonanz und zeigt bei Ausschaltung der übrigen Dissonanzreduktionsarten mehr Einstellungswandel als eine Person mit geringer Selbsteinschätzung; denn diese ist sich typischerweise ihrer Überzeugung nicht so sicher und hat auch ihre Meinungen bisher häufiger in Frage gestellt. Daher wird die Person mit niedriger Selbsteinschätzung, wenn sie eine von der ihren abweichende Meinung hört, geringere Dissonanz empfinden und folglich mit geringerem Einstellungswandel reagieren.[538] — Diese Überlegungen führten also zu Hypothesen, die den Hypothesen und Ergebnissen verschiedener hier bereits diskutierter Untersuchungen diametral entgegengesetzt sind.

Im Falle der Einwilligung in eine Konfrontation mit einer gegenteiligen oder abweichenden Einstellung oder wenn, was in der Regel im Experiment der Fall ist, eine solche Konfrontation erzwungen wird, handelte es sich, wie an anderer Stelle bereits ausgeführt wurde, um eine Form des "commitments".[539] Allgemeiner formuliert läßt sich nach Brehm und Cohen sagen: Wann immer eine Person die Verpflichtung eingeht ("commits himself"), eine Erfahrung zu machen, die ihren eigenen Einstellungen zuwiderläuft oder in irgendeiner Weise unangenehm ist, erweist sich die Beziehung zwischen Selbsteinschätzung und Einstellungswandel als positiv.[540] Der Tendenz nach bestätigten sich diese Überlegungen in der Untersuchung von Bramel.[541] Es wurde hier jedoch ein Aussagengegenstand gewählt, der verschiedene Grade der Ich-Beteiligung zuläßt, wodurch das Ergebnis beeinflußt worden sein kann.

Bisher und vor allem in neuerer Zeit durchgeführte Untersuchungen über die Relation zwischen Selbsteinschätzung und Einstellungswandel, von denen hier einige kurz behandelt wurden, zeigten, daß sehr unterschiedliche Beziehungen zwischen den beiden Faktoren bestehen können. Diese Beobachtung behält auch dann ihre Gültigkeit, wenn in Rechnung gestellt wird, daß den einzelnen Experimenten oft ganz verschiedene Bedingungen zugrundeliegen. Von McGuire[542] wurden bereits zahlreiche der möglichen Ursachen für die festgestellten unterschiedlichen Beziehungen in diesem Zusammenhang geprüft, auf die im Rahmen der vorliegenden Arbeit jedoch nicht näher eingegangen werden kann. An dieser Stelle soll lediglich noch die Studie von Levonian[543] erörtert werden, der an die Arbeit von McGuire anknüpft und eine zusätzliche, bei McGuire nicht berücksichtigte mögliche Quelle für Verschiedenheit der erörterten Ergebnisse untersuchte.

Die in diesem Zusammenhang von Levonian geäußerte Vermutung besagt, daß sogar für den Fall, daß kein im Experiment manipulierter sozialer Einfluß als Stimulus wirksam wird, eine Beziehung besteht zwischen Selbsteinschätzung und Einstellungswandel. Für diese Überlegung, welche auch schon andeutungsweise in der oben behandelten Arbeit von Nisbett und Gordon[544] zum Ausdruck gebracht wurde, versuchte Levonian empirische Evidenz zu sammeln.

Es zeigte sich, daß sowohl unter der Bedingung der erfolgten Beeinflussung — durch Aussagen des Massenmediums Film — als auch unter der Bedingung der Nicht-Beeinflussung eine Tendenz nach negative Beziehung zwischen Selbsteinschätzung ein Einstellungswandel bestand. Für beide Fälle bedeutete das: Je höher die Selbsteinschätzung des Rezipienten, um so geringer die Beeinflußbarkeit. Das Überraschende jedoch bestand darin, daß die Korrelation zwischen Selbsteinschätzung und Beeinflußbarkeit bei den Probanden, die mit einer Aussage (Film) konfrontiert worden waren, zwar signifikant von 0 aber nicht signifikant von der festgestellten Beziehung verschieden war, welche sich bei den Versuchspersonen ergeben hatte, die keinem Stimulus ausgesetzt worden waren.

Wenn sich aber auch für den Fall, daß keinerlei Beeinflussung vorliegt, eine — wie auch immer geartete — signifikante Beziehung ergibt, so erhebt sich die Frage, ob es bei der Erforschung des Zusammenhangs zwischen Persönlichkeitsfaktoren und Einstellungswandel nicht grundsätzlich sinnvoller ist, von der Existenz einer Beziehung unter der Nicht-Kommunikations-Bedingung als Vergleichsbasis auszugehen anstatt von 0. Denn die gewonnenen Ergebnisse werden ja in der Regel interpretiert als der Einstellungswandel, der durch eine Aussage im Zusammenhang mit bestimmten anderen Faktoren hervorgerufen wird. Dabei wird gemeinhin angenommen, daß ohne Aussage keinerlei Einstellungswandel auftreten würde. Wenn aber, wie sich zeigte, auch bei fehlender Aussage Einstellungswandel auftreten kann, erscheint es angebracht, die Geeignetheit der bisherigen Basisgröße zur Kennzeichnung des Ausmaßes an Einstellungswandel, üblicherweise der 0-Wert auf der Ordinate, zu prüfen. Zukünftige Forschungen werden diese Frage klären müssen. Heute läßt sich lediglich sagen, daß die Beziehung zwischen Persönlichkeitsfaktoren und Einstellungswandel unter der Nicht-Kommunikations-Bedingung als ein Untersuchungsgegenstand angesehen werden muß, dem die empirische Sozialforschung in Zukunft stärkere Beachtung schenken sollte. Die auf diesem Gebiet gewonnenen Erkenntnisse müssen, wie oben angedeutet, für die sozialwissenschaftliche Massenkommunikationsforschung von höchstem Interesse sein. Es ist das Verdienst Levonians, auf diesen Forschungsbereich als einer der ersten hingewiesen zu haben.

3.4.3 Kritische Bemerkungen auf der Grundlage eines Programms zur Bildung von Hypothesen über die Wirkungen der Massenkommunikation

Bei der Erörterung von Untersuchungen über den Zusammenhang zwischen Kommunikationsdiskrepanz und Einstellungswandel einerseits und Selbsteinschätzung der Rezipienten und Einstellungswandel andererseits zeigte sich, daß eine Fülle von zusätzlichen Variablen für die nähere Bestimmung der Beziehungen relevant waren. Zum Kreis dieser Variablen gehören solche Faktoren wie die Glaubwürdigkeit des Kommunikators, die Ich-Beteiligung der Rezipienten und vor allem die verschiedensten Merkmale der Aussage. Alle diese Variablen sind im Wirkungsprozeß der Massenkommunikation von Bedeutung.

Der Versuch, die potentiellen Bedingungen für die Wirkungen der Massenkommunikation zu analysieren und sie durch Systematisierung in einen geordneten Zusammenhang zu bringen, müßte letztlich jedoch an der ungeheuren Vielfalt der beteiligten Variablen und Variablenausprägungen scheitern und bliebe daher immer unvollständig. Die Reduzierung dieser Variablen auf einige wenige zentrale Variablen erscheint daher nicht nur zweckmäßig, sondern auch notwendig. Dieser Versuch war mit der Entwicklung einer Funktion unternommen worden[545], die das Ausmaß des Einstellungswandels in Abhängigkeit von fünf potentiellen Determinanten zu erfassen versucht. Auf diese Weise war ein Programm zur Bildung von Hypothesen über die Wirkungen der Massenkommunikation entstanden, das zunächst von Bessler etwas mißverständlich als „theoretisches Konzept" bezeichnet wurde. Wird hierunter, wie das in der Regel geschieht, ein Satz von Hypothesen zur Erklärung bestimmter Phänomene verstanden, so handelt es sich nicht eigentlich um ein solches theoretisches Konzept. Mit der Analyse potentieller Determinanten im Wirkungsprozeß der Massenkommunikation wurde vor allem ein *Plan* zur *Bildung* von Hypothesen aufgestellt, aus dem sich möglicherweise ein theoretisches Konzept entwickeln läßt.

Es könnte jetzt der Versuch unternommen werden, die zahlreichen wirkungsrelevanten Variablen, die in den Hypothesen der in diesem Abschnitt erörterten Studien auftauchen, auf ihre Vereinbarkeit mit diesem Programm hin zu untersuchen. Das heißt, es müßte der Frage nachgegangen werden, inwieweit jene Faktoren von dem das Programm bildenden Determinantenkreis miterfaßt und auf ihren Einfluß im Wirkungsprozeß der Massenkommunikation hin geprüft werden können.

Zu den Prädispositionen der Rezipienten, die als Determinanten in das Konzept aufgenommen wurden, gehören auch die Antizipationen von Aussagenmerkmalen (X_D). Hierbei handelte es sich um Erwartungen der Rezipienten in bezug auf verschiedene Merkmale der Aussage, zu denen u. a. auch die Kommunikationsquelle gerechnet werden kann. Die Variable „Glaubwürdigkeit des Kommunikators", deren Einfluß in den behandelten Untersuchungen verschiedentlich erörtert wurde, erweist sich damit als in diese Determinantengruppe gehörend, denn es handelt sich hierbei schließlich um nichts anderes als um die bei dem Rezipienten vorhandene und mit Hilfe einer Einstellungsskala zu messende Erwartung hinsichtlich der Kompetenz und

Vertrauenswürdigkeit des Kommunikators[546]. Zu dieser Gruppe von Determinanten kann z. B. auch jene Bedingung der Ähnlichkeit bzw. Unähnlichkeit zwischen Kommunikator und Rezipient hinsichtlich relevanter Charaktereigenschaften gezählt werden. Diese für den Wirkungsprozeß relevante und in der Studie von Leventhal und Perloe[547] untersuchte Variable bezieht sich wiederum auf vom Rezipienten antizipierte Aussagenmerkmale. Denn es wurde behauptet, daß Individuen sich bevorzugt dann von Aussagen beeinflussen lassen, wenn sie annehmen, daß die in der Aussage beschriebenen Reaktionen des Kommunikators ihren eigenen Reaktionen ähnlich sind.

Auch der in verschiedenen hier diskutierten Studien[548] untersuchte Faktor der in einer Aussage enthaltenen Bedrohung der Rezipienten und seines Einflusses auf den Wirkungsprozeß wird, ohne daß er als besondere Determinante auftaucht, in dem Programm berücksichtigt. Wenn, wie in der Untersuchung von Gollob und Dittes eine bedrohende Kommunikation dadurch manipuliert wird, daß gesagt wird, die Lösung des Krebsproblems sei vollkommen hoffnungslos[549], so handelt es sich hierbei um eine bestimmte Einstellung zu einem bestimmten Einstellungsobjekt. Unterschiedliche Grade der Bedrohung können dann durch Manipulation unterschiedlicher Grade der Intensität der Einstellung erreicht werden.

Damit sollen die kurzen Ausführungen über den Platz, den verschiedene Variablen, die zur Klärung des Zusammenhangs zwischen Kommunikationsdiskrepanz, Selbsteinschätzung und Einstellungswandel beitragen, im Rahmen jenes Programms einnehmen, abgeschlossen werden. Gegenstand einer weiterführenden Arbeit wäre es, alle die Variablen, die sich in dem angesprochenen Zusammenhang als relevant erwiesen haben, auf ihre Vereinbarkeit bzw. ihre Eingliederung in jenes Konzept zu untersuchen. Ließe sich dafür der Nachweis erbringen, so hätte sich damit die Zweckmäßigkeit des Programms für die sozialwissenschaftliche Massenkommunikationsforschung in einem weiteren, sehr wichtigen Punkt gezeigt.

3.5 Formulierung der untersuchten Hypothesen

3.5.1 Wissenschaftstheoretische Vorbemerkung

Das Ziel sozialwissenschaftlicher Tätigkeit ist die Aufstellung von Theorien, mit deren Hilfe menschliches Verhalten hinreichend erklärt und zuverlässig vorausgesagt werden kann. Für den Gebrauch des Terminus Theorie gibt es verschiedene Möglichkeiten. Üblicherweise ist unter Theorie jedoch „eine Menge (System) durch Ableitbarkeitsbeziehungen miteinander verbundener nomologischer Hypothesen zu verstehen."[550] Nach Albert ist die Verwendung des Begriffs Theorie nur für diesen Fall zulässig. Eine Hypothese ist eine behauptete Beziehung zwischen mindestens einer abhängigen und mindestens einer unabhängigen Variablen. Dabei wird die abhängige Variable als

Resultante, die unabhängige als Determinante bezeichnet. Nomologisch ist eine Hypothese dann, wenn es sich um eine gut bewährte Behauptung handelt, die von Raum und Zeit unabhängige Geltung besitzt. Eine größere Rolle als Theorien spielen – einem Ausdruck Alberts folgend – in den Sozialwissenschaften bislang jedoch sogenannte Quasi-Theorien; sie werden von Albert in folgender Weise definiert: „Quasi-Theorien enthalten eine essentielle Beziehung auf ein bestimmtes Raum-Zeit Gebiet, die Beschränkung ihrer Anwendbarkeit beruht auf der ‚historischen Abgrenzung ihres Objektbereichs' ".[551]

Theorien bzw. Hypothesen müssen empirisch gehaltvoll sein, d. h. sie müssen Behauptungen über die strukturelle Beschaffenheit der Realität enthalten. Kennzeichen wissenschaftlicher Sätze ist weiterhin ihre prinzipielle Prüfbarkeit. Merkmal der empirischen Wissenschaften ist dabei die Prüfbarkeit mit Hilfe der Erfahrung: „Ein empirisch-wissenschaftliches System muß an der Erfahrung scheitern können."[552]

Ziel der Überprüfung einer Hypothese kann aber nicht ihre Verifizierung sein; denn eine Verifizierung kann nur durch eine unendliche Zahl von Prüfungen festgestellt werden, während die Zahl der tatsächlich möglichen Nachprüfungen immer endlich sein wird. Daher kann es nicht Aufgabe wissenschaftlicher Forschung sein, die Wahrheit von Aussagen über die Wirklichkeit zu begründen; denn das ist schlechthin unmöglich, sondern es kann nur darum gehen, falsche Aussagen zu eliminieren. So spricht man von der Bewährung einer Hypothese oder eines Systems von Hypothesen: Eine Hypothese hat sich dann bewährt, wenn sie durch exakte empirische Untersuchungen möglichst zahlreichen ernsthaften Falsifikationsversuchen standgehalten hat und auf ihre logische Konsistenz mit anderen Hypothesen überprüft worden ist.

Die Dissonanztheorie stellt eine empirisch gehaltvolle, grundsätzlich prüfbare und bisher nicht widerlegte Theorie dar, deren Aussagen von Raum und Zeit unabhängige Geltung beanspruchen; ihre Hypothesen können also in diesem Sinne als nomologisch betrachtet werden. Die in dieser Arbeit aufgestellten und mit Hilfe der allgemeineren Theorie der kognitiven Dissonanz zu erklärenden Hypothesen enthalten gleichermaßen empirisch prüfbare Behauptungen über die Beschaffenheit der Realität, beanspruchen universelle Geltung und werden einer Prüfung unterzogen.

Ein weiteres Kriterium, mit dessen Hilfe eine Hypothese charakterisiert werden kann, ist neben dem Geltungsbereich in der Art der angenommenen Beziehung zwischen Determinante und Resultante zu sehen. In vielen sozialwissenschaftlichen Hypothesen wird die genaue Art des Zusammenhangs zwischen unabhängigen und abhängigen Variablen nicht klar bestimmt oder zumindest im Laufe der Untersuchung mehrfach unterschiedlich gedeutet. Fernziel der Massenkommunikationsforschung wie auch der sozialwissenschaftlichen Forschung im allgemeinen ist es, auf dem Wege einer strengen Prüfung zu bewährten Hypothesen zu gelangen, in denen das Ausmaß der Wahrscheinlichkeit, mit der ein Ereignis eintritt, eindeutig und hoch ist. Die weitaus größere Rolle in der sozialwissenschaftlichen Forschung spielen jedoch vorerst nicht deterministische Beziehungen sondern Wahrscheinlichkeitsaussagen. Diese haben oftmals die Form von je-desto-Sätzen und lassen sich in folgender Weise schreiben: Je häufiger, je größer oder je stärker X ist, desto größer ist die Wahrscheinlichkeit für das Auftreten von Y.

Auch die dieser Arbeit zugrunde liegenden Hypothesen sind ihrer Intention nach Wahrscheinlichkeitsaussagen. Wieweit auf dem Wege über zahlreiche systematische und immer strengere Überprüfungen in Zukunft eine Formulierung deterministischer Beziehungen für die hier verwendeten Variablen möglich ist, muß offen bleiben. Bei den mit Hilfe der hier benutzten Hypothesen gegebenen Interpretation der Reaktionen von Rezipienten handelt es sich zudem um induktivstatistische Erklärungsversuche, bei denen die Ereigniswahrscheinlichkeit nicht exakt bestimmbar ist und nur der Tendenz nach vorausgesagt werden kann. Grundlage für die Vermutung einer derartigen Tendenz sind dabei die Einzelergebnisse früherer Untersuchungen mit ähnlicher Fragestellung.[553] Eine andere Möglichkeit der Interpretation besteht in der Verwendung deduktiv-statistischer Erklärungen, bei denen sich die Ereigniswahrscheinlichkeit aus einem Modell ableiten läßt und daher genau feststeht.[554] Die Formulierung von Wahrscheinlichkeitshypothesen, die derartige Erklärungen zulassen, spielen jedoch zum jetzigen Zeitpunkt in der Massenkommunikationsforschung noch keine Rolle.[555] Aufgabe der Massenkommunikationsforschung in der Gegenwart und nahen Zukunft wird die Aufstellung und Prüfung von Wahrscheinlichkeitshypothesen sein, in denen die Tendenz eines Zusammenhangs aufgezeigt wird und die auf induktiv-statistischem Wege Erklärungen des Prozesses der Aussagenentstehung und Aussagenwirkung zulassen.

Das hier zugrunde gelegte Programm, in dem die Einstellungsänderungen als Resultante in Abhängigkeit von fünf zentralen Determinanten gesehen werden, ermöglicht die Bildung einer Fülle von Hypothesen, zu denen die hier formulierten gehören. In einem weiteren umfassenden Projekt ist geplant, eine möglichst große Anzahl dieser aufgrund des Programms formulierbaren Thesen einer empirischen Überprüfung auszusetzen. Das in dieser Arbeit durchgeführte Experiment dient in diesem Zusammenhang als Vorstudie, welche zum Zwecke einer ersten Orientierung über die Brauchbarkeit dieses theoretischen Programms unternommen wurde.

3.5.2 Die Analyse der dissonanzerzeugenden Situation im Massenkommunikationsprozeß und die Möglichkeiten ihrer Reduktion

Die im hier durchgeführten Experiment getesteten Hypothesen beziehen sich auf den Zusammenhang zwischen hoher bzw. geringer Selbsteinschätzung und dem Akzeptieren bzw. Nichtakzeptieren von Einstellungsäußerungen, die in unterschiedlichem Maße von der Einstellung der jeweiligen Versuchspersonen abweichen. Folgende dissonanzerzeugende Situation wird geschaffen:
    Versuchspersonen werden unfreiwillig einer neuen Information ausgesetzt. Die in der Information enthaltenen neuen kognitiven Elemente hinsichtlich eines Einstellungsobjekts sind dissonant, d. h. sie widersprechen der präkommunikativen Einstellung der Probanden zu diesem Einstellungsobjekt. Eine solche Dissonanz wirkt als Bestrafung.
Die Kognition des Rezipienten, daß er eine bestimmte Einstellung zu einem bestimmten Einstellungsobjekt vertritt, ist dissonant mit seiner Kognition, daß in einer Aussage, mit der er konfrontiert wird, eine von seiner Einstellung abweichende Einstellung zu dem-

selben Einstellungsobjekt vertreten wird. Bezeichnet man sein Wissen um die präkommunikative Einstellung mit Element 1 und sein Wissen um die in der Kommunikation enthaltene Einstellung mit Element 2, so entsteht eine kognitive Dissonanz zwischen Element 1 und Element 2.

Diese Grundsituation wird dadurch variiert, daß das Ausmaß der Abweichung zwischen Element 1 und Element 2 (Kommunikationsdiskrepanz) und damit das Ausmaß der empfundenen kognitiven Dissonanz verändert wird. Personen mit hoher und geringer prädispositionaler Selbsteinschätzung werden jeweils mit Aussagen konfrontiert, in denen Einstellungen zu einem bestimmten Einstellungsobjekt enthalten sind, die in einem geringen, einem mittleren und einem hohen Maße von der entsprechenden präkommunikativen Einstellung der Versuchspersonen abweichen. Auf diese Weise entstehen sechs verschiedene Situationen, in denen Personen mit hoher und Personen mit geringer Selbsteinschätzung in unterschiedlichem Ausmaß kognitive Dissonanz empfinden. Gemäß Hypothese 3 der Theorie Festingers[556] werden die Versuchspersonen um so eher versuchen, diese Dissonanz zu reduzieren, je größer sie wird. Die kognitive Dissonanz wird in allen Fällen nicht direkt gemessen, sondern entsprechend der Vorgehensweise in den meisten Untersuchungen aus der Versuchsanordnung gefolgert.

Die hier aufgestellten Hypothesen sind Annahmen über die Reaktionen von Individuen in diesen Situationen. Dabei geht es um die Beantwortung der Frage, auf welche Art die entstandene kognitive Dissonanz jeweils reduziert wird. Unter der Voraussetzung, daß die Rezipienten die aus der Versuchsanordnung zu folgernden Dissonanzen perzipieren, bestehen für sie verschiedene Möglichkeiten, diese zu reduzieren. Hypothese 5 der Theorie Festingers[557] gibt in allgemeiner Form Auskunft über die vorhandenen Möglichkeiten der Reduktion kognitiver Dissonanz. Auf die hier charakterisierten Situationen übertragen, lassen sich theoretisch mindestens folgende vier Wege der Reduktion unterscheiden:

1. Die Rezipienten können ihre präkommunikative Einstellung in Richtung auf die in der Aussage vertretene Einstellung ändern.
2. Die Rezipienten können die in der Aussage vertretene Einstellung (die Einstellung des Kommunikators) zu beeinflussen versuchen, um sie ihrer präkommunikativen Einstellung anzunähern.
3. Die Rezipienten können versuchen, für ihre präkommunikative Einstellung Unterstützung zu finden, indem sie andere Personen ausfindig machen, die zu dem angesprochenen Einstellungsobjekt die gleiche oder eine ähnliche Einstellung wie sie selbst vertreten.
4. Die Rezipienten können die Kommunikation zurückweisen, indem sie die Glaubwürdigkeit der Kommunikationsquelle in Zweifel ziehen bzw. gering bewerten.

Wie in den meisten Untersuchungen dieser Art, so fallen auch hier die Möglichkeiten 2 und 3 aufgrund der experimentellen Anordnung aus. Die Versuchsanordnung wird in Kapitel 4. ausführlich dargestellt; die Gründe für den Fortfall dieser beiden Reduktionsarten werden dann evident. Bei der Erklärung der Untersuchungsergebnisse in Kapitel 5, soll auch hierauf nochmals explizit eingegangen werden.

Es erhebt sich nun die Frage, für welche der beiden übriggebliebenen Möglichkeiten der Reduktion (1 oder 4) sich die Rezipienten entscheiden. Frühere Untersuchungen, die zum Teil in Abschnitt 3.4 erörtert worden sind, haben gezeigt, daß die Beziehung zwischen Einstellungswandel und Kommunikationsdiskrepanz durch eine nicht lineare Kurve gekennzeichnet ist. Von dieser Annahme wird auch hier ausgegangen. Das bedeutet, daß die kognitive Dissonanz nicht lediglich durch Einstellungswandel reduziert wird, sondern auch durch Zurückweisung der Kommunikation (Reduktionsart 4).

In den Hypothesen, die dem hier durchgeführten Experiment zugrunde liegen, werden lediglich Aussagen über das Ausmaß des Einstellungswandels in Abhängigkeit von der Kommunikationsdiskrepanz und der Selbsteinschätzung der Rezipienten gemacht. Denn im Mittelpunkt der vorliegenden Arbeit steht die Frage nach Determinanten des Einstellungswandels im Massenkommunikationsprozeß. Von den beiden Alternativen zur Dissonanzreduktion wird im Experiment nur eine, der Einstellungswandel, gemessen. Ein solches Vorgehen erscheint jedoch zulässig: Da nur zwei Reduktionsarten vorhanden sind, impliziert – unter der Voraussetzung, daß die Individuen bestrebt sind, die kognitive Dissonanz immer vollständig zu reduzieren – die Feststellung einer Zunahme des Einstellungswandels gleichzeitig einen Rückgang der durch Zurückweisung der Kommunikation reduzierten Dissonanz. Desgleichen bedeutet die Aussage über eine Abnahme des Einstellungswandels gleichzeitig eine Zunahme des Ausmaßes der durch Zurückweisung der Kommunikation reduzierten Dissonanz. Das hier durchgeführte Experiment hat den Zweck, eine der Bedingungen zu isolieren, unter denen Einstellungswandel und Zurückweisung der Kommunikation bei sich ändernder Kommunikationsdiskrepanz als alternative Methoden der Dissonanzreduktion gewählt werden. Dabei wird von der Annahme ausgegangen, daß die Entscheidung für die eine oder die andere Reduktionsart von der Selbsteinschätzung der Rezipienten beeinflußt wird.

Es ist denkbar, daß die Selbsteinschätzung eines Individuums derart hoch ist, daß eine Dissonanzreduktion durch eine Änderung der eigenen Einstellung, von deren Richtigkeit das Indiviuum eben aufgrund seiner hohen Selbsteinschätzung vollkommen überzeugt ist, sehr negativ bewertet wird, mithin keine Belohnung mehr darstellt und damit als Reduktions- bzw. Belohnungsart überhaupt, d. h. für jede Stufe der Kommunikationsdiskrepanz, ausfällt. Einem in dieser Weise eingestellten Individuum bliebe nur die Möglichkeit, die Dissonanz durch Zurückweisung der Kommunikation zu reduzieren. Mit anderen Worten, das theoretische Maximum einer hohen Selbsteinschätzung könnte definiert werden als der Punkt auf einer Selbsteinschätzungsskala, bei dem eine Reduktion der Dissonanz durch Einstellungswandel nicht mehr möglich ist. Entsprechend verhält es sich im Falle einer geringen Selbsteinschätzung: Ein Individuum mit einer derartig geringen Selbsteinschätzung wird vermutlich die Dissonanzreduktion durch Zurückweisung der Kommunikation nicht als Belohnung empfinden und bei jeder Diskrepanzstufe ausschließlich Einstellungswandel zeigen. Das theoretische Maximum einer geringen Selbsteinschätzung könnte dann definiert werden als der Punkt auf der Selbsteinschätzungsskala, bei dem eine Reduktion der Dissonanz vollständig durch Einstellungswandel realisiert wird. In diesen beiden rein theoretisch denkbaren Fällen würde also die Frage nach der Reduktionsart, die bei sich ändernder Kommunikationsdiskrepanz jeweils gewählt wird, vermutlich nicht entstehen.

In der Realität werden Individuen hinsichtlich ihrer Selbsteinschätzung zwischen diesen beiden Extremwerten einzuordnen sein. Das bedeutet, daß sowohl für Personen mit einer geringen wie auch mit einer hohen Selbsteinschätzung beide Methoden zur Reduktion der aufgrund der beschriebenen Situation entstandenen kognitiven Dissonanz in Frage kommen. Mit anderen Worten: Die Beziehung zwischen Einstellungswandel und Kommunikationsdiskrepanz wird in beiden Fällen durch eine nicht lineare Kurve charakterisiert sein. Es erscheint jedoch plausibel anzunehmen, daß im Zusammenhang mit dem Ausmaß der Kommunikationsdiskrepanz Personen mit hoher bzw. geringer Selbsteinschätzung in unterschiedlichem Maße von den Reduktionsarten zur Beseitigung der Dissonanz Gebrauch machen. Das kann z. B. bedeuten, daß bei Personen mit hoher Selbsteinschätzung das Maximum an Einstellungswandel bei einer anderen Stufe der Kommunikationsdiskrepanz liegt als bei Personen mit geringer Selbsteinschätzung. Ob und in welcher Weise das der Fall ist, muß durch eine empirische Prüfung geklärt werden. Die folgenden Hypothesen werden daher einer derartigen Prüfung unterzogen.

3.5.2.1 Hypothese I

Die erste Hypothese der vorliegenden Arbeit lautet:
Wenn Personen eine hohe Selbsteinschätzung besitzen, dann wird das Ausmaß des Einstellungswandels wahrscheinlich am größten sein, wenn die Kommunikationsdiskrepanz gemäßigt ist.
Damit wird die Behauptung aufgestellt, daß bei Personen, die sich hoch einschätzen, das Maximum des Einstellungswandels dann auftritt, wenn das Ausmaß der Diskrepanz zwischen ihrer präkommunikativen Einstellung zu einem bestimmten Einstellungsobjekt und der in der Aussage vertretenen Einstellung zu demselben Einstellungsobjekt (Kommunikationsdiskrepanz) einen mittleren Wert erreicht.

3.5.2.2 Hypothese II

Die zweite Hypothese lautet:
Wenn Personen eine geringe Selbsteinschätzung besitzen, dann wird das Ausmaß des Einstellungswandels wahrscheinlich größer sein, wenn die Kommunikationsdiskrepanz groß ist, als wenn sie gemäßigt oder gering ist.
Es wird hier von der Annahme ausgegangen, daß Personen mit geringer Selbsteinschätzung zunächst bei zunehmender Kommunikationsdiskrepanz in zunehmendem Maße ihre Einstellung ändern, und zwar auch über eine mittlere Diskrepanzstufe hinaus. Vermutlich wird jedoch eine Tendenz bestehen, nach welcher der Zuwachs an Einstellungswandel mit immer größer werdender Kommunikationsdiskrepanz abnimmt. Erst wenn der Abstand zwischen der in der Aussage vertretenen Einstellung und der präkommunikativen Einstellung von Personen mit geringer Selbsteinschätzung sehr groß geworden ist (d. h. über den Wert einer in dem hier durchgeführten Experiment manipulierten Kommunikationsdiskrepanz hinausgeht), wird vermutlich das Maximum an Einstellungswandel erreicht, und er wird von da an auch absolut sinken.

3.5.2.3 Hypothese III

Die dritte Hypothese dieser Arbeit besteht aus drei Teilen:

a) Wenn Personen eine hohe Selbsteinschätzung besitzen und die Kommunikationsdiskrepanz gering ist, dann zeigen diese Personen wahrscheinlich weniger Einstellungswandel als Personen mit einer geringen Selbsteinschätzung bei geringer Kommunikationsdiskrepanz.

b) Wenn Personen eine hohe Selbsteinschätzung besitzen und die Kommunikationsdiskrepanz ein mittleres Ausmaß annimmt, dann zeigen diese Personen wahrscheinlich weniger Einstellungswandel als Personen mit geringer Selbsteinschätzung bei
mittlerer Kommunikationsdiskrepanz.

c) Wenn Personen eine hohe Selbsteinschätzung besitzen und die Kommunikationsdiskrepanz groß ist, dann zeigen diese Personen wahrscheinlich weniger Einstellungswandel als Personen mit geringer Selbsteinschätzung bei großer Kommunikationsdiskrepanz.

Mit anderen Worten bedeutet das: Wenn Personen eine hohe Selbsteinschätzung besitzen, dann zeigen sie wahrscheinlich bei jeder Kommunikationsdiskrepanzstufe
weniger Einstellungswandel als Personen, die eine geringe Selbsteinschätzung besitzen.

3.5.3 Die Entstehung weiterer kognitiver Dissonanzen und die Möglichkeiten ihrer Reduktion

Die Konfrontation von Personen mit hoher und geringer Selbsteinschätzung mit einer
neuen dissonanten Information erzeugt jedoch noch weitere Arten kognitiver Dissonanzen, die das Verhalten der Rezipienten mitbestimmen. Die neuen kognitiven Elemente hinsichtlich eines Einstellungsobjekts widersprechen der präkommunikativen
Einstellung der Personen zu diesem Einstellungsobjekt, d. h. sie stellen eine ungünsti-
ge oder in gewissem Sinne eine „negative" Information dar. Durch die Beschreibung
der Versuchsanordnung in Kapitel 4 wird noch deutlich gemacht, in welcher Weise
eine solche Information einen negativen Akzent besitzt. Für die Personen mit hoher
Selbsteinschätzung entsteht dadurch eine kognitive Dissonanz zwischen den Elementen
„hohe Selbsteinschätzung" und „negative Information". Diese Dissonanz entsteht
nicht bei den Personen mit geringer Selbsteinschätzung, denn Individuen, die sich
selbst gering einschätzen, erwarten von ihrer Umwelt - zumindest viel eher als Individuen, die sich selbst hoch einschätzen – für sie negative Reaktionen. Es kann daher davon ausgegangen werden, daß zwischen den Elementen „geringe Selbsteinschätzung" und „negative Information" kognitive Konsonanz besteht.

In der hier charakterisierten Situation haben die Rezipienten mit hoher Selbsteinschätzung folgende Möglichkeiten, die kognitive Dissonanz zu reduzieren[558] :

1. Die Rezipienten mit hoher Selbsteinschätzung können ihre präkommunikative Einstellung zum Aussagengegenstand in Richtung auf die in der Aussage vertretene
Einstellung zum Aussagengegenstand ändern. Denn wenn die Einstellungen einan-
der angepaßt werden, stellt die in der Aussage vertretene Einstellung keine negative Information mehr dar.

2. Die Rezipienten mit hoher Selbsteinschätzung können die Kommunikation – negative Information – zurückweisen, indem sie die Glaubwürdigkeit, d. h. die Kompetenz und Vertrauenswürdigkeit ihrer Herkunft in Zweifel ziehen.
3. Die Rezipienten mit hoher Selbsteinschätzung können die positive Einstellung zu sich selbst ändern.

Wenn man gemäß den Überlegungen Malewskis davon ausgeht, daß es ein Bedürfnis nach Selbstachtung bzw. nach Erhöhung des eigenen Wertes gibt, dann entsteht, wie aufgrund der Ausführungen von Opp zu zeigen versucht wurde, kein Konflikt mit dem Bedürfnis nach kognitiver Konsonanz, sondern die Möglichkeit der Entstehung einer weiteren kognitiven Dissonanz zwischen dem Bedürfnis nach Selbstachtung und einem anderen kognitiven Element. Die Reduktion dieser Dissonanz kann für das Individuum wichtiger, d. h. belohnender sein als die Reduktion der Dissonanz zwischen anderen kognitiven Elementen. Im Unterschied zu den Ausführungen von Opp[559] wird hier jedoch die Auffassung vertreten, daß auch Personen mit hoher Selbsteinschätzung ein Bedürfnis nach Selbstachtung bzw. (weiterer) Erhöhung des eigenen Wertes haben. Das heißt, in dem hier erörterten Fall entsteht sowohl bei den Personen mit hoher als auch bei denen mit geringer Selbsteinschätzung eine kognitive Dissonanz zwischen den Elementen „negative Information" und „Bedürfnis nach Selbstachtung". Diese Dissonanz wirkt bestrafend, denn sie stellt eine Bedrohung des eigenen Wertes dar. Die Rezipienten mit hoher und die mit geringer Selbsteinschätzung haben theoretisch folgende Möglichkeiten, die kognitive Dissonanz zu reduzieren[560]:
1. Die Rezipienten können ihre präkommunikative Einstellung zum Aussagengegenstand in Richtung auf die in der Aussage vertretene Einstellung zum Aussagengegenstand ändern. Denn dann ist die Information nicht mehr negativ.
2. Die Rezipienten können die Kommunikation – negative Information – zurückweisen, indem sie die Glaubwürdigkeit, d. h. die Kompetenz und Vertrauenswürdigkeit ihrer Herkunft in Zweifel ziehen.
3. Die Rezipienten können darauf verzichten, eine Erhöhung des eigenen Wertes erreichen zu wollen.

Wenn man mit Malewski annimmt, daß ein Bedürfnis nach Erhöhung des eigenen Wertes existiert und dieses Bedürfnis, d. h. der Wunsch zu seiner Befriedigung, als konstant ansieht, ist eine Reduktion der Dissonanz durch Verzicht auf die Befriedigung dieses Bedürfnisses ausgeschlossen und kommt somit hier nicht in Betracht. Übrig bleiben die beiden Reduktionsarten, die auch in der ersten Situation kognitiver Dissonanz zwischen einer bestimmten präkommunikativen Einstellung der Rezipienten zu einem Einstellungsobjekt und der davon abweichenden in der Aussage vertretenen Einstellung zu demselben Einstellungsobjekt als einzige Alternativen vorhanden waren. Es wird angenommen, daß die Variable Selbsteinschätzung im Zusammenhang mit dem Ausmaß der Kommuniktionsdiskrepanz auch hier die Entscheidung für den einen oder den anderen Weg, diese kognitive Dissonanz zu reduzieren, mit beeinflußt.

4. Die Darstellung der Forschungstechnik

4.1 Bemerkungen zur Problematik des Experiments

Für die Überprüfung der in der vorliegenden Arbeit formulierten Hypothesen wurde als Forschungstechnik das Experiment gewählt. Durch eine Manipulation der unabhängigen Variablen Kommunikationsdiskrepanz und Messung der prädispositionalen Selbsteinschätzung der Probanden sollte der Einfluß dieser beiden Faktoren auf die abhängige Variable – Ausmaß und Verlauf der Einstellungsänderung – festgestellt werden.

Die Verwendung eines Experiments zur Erklärung von Verhaltensweisen ist in den Sozialwissenschaften nicht unumstritten. Bei der Durchführung von Experimenten zur Prüfung sozialwissenschaftlicher Theorien tauchen Probleme auf, die von manchen Autoren als unüberwindlich angesehen werden.[561] Ohne jetzt im einzelnen auf die vorgebrachten Kritikpunkte einzugehen[562], seien an dieser Stelle nur einige der am häufigsten vorgebrachten Argumente genannt. Hierhin gehört vor allem der Einwand der Künstlichkeit, mit der Situationen und Verhaltensweisen manipuliert würden, die in der Realität nicht vorkommen. Gegen dieses Argument ist einzuwenden, daß, wenn eine solche Künstlichkeit immer gegeben wäre und sie sich immer verzerrend auf die Untersuchungsergebnisse auswirkte, die Ergebnisse von experimentellen und nicht-experimentellen Untersuchungen niemals übereinstimmen dürften. Das ist aber keineswegs der Fall. Ein ähnlicher Kritikpunkt bezieht sich auf die Komplexität der sozialen Wirklichkeit, zu deren Erfassung Experimente unbrauchbar seien. Die verschiedenen für die Erklärung komplexer sozialer Strukturen herangezogenen Variablen und Variablenkombinationen lassen sich jedoch, wie die bisherige Erfahrung zeigt, in einem Experiment sehr gut auf ihre Wirksamkeit hin untersuchen. In anderen Argumenten wird die Verwendung von Experimenten nicht grundsätzlich in Frage gestellt, sondern lediglich auf bestimmte Grenzen der Anwendbarkeit – moralische, finanzielle etc. – hingewiesen. Gemessen an seinen Möglichkeiten spielt das Experiment in den Sozialwissenschaften im Vergleich zu anderen Forschungstechniken zweifellos bisher eine zu geringe Rolle. Zu seiner effektiveren Verwendung in den Sozialwissenschaften macht Opp[563] einige interessante und brauchbare Vorschläge.

Die Durchführung eines Experiments kann sich im Rahmen verschiedener experimenteller Anordnungen vollziehen.[564] Als wichtigstes Kriterium für die Abgrenzung ist dabei der Zeitpunkt für die Messung der abhängigen Variablen anzusehen. Erfolgt diese lediglich während oder nach Eingabe des Stimulus, so spricht man von einem "after-only" Experiment, wird die abhängige Variable dagegen sowohl vor als auch nach der Einwirkung des Stimulus gemessen, so liegt der Fall eines "before-after" Experiments vor. Sollen, wie in der vorliegenden Arbeit, eine oder mehrere Hypothesen geprüft werden, in denen Veränderungen der Resultante in Abhängigkeit von verschiedenen Determinanten behauptet werden, so muß in jedem Fall ein "before-after" Experiment durchgeführt werden.

Eine weitere Klassifikation von Experimenten ergibt sich durch die Anzahl und Position der Kontrollgruppe(n) zur Experimentalgruppe. Aufgrund dieser beiden Kriterien lassen sich mindestens sechs verschiedene experimentelle Anordnungen unterscheiden, deren Verwendung in einer empirischen Untersuchung von der jeweiligen Zielsetzung der Arbeit bzw. des Forschers abhängt.[565]

Bei der hier gewählten Versuchsanordnung handelt es sich um ein "before-after" Experiment mit verschiedenen Experimentalgruppen. Eine Kontrollgruppe, die dem Stimulus nicht ausgesetzt wird, gibt es nicht, da die verschiedenen Experimentalgruppen gegenseitig in gewissem Sinne als Kontrollgruppen fungieren können. Dieses Experiment wird durch folgende Merkmale charakterisiert: Die Versuchsgruppen wurden einer experimentellen Variablen, dem Stimulus, ausgesetzt. Die abhängige Variable — die Einstellung zum Gegenstand der Aussage — wurde vor und nach Einführung der experimentellen Variable gemessen. Die Versuchsgruppen waren zwischen dem ersten und zweiten Untersuchungsabschnitt einer eventuellen Einwirkung von nichtkontrollierten Vorgängen ausgesetzt.

4.2 Die Auswahl der Versuchsgruppe für die Vor- und Hauptuntersuchung

Für die Auswahl der Versuchsgruppen waren verschiedene Überlegungen maßgebend. Zunächst mußten die Ziele von Vor- und Hauptuntersuchungen berücksichtigt werden: Die Voruntersuchung diente lediglich dem Zweck, das entwickelte Instrument zur Messung der Selbsteinschätzung durch Ermittlung der Diskriminationsfähigkeit der verwendeten Items auf innere Konsistenz hin zu prüfen. Die am stärksten diskriminierenden Items[566] bildeten dann die Skala zur Bestimmung der Selbsteinschätzung in der Hauptuntersuchung. Da es sich um eine Voruntersuchung handelte, brauchte der einbezogene Personenkreis nicht sehr groß zu sein. Er umfaßte etwa 30 Probanden.

Ziel des in der Hauptuntersuchung durchgeführten Experiments war es, die aufgestellten Hypothesen zu prüfen. Hierzu ist zunächst allgemein zu sagen, daß es sich bei der im Rahmen der vorliegenden Arbeit durchgeführten empirischen Untersuchung um eine "pilot-study" handelt, die einer ersten Orientierung dient, was vor allem für den Versuch gilt, die Selbsteinschätzung zu messen. Aus diesem Grunde konnte das Erfordernis nach Repräsentativität des untersuchten Personenkreises von vornherein außer acht gelassen werden. Dieselbe Überlegung erlaubte auch eine grundsätzliche Einflußnahme auf den Umfang des Samples. Der Verzicht auf Repräsentativität, welcher im übrigen, wie noch zu zeigen sein wird, auch im Hinblick auf die zu prüfenden Hypothesen als durchaus unbedenklich erscheint, sowie die Beschränkung des Sampleumfangs waren jedoch auch schon deshalb geboten, weil die vorliegende Arbeit im Rahmen zeitlicher und auch finanzieller Begrenzungen zu erstellen war.

Andererseits durfte das Sample für die Hauptuntersuchung nicht zu klein gewählt werden; denn für die Prüfung der Hypothesen war es notwendig, aus dem Gesamtsample wiederum Untergruppen zu bilden, die in angemessener Weise besetzt sein mußten. Bei einer Aufteilung in sechs Untergruppen, die durch jeweils verschiedene Variablenkombinationen gekennzeichnet sein würden, erschien eine Gesamtzahl von mindestens 100 Versuchspersonen für die Hauptuntersuchung unbedingt erforderlich.

Bei der Bestimmung des Personenkreises, aus dem die Stichproben für die Vor- und Hauptuntersuchung gebildet werden sollten, mußte berücksichtigt werden, daß für die Durchführung der empirischen Untersuchung die Entwicklung und Anwendung eines Instruments zur Messung der Selbsteinschätzung jedes einzelnen Probanden notwendig waren. Die Erstellung eines derartigen arbeitsfähigen Instruments wird, wie in Abschnitt 4313 noch weiter auszuführen ist, sehr stark von der Art der Versuchsgruppe beeinflußt, d. h. von den Eigenschaften der ihr angehörenden Personen. Die Entwicklung einer Selbsteinschätzungsskala wird um so mehr erleichtert, je homogener die Versuchsgruppe im Hinblick auf die diesem Zusammenhang eventuell relevante Merkmale wie Alter, Geschlecht, sozialer Status, Bildungsgrad etc. ist. Eine solche Homogenität erlaubt es, die für das Meßinstrument zu bildenen Items präziser auf die einer sozialen Gruppe angehörenden Probanden zuzuschneiden, als das bei einem sehr heterogenen Personenkreis der Fall wäre.

Diese Überlegungen führten zunächst zu dem Entschluß, eine Studenten- oder Schülergruppe zu wählen. Die im Anschluß daran getroffene Entscheidung, für die Voruntersuchung Studenten der Sozialwissenschaften der ersten Semester und für die Hauptuntersuchung Schüler der Oberklassen eines Gymnasiums heranzuziehen, weicht von dem im allgemeinen üblichen Verfahren bei der Bildung einer Likert-Skala ab, nach der die Stichproben für Vor- und Hauptuntersuchung aus ein- und demselben Personenkreis zu ziehen sind. Da in die Vor- und Hauptuntersuchung jedoch nur Studenten der ersten Semester und Schüler der letzten Klassen aufgenommen wurden, erscheint die hier praktizierte Vorgehensweise bei der Auswahl der Versuchspersonen in jedem Fall vertretbar, handelt es sich hier doch um Probanden, die sich im Vergleich zu anderen Teilen der Bevölkerung hinsichtlich einer Reihe von relevanten Merkmalen sehr ähnlich sein dürften.

In diesem Fall jedoch erschien der hier beschrittene Weg in bezug auf die zu messende Variable Selbsteinschätzung sogar angebracht. Denn trotz aller möglichen Gemeinsamkeiten zwischen älteren Schülern und jungen Studenten kann von der Überlegung ausgegangen werden, daß gerade Studenten der Sozialwissenschaften bei der Anwendung bestimmter Meßtechniken ausgesprochen "sophisticated" reagieren, d. h. also spitzfindiger, kritischer und weniger fähig und geneigt, sich eindeutig für eine der möglichen Antwortkategorien zu entscheiden, als Schüler das vermögen. Wenn daher ein Instrument zur Messung von Selbsteinschätzung bei dermaßen zu charakterisierenden Studenten in dem Sinne funktioniert, daß es zwischen Versuchspersonen mit hoher und solchen mit geringer Selbsteinschätzung diskriminiert, so ist anzunehmen, daß dieses Instrument erst recht bei Schülern funktioniert. In die Voruntersuchung wurde eine Gruppe von Studenten und Studentinnen der Wirtschafts- und Sozialwissenschaftlichen Fakultät der Friedrich-Alexander-Universität Erlangen-Nürnberg einbezogen, die sich überwiegend in den ersten Semestern befanden und noch an Anfängerseminaren und Übungen teilnahmen.

Um die durch die unterschiedliche Geschlechtszugehörigkeit der Versuchspersonen eventuell entstehenden Verzerrungen auszuschalten, wurden in die Hauptuntersuchung mit Schülern keine Koedukationsklassen aufgenommen. Die Wahl fiel dabei auf ein naturwissenschaftliches Gymnasium für Jungen. Weil die Versuchspersonen der Voruntersuchung zum überwiegenden Teil männlichen Geschlechts waren, mußte dem in der Hauptuntersuchung entsprochen werden. Die Versuchsgruppe wurde gebildet aus den letzten und vorletzten Klassen; die Gesamtgruppe der Hauptuntersuchung bestand aus insgesamt sechs Klassen.

4.3 Die Erstellung der Meßinstrumente

4.3.1 *Die Messung der Selbsteinschätzung*

4.3.1.1 Vorbemerkung

Die Messung der Selbsteinschätzung von Individuen sowie deren Einschätzung anderer Personen erfolgt sehr oft mit Hilfe der Technik des Q-Sorts.[567] Dabei wird eine größere Anzahl beschreibender Sätze (Items) von der Versuchsperson in eine Rangfolge gebracht, und zwar zunächst in eine Reihenfolge, wie sie der betreffende Proband zur Charakterisierung seiner eigenen Person als zutreffend ansieht. Anschließend muß der Proband eine Reihenfolge der Items herstellen, wie sie seinem Idealbild von sich selbst entspricht. Die durch Korrelieren ermittelte Diskrepanz zwischen Selbstbild und Idealbild gilt dann insofern als Maß für die Selbsteinschätzung, als diese um so höher erscheint, je geringer die Diskrepanz zwischen Selbst- und Idealbild ist bzw. um so geringer, je größer dieser Abstand ist.[568]

Die Technik des Q-Sorts findet hauptsächlich im Bereich der Psychotherapie Anwendung. Für Individuen, die sich in eine psychotherapeutische Behandlung begeben, ist das Vorliegen einer mehr oder weniger großen Diskrepanz zwischen Selbst- und Idealbild charakteristisch und ihre Verringerung Ziel der Therapie. Unter diesen Umständen scheint die Q-Technik für die empirische Untersuchung in dieser Arbeit weniger geeignet. Hinzu kommt die Überlegung, daß die Anwendung des Q-Sorts umfangreiche statistische Rechenoperationen erforderlich macht und für die Prüfung der hier aufgestellten Hypothesen einfachere Instrumente ausreichend erscheinen. Aus diesen Gründen wurde auf die Verwendung dieser Q-Technik in der vorliegenden Arbeit verzichtet.

4.3.1.2 Die Likert-Skala

Bei dem im Rahmen der vorliegenden Arbeit verwendeten Instrument zur Messung der Selbsteinschätzung der Versuchspersonen handelt es sich um eine Technik der summierten Einschätzungen, deren in den Sozialwissenschaften am häufigsten angewendete Form auf Likert[569] zurückgeht. Weil sich M. Stosberg in Band 7/1 dieser Reihe ausführlich und kritisch mit der Problematik der Likert-Skala, ihren Merkmalen und ihrer Brauchbarkeit bei der Messung von Einstellungen auseinandersetzt, kann hier auf eine nähere Erörterung verzichtet werden.[570] Es soll an dieser Stelle lediglich noch darauf hingewiesen werden, daß in der vorliegenden Arbeit in Abweichung von der sonst üblichen Verfahrensweise bei der Konstruktion einer Likert-Skala ein Antwortschema gewählt wird, bei dem nur die beiden Extremwerte verbal gekennzeichnet sind. Auf diese Weise wird verhindert, daß durch das Vorgeben bereits verbal vorformulierter Antwortmöglichkeiten die Probanden die einzelnen Kategorien unterschiedlich interpretieren und so möglicherweise Verzerrungen in der Messung der betreffenden Einstellung entstehen.

Zur Prüfung der in dieser Arbeit aufgestellten Hypothesen ist lediglich eine Ordnung der Versuchspersonen auf einem Kontinuum der Einstellung Selbsteinschätzung nötig. Eine solche Ordnung kann mit Hilfe einer Likert-Skala erstellt werden. Hinzu kommt noch, daß sie im allgemeinen relativ einfach und ohne großen Kostenaufwand zu konstruieren ist. Diese Gesichtspunkte waren vor allem entscheidend für die Wahl des hier verwendeten Instruments.

4.3.1.3 Die Formulierung und Auswahl der Items

Die Messung der Variable Selbsteinschätzung wird – gemäß dem Wortlaut – hier verstanden als ein Vorgang des "self-rating", bei der sich der Proband selbst beurteilt und nicht von einem anderen hinsichtlich verschiedener Aspekte seiner Persönlichkeit eingeschätzt wird. Bei diesem Vorgehen wird von der Überlegung ausgegangen, daß das Individuum in der Regel bessere Kenntnisse über seine Fähigkeiten, Vorstellungen, Eigenschaften, Gefühle, Wünsche etc. besitzt als jede andere Person, wobei jedoch bedacht werden muß, daß die eigene Beurteilung immer in Wechselwirkung mit der Beurteilung durch andere Personen erfolgt. Bis zu einem gewissen Grade schätzt man sich selbst so ein, wie man glaubt, von der Umgebung eingeschätzt zu werden. Die Technik des "self-rating" ist zudem nur dann valide, wenn der Proband sich seiner eigenen Eigenschaften bewußt und bereit ist, hierüber Auskunft zu geben. Ist beides der Fall – und davon muß hier ausgegangen werden – liefert die Methode des "self-rating" Informationen, die mit Hilfe anderer Vorgehensweisen schwerlich und nur mit sehr viel größerem Aufwand an Zeit und Kosten gewonnen werden könnten.[571]

Für die Formulierung und Auswahl der Items zur Messung der Selbsteinschätzung bei der vorliegenden Untersuchung wurden zunächst drei Skalen vom Typ einer Likert-Skala aus der Literatur[572] herangezogen. Dabei handelt es sich um die Skalen der Autoren Janis und Field, Phillips und Berger. Janis und Field[573] gehen in ihrer Untersuchung der Frage nach, durch welche Faktoren die individuellen Unterschiede in der Überredbarkeit von Personen bedingt sein könnten. Sie formulieren Hypothesen, in denen verschiedene Persönlichkeitsfaktoren – unter ihnen die Variable Selbsteinschätzung – als eine potentielle Determinante der Überredbarkeit angesehen wird. Die Messung der verschiedenen Persönlichkeitsfaktoren – insgesamt neun – erfolgt, indem für jeden dieser Faktoren eine Reihe von Items gebildet wird, die auf das bebetreffende Persönlichkeitsmerkmal bezogen sind.

So ergeben sich neun solcher Item-Häufungen ("clusters"), die jeweils mit einem Persönlichkeitsfaktor in Verbindung stehen. Das, was in der vorliegenden Arbeit als geringe Selbsteinschätzung bezeichnet wird, definieren die Autoren als „soziales Unterlegenheitsgefühl" ("feelings of social inferiority"). Die Messung des Unterlegenheitsgefühls erfolgt innerhalb des Persönlichkeitsfragebogens auf drei verschiedene Arten: Die geringe Selbsteinschätzung wird einmal repräsentiert durch ein Gefühl der Unzulänglichkeit ("feelings of inadequacy"), zum anderen durch das Vorhandensein sozialer Hemmungen ("social inhibitions") und schließlich durch bei gegebener Gelegenheit auftretende Prüfungsangst ("test anxiety"). Diese drei Persönlichkeitsmerkmale bilden die Variable „soziales Unterlegenheitsgefühl", ein Ausdruck, der von den Autoren in etwa mit niedriger Selbsteinschätzung synonym gebraucht wird.

Da dieses Instrument zur Verwendung der im Rahmen der vorliegenden Arbeit zu messenden Variable Selbsteinschätzung mitherangezogen werden sollte, wurde zunächst der Versuch unternommen, die einzelnen Items ins Deutsche zu übertragen. Die erste Gruppe von 23 Items bezieht sich auf das Merkmal „Gefühl der Unzulänglichkeit" und umfaßt Fragen nach der Angst der Versuchspersonen in sozialen Situationen, Fragen nach dem Selbstbewußtsein und Gefühlen persönlicher Wertlosigkeit. Beispiele hierfür sind etwa die Fragen: „Wie oft haben Sie das Gefühl, daß Sie sich selbst nicht mögen? " oder „Fällt es Ihnen schwer, sich mit Ihnen völlig fremden Menschen zu unterhalten? " oder „Kommt es vor, daß Sie sich fürchten, wenn Sie einen Raum betreten, in dem andere Leute bereits versammelt sind und sich unterhalten? "[574] Wird die Frage mit „sehr oft" bzw. „ja, sehr" beantwortet, so zeigt das die Existenz eines Unzulänglichkeitsgefühls an. Die zweite Gruppe besteht aus 11 Items, die den Bereich der sozialen Hemmungen betreffen. Die Items beziehen sich auf ein Verhalten, das mit „social avoidance behavior" bezeichnet wird sowie auf die Vorliebe, allein zu sein. Hier werden z. B. Fragen gestellt wie: „Arbeiten Sie lieber mit anderen zusammen als allein? ", oder „Ziehen Sie es vor, Ihre Abende allein zu verbringen? "[575] Die Entscheidung über das „Alleinseinwollen" gilt dabei als Zeichen für das Vorliegen sozialer Hemmungen und in diesem Zusammenhang als Indikator für eine geringe Selbsteinschätzung.

Bei diesem Fragenkomplex zeigt sich bereits, wie problematisch es ist, eine Skala aus der englischsprachigen Literatur einfach zu übernehmen. Die Skalen zur Messung des Gefühls der Unterlegenheit wurden von amerikanischen Forschern zur Messung einer Einstellung gegenüber der eigenen Person entwickelt, d. h. das Instrument wurde zugeschnitten auf Individuen in einer ganz bestimmten soziokulturellen Umgebung. Die Wertvorstellungen und Normen — auch hinsichtlich der eigenen Person — können durchaus abweichen von denjenigen in einem anderen Kulturkreis. Aufgrund eines anderen Erziehungssystems in Deutschland erscheint z. B. der Wunsch, allein zu sein und auch allein und selbständig zu arbeiten, nicht als ein gültiger Indikator für eine geringe Selbsteinschätzung. Solche Items scheinen bereits vom Augenschein her nicht valide zu sein und werden daher für die hier verfolgten Zwecke als nicht geeignet angesehen.[576]

Der dritte Fragenkomplex, der sich mit der Prüfungsangst beschäftigt, umfaßt 8 Items. Bei der Formulierung dieser Items, die die Autoren von Sarason und Mandler[577] übernehmen, geht man von der Überlegung aus, daß bei übermäßiger Angst vor

Prüfungen eine geringe Einschätzung der eigenen intellektuellen Fähigkeiten nahe-liegt, was wiederum das Vorhandensein eines Unterlegenheitsgefühls bedeuten wür-de.[578]

Eine weitere Grundlage für die Formulierung der in dieser Arbeit verwendeten Items zur Messung der Variable Selbsteinschätzung bildeten, wie bereits erwähnt, die Skalen von Phillips und Berger, welche in die Sammlung von Shaw und Wright[579] aufgenommen wurden. Phillips entwickelte sein Instrument lediglich zu dem Zweck, um es allgemein bei der Prüfung von Hypothesen anwenden zu können und formu-lierte insgesamt 50 Items, davon 25 zur Messung der Einstellung gegenüber sich selbst und 25 zur Messung der Einstellung gegenüber anderen Personen, die jedoch in die-sem Zusammenhang nicht von Interesse sind. Die von Berger konstruierte Skala zur Einstellungsmessung enthält insgesamt 64 Items, von welchen sich 36 auf die Selbst-einschätzung bzw. Selbstannahme ("self-acceptance"), wie sich der Autor ausdrückt, beziehen. Beide Forscher stützen sich bei der Auswahl und Bestimmung der Items auf Studenten- bzw. Schülersamples, ein Personenkreis, der, wie bereits erwähnt, auch die Bezugsgruppe für die hier zu verwendenden Items bildet. Für beide Ska-len wurden Reliabilitäts- und Validitätstests durchgeführt. Insbesondere die von Ber-ger entwickelte Skala wurde sehr sorgfältig gerade im Hinblick auf die Validität der Items geprüft. Die Tests erbrachten ein zufriedenstellendes Ergebnis. Zu der Berger-Skala bemerkten Shaw und Wright: "This is the most carfully developed scale to measure attitude toward self that we found in the literature. Evidence of validity is more extensive than for most scales in this book."[580]

Bei der Übertragung der Items beider Skalen ins Deutsche tauchten wiederum ver-schiedene Schwierigkeiten auf. Zunächst ist es außerordentlich kompliziert, die Items exakt zu übersetzen und genau den Sinn wiederzugeben, den die Forscher bei der For-mulierung der Items auszudrücken beabsichtigten. Geringe Abweichungen können einem Items schnell einen etwas anderen Sinn geben und dadurch völlig andere Re-aktionen bei den Versuchspersonen auslösen. So wurde manchmal auf eine eigent-liche Übersetzung verzichtet und stattdessen versucht, lediglich den in dem Item angesprochenen Sachverhalt zu erfassen und ihn neu, aus der Umgangssprache heraus, zu formulieren. In Zweifelsfällen wurde auf eine Übersetzung und damit auf das be-treffende Item ganz verzichtet.

Darüber hinaus gibt es auch bei diesen Skalen wiederum Items, deren Verwendung zur Messung der Selbsteinschätzung bei deutschen Schülern und Studenten nicht sinn-voll erscheint. So ist der Wert des "being popular" in Amerika von einer Bedeutung, den er bei uns bei weitem nicht erreicht. Da jedoch Skalen von vergleichbarer Brauch-barkeit zur Messung der Selbsteinschätzung in der Forschung des deutschen Sprach-bereichs bislang nicht vorhanden sind, mußte, um Anhaltspunkte für die Entwicklung des hier zu verwendenden Instruments zu gewinnen, auf die Ergebnisse der amerika-nischen Forschung zurückgegriffen werden.

Die Items in den beschriebenen und als Vorlage dienenden Skalen sind oft sehr allgemein formuliert. So heißen z. B. zwei Items: "I think that I am too shy."[581] oder "Do you ever think that you are a worthless individual? "[582] Im Gegensatz da-zu wurden für die vorliegende . Arbeit vor allem Items formuliert — oft in erheblicher Abwandlung der amerikanischen —, in denen konkrete Sachverhalte beschrieben wur-

172

den. Dadurch wird zunächst einmal die Wahrscheinlichkeit verringert, daß jeder Proband unter einem Items etwas anderes versteht, so daß das Ausmaß der verschiedenen Interpretationsmöglichkeiten eingeschränkt wird. Diese Vorgehensweise erscheint durchaus angebracht, ja geradezu sinnvoll, wenn man bedenkt, daß Studenten, die hier für die Voruntersuchung herangezogen wurden, in der Regel in bezug auf Wertvorstellungen, Lebensgewohnheiten, soziale Situationen etc. als eine im Vergleich zu anderen Bevölkerungskreisen relativ homogene Gruppe angesehen werden können, für die dann auch die in dem Item formulierten speziellen Sachverhalte zutreffen. Sie wurde z. B. aus dem oben angeführten Item "I think that I am too shy" das Item „Auf Parties ärgere ich mich über meine Schüchternheit". In einem anderen Zusammenhang wurde bereits die Vermutung ausgesprochen, daß Studenten – besonders der Sozialwissenschaften – "sophisticated" sein können. Sehr allgemein formulierte Items könnten daher bei dem Probanden zur Folge haben, daß er sich beim Durchlesen eines jeden Satzes die Frage stellt: „Ja, in welcher Hinsicht, in welchem Zusammenhang, bei welcher Gelegenheit, etc." Da eine Antwort auf diese Fragen in dem jeweiligen Item nicht gegeben wird, könnte das bei vielen Versuchspersonen zu der Tendenz führen, möglichst neutrale Antworten zu geben und sich nicht für die Annahme oder Ablehnung eines Items zu entscheiden. Das würde bedeuten, daß ein solches Item nicht genügend diskriminiert. Verhalten sich viele Probanden bei vielen Items in der Weise, so wird die Diskriminationsfähigkeit des gesamten Instruments damit in Frage gestellt. Denn es läßt sich annehmen, daß ein Item um so stärker hinsichtlich der zu messenden Variable diskriminiert, je mehr in ihm auf einen genau umrissenen Sachverhalt Bezug genommen wird, d. h. also, je konkreter es formuliert ist.

Allgemeine Richtlinien für die endgültige Auswahl bzw. Um- und Neuformulierung von Items zur Messung der Selbsteinschätzung wurden darüber hinaus durch die Konzentration auf verschiedene für das Individuum relevante Bedürfnisbereiche gewonnen. In einem Aufsatz von Cohen[583] wird über eine Untersuchung berichtet, bei der die Selbsteinschätzung mit Hilfe der Methode des Q-Sorts – eine Vorgehensweise, die oben bereits kurz erläutert wurde – bestimmt wird. In dieser Untersuchung beziehen sich die Forscher bei der Formulierung der Items auf fünf repräsentative Bedürfnisbereiche des Individuums: Leistung ("achievement"), Autonomie ("autonomy"), Anerkennung ("recognition"), Kontakt-Angliederung ("affiliation") und Kognition ("cognition").[584] Jeder dieser Bedürfnisbereiche wurde auch in dieser Arbeit bei der Erstellung der Items berücksichtigt. In jeweils verschiedenen Zusammenhängen, die sich auf unterschiedliche Verhaltensweisen und Beurteilungen sowie auf zwischenmenschliche Beziehungen und mehr allgemeine Fragen erstrecken, wurde direkt oder indirekt auf die angesprochenen Bedürfnisse Bezug genommen.

Aufgrund der bereits begründeten Überlegung, daß in den Items möglichst konkrete Sachverhalte beschrieben werden sollen, wurden innerhalb der verschiedenen Bedürfnisbereiche ganz spezielle Bedürfnisse bzw. Bedürfnisgruppen berührt. Hierbei handelt es sich um solche, von denen angenommen werden kann, daß sie für Studenten und Schüler relevant sind. So wurden in den Items z. B. die Fähigkeiten und Erfolgschancen im Rahmen der Schule und im späteren Beruf, die Beziehungen der Schüler und Studenten zum anderen Geschlecht, ihre Selbständigkeit bei der Erledigung bestimmter Aufgaben etc. angesprochen.

Bei allen Items wurde die direkte, persönliche Form des „ich" oder „meine" der unpersönlichen Formulierung des „man" oder „es ist" vorgezogen, damit sich die Probanden in jedem Fall direkt und unmittelbar angesprochen fühlen sollten. Im Gegensatz zu den drei hier beschriebenen Skalen aus der amerikanischen Literatur, bei denen die Items durchweg negativ formuliert waren, wurden hier die Items sowohl negativ als auch positiv formuliert, und zwar in der Art, daß schließlich etwa die Hälfte positiv, die Hälfte negativ war. Damit wurde der bei einer Likert-Skala üblichen Vorgehensweise entsprochen, welche die Herausbildung bestimmter Antwortmuster ("patterns of response") verhindern soll.

Zur Verschleierung der wahren Absicht bei der Messung der Selbsteinschätzung wurden für die Voruntersuchung zahlreiche zusätzliche Items aus für Studenten und Schüler aktuellen außen- und innenpolitischen Bereichen gebildet. Die angesprochenen Themen waren: der Vietnam-Krieg, die Wiedereinführung der Todesstrafe und die Springer-Presse. Die Items, die diese Themen betrafen, wurden in den Fragebogen eingestreut und hatten z. B. folgenden Wortlaut: „Ich halte das ganze Gerede um Springer für eine Hetzkampagne der Linksintellektuellen", oder: „Ich glaube, daß die Todesstrafe nur abschreckend wirkt, wenn sie öffentlich vollzogen wird", oder: „Ich habe Hochachtung vor den Amerikanern in Vietnam, die, wie schon im 2. Weltkrieg, wieder einmal in einem fremden Land für fremde Interessen kämpfen." Auf diese Weise sollte die wirkliche Absicht, lediglich die Selbsteinschätzung zu messen, nicht mehr so leicht und von vornherein erkennbar sein, und es wurde vermutet, daß die Antworten auf die entscheidenden Items so unbefangener gegeben werden könnten.

Welchen Einfluß die Kenntnis des Probanden von der Absicht des Forschers, die Selbsteinschätzung zu messen, auf den Prozeß der Selbsteinschätzung hat, und ob diese Kenntnis überhaupt einen Einfluß hat, das kann nur aufgrund von Ergebnissen weiterführender empirischer Untersuchungen entschieden werden. Bislang scheint diese Frage im Bereich vor allem der deutschen Forschungstätigkeit vernachläßigt worden zu sein. Ob durch die Einführung von „Füll-Items" eine Verzerrung der Realität verhindert wurde oder nicht, konnte denn auch nicht rational entschieden werden. Nach Durchführung der Voruntersuchung zeigte sich, daß neben der Erfragung der Meinung zum Vietnam-Krieg, der Todesstrafe und der Springer-Presse die Absicht erkannt worden war, eine „vierte Dimension" zu messen, die möglicherweise die Hauptrolle spielte. Diese „vierte Dimension" war jedoch vom überwiegenden Teil der Probanden nicht als das angesehen worden, was sie sein sollte. Es wurde die Vermutung geäußert, daß mit dem Fragebogen autoritäre Einstellungsstrukturen und ähnliches erfragt werden sollten. In der Hauptuntersuchung wurde dann auf die Verwendung von zusätzlichen Items, die in keinem Zusammenhang mit der zu messenden Variable standen, verzichtet.

4.3.1.4 Die Durchführung der Voruntersuchung zur Feststellung der Diskriminationsfähigkeit der verwendeten Items

Die Voruntersuchung, die lediglich dem Zweck diente, die Diskriminationsfähigkeit der Items zu prüfen, wurde am 30. Januar 1968 durchgeführt. Die Versuchspersonen waren 30 Studenten und sechs Studentinnen der Wirtschafts- und Sozialwissenschaftlichen Fakultät der Universität Erlangen-Nürnberg; alle waren Teilnehmer eines vom Seminar für Soziologie veranstalteten Praktikums über Forschungstechniken.

Vom Versuchsleiter wurde eingangs darauf hingewiesen, daß die Durchführung einer empirischen Untersuchung im Rahmen des Praktikums über Forschungstechniken als Ergänzung des Lehrstoffs angesehen werden könnte. Die Teilnahme an der Untersuchung sollte jedoch freiwillig sein, und es wurde den Studenten und Studentinnen, die sich nicht beteiligen wollten, die Gelegenheit gegeben, den Raum zu verlassen; von dieser Möglichkeit machte jedoch niemand Gebrauch. Der Fragebogen zur Messung der Selbsteinschätzung bestand aus 52 Items, von denen 24 positiv und 28 negativ formuliert waren. Das Antwortsystem bestand aus sieben Kategorien. In den Fragebogen waren zusätzlich 24 Items aufgenommen worden, die mit der hier zu messenden Einstellung nicht in Zusammenhang standen; sie sollten, wie bereits ausgeführt, als „Füll-Items" dienen. Damit enthielt der Fragebogen insgesamt 76 Items; seine Beantwortung beanspruchte 30 bis 45 Minuten.

Ziel der Voruntersuchung war — wie gesagt — die Feststellung der Diskriminationsfähigkeit der verwendeten Items, deren Auswahl und Formulierung im vorhergehenden Abschnitt ausführlich erläutert wurde. Mit Hilfe einer der Techniken der Itemanalyse sollten aus der Probeskala diejenigen Items bestimmt werden, die aufgrund der Häufigkeitsverteilung der von den Probanden erzielten Gesamtpunktwerte am meisten zwischen Versuchspersonen mit hohen und solchen mit niedrigen Gesamtpunktwerten diskriminieren. Bei dem Verfahren wurden also solche Items ausgesondert, auf die Versuchspersonen mit hohen und niedrigen Gesamtpunktwerten auf der Probeskala gleich bzw. ähnlich reagierten. Denn aus einer gleichen Reaktion von Versuchspersonen mit hohen und niedrigen Gesamtpunktwerten kann geschlossen werden, daß diese Items sich offensichtlich nicht auf die zu messende Einstellung beziehen, sie sind also nicht valide. Es muß jedoch in diesem Zusammenhang darauf hingewiesen werden, daß auch nach erfolgter Itemanalyse die für die Validität gesammelte Evidenz nicht als vollständig angesehen werden kann. Es können durchaus Items in die für die Hauptuntersuchung bestimmte Skala gelangen, die nicht das messen, was sie messen sollen, also in diesem Fall die Selbsteinschätzung. Wenn ein solches Item, das die zu messende Einstellung nicht erfaßt, nach Durchführung der Itemanalyse noch in der endgültigen Skala verbleibt, so nur deshalb, weil es sich entweder auf die Ursache oder die Wirkung von Selbsteinschätzung bezieht. In solchen Fällen besteht also lediglich eine hohe Korrelation zwischen dem betreffenden Item und der Selbsteinschätzung als der zu messenden Variable.[585]

Im folgenden soll das hier gewählte Verfahren der Itemanalyse kurz beschrieben werden.[586] In einem ersten Schritt wurden die 36 Versuchspersonen der Voruntersuchung aufgrund der von ihnen erreichten Gesamtpunktwerte geordnet. Daraufhin wurden die 25 % der Probanden mit den höchsten sowie die 25 % der Probanden mit den niedrigsten Gesamtpunktwerten auf der Probeskala festgestellt. Damit entstanden zwei Gruppen, die sich aus je neun Versuchspersonen mit den jeweils höchsten bzw. niedrigsten Gesamtpunktwerten zusammensetzten. Sodann wurde für jedes der insgesamt 52 Items zunächst der durchschnittliche Punktwert in der hohen Gruppe errechnet. Das heißt, für jedes einzelne Item wurde der Punktwert aufgeführt, den die einzelnen Versuchspersonen der höchsten Gruppe jeweils erreicht hatten, um dann aus diesen neun Werten das arithmetische Mittel zu bestimmen. So entstanden 52 Mittelwerte, die den auf dieselbe Art und Weise errechneten 52 Mittelwerten der niedrigen Gruppe gegenübergestellt wurden. Die „discriminating power" jedes einzelnen Items wird bei diesem Verfahren dann definiert als die Differenz zwischen den durchschnittlichen Punktwerten der hohen und der niedrigen Gruppe. Dabei ist die Diskriminationsfähigkeit eines Items um so größer, je größer die Differenz zwischen diesen Punktwerten ist. Die folgende Gleichung zeigt die Berechnungsweise der Diskriminationsfähigkeit:[587]

$$DF = \overline{X}_H - \overline{X}_N$$

Dabei ist:

DF = Diskriminationsfähigkeit
$\overline{X}_H$ = durchschnittlicher Punktwert eines Items
  in der hohen Gruppe
$\overline{X}_N$ = durchschnittlicher Punktwert eines Items
  in der niedrigen Gruppe

Weil das zu jedem Item gehörende Antwortschema in der Voruntersuchung sieben Antwortkategorien umfaßte, betrug die maximale Diskriminationsfähigkeit eines jeden Items sechs Punktwerte. Das heißt, im extremsten Falle reagiert ein Proband mit hoher Selbsteinschätzung auf ein positiv (negativ) formuliertes Item mit der Antwort „trifft für mich genau zu" („trifft für mich überhaupt nicht zu"), während ein Proband mit geringer Selbsteinschätzung auf dasselbe Item „trifft für mich überhaupt nicht zu" („trifft für mich genau zu") antwortet. Die bei den Berechnungen tatsächlich erzielten Differenzen der Mittelwerte $\overline{X}_H - \overline{X}_N$ reichten von −0,78 bis zu dem Wert + 3,45, wobei als niedrigstes in die endgültige Skala der diskriminierendsten Items dasjenige Item aufgenommen wurde, das einen Differenzwert von + 1,67 erreicht hatte. Auf diese Weise wurden von den 52 Items der Probeskala 21 ausgeschieden, so daß die 31 Items übrigbleiben, die in den oben beschriebenen Grenzen am meisten zwischen den Versuchspersonen mit einer hohen und einer geringen Selbsteinschätzung diskriminierten.

Aus diesen 31 Items wurde das Instrument für die Hauptuntersuchung, welche mit Schülern durchgeführt werden sollte, konstruiert. Dabei konnten die Items zu einem größten Teil wörtlich übernommen werden, einige wurden durch geringfügige Umformulierungen spezieller auf die Situation des Schülers zugeschnitten.

4.3.1.5 Die Reliabilität des Instruments

Mit der Reliabilität (Zuverlässigkeit oder Verläßlichkeit) wird die formale Genauigkeit eines Forschungsinstruments erfaßt. Sie zeigt sich in der Übereinstimmung von Meßergebnissen, die bei der Anwendung desselben Instruments auf denselben Gegenstand erzielt werden.[588] Ausführlicher und präziser formuliert Ghiselli, wenn er schreibt: "Let us therfore define reliability of measurement simply as the extent of unsystematic variation in the quantitative descriptions of the amount of some trait

an individual possesses or manifests when that trait is measured a number of times"[589]
In dieser Definition kommt zum Ausdruck, daß es sich bei der Feststellung der Reliabilität um die Erfassung unsystematischer, also zufälliger Fehler bei der Messung der Variablen handelt.

In der vorliegenden Untersuchung wurde die Reliabilität des entwickelten Instruments zur Messung der Selbsteinschätzung der Rezipienten durch Anwendung des Wiederholungsverfahrens ("test-retest-method") bestimmt. Im ersten Untersuchungsabschnitt war bei 121 Probanden die Selbsteinschätzung gemessen worden. Im Verlauf des zweiten Untersuchungsabschnitts sollten mit einem zeitlichen Abstand von sechs Tagen, die dazwischen lagen, dieselben Versuchspersonen wiederum zu den sich auf die Selbsteinschätzung beziehenden Items Stellung nehmen, diesmal jedoch nur zu den Items, die aufgrund der Ergebnisse der ersten Befragung als die am stärksten diskriminierenden festgestellt worden waren. Nach Abschluß des zweiten Untersuchungsabschnitts konnten dann die Fragebogen von insgesamt 112 Probanden zur Bestimmung der Reliabilität herangezogen werden.

Zu diesem Zweck wurde zunächst der Gesamtpunktwert errechnet, den jede Versuchsperson bei der zweiten Messung der Selbsteinschätzung erreicht hatte. Diese Reihe der Gesamtpunktwerte wurde der aufgrund der ersten Messung von Selbsteinschätzung entstandenen Reihe von Gesamtpunktwerten gegenübergestellt, so daß sich für jeden Probanden zwei vergleichbare Werte ergaben. Die zwischen den beiden Reihen bestehende Korrelation wurde mit Hilfe des Fechnerschen Rangkoeffizienten berechnet. Hierbei handelt es sich um ein Maß, das dem Ordinalskalenniveau der zur Messung der Selbsteinschätzung verwendeten Likert-Skala angemessen ist.

Der Fechnersche Rangkoeffizient wird auf folgende Weise errechnet:

$$i = \frac{\text{Zahl der übereinstimmenden Vorzeichen} - \text{Zahl der nicht übereinstimmenden Vorzeichen}}{\text{Anzahl der Reihenpaare (n)}}$$

Bei dieser Vorgehensweise wird die Zahl der übereinstimmenden Vorzeichen der Reihenpaare, die durch einen Vergleich mit dem arithmetischen Mittel der beiden Merkmalsreihen ermittelt werden, um die Zahl der nicht übereinstimmenden Vorzeichen gekürzt und anschließend durch die Zahl der Fälle dividiert. Je näher der errechnete Wert bei 1 liegt, um so besser ist die Korrelation.

Bei der hier durchgeführten Untersuchung wurde demgemäß in folgender Weise verfahren: Für jede der beiden Reihen von Gesamtpunktwerten, sie sollen hier mit X und Y benannt werden, wurde das arithmetische Mittel errechnet. Für die erste Reihe ergab sich dabei ein Mittelwert von $\overline{X}$ = 114, für die zweite ein Mittelwert von $\overline{Y}$ = 117. Anschließend wurde von jedem Wert der ersten Reihe der Mittelwert der ersten Reihe und von jedem Wert der zweiten Reihe der Mittelwert der zweiten Reihe subtrahiert. In den verwendeten Symbolen ausgedrückt, wurden die folgenden Differenzen gebildet: X - $\overline{X}$ und Y - $\overline{Y}$. Es ergaben sich somit für jeden der 112 Probanden zwei Werte, die entweder ein positives oder ein negatives Vorzeichen aufwiesen oder 0 sein konnten. Es ist dann folgende Kombination der Vorzeichen in beiden Reihen denkbar: ++, --, 00, +-, 0+ und 0-. Der Rangkoeffizient i ergab sich dann durch Division der Differenz zwischen der Anzahl der übereinstimmenden und der Anzahl der nicht übereinstimmenden Vorzeichen durch die Zahl der Reihenpaare (112). Das Auftreten der Kombinationen 0+ oder 0– wurde als halbe Übereinstimmung und als halbe Nichtübereinstimmung gerechnet, um dann jeden Wert um 0,5 zu erhöhen. Die Zahl der übereinstimmenden Vorzeichen betrug in der vorliegenden Untersuchung 99, die Zahl der nicht übereinstimmenden Vorzeichen 13, so daß sich der folgende Rangkoeffizient ergab:

$$i = \frac{99 - 13}{112} = 0,7678 = 0,77$$

Bei dem hier entwickelten und verwendeten Instrument zur Messung der Selbsteinschätzung konnte somit eine Reliabilität von 0,77 festgestellt werden – ein Ergebnis, das in Anbetracht einer ersten Prüfung des Instruments zufriedenstellend ist.

Bei dem Vergleich der beiden Reihen von Gesamtpunktwerten zeigte sich, daß bei der wiederholten Messung die Tendenz bestand, eine höhere Selbsteinschätzung vorzunehmen als bei der ersten Messung. Es läßt sich daher vermuten, daß die erste Messung die Ergebnisse der zweiten beeinflußte. Im Hinblick auf eine spätere Verwendung dieses Instruments in der empirischen Sozialforschung erscheint daher eine weitere Überarbeitung angebracht.

4.3.1.6 Die Validität des Instruments

Die Brauchbarkeit eines Meßinstruments hängt neben seiner Reliabilität von seiner Validität ab. Bei dieser Eigenschaft geht es um die Frage nach dem Ausmaß, zu dem ein Meßinstrument das mißt, was es zu messen vorgibt. Die zu messende Variable stellt in der Regel ein theoretisches Konstrukt dar – wie z. B. die Selbsteinschätzung. Das bedeutet, daß eine solche Variable einer direkten Messung nicht zugänglich ist und eine Operationalisierung erforderlich ist. Daher ist es präziser, Validität zu definieren als das Ausmaß, mit dem theoretische Konstrukte in ihrer konstitutiven und in ihrer operationalen Bedeutung übereinstimmen.[590]

Will man die Validität eines Instruments prüfen, so lassen sich drei Vorgehensweisen voneinander unterscheiden: 1. ”Predictive Validity“, 2. ”Construct Validity“ und 3. ”Content Validity“.[591] Ziel der erstgenannten Validierungsform ist die Beantwortung der Frage, bis zu welchem Grade man bei Kenntnis einer in einem bestimmten Ausmaß vorhandenen Eigenschaft eines Objekts auf eine andere Eigenschaft desselben Objekts schließen kann. Inwieweit ist z. B. nach Messung der politischen Einstellung eines Individuums eine Prognose über sein Wahlverhalten möglich?

Ist eine solche Schlußfolgerung zulässig, und das kann nur durch empirische Prüfung des fraglichen Zusammenhangs ermittelt werden, dann wird die Messung des Wahlverhaltens überflüssig, d. h. das Meßinstrument zur Bestimmung des Wahlverhaltens kann durch das Meßinstrument zur Bestimmung der politischen Einstellung ersetzt werden.

Die Bestimmung der ”construct validity“ setzt das Vorhandensein einer Theorie voraus, die Aussagen über die Art der Beziehungen zwischen den einzelnen Ausprägungen verschiedener Variablen erlaubt. Soll die "construct validity" einer Einstellungsskala gezeigt werden, so müssen sich solche theoretische Annahmen als richtig erweisen. Das bedeutet, es muß empirisch nachgewiesen werden, daß zwischen einer bestimmten Ausprägung der zu messenden Einstellung eines Individuums und den Ausprägungen anderer Einstellungen des Individuums von der Theorie voraussagbare Beziehungen bestehen. Sind diese nicht vorhanden, so muß das theoretische Konstrukt, zu dessen Messung die Einstellungsskala konstruiert wurde, neu definiert werden, woraus sich wiederum andere Vermutungen über die Art der Beziehungen zu anderen Variablen ergeben.

In der vorliegenden Arbeit mußte auf die Bestimmung der "predictive" und der "construct validity" des verwendeten Instruments zur Messung des Faktors Selbsteinschätzung verzichtet werden, weil, wie sich zeigte, beide Formen der Validierung Kenntnisse über bestehende empirische Beziehungen zwischen der gemessenen Variablen und anderen Variablen voraussetzen. Die Entscheidung für eine dieser Vorgehensweisen hätte also eine zusätzliche empirische Untersuchung erforderlich gemacht, die über den Rahmen der dieser Arbeit zugrunde liegenden Fragestellung hinausgegangen wäre.

Aus diesem Grunde wurde lediglich die "content validity" des Instruments zur Messung der Selbsteinschätzung angestebt. Zwei Fragen stehen bei dieser Art der Validierung im Vordergrund: 1. In welchem Ausmaß bezieht sich jedes Item einer Skala auf die zu messende Eigenschaft? 2. In welchem Ausmaß beinhaltet das gesamte Instrument alle Aspekte der zu messenden Eigenschaft? Die Beantwortung dieser Fragen hängt von den Kenntnissen und der Einschätzung desjenigen ab, der ein Urteil über die Validität des verwendeten Instruments fällt. Ziel bei der Entwicklung der in dieser Arbeit verwendeten Einstellungsskala zur Messung der Selbsteinschätzung war demgemäß die Formulerung von Items, welche sich intersubjektiv erkennbar auf die zu messende Einstellung beziehen und die darüber hinaus in ihrer Gesamtheit alle Bestandteile der Selbsteinschätzung berücksichtigen. Die Grundlage dieser Vorgehensweise bildet dabei die zuvor gegebene Definition der zu messenden Einstellung „Selbsteinschätzung".[592]

4.3.2 Die Messung der Einstellung zum Gegenstand der Aussage

Bei dem innerhalb der vorliegenden Arbeit durchgeführten Experiment wurden die Versuchspersonen mit einer Aussage konfrontiert, die eine graphologische Fragestellung zum Gegenstand hatte.[593] Dazu wurden den Versuchspersonen im ersten Teil des Experiments neun unterschiedliche Schriftproben von jeweils etwa drei Zeilen mit verschiedenen, belanglosen Texten gezeigt. Gegenstand der erst im zweiten Teil des Experiments erfolgten Aussage, des experimentellen Stimulus also, waren dann u. a. Ausführungen über die Möglichkeit, aus der Schrift einer Person auf deren Intelligenzgrad zu schließen. Um einen Einstellungswandel bei den Probanden als Wirkung der Kommunikation feststellen zu können, hatten diese im ersten Teil des Experiments zunächst die Aufgabe, die ihnen vorgelegten Schriftproben nach der vermutlichen Intelligenz des jeweiligen Schreibers zu ordnen. Damit sollte ihre präkommunikative Einstellung gemessen werden.

Zu diesem Zweck wurden die verschiedenen Schriftproben mit den Buchstaben A bis J gekennzeichnet. Die Versuchspersonen wurden dann schriftlich aufgefordert, diese Schriftproben nach dem genannten Kriterium in ein dafür vorgesehenes Schema einzuordnen. Dieses Schema bestand aus zwei Zeilen mit jeweils neun Kästchen: Die Kästchen der unteren Zeile waren mit den Zahlen 1–9 gekennzeichnet, wodurch die verschiedenen Intelligenzgrade zum Ausdruck kommen sollten; in die obere Zeile sollte die Versuchsperson je nach ihrer persönlichen Meinung die Buchstaben eintragen, welche die Schriftproben repräsentierten. Dabei sollte die Schrift, deren Schreiber nach Ansicht des betreffenden Probanden den niedrigsten Intelligenzgrad aufwies, auf Platz 1 im Schema eingesetzt werden, die Schriftprobe des Schreibers mit dem nächsthöheren Intelligenzgrad auf Platz 2 usw.[594]

Auf diese Weise konnte festgestellt werden, wie jede Versuchsperson – vorausgesetzt, daß sie das Schema vollständig ausfüllte – jede einzelne Schriftprobe hinsichtlich des Kriteriums Intelligenz bewertete. Dabei war es für die im zweiten Teil der Untersuchung zu manipulierende Kommunikationsdiskrepanz bei diesem ersten Untersuchungsschritt zunächst lediglich wichtig zu erfahren, welche Schriftprobe von jedem Probanden auf einen bestimmten Platz – hier den neunten – gesetzt wurde. Auf die Zweckmäßigkeit dieser Vorgehensweise bei der Prüfung der hier aufgestellten Hypothesen soll im folgenden noch näher eingegangen werden.

4.3.3 Die Messung des Einstellungswandels

Die Messung des Einstellungswandels als Differenz zwischen der prä- und der postkommunikativen Einstellung der Probanden erfolgte gemäß den zu überprüfenden Hypothesen der vorliegenden Arbeit bei sechs Gruppen von Versuchspersonen, für die jeweils verschiedene Variablenkombinationen zutrafen. Es handelte sich um folgende Gruppierungen[595]:

1. Versuchspersonen mit *hoher* Selbsteinschätzung und Konfrontation mit einer Aussage, deren Diskrepanz zur eigenen Einstellung *gering* ist (hohe SE / geringe Kdp).[596]
2. Versuchspersonen mit *hoher* Selbsteinschätzung und Konfrontation mit einer Aussage, deren Diskrepanz zur eigenen Einstellung *gemäßigt* ist (hohe SE / mittlere Kdp).
3. Versuchspersonen mit *hoher* Selbsteinschätzung und Konfrontation mit einer Aussage, deren Diskrepanz zur eigenen Einstellung *groß* ist (hohe SE / große Kdp).
4. Versuchspersonen mit *geringer* Selbsteinschätzung und Konfrontation mit einer Aussage, deren Diskrepanz zur eigenen Einstellung *gering* ist (geringe SE / geringe Kdp).
5. Versuchspersonen mit *geringer* Selbsteinschätzung und Konfrontation mit einer Aussage, deren Diskrepanz zur eigenen Einstellung *gemäßigt* ist (geringe SE/mittlere Kdp).
6. Versuchspersonen mit *geringer* Selbsteinschätzung und Konfrontation mit einer Aussage, deren Diskrepanz zur eigenen Einstellung *groß* ist (geringe SE / große Kdp).

Zur Manipulation der Diskrepanz wurde jeweils von der Schriftprobe ausgegangen, die ein Proband auf Platz neun (höchste Intelligenzstufe) eingeordnet hatte.[597] Im kommunikativen Stimulus wurde nun behauptet, daß diese Schrift – ganz gleich, um welche es sich im konkreten Fall handelte — eigentlich um drei (geringe Kdp) bzw. fünf (mittlere Kdp) bzw. sieben (große Kdp) Einheiten niedriger einzustufen sei. Die in der Aussage enthaltene Einstellung wich also für alle Versuchspersonen entweder um drei, fünf oder sieben Diskrepanzstufen von der jeweiligen präkommunikativen Einstellung des Probanden ab.

Zur Ermittlung des Einstellungswandels einer Gruppe wurde im zweiten Teil des Experiments nach dem Empfang des Stimulus die postkommunikative Einstellung jedes Probanden gemessen. Das heißt, es wurde festgestellt, auf welchen Platz die einzelnen Versuchspersonen diejenige Schriftprobe, die sie zunächst auf Platz neun eingeordnet hatten, nunmehr setzten. Der Einstellungswandel wurde dann definiert als die Zahl der Stufen oder Rangplätze, um die der Proband die Einstufung der Schriftprobe verändert hatte. Diese Zahl wurde für jeden Probanden verglichen mit der im Sinne der Kommunikation propagierten Einstellungsänderung. Die Summe der tatsächlichen Einstellungsänderungen wurde dann in Beziehung gesetzt zu der Summe der in der Aussage propagierten Einstellungsänderungen. Das Ausmaß des Einstellungswandels für die Probanden einer Gruppe wurde dann errechnet als der prozentuale Anteil der Summe der tatsächlich vollzogenen Einstellungsänderungen jedes einzelnen Probanden in einer bestimmten Gruppe an der Summe der im Sinne der Aussage propagierten Einstellungsänderungen eines jeden dieser Probanden derselben Gruppe. Die so ermittelten Prozentzahlen kennzeichneten den Einstellungswandel in jeder der sechs Gruppen, die dann miteinander verglichen werden konnten.

4.4 Die Wahl des Gegenstandes der Aussage

Für die Wahl des Aussagengegenstandes waren verschiedene Gesichtspunkte maßgebend. Im Vordergrund stand dabei die sich aus den Hypothesen der Arbeit ergebende Notwendigkeit einer Diskrepanzmanipulation. Versuchspersonen mit hoher Selbsteinschätzung und Versuchspersonen mit geringer Selbsteinschätzung sollten mit einer Aussage konfrontiert werden, die sich lediglich durch das Ausmaß der Kommunikationsdiskrepanz unterschied. Um den Einfluß von drei verschiedenen Diskrepanzen auf den Grad des Einstellungswandels beider Gruppen von Versuchspersonen erfassen zu können, war es erforderlich, die verschiedenen Diskrepanzstufen zu manipulieren. Damit vergleichbare Ergebnisse erzielt werden konnten, mußten diese Stufen für jeden einer Gruppe zugehörenden Probanden gleich groß sein, d. h. das Ausmaß der in der Aussage propagierten Einstellungsänderung muß in jeder der sechs Versuchsgruppen jeweils für alle Personen gleich sein. Dabei genügt es jedoch nicht, daß das aus der Perspektive des Versuchsleiters der Fall ist, sondern entscheidend ist, daß die Versuchspersonen geringe, mittlere oder große Diskrepanzen auch als solche *wahrnehmen.*

Die Manipulation der auf ihren Einfluß zu untersuchenden Variable muß die für alle Probanden einer Gruppe in gleicher Weise ablaufende Wahrnehmung der vorgegebenen Abweichungen von der präkommunikativen Einstellung gewährleisten.[598] Dieses Ziel aber wird am ehesten erreicht, wenn die Diskrepanzen nicht nur verbal, sondern auch numerisch ausgedrückt werden. Eine geringe, gemäßigte und große Diskrepanz der in der Aussage propagierten Einstellung von der ursprünglichen Einstellung des Rezipienten werden sehr viel zuverlässiger unmißverständlich als solche wahrgenommen, wenn diese unterschiedlichen Abstände durch unterschiedliche Zahlen gekennzeichnet sind. Es empfahl sich daher, einen Aussagengegenstand zu wählen, bei dem die Erfüllung dieser Anforderungen möglichst leicht realisiert werden konnte.

Die Einordnung von Schriftproben in ein Bewertungsschema nach einem bestimmten Kriterium erschien dabei als besonders geeignet, weil in der verwendeten Aussage die Diskrepanzen sehr leicht überzeugend manipuliert werden konnten, indem eine bestimmte Schriftprobe einfach auf einen besseren Platz im Schema gesetzt wurde. Ähnlich günstig wäre es z. B. gewesen, Bilder im Hinblick auf ihre künstlerische Qualität einordnen zu lassen. Die Wahl des Kriteriums ,,Intelligenz" des Schreibers" für die Bewertung der Schriftproben hatte ihren Grund in der Eindeutigkeit des Begriffs Intelligenz, von dem zumindest eher als von anderen in Frage kommenden Gesichtspunkten wie z. B. der ,,Gefühlsbetontheit" oder ,,Willensstärke" eines Schreibers angenommen werden kann, daß alle Versuchspersonen das gleiche darunter verstehen.

Die Wahl des Gegenstands der Aussage erfolgte jedoch noch unter einem weiteren Aspekt. Um den Einfluß einer bei den Versuchspersonen eventuell vorhandenen Ich-Beteiligung ("ego-involvement") in bezug auf die Einstellung zum Gegenstand der Aussage weitgehend auszuschalten, sollte ein Gegenstand gewählt werden, von dem zu vermuten war, daß die Probanden vor dem Beginn des Versuchs eine diesbezüglich nur wenig klar ausgebildete eigene Meinung besaßen. Die Chance, daß sich Schüler bereits intensiv mit Fragen der Graphologie beschäftigt haben, erschien gering und der Gegenstand daher unter diesem Gesichtspunkt geeignet.

4.5 Der verwendete Stimulus

Der in der vorliegenden Arbeit verwendete Stimulus — eine Aussage, in der verschiedene Einstellungen zu einem bestimmten Einstellungsobjekt propagiert wurden — bestand in einem kleinen Aufsatz über graphologische Untersuchungen. Die Ausführungen hatten den Charakter einer Unterweisung im Fach Graphologie. Ausgehend von Bemerkungen über die Aufgaben des Graphologen und die im Vergleich zu früheren Zeiten veränderte Vorgehensweise bei der Analyse von Schriften wurde dabei auf die verschiedenen Merkmale hingewiesen, nach denen Schriften beurteilt werden können. Anschließend wurden die Probanden mit einigen absichtlich unpräzise und wenig eindeutig formulierten Kriterien für die Beurteilung des Intelligenzgrades eines Schreibers vertraut gemacht.

Nach den insgesamt sehr allgemein gehaltenen Ausführungen wurde im weiteren Verlauf des Textes darauf hingewiesen, daß die gegebenen Ausführungen nun an einem Beispiel illustriert werden sollten. So hieß es dann, daß die auf den nächsten

Seiten wiederum abgebildeten Schriftproben von Schreibern mit einem tatsächlich sehr unterschiedlichen Intelligenzgrad stammten und daß in einer anderen Untersuchung, in der dieselben Schriftproben eingeordnet worden waren, sehr übereinstimmende Ergebnisse erzielt worden seien, die z. T. stark von den hier gewonnenen Ergebnissen abwichen. Die stärkste Abweichung zeige sich, so wurde behauptet, in einem bestimmten Punkt: Hier wurde für jede Versuchsperson diejenige Schriftprobe zur Illustration herangezogen, die sie bei der ersten Messung auf den neunten Platz gesetzt hatte. Etwa einem Drittel der Versuchspersonen mit einer hohen Selbsteinschätzung wurde dann mitgeteilt, daß die von ihnen auf den neunten Platz eingeordnete Schrift X aufgrund ihrer charakteristischen Merkmale als die Schrift eines weniger intelligenten Individuums bezeichnet und von der Mehrzahl der Teilnehmer der anderen Untersuchung auf den sechsten Platz gesetzt worden sei, wodurch eine geringe Diskrepanz erzeugt werden sollte. Einem weiteren Drittel von Versuchspersonen mit hoher Selbsteinschätzung wurde gesagt, daß die von ihnen auf Platz neun im Kontinuum eingeordnete Schrift auf Platz vier (mittlere Diskrepanz) gesetzt wurde, und das letzte Drittel erhielt die Information, daß die von ihnen am höchsten bewertete Schriftprobe bei der anderen Untersuchung auf den zweiten Platz (große Diskrepanz) gerückt worden sei. Entsprechend wurde mit den Probanden mit geringer Selbsteinschätzung verfahren. Auf die Herkunft der Information wurde absichtlich nicht näher eingegangen, um möglichst zu verhindern, daß der Faktor „Glaubwürdigkeit des Kommunikators" im Prozeß des Einstellungswandels wirksam wurde. Zum Schluß wurden alle Versuchspersonen aufgefordert, ihre Entscheidung auf der Grundlage der ihnen vorgelegten Ausführungen über Graphologie und des gegebenen Beispiels zu überdenken und dann die Einstufung der Schriftproben nochmals zu versuchen.[599] Gemäß den zu prüfenden Hypothesen wurde jeder Proband dem gleichen Stimulus ausgesetzt, der sich in seinem Wortlaut jeweils nur in bezug auf die unterschiedliche Kommunikationsdiskrepanz unterschied. Der Stimulus umfaßte etwa zweieinhalb Schreibmaschinenseiten und ist speziell für diese Untersuchung formuliert worden. Die für seine Erstellung erforderlichen Hinweise über Graphologie wurden dem Buch von Brenger[600] entnommen.

4.6 Die Durchführung des Experiments

Nach abgeschlossener Auswertung der Voruntersuchung sowie aller mit der Durchführung des Experiments zusammenhängenden Vorarbeiten konnte mit der Hauptuntersuchung begonnen werden. Sie bestand aus zwei Abschnitten, von denen der erste Teil am 10.7.1968 und der zweite am 17.7.1968 durchgeführt wurde. Die Dauer der Untersuchung betrug jeweils etwa 45 Minuten.

Im ersten Untersuchungsabschnitt wurden mit Hilfe des dafür entwickelten Instruments die Selbsteinschätzung der Probanden und ihre Einstellung zum Gegenstand der Aussage gemessen. Die Versuchspersonen erhielten zu diesem Zweck schriftliche Unterlagen, in denen zunächst über die Ziele der Untersuchung berichtet und Verhaltensanweisungen gegeben wurden.[601] Von diesem ersten Teil der Untersuchung wurden 121 Schüler erfaßt, welche sich in drei Klassenräumen befanden. Bei der Sitzordnung war darauf geachtet worden, daß die Probanden möglichst vom Nachbarn unbeeinflußt und allein ihre Fragebogen bearbeiten konnten. Die Beaufsichtigung erfolgte durch den Versuchsleiter bzw. einen seiner Kollegen. Außerdem war während der Untersuchung in jeder der drei Klassen ein Lehrer anwesend. Um die Anonymität zu sichern, waren die Versuchspersonen eingangs auf die Möglichkeit hingewiesen worden, auf den Fragebogen statt ihres wirklichen Namens ein Pseudonym anzugeben. Hiervon machte etwa ein Drittel der Versuchspersonen Gebrauch. Eine Namensnennung in irgendeiner Form war erforderlich, weil nur so die für den zweiten Teil der Untersuchung notwendige Zuordnung von Fragebogen und Versuchspersonen möglich war.

Nach Abschluß des ersten Untersuchungsabschnitts mußten vier Versuchspersonen ausgeschieden werden, da sie entweder zu mehreren Items nicht Stellung genommen, die Schriftproben nicht eingeordnet oder beides versäumt hatten. Eine Versuchsperson hatte offensichtlich die Aufgabe nicht ernst genommen. Es blieben 117 Versuchspersonen übrig, deren Fragebogen ausgewertet werden konnten.

Zunächst wurde für jede Versuchsperson der Gesamtpunktwert, den sie bei der Selbsteinschätzung erreicht hatte, errechnet. Dies geschah gemäß der bereits erläuterten, bei der Likert-Skala üblichen Vorgehensweise durch Addition der für jedes Item erreichten Einzelpunktwerte. Da es sich um eine andere Personengruppe als in der Voruntersuchung handelte, wurde im Anschluß daran die Diskriminationsfähigkeit der verwendeten Items erneut geprüft. Dieser Vorgang erfolgte nach dem bereits dargestellten Verfahren. Innerhalb bestimmter Grenzen erwiesen sich von den 31 Items der Skala 19 als die am meisten diskriminierenden. Auf der Grundlage dieser 19 Items wurde im folgenden erneut der erreichte Gesamtpunktwert jeder der 117 Probanden errechnet. Die addierten Einzelpunktwerte reichten dabei von 53 bis 162. Aufgrund dieser Reihe wurden zwei Gruppen mit niedriger und mit hoher Selbsteinschätzung gebildet. Auf die erste Gruppe entfielen 58, auf die zweite 59 Probanden, die Trennung erfolgte durch den Median der Verteilung. Jede dieser Gruppen mußte im folgenden im Hinblick auf den im zweiten Untersuchungsabschnitt vorzulegenden Stimulus dreifach unterteilt werden. Dies geschah, indem in der Gruppe mit niedriger Selbsteinschätzung für die erste Versuchsperson eine große Diskrepanz, für die zweite eine mittlere, für die dritte eine geringe, für die vierte dann wieder eine große Diskrepanz usw. bestimmt wurde. Die auf diese Weise entstandenen drei Untergruppen der Gruppe "Personen mit geringer Selbsteinschätzung" waren einmal mit 20 und zweimal mit 19 Personen besetzt. 20 Probanden sollten dabei mit einer Aussage konfrontiert werden, die eine große Diskrepanz zu ihrer eigenen Einstellung aufwies, während 19 Versuchspersonen einer mittleren und weitere 19 einer geringen Diskrepanz gegenübergestellt werden sollten. In der Gruppe mit hoher Selbsteinschätzung entfielen auf 19 Probanden eine große, und auf je 20 eine mittlere und eine geringe Diskrepanz. Auf diese Weise entstanden die bereits näher charakterisierten sechs Gruppen der Untersuchung. Im Anschluß daran konnten in den Fragebogen für den zweiten Untersuchungsabschnitt die entsprechenden, das Ausmaß der Kommunikationsdiskrepanz kennzeichnenden Ziffern an die dafür vorgesehene Stelle eingetragen werden.

184

Nachdem die Fragebogen für den zweiten Teil des Experiments auf diese Weise vorbereitet worden waren — auf jedem Fragebogen standen jetzt auch die Namen oder Pseudonyme der Probanden — konnte der zweite Untersuchungsabschnitt durchgeführt werden. Es war diesmal darauf zu achten, daß dieselben Probanden in denselben Räumen waren wie in der Woche davor, damit die Austeilung der Fragebogen reibungslos vonstatten ging und jeder Proband den für ihn bestimmten Fragebogen erhielt. Die Versuchspersonen wurden dem experimentellen Stimulus ausgesetzt und sollten danach die Schriftproben erneut beurteilen. Außerdem wurden sie aufgefordert, noch einmal zu den am stärksten diskriminierenden Items Stellung zu nehmen. Auf diese Weise sollte die Voraussetzung für die Reliabilitätsbestimmung des zur Selbsteinschätzung verwendeten Instruments geschaffen werden. Der äußere Ablauf des zweiten Untersuchungsabschnitts vollzog sich in gleicher Weise wie der erste Untersuchungsabschnitt. Nach Abschluß des letzten Teils des Experiments mußten weitere vier Probanden ausgeschieden werden, die zwar beim ersten Mal teilgenommen hatten, aber zu dem Zeitpunkt des letzten Teils des Experiments fehlten. Die Gesamtzahl der an dem Experiment beteiligten Personen betrug damit 113.

Während der gesamten Untersuchung gab es keinerlei Störungen. Die Probanden schienen interessiert zu sein, und die Durchführung des Experiments verlief reibungslos. Nach Abschluß der empirischen Untersuchung wurden die Versuchspersonen bei einem neuerlichen Zusammentreffen ausführlich über die Zielsetzung der Untersuchung bzw. die ihr zugrunde liegende Fragestellung informiert.

5. Die Ergebnisse der Untersuchung

Ziel der hier durchgeführten Untersuchung war es, einen Beitrag zur Beantwortung der Frage zu leisten, inwieweit die Kommunikationsdiskrepanz im Zusammenhang mit der Selbsteinschätzung der Rezipienten einen Einfluß auf die Wirkung von Aussagen der Massenmedien ausübt. Darüber hinaus stellt die Arbeit eine erste Prüfung des geschilderten Programms zur Theoriebildung in der Massenkommunikationsforschung dar und ist in diesem Sinne als "pilot study" anzusehen. In Kapitel 2 war der Zusammenhang zwischen den Determinanten und Resultanten der hier geprüften Hypothesen und diesem Programm im einzelnen aufgezeigt worden. Von den fünf Determinanten des Wirkungsprozesses, der als Prozeß von Einstellungsänderungen definiert worden war, werden drei in der vorliegenden Arbeit als unabhängige Variablen verwendet: Die in der Aussage enthaltene Einstellung zu einem Einstellungsobjekt, die präkommunikative Einstellung der Rezipienten zu demselben Einstellungsobjekt und die Selbsteinschätzung, definiert als Einstellung zur eigenen Person.

Die Ergebnisse der Untersuchung zeigen eindeutig, daß das Ausmaß der Einstellungsänderung sowohl von der Selbsteinschätzung als auch von der Kommunikationsdiskrepanz bestimmt wird. Veränderungen der Kommunikationsdiskrepanzen führten zu Veränderungen im Ausmaß des Einstellungswandels, und eine unterschiedliche Selbsteinschätzung der Rezipienten führte ebenfalls zu unterschiedlichen Graden an Einstellungswandel. Ebenso zeigte sich gemäß der Vorhersage eine unterschiedliche Interaktion der beiden Variablen: Denn Personen mit hoher und mit geringer Selbsteinschätzung reagieren in verschiedener Weise auf die Veränderung der Kommunikationsdiskrepanzen. Im nachfolgenden Schaubild werden die gewonnenen Ergebnisse graphisch dargestellt.

Figur 5: Die Beziehungen zwischen Selbsteinschätzung, Kommunikationsdiskrepanz und Einstellungswandel

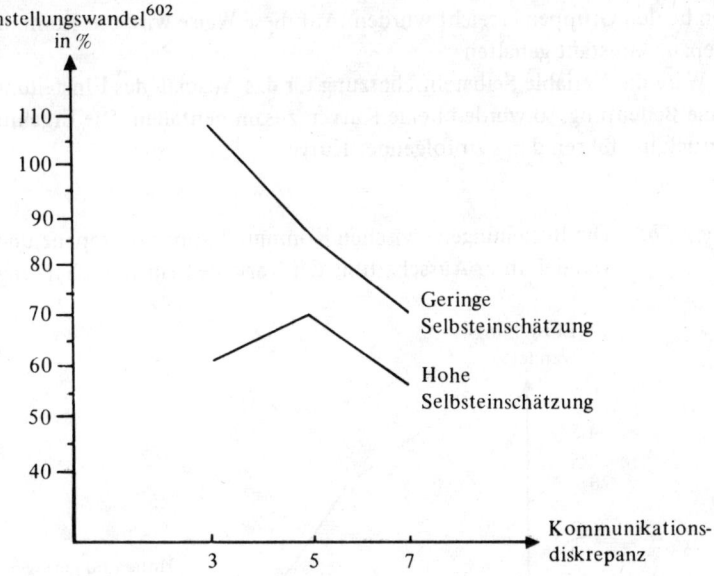

Die errechneten Werte für den Einstellungswandel:

Hohe Selbsteinschätzung: 62 % (Kdp 3), 70 % (Kdp 5), 56 % (Kdp 7)
Geringe Selbsteinschätzung: 107 % (Kdp 3), 86 % (Kdp 5), 70 % (Kdp 7)

Hätte die Variable Kommunikationsdiskrepanz keinen Einfluß auf das Ausmaß des Einstellungswandels, so würden beide Kurven parallel zur Abszisse verlaufen. Aufgrund der Ergebnisse der Untersuchung ergibt sich dann der in der folgenden Figur dargestellte Kurvenverlauf:

Figur 5a: Die Beziehungen zwischen Selbsteinschätzung und Einstellungswandel unter Ausschaltung der Variable Kommunikationsdiskrepanz

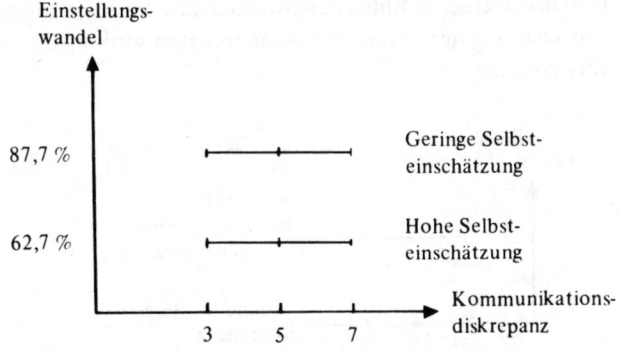

Die Prozentsätze (87,7 % und 62,7 %) lassen sich berechnen, indem man in der Gruppe der Probanden mit hoher und in der mit geringer Selbsteinschätzung jeweils den Durchschnitt der Werte für den Einstellungswandel bildet, die bei jeder Diskrepanzstufe in den beiden Gruppen erreicht wurden. Auf diese Weise wird die Kommunikationsdiskrepanz konstant gehalten.

Wäre die Variable Selbsteinschätzung für das Ausmaß des Einstellungswandels ohne Bedeutung, so würden beide Kurven zusammenfallen. Die Ergebnisse der Untersuchung führen dann zu folgender Kurve:

Figur 5b: Die Beziehungen zwischen Kommunikationsdiskrepanz und Einstellungswandel unter Ausschaltung der Variable Selbsteinschätzung

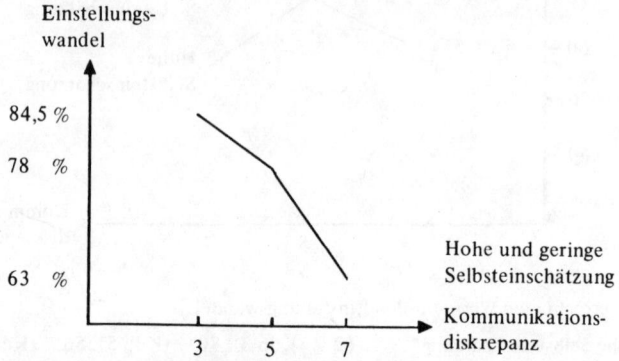

Die Prozentsätze (84,5 %, 78 % und 63 %) lassen sich berechnen, indem man für jede Diskrepanzstufe den Durchschnitt der Werte für den Einstellungswandel bildet, den die Probanden mit hoher und geringer Selbsteinschätzung dort jeweils erreicht haben. Auf diese Weise wird die Selbsteinschätzung konstant gehalten.

Wäre sowohl die Variable Selbsteinschätzung als auch die Variable Kommunikationsdiskrepanz für das Ausmaß des Einstellungswandels ohne Bedeutung, so würde sich aufgrund der Ergebnisse der Untersuchung folgende Kurve ergeben:

Figur 5c: Durchschnittlicher Einstellungswandel aller Versuchspersonen unter Ausschaltung der Variablen Kommunikationsdiskrepanz und Selbsteinschätzung

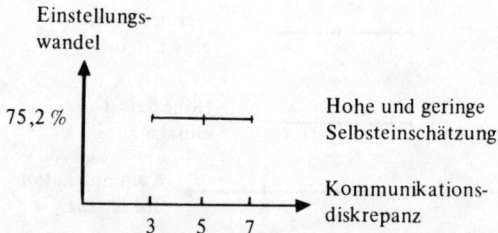

Der Prozentsatz (75,2 %) läßt sich berechnen, indem man von allen in den sechs Gruppen erreichten Werten für den Einstellungswandel den Durchschnitt bildet.

Hätten schließlich die Probanden mit hoher und mit geringer Selbsteinschätzung nicht auch *unterschiedlich* auf Veränderungen in der Kommunikationsdiskrepanz reagiert, so würde sich zwar für jede Gruppe eine Kurve ergeben, die sowohl den Einfluß der Variable Selbsteinschätzung als auch den Einfluß der Variable Kommunikationsdiskrepanz zeigt, aber die eine Kurve wäre in allen Kurvenabschnitten nur eine *Parallelverschiebung* der anderen. Das würde bedeuten, daß entgegen den in den hier formulierten Hypothesen ausgesprochenen Vermutungen[603] die Selbsteinschätzung von Personen keinen Einfluß hat auf *Variationen* im Ausmaß des Einstellungswandels bei variierender Kommunikationsdiskrepanz. Mit anderen Worten: Die Variable Selbsteinschätzung wäre für die Wahl der bei unterschiedlicher Diskrepanz jeweils bevorzugten Reduktionsart ohne Bedeutung.

Um festzustellen, welche Wirkungen die Aussagen der Massenmedien haben, ist es offensichtlich notwendig, die Selbsteinschätzung der Rezipienten zu kennen. Diese läßt sich, wie gezeigt werden konnte, als Einstellung kennzeichnen und dementsprechend mit Hilfe einer Einstellungsskala messen. Weiterhin wirkungsrelevant ist der Aussageninhalt; die in der Aussage vertretene Einstellung wurde auf die geschilderte einfache Weise zu ermitteln versucht. Von den herkömmlicherweise als Prädispositionen des Rezipienten bezeichneten Faktoren wurde neben der Selbsteinschätzung nur die vor dem Aussagenempfang bereits vorhandene Meinung der Rezipienten zum Aussagengegenstand als Einstellung herangezogen. Die Erfassung zentraler Variablen des Wirkungsprozesses mit Hilfe des Einstellungsbegriffs, wodurch eine Vereinheitlichung und unproblematische Messung dieser Variablen möglich wurde, hat sich in dieser Arbeit als eine durchaus brauchbare Vorgehensweise gezeigt. Die Überprüfung der Hypothesen im einzelnen erbrachte folgende Ergebnisse.

5.1 Hypothese I

Die in der ersten Hypothese ausgesprochene Vermutung konnte in dieser Untersuchung bestätigt werden. Bei den Versuchspersonen, die eine hohe Selbsteinschätzung besaßen, war das Ausmaß des Einstellungswandels am größten, als die Kommunikationsdiskrepanz gemäßigt war, also die mittlere Stufe erreicht hatte. Das Ausmaß des Einstellungswandels betrug, wie auch bereits ausgeführt, bei der geringen Kommunikationsdiskrepanzstufe 62 %, bei der mittleren 70 % und bei der großen Diskrepanzstufe 56 %. Die Kurve des Einstellungswandels steigt also von der geringen bis zur mittleren Diskrepanzstufe leicht an und erreicht bei der Stufe fünf ihr Maximum (70 %) des im Sinne der Kommunikation möglichen Einstellungswandels. Die Versuchspersonen mit einer hohen Selbsteinschätzung änderten ihre Einstellung gegenüber dem Aussagengegenstand — Intelligenzgrad von Individuen aufgrund ihrer Schriftproben — damit stärker, wenn die Kommunikationsdiskrepanz gemäßigt war, als wenn sie gering war. Wären nur diese beiden Diskrepanzstufen untersucht worden, so könnte man sagen, daß das Ausmaß des Einstellungswandels um so größer ist, je größer die Kommunikationsdiskrepanz wird. Von jener mittleren Diskrepanzstufe an nahm das Ausmaß des Einstellungswandels jedoch ab, bis er bei der großen Kommunikationsdiskrepanzstufe seinen tiefsten gemessenen Wert (56 %) erreichte. Bei der mittleren Kommunikationsdiskrepanzstufe zeigt sich also der Wendepunkt der Einstellungsänderungskurve. Hätte man nur die Diskrepanzstufen fünf und sieben untersucht, so könnte man sagen: Das Ausmaß des Einstellungswandels ist um so geringer, je größer die Kommunikationsdiskrepanz wird.

Wie aus den ermittelten Werten für den Einstellungswandel bzw. aus Figur 5 auf Seite 187 hervorgeht, zeigt die Kurve bei den Versuchspersonen mit einer hohen Selbsteinschätzung in ihrem zweiten Abschnitt (von der mittleren zur großen Diskrepanzstufe) einen etwas steileren Verlauf als die Kurve in ihrem ersten Abschnitt. Die Differenz zwischen 62 % und 70 % beträgt nur 8 %, die Differenz zwischen 56 % und 70 % aber 14 %. Hierin kann sich eine Tendenz zeigen, nach der das Ausmaß der Einstellungsänderung nach dem Wendepunkt in etwas stärkerem Maße sank, als es vor dem Wendepunkt anstieg. Abschließend kann aufgrund des Untersuchungsergebnisses gesagt werden, daß Personen mit hoher Selbsteinschätzung offenbar ihre Einstellung dann am wenigsten ändern, wenn die Kommunikationsdiskrepanz groß ist. Bei dieser Diskrepanzstufe war das Ausmaß des Einstellungswandels geringer (56 %) als bei der mittleren (70 %) und auch geringer als bei der niedrigen (62 %) Diskrepanzstufe.

5.2 Hypothese II

Die in der zweiten Hypothese enthaltene Annahme konnte in dem hier durchgeführten Experiment nicht bestätigt werden. Versuchspersonen, die eine geringe Selbsteinschätzung besaßen, zeigten kein größeres Ausmaß an Einstellungswandel, wenn die Kommunikationsdiskrepanz groß war, als wenn sie gemäßigt oder gering war. Stattdessen verhielten sie sich genau umgekehrt. Das Ausmaß des Einstellungswandels betrug bei großer Kommunikationsdiskrepanz 70 %, bei der mittleren 86 % und bei der geringen Diskrepanzstufe 107 %. Das heißt, wie auch das in Figur 5 auf Seite 187 graphisch bereits dargestellte Ergebnis zeigt, daß die Versuchspersonen mit geringer Selbsteinschätzung ihre präkommunikative Einstellung am stärksten änderten, als die Kommunikationsdiskrepanz gering war. Bei dieser Stufe war der Einstellungswandel sogar stärker als in der Aussage beabsichtigt. In der Kommunikation wurde eine Einstellung propagiert, die sich bei einem Drittel der Versuchspersonen mit geringer Selbsteinschätzung um nur drei Einheiten von ihrer Einstellung zum Gegenstand der Aussage unterschied. Dennoch änderten einige Versuchspersonen ihre Einstellung um drei oder sogar mehr Einheiten, so daß der Einstellungswandel zwar in Richtung der Aussage verlief, aber ein „Übereffekt" erzielt wurde.

Mit zunehmender Kommunikationsdiskrepanz zeigten dann die Versuchspersonen in zunehmendem Maße weniger Einstellungswandel, so daß sich nahezu eine Gerade ergab, wenn man die einzelnen Werte verband. Jedoch zeigte der erste Kurvenabschnitt

190

(von geringer zu mittlerer Diskrepanz) einen etwas stärkeren Steigungsgrad als der zweite (von mittlerer zu großer Diskrepanz). Die Differenz zwischen dem ersten und zweiten Wert beträgt 21 %, die Differenz zwischen dem zweiten und dritten nur 16 %. Hierin kann sich eine Tendenz zeigen, nach der der Rückgang des Ausmaßes an Einstellungswandel von der mittleren Diskrepanzstufe an in gemäßigterer Weise fortgesetzt wurde. Wie bei den Probanden mit hoher Selbsteinschätzung, so erreichten auch die Versuchspersonen mit geringer Selbsteinschätzung den tiefsten gemessenen Punkt des Einstellungswandels bei großer Kommunikationsdiskrepanz.

5.3 Hypothese III

Die in der dritten Hypothese bzw. in ihren Teilen a), b) und c) gemachten Annahmen haben sich in dieser Untersuchung bestätigt. Versuchspersonen, die eine hohe (geringe) Selbsteinschätzung besaßen, zeigten bei kleiner (a), mittlerer (b) und großer (c) Kommunikationsdiskrepanz weniger (mehr) Einstellungswandel als die Versuchspersonen, die eine geringe (hohe) Selbsteinschätzung besaßen. Die Einstellungsänderungswerte für die Probanden mit geringer Selbsteinschätzung waren 107 % (a), 86 % (b) und 70 % (c). Die entsprechenden Werte bei den Probanden mit hoher Selbsteinschätzung lauteten: 62 % (a), 70 % (b) und 56 % (c). Die Differenzen betragen bei (a) 45 %, bei (b) 16 % und bei (c) 14 %.

Figur 5d: Differenzen im Einstellungswandel bei Versuchspersonen mit hoher und geringer Selbsteinschätzung auf den verschiedenen Stufen der Kommunikationsdiskrepanz

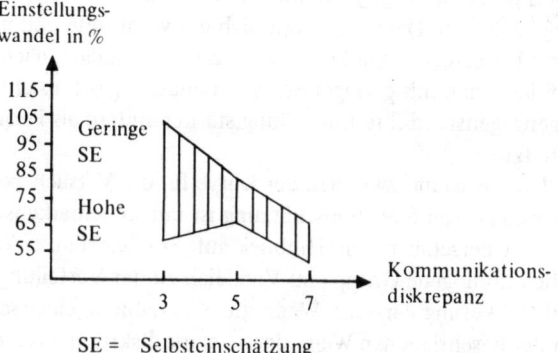

Gleichgültig also, ob der Grad der Abweichung zwischen der präkommunikativen Einstellung der Versuchspersonen und der in der Aussage vertretenen Einstellung drei, fünf oder sieben Stufen betrug, änderten die sich selbst geringer einschätzenden Versuchspersonen ihre Einstellung stärker. Dabei zeigte sich, daß der Abstand im Ausmaß an Einstellungswandel zwischen den beiden Gruppen mit unterschiedlicher

Selbsteinschätzung bei der untersten Kommunikationsdiskrepanzstufe am größten war (45 %) und sich auf der mittleren Diskrepanzstufe verringerte (16 %). Von der mittleren Stufe an veränderte sich der Abstand im Ausmaß an Einstellungswandel bis hin zur großen Diskrepanzstufe nur noch wenig, so daß die beiden Kurvenabschnitte in diesem Kommunikationsdiskrepanzbereich fast parallel verliefen, was auch aus Figur 5 ersichtlich wird. Dabei erreichte die Kurve für die Probanden mit geringer Selbsteinschätzung ihren tiefsten gemessenen Punkt (70 % Einstellungswandel) an einer Stelle, an der die Kurve für die Versuchspersonen mit hoher Selbsteinschätzung ihr Maximum hatte (ebenfalls 70 % Einstellungswandel). Insgesamt betrug das Ausmaß des durchschnittlich erfolgten Einstellungswandels bei den Versuchspersonen mit hoher Selbsteinschätzung rund 63 % und bei Versuchspersonen mit geringer Selbsteinschätzung rund 88 %.[604]

Mit diesem Ergebnis reiht sich diese Studie in die Gruppe derjenigen Untersuchungen ein, die zwischen Selbsteinschätzung der Rezipienten und Einstellungswandel eine inverse Beziehung feststellen konnten, nach der das Ausmaß des zu beobachtenden Einstellungswandels größer ist, wenn die Selbsteinschätzung geringer ist.[605] Dieser Zusammenhang zeigte sich also wiederum, obwohl in der vorliegenden Arbeit ein ganz anderes, neu entwickeltes Instrument zur Messung der Variable Selbsteinschätzung verwendet wurde.

Darüber hinaus bestand diese Beziehung diesmal nicht nur bei einer ganz bestimmten Stufe an Kommunikationsdiskrepanz, sondern sie galt für alle drei im vorliegenden Experiment manipulierten Diskrepanzstufen, wenn auch in unterschiedlichem Ausmaß. Mit Absicht war, wie in Kapitel 4 bereits ausgeführt, ein Aussagengegenstand gewählt worden, von dem angenommen werden konnte, daß die Versuchspersonen hierüber geringe Kenntnisse besaßen und der ihnen auch mehr oder weniger belanglos erschien. Dadurch war allen eine Änderung ihrer Einstellung in Richtung auf die Kommunikation erleichtert worden.[606] In dieser Beziehung unterschied sich der hier gewählte Aussagengegenstand von den in anderen Untersuchungen benutzten Aussagengegenständen. Dennoch zeigte sich der vermutete und mit den Ergebnissen vieler anderer Untersuchungen konsistente Zusammenhang, nach dem die Tendenz besteht, daß Personen mit geringer Selbsteinschätzung offensichtlich unabhängig vom Aussagengegenstand ihre Einstellung stärker ändern als Personen mit hoher Selbsteinschätzung.

Der deutliche Abstand zwischen der Kurve für die Versuchspersonen mit hoher und für die mit geringer Selbsteinschätzung ist um so bemerkenswerter, als die Versuchsgruppe — Oberschüler — im Hinblick auf ihre Selbsteinschätzung eine möglicherweise ziemlich homogene Gruppe im Vergleich zu der Verteilung dieses Merkmals in der Gesamtbevölkerung darstellt. Wenn diese Variable in einer solchen Versuchsgruppe dennoch in der beschriebenen Weise derart stark diskriminierte, dann ist der Faktor Selbsteinschätzung für die Erklärung und Voraussage von Einstellungsänderungen als eine äußerst relevante Variable anzusehen, welche die Reaktionen von Individuen in der geschilderten Art zu steuern vermag.

5.4 Zur Erklärung der Ergebnisse auf der Grundlage der Dissonanztheorie

Zur Erklärung der Ergebnisse, welche die Überprüfung der Hypothesen erbrachte, seien hier noch einmal die dissonanzerzeugenden Situationen kurz aufgezählt.

(1) Dissonanzerzeugende Situationen bei Versuchspersonen mit hoher Selbsteinschätzung:

a) Präkommunikative Einstellung der Rezipienten zum Einstellungsobjekt
b) Die von der präkommunikativen Einstellung der Rezipienten abweichende, in der Aussage enthaltene Einstellung zu demselben Einstellungsobjekt (negative Information)
c) Hohe Selbsteinschätzung der Rezipienten
d) Bedürfnis nach Selbstachtung (Erhöhung des eigenen Wertes)

Kognitive Dissonanz zwischen a) und b)
Kognitive Dissonanz zwischen b) und c)
Kognitive Dissonanz zwischen b) und d)

Im Mittelpunkt steht hier zunächst die für den Massenkommunikationsprozeß typische Situation einer kognitiven Dissonanz zwischen a) und b). Unter der Voraussetzung, daß die Versuchspersonen die Dissonanz wahrnahmen, mußten sie gemäß Hypothese 1 der Theorie Festingers bestrebt sein, diese Dissonanz zu reduzieren und gemäß Hypothese 2 zu vermeiden suchen, die Dissonanz noch zu vergrößern. Die Möglichkeiten zur Reduktion der kognitiven Dissonanz (Hypothese 5) bestanden in diesem Fall nur in der Zurückweisung der Kommunikation bzw. der in ihr geäußerten Einstellung oder im Vollzug eines Einstellungswandels. Das heißt, die Probanden konnten einmal bei ihrer Einstellung bleiben und die in der Aussage vertretene Einstellung als unrichtig abtun, indem sie etwa die Kompetenz der dort angesprochenen Studentengruppe, die Schriftproben im Hinblick auf den Intelligenzgrad des Schreibers korrekt zu beurteilen, bestritten oder zumindest in Zweifel zogen. Zum anderen konnten sie ihre Einstellung ändern. Von den übrigen auf den Seiten 161 f. unter 2) und 3) aufgeführten theoretisch vorhandenen Reduktionsarten konnten die Versuchspersonen in diesem Experiment keinen Gebrauch machen. Denn weil der Stimulus in schriftlicher Form gegeben wurde – wie es etwa bei dem Massenmedium Presse der Fall ist – hatten die Rezipienten keine Möglichkeit, die in der Aussage vertretene Einstellung bzw. die Einstellung des Kommunikators zu beeinflussen, um sie ihrer präkommunikativen Einstellung zu nähern. Weil die Versuchspersonen im Experiment eine nicht interagierende Gruppe darstellten, die ausdrücklich aufgefordert worden waren, alleine zu arbeiten, hatten sie auch keine Möglichkeit, nach Eingabe des Stimulus für ihre präkommunikative Einstellung Unterstützung zu finden, indem sie etwa nach anderen Versuchspersonen gesucht hätten, die die gleiche Einstellung zum Aussagengegenstand vertraten, wie sie selbst.

Gemäß Hypothese 6 wird eine perzipierte Möglichkeit, Dissonanz zu reduzieren, um so eher realisiert, je positiver eine Person diese Möglichkeit bewertet. Die Wahl der einen Möglichkeit kann für die Person belohnender sein als die Wahl der anderen, Als die in der Aussage vertretene Einstellung relativ nahe an die präkommunikative Einstellung der Rezipienten herankam, als also die Kommunikationsdiskrepanz gering war, konnten die Versuchspersonen mit hoher Selbsteinschätzung die entstandene geringe Dissonanz leicht dadurch reduzieren, daß sie eine kleine Änderung ihrer eigenen Einstellung vornahmen. Dies erscheint um so verständlicher, als aufgrund eines möglicherweise entstandenen Assimilationseffekts[607] die in der Aussage vertretene Einstellung gegenüber der eigenen noch ähnlicher wahrgenommen wurde, als es tatsächlich der Fall war und mithin die Dissonanz klein erschien und nur einen geringen Bestrafungseffekt besaß. Auch bei Vergrößerungen der Kommunikationsdiskrepanz und der damit verbundenen Dissonanz setzte sich diese Tendenz fort, die Dissonanz durch Einstellungswandel zu reduzieren. Gemäß Hypothese 3 der Theorie Festingers, nach der die kognitive Dissonanz um so eher reduziert wird, je größer die perzipierte Dissonanz ist, nahm das Ausmaß des Einstellungswandels auch leicht zu. Da im Text der Aussage den Probanden mitgeteilt worden war, ihre erste Einordnung der Schriften habe auch den Zweck gehabt, sie mit der Technik der Einstufung vertraut zu machen und sie dann gebeten wurden, ihre erste Entscheidung hinsichtlich der Beurteilung der Schriften noch einmal zu überprüfen, wurde den Versuchspersonen eine Einstellungsänderung nahegelegt. Das heißt, sie wurde ihnen leicht gemacht. Und so ist es auch zu erklären, daß trotz der hohen Selbsteinschätzung der Probanden diese — solange die Kommunikationsdiskrepanzen nur gering und gemäßigt waren — die Dissonanzreduktion durch Einstellungswandel höher bewerteten als das sofortige in Zweifel ziehen der Urteilsfähigkeit einer Studentengruppe, deren Urteil im Text der Aussage als immerhin sehr einheitlich hingestellt worden war.

Als durch Verzögerung der Kommunikationsdiskrepanz über den noch gemäßigten Abstand hinaus die kognitive Dissonanz wiederum größer wurde, änderten die Probanden mit hoher Selbsteinschätzung die Bewertung der Reduktionsarten. Die ausschließliche Annahme einer von der ihren inzwischen stark abweichenden Einstellung war jetzt mit ihrer hohen Selbsteinschätzung nicht länger zu vereinbaren, so daß sie in zunehmendem Maße von der anderen Alternative — Zurückweisung der Kommunikation — Gebrauch machten. Dies zeigte sich darin, daß das Ausmaß des Einstellungswandels abnahm. Bei den Versuchspersonen mit hoher Selbsteinschätzung reichte der Annahmebereich ("latitude of acceptance") also bis zur Erreichung einer mittleren Kommunikationsdiskrepanzstufe, dann begann der Ablehnungsbereich ("latitude of rejection"). Das heißt, die durch Zurückweisung der Kommunikation erlangte Belohnung wurde von hier ab höher bewertet als die durch Einstellungswandel bewirkte Belohnung. Je größer nach Überschreiten des Kulminationspunktes die Kommunikationsdiskrepanz (Dissonanz) wurde, um so belohnender wurde konsequenterweise die Entscheidung zugunsten einer Zurückweisung zur Erreichung kognitiver Konsonanz; denn das Ausmaß des Einstellungswandels sank immer mehr. Es ist anzunehmen, daß bei Verwendung weiterer noch größerer Kommunikationsdiskrepanzstufen das Ausmaß des Einstellungswandels immer geringer geworden wäre.

Was die kognitiven Dissonanzen zwischen der hohen Selbsteinschätzung und der negativen Information (also zwischen b und c) einerseits sowie zwischen der negativen Information und dem Bedürfnis nach Selbstachtung (also zwischen b und d) andererseits betrifft, so ist denkbar, daß die Personen mit hoher Selbsteinschätzung diese Dissonanzen bei der geringen und der mittleren Diskrepanzstufe gar nicht perzipiert haben. Denn die Mitteilung, in der den Probanden die Vermutung nahegelegt wurde, daß sie die Schriften nicht korrekt eingeordnet hätten, wird als nicht sehr negativ empfunden, wenn das in der Aussage wiedergegebene Urteil sich nur wenig von dem eigenen Urteil unterscheidet. Vor allem, was die Perzeption der kognitiven Dissonanz zwischen b) und d) angeht, so erscheint die Annahme plausibel, daß gerade Personen mit hoher Selbsteinschätzung es nicht sogleich als Bedrohung ihres eigenen Wertes betrachten – und darin besteht ja die Dissonanz –, wenn sie mit einer Information konfrontiert werden, die für sie etwas negativ ist. Denn weil sie eine hohe Selbsteinschätzung besitzen, und diese ist auch eine Folge von positiven Reaktionen ihrer Umwelt, fühlen sie sich, so kann man vermuten, weniger schnell bedroht als Personen mit geringer Selbsteinschätzung. Für den Fall, daß dennoch auch schon bei der geringen und gemäßigten Diskrepanzstufe Dissonanzen zwischen b) und c) und (oder) b) und d) wahrgenommen worden sind, war es wahrscheinlich, daß die Versuchspersonen mit hoher Selbsteinschätzung aus eben jenen Gründen, die Reduktionsarten Änderung der positiven Einstellung zu sich selbst und (oder) Zurückweisung der Kommunikation gar nicht in Betracht zogen.

Unabhängig jedoch von diesen Überlegungen, wieweit die kognitiven Dissonanzen zwischen b) und c) und b) und d) bzw. deren Reduktionsmöglichkeiten überhaupt wahrgenommen wurden, hatte die Reduktion der kognitiven Dissonanz zwischen a) und b) durch zunehmenden Einstellungswandel in jedem Fall eine in dreifacher Hinsicht belohnende Wirkung; denn die Reduktionsart Einstellungswandel führte, wie im Abschnitt 3.5.3 zu zeigen versucht wurde, gleichzeitig zu kognitiven Konsonanzen zwischen b) und c) sowie zwischen b) und d). ·

Je größer die Kommunikationsdiskrepanz wurde und über eine gemäßigte Kommunikationsdiskrepanz hinauszugehen begann, um so größer wurde die Chance, daß die Personen mit hoher Selbsteinschätzung die ihnen gegebene Information auch tatsächlich als negativ empfanden und sowohl die Dissonanz zwischen b) und c) als auch die zwischen b) und d) (Bedrohung des eigenen Wertes) perzipierten bzw. damit zusammenhängend auch die anderen für sie möglichen Reduktionsarten in Betracht zogen. Für welche der vorhandenen Reduktionsarten sie sich entschieden, dürfte auch hier wiederum von dem Umstand beeinflußt worden sein, daß die Probanden eine hohe Selbsteinschätzung hatten. Personen mit hoher Selbsteinschätzung werden bei Perzeption einer Dissonanz zwischen dieser Einschätzung der eigenen Person und einer negativen Information (b und c) die Reduktionsart des Einstellungswandels – d. h. hier Annahme der negativen Information – geringer bewerten als eine Zurückweisung der betreffenden Information und dementsprechend um so mehr von einer solchen Zurückweisung Gebrauch machen, je negativer die Information und damit je größer die Kommunikationsdiskrepanz ist. Das gleiche kann auch über die Reduktion der Dissonanz zwischen „negativer Information" und dem „Bedürfnis nach Selbstachtung" (b und d) gesagt werden. Denn bei dem Versuch, eine Erhöhung des eigenen Wertes zu erreichen bzw.

die zunehmende Bedrohung des eigenen Wertes abzuwenden, wird die Zurückweisung der Kommunikation in ebenfalls zunehmendem Maße positiver bewertet und daher gewählt, als eine Dissonanzreduktion durch Einstellungswandel. Weitere Möglichkeiten zur Reduktion der Dissonanz zwischen b) und d) bestanden im gegebenen Fall nicht.

Der bei der Dissonanz zwischen b) und c) außerdem noch mögliche Weg zur Erreichung kognitiver Konsonanz durch Änderung der positiven Einstellung zu sich selbst oder zumindest der eigenen Fähigkeit, die verlangte Aufgabe richtig zu lösen, dürfte erst von einer in hohem Maße negativen Information ab (große Kommunikationsdiskrepanz) für die Versuchspersonen adäquater sein als eine Zurückweisung der Kommunikation. Ob und bei welchem Grad der Dissonanz die Reduktion jedoch durch Zurückweisung der Kommunikation oder durch Änderung der positiven Einstellung zu sich selbst erfolgt, ist hier nicht von besonderem Interesse, da es in den hier geprüften Hypothesen lediglich um den Einstellungswandel zum Aussagengegenstand als Reduktionsart ging.

(2) Dissonanzerzeugende Situationen bei Versuchspersonen mit geringer Selbsteinschätzung:
a) Präkommunikative Einstellung der Rezipienten zum Einstellungsobjekt
b) Die von der präkommunikativen Einstellung der Rezipienten abweichende, in der Aussage enthaltene Einstellung zu demselben Einstellungsobjekt (negative Information)
c) Geringe Selbsteinschätzung der Rezipienten
d) Bedürfnis nach Selbstachtung (Erhöhung des eigenen Wertes)

Kognitive Dissonanz zwischen a) und b)
Kognitive Dissonanz zwischen b) und d)
Kognitive Konsonanz zwischen b) und c)

Gemäß Hypothese 1 der Theorie Festingers bestand für die Versuchspersonen die Tendenz, die bestehenden kognitiven Dissonanzen zwischen a) und b) und b) und d), vorausgesetzt, daß sie wahrgenommen wurden, zu reduzieren, dieses um so mehr, je stärker die perzipierten kognitiven Dissonanzen wurden (Hypothese 3) und die Entstehung weiterer Dissonanzen zu vermeiden (Hypothese 2). Die zur Verfügung stehenden Reduktionsarten bestanden für beide Dissonanzen entweder in einem Wandel der Einstellung zum Gegenstand der Aussage oder in einer Zurückweisung der in der Kommunikation enthaltenen von der eigenen abweichenden Einstellung.

Was zunächst die kognitive Dissonanz zwischen a) und b) angeht, so zeigte sich bei geringer Kommunikationsdiskrepanz bzw. Dissonanz ein sehr hohes Ausmaß an Einstellungswandel, was darauf schließen läßt, daß diese Form der Reduktion bei diesem Grad der Dissonanz ebenso wie bei den Personen mit hoher Selbsteinschätzung positiver bewertet wird als die aufgezeigte Alternative (Hypothese 6). Weil die Versuchspersonen eine geringe Selbsteinschätzung besaßen, hätte man erwarten können, daß sie auf eine Vergrößerung der Dissonanz zwischen a) und b) zunächst noch mit zunehmendem Ausmaß an Einstellungswandel reagieren würden. Denn Personen mit geringer Selbsteinschätzung bewerten ihr Urteil gering und dementsprechend sind sie eher und weitergehend geneigt, sich dem Urteil anderer anzuschließen. Die Möglichkeit, die Reduktion durch Zurückweisung einer immerhin als glaubwürdig erscheinenden Aussage vorzunehmen, perzipieren sie wahrscheinlich erst bei großer Kommunikationsdiskrepanz. Aber weil sie eine geringe Selbsteinschätzung besaßen, mußte ihnen die gegebene Information auch eher – das heißt bei einer geringeren Kommunikationsdiskrepanzstufe, als das bei den Probanden mit hoher Selbsteinschätzung der Fall war – als negative Information erscheinen. Denn nach den Ausführungen über die Entstehung von hoher Selbsteinschätzung kann angenommen werden, daß eine geringe Selbsteinschätzung von Individuen u. a. auch eine Folge negativer Reaktionen ihrer Umwelt ist. Demgemäß sind die Erwartungen von Personen mit geringer Selbsteinschätzung, was z. B. darin zum Ausdruck kommen kann, daß sie sich schneller bedroht fühlen als Personen mit hoher Selbsteinschätzung.

Das bedeutet aber, daß bei den Versuchspersonen mit geringer Selbsteinschätzung die Dissonanz zwischen b) und d) wahrscheinlich sehr bald als unangenehmer, also bestrafender empfunden wurde als die kognitive Dissonanz zwischen a) und b). Gemäß Hypothese 4 ist die Stärke der kognitiven Dissonanz abhängig von der Bedeutsamkeit der kognitiven Elemente, zwischen denen eine Dissonanz besteht. So bestand die Möglichkeit, daß mit zunehmender Kommunikationsdiskrepanz (immer negativerer Information) die Dissonanzen zwischen a) und b) und b) und d) nicht nur insgesamt größer geworden waren, sondern eine Dissonanz b) und d) im Vergleich zur anderen (a und b) auch stärker wuchs, weil sich die subjektive Bedeutsamkeit eines der kognitiven Elemente (negative Information) verändert hatte. Darüber hinaus kann angenommen werden, daß das Bedürfnis nach Selbstachtung, also der Wunsch, eine höhere Selbstbewertung zu erreichen, bei den Personen besonders stark ausgeprügt ist, die eine geringe Selbsteinschätzung besitzen, so daß auch das andere kognitive Element der Dissonanz zwischen b) und d) eine hohe subjektive Bedeutsamkeit besaß. Zur Reduktion dieser Dissonanz zwischen b) und d) dürfte jedoch die Reduktionsart Zurückweisung der negativen Information positiver bewertet werden, als die hier ebenfalls mögliche Reduktion durch Einstellungswandel.

So nahm mit zunehmender Kommunikationsdiskrepanz die Reduktionsart Einstellungswandel zur Erreichung kognitiver Konsonanz zwischen a) und b) nicht zu sondern ab, weil aufgrund der geringen Selbsteinschätzung der Versuchspersonen mit wachsender Kommunikationsdiskrepanz die Reduktion der Dissonanz zwischen b) und d) vordringlicher wurde. Diese Dissonanz aber wurde, weil das eine größere Belohnung bewirkte, zunehmend durch eine Zurückweisung der negativen Information reduziert, was bedeutet, daß das Ausmaß des Einstellungswandels sank.

Die dissonanzerzeugenden Situationen, die zur Erklärung der unterschiedlichen Reaktionen von Versuchspersonen mit hoher und mit geringer Selbsteinschätzung im Hinblick auf das gesamte Ausmaß des Einstellungswandels berücsichtigt werden müssen, sowie die möglichen Reduktionsarten sind dieselben wie die unter (1) und (2) erläuterten Situationen zur Erklärung der übrigen Ergebnisse. Die empirische Untersuchung hatte gezeigt, daß die Versuchspersonen mit geringer (hoher) Selbsteinschätzung bei jeder Diskrepanzstufe – wenn auch in abnehmendem Maße – mehr (weniger) Einstellungswandel zeigten als die Probanden mit hoher (geringer) Selbsteinschätzung.

Die Erklärung dieses Ergebnisses auf der Grundlage der Dissonanztheorie läuft auf die Frage nach den Bedingungen für die Bewertung der vorhandenen Arten zur Reduktion der kognitiven Dissonanz(en) hinaus. Zu diesen Bedingungen scheint die Selbsteinschätzung der Versuchspersonen zu gehören. Es hatte sich gezeigt, daß beide Gruppen von Versuchspersonen von beiden Reduktions- bzw. Belohnungsarten Gebrauch gemacht hatten. Warum das bei sich ändernder Kommunikationsdiskrepanz in unterschiedlichem Maße der Fall gewesen war, wurde mit Hilfe der Hypothesen I und II dieser Arbeit zu erklären versucht. Der Umstand, daß die Versuchspersonen mit geringer Selbsteinschätzung jedoch auf allen Diskrepanzstufen zur Reduktion der entstandenen Dissonanzen mehr Einstellungswandel zeigten als die Versuchspersonen mit hoher Selbsteinschätzung, kann nur mit einer bei Personen mit geringer Selbsteinschätzung bei allen Diskrepanzen auftretenden positiveren Bewertung dieser Reduktionsart begründet werden. Das heißt, das Ausmaß der mit der Wahl dieser Reduktionsart verbundenen Belohnung war für Personen mit geringer Selbsteinschätzung in jedem Falle höher als für Personen mit hoher Selbsteinschätzung.

Die Versuchspersonen mit hoher Selbsteinschätzung machten eher als die mit geringer Selbsteinschätzung von anderen Reduktionsarten – hier der Zurückweisung der Kommunikation – Gebrauch, weil sie sich selbst hoch einschätzten und daher weniger schnell dazu neigten, die in der Aussage vertretene Einstellung zu übernehmen. Außerdem ist es wahrscheinlich, daß die Personen mit hoher Selbsteinschätzung grundsätzlich früher als die Personen mit geringer Selbsteinschätzung andere Möglichkeiten als den Einstellungswandel als Reduktionsart überhaupt perzipierten. Dies wird prinzipiell um so mehr der Fall sein, je glaubwürdiger der Kommunikator bzw. die Aussage erscheint. Der Prozeß der Anpassung (Einstellungswandel in Richtung der Kommunikation) war für die Versuchspersonen mit hoher Selbsteinschätzung sehr viel schwieriger als für die Versuchspersonen mit geringer Selbsteinschätzung, die ihre eigene Urteilsfähigkeit grundsätzlich geringer bewerteten und dazu tendierten, die Einstellungen anderer höher zu bewerten als die eigene. Entstehende Dissonanzen wurden dann leichter dadurch reduziert, daß man die ohnehin für fundierter gehaltene Einstellung anderer übernahm. Auf das bei Hovland und seinen Mitarbeitern verwendete Konzept von Annahme- und Ablehnungsbereichen übertragen, könnte man sagen, daß der Annahmebereich bei Personen mit niedriger Selbsteinschätzung größer ist als bei den Personen mit hoher Selbsteinschätzung.

Darüber hinaus ist es denkbar, daß die Versuchspersonen mit hoher Selbsteinschätzung auch deshalb immer weniger Einstellungswandel zeigten als die mit geringer Selbsteinschätzung, weil erstere möglicherweise besser imstande sind, kognitive Dissonanzen zu ertragen, ohne sie zu reduzieren. Ob das der Fall war, müßte Gegenstand einer weiteren empirischen Untersuchung sein. Bisher konnte verschiedentlich festgestellt werden, daß intelligente Menschen eher in der Lage sind, Dissonanzen zu ertragen als weniger intelligente. An diese Beobachtung anknüpfend, könnte man die Vermutung wagen, daß auch Personen mit hoher Selbsteinschätzung eher Dissonanzen ertragen können als solche mit geringer Selbsteinschätzung. Weitere Untersuchungen über diese Zusammenhänge würden zur Erweiterung der Kenntnisse über die Möglichkeiten der Dissonanztheorie bei der Erklärung des Einstellungswandels im Massenkommunikationsprozeß erheblich beitragen.

6. Schlußbemerkung

Im Teil II dieses Bandes wurde der Versuch unternommen, auf der Grundlage eines Programms zur Theoriebildung über die Wirkungen der Massenkommunikation Hypothesen zu formulieren, in denen das Ausmaß des Einstellungswandels als Funktion der Selbsteinschätzung der Rezipienten und der Kommunikationsdiskrepanz gesehen wurde. Das Programm hat sich in der hier durchgeführten Untersuchung vorerst bewährt, so daß es zweckmäßig erscheint, die Aufstellung und Prüfung weiterer Hypothesen über die Wirkungen der Aussagen von Massenmedien hieran auszurichten. Dabei müßte es das Ziel sein, von allgemeinen Hypothesen ausgehend zu immer spezielleren zu gelangen, in denen die wenn-dann-Beziehung, also die Ereigniswahrscheinlichkeit, immer genauer bestimmt und gleichzeitig möglichst hoch ist. Außerdem müßte das Prüfungsverfahren durch eine zunehmende Verfeinerung der anzuwendenden statistischen Techniken verbessert werden. Im Zentrum der künftigen Untersuchungen auf dem Gebiet der sozialwissenschaftlichen Massenkommunikationsforschung sollte im Zusammenhang damit vor allem die Verbesserung der *Messung* von Variablen stehen, weil der Einfluß bestimmter Variablen im Massenkommunikationsprozeß nur dann zufriedenstellend analysiert werden kann, wenn diese Variablen auch valide und reliabel gemessen werden können.

Als theoretischer Ansatz der hier durchgeführten empirischen Untersuchung haben sich die Dissonanztheorie und das verhaltenstheoretische Konzept Malewskis als durchaus brauchbar erwiesen. Dennoch erscheint die Prüfung der im vorangegangenen Abschnitt bereits angeschnittenen Frage, ob die Perzeption einer kognitiven Dissonanz immer und sofort ein dissonanzreduzierendes Verhalten auslöst, oder ob das nur unter bestimmten Bedingungen der Fall ist, unbedingt notwendig. Darüber hinaus müßte auch hier versucht werden, ein möglichst valides und reliables Maß zur direkten Messung kognitiver Dissonanzen zu entwickeln, um die Entstehung solcher Dissonanzen exakter als bisher erfassen zu können.

Anhang

Die Fragebogen der Untersuchungsabschnitte *

Im folgenden werden die Fragebogen I und II der beiden Untersuchungsabschnitte wiedergegeben. Damit wird ein genauer Überblick über die bei dem durchgeführten Experiment eingeschlagene Vorgehensweise möglich. Das unter den Items zur Messung der Selbsteinschätzung stehende Antwortsystem wird dabei der Einfachheit halber nur einmal aufgeführt. Auch die verwendeten Schriftproben, die den Versuchspersonen im ersten und im zweiten Untersuchungsabschnitt vorgelegt wurden, sollen hier lediglich einmal abgebildet werden.*

Fragebogen des ersten Untersuchungsabschnittes*

Vor- und Zuname: ....

Am Sozialwissenschaftlichen Forschungszentrum der Universität Erlangen-Nürnberg wird zur Zeit eine Untersuchung durchgeführt, bei der es um Einstellungen, Meinungen und Verhaltensweisen von Schülern geht. Dazu bitten wir um Ihre Mitarbeit.

1. Wir sichern Ihnen zu, daß Ihr Name nirgendwo in Erscheinung tritt. Insbesondere Ihre Lehrer und Ihre Mitschüler werden weder erfahren, welche Stellungnahmen aus Ihrer Klasse, noch gar, welche Antworten von Ihnen selbst kommen. Trotzdem möchten wir Sie bitten, Ihren Namen oben einzutragen, da andernfalls eine Auswertung der verschiedenen Untersuchungsabschnitte außerordentlich erschwert wird.

2. Es handelt sich bei dieser Untersuchung in keinem Falle um ,,Prüfungsfragen". Wir sind lediglich an Ihren Meinungen interessiert.

3. Der Erfolg dieser Untersuchung hängt in ganz entscheidendem Maße davon ab, daß Sie *völlig allein* arbeiten. Wir bitten Sie deshalb *dringend*, auf jede Art von Kommunikation mit Ihrem Nachbarn zu verzichten. Ebenso wichtig für das Gelingen der Untersuchung ist es, daß Sie *immer ehrlich* antworten.

---

* Bei den mit einem Stern versehenen Überschriften und Ausführungen handelt es sich um Erläuterungen des Verfassers, die in den Fragebogen der Untersuchung nicht enthalten waren.

4. Im folgenden ist eine Reihe von Behauptungen aufgeführt. Lesen Sie bitte die einzelnen Sätze *vollständig und genau* durch und nehmen Sie jeweils *sofort* und *spontan* Stellung dazu, ohne jedoch flüchtig zu werden.

5. Für Ihre Stellungnahme ist ein aus neun Kategorien bestehendes Antwortsystem vorhanden. Unter jeder Behauptung finden Sie ein Schema, dessen linker Punkt mit „trifft für mich genau zu" und dessen rechter Punkt mit „trifft für mich überhaupt nicht zu" gekennzeichnet ist. Damit haben Sie bei Ihren Antworten neun Möglichkeiten, die kontinuierlich von „trifft für mich genau zu" (1) bis zu „trifft für mich überhaupt nicht zu" (9) reichen. Kreuzen Sie bitte das Kästchen an, von dem Sie glauben, daß durch dessen Position im Schema Ihre Stellungnahme am besten wiedergegeben wird.

6. Nehmen Sie bitte zu *jeder* Behauptung *der Reihe nach* Stellung und kreuzen Sie jeweils nur *ein* Kästchen an. Andernfalls sind Ihre Antworten für unsere Untersuchung wertlos.

Ich traue mir zu, in der Schülermitverwaltung eine Aufgabe zu übernehmen, die organisatorische Fähigkeiten verlangt.

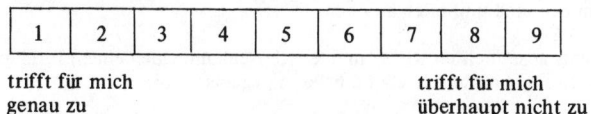

| 1 | 2 | 3 | 4 | 5 | 6 | 7 | 8 | 9 |

trifft für mich genau zu   trifft für mich überhaupt nicht zu

Ich möchte so von meinen Hobbies in Anspruch genommen werden, daß ich mich gar nicht darum zu bemühen brauche, Freunde zu haben.

Ich traue mir zu, mit 40 Jahren ein Monatsgehalt von DM 3.000,-- oder mehr zu haben.

Ich bin verlegen, wenn es um die Anknüpfung neuer Bekanntschaften geht.

Es verwirrt mich, wenn andere Leute mir bei der Lösung einer kniffeligen Aufgabe zusehen.

Ich traue mir zu, einmal einer höheren sozialen Schicht anzugehören als meine Eltern.

Ich glaube, daß ich begabter bin als der Durchschnitt meiner Klassenkameraden.

Ich habe keine Hemmungen, mit Angehörigen des anderen Geschlechts über sexuelle Fragen zu diskutieren.

Ich traue mir zu, nach dem Abitur zu studieren und ein gutes Examen abzulegen.

Ich bin sehr empfindlich und fasse häufig Bemerkungen als Kritik oder Beleidigung auf. Wenn ich dann später darüber nachdenke, merke ich, daß sie vielleicht gar nicht so gemeint waren.

Ich habe keine Scheu, den Direktor oder einen anderen Lehrer während einer Unterrichtsstunde zu kritisieren.

Ich gehöre zu den Menschen, die es schwer haben, Freunde zu gewinnen.

Meine Leistungen bei Klassenarbeiten und Prüfungen werden nicht durch Nervosität beeinträchtigt.

Ich bin ganz anders als ich eigentlich sein möchte.

Wenn ich mit mir völlig unbekannten Leuten zusammen bin, habe ich immer Schwierigkeiten, ein passendes Gesprächsthema zu finden.

Ich habe noch nie an meinen Fähigkeiten gezweifelt.

Man kann meine Gefühle sehr leicht verletzen.

Es macht mir nichts aus, während einer Unterrichtsstunde vor der Klasse und dem Lehrer zuzugeben, daß ich etwas nicht verstanden habe.

Ich ärgere mich immer sehr, wenn ich mich wegen eines dummen Fehlers blamiert habe.

Es macht mir nichts aus, ohne Partner zu einer Party zu gehen.

Ich mache mir immer Gedanken darüber, was die Leute, mit denen ich oft zusammen bin, von mir halten.

Wenn ich mich für einen Beruf entschieden habe, werde ich mich durch Mißerfolge nicht von dem angestrebten Ziel abbringen lassen.

Ich bin bei meinen Klassenkameraden nicht beliebt.

Ich habe immer etwas Angst und fürchte mich, wenn ich einen Raum betrete, in dem viele Menschen versammelt sind und mich ansehen.

Es macht mir nichts aus, mich im Kreise meiner Klassenkameraden einem Intelligenztest zu unterziehen, dessen Ergebnis anschließend bekanntgegeben wird.

Wenn ich eine schwierige Hausarbeit anzufertigen habe, brauche ich mich bloß hinzusetzen und zu arbeiten, dann wird sie gut.

Ich wäre befangen, wenn ich vor jüngeren Schulkameraden über sexuelle Probleme sprechen müßte.

Es bereitet mir keine Schwierigkeiten, vor meinen Klassenkameraden ein Referat frei vorzutragen.

Bei Parties ärgere ich mich über meine Schüchternheit.

Ich fühle mich nicht unsicher, wenn ich mit Menschen zusammen bin, die zu einer höheren sozialen Schicht gehören als ich selbst.

Am liebsten würde ich irgendwo ganz anonym und zurückgezogen leben.

Zum Schluß bitten wir Sie noch um folgendes: Auf den beiden nächsten Seiten sehen Sie Schriftproben von neun Personen, gekennzeichnet mit den Buchstaben A bis J. Ordnen Sie bitte die Schriftproben nach dem von Ihnen vermuteten Intelligenzgrad des jeweiligen Schreibers und benutzen Sie dazu das auf dieser Seite abgebildete Schema: Stufen Sie die Schrift, bei deren Schreiber Sie den relativ niedrigsten Intelligenzgrad vermuten, auf Platz 1 im Schema ein. Die Schriftprobe des Schreibers, der nach Ihrer Ansicht den nächsthöheren Intelligenzgrad hat, kommt auf Platz 2 usw. Verfahren Sie auf diese Weise mit allen Schriften, bis Sie die Schrift, deren Schreiber nach Ihrer Ansicht den höchsten Intelligenzgrad besitzt, auf den Platz 9 gesetzt haben.

Schrift									
Intelli-genzgrad	1	2	3	4	5	6	7	8	9

niedrig   hoch

Wir bitten Sie, dieses Schema vollständig auszufüllen, also jeder Zahl eine Schrift, d. h. den entsprechenden Buchstaben, zuzuordnen, weil andernfalls Ihre Angaben für unsere Untersuchung völlig wertlos sind.

Es folgen jetzt die Schriftproben, die aber hier erst im Anschluß an den zweiten Untersuchungsabschnitt abgebildet sind. *

Fragebogen des zweiten Untersuchungsabschnittes *

Bei dem heute durchzuführenden Teil der Untersuchung geht es wiederum um Ihre persönlichen Meinungen, diesmal zu Themen, die Sie schon kennen. Wir möchten Sie jedoch noch einmal auf folgendes hinweisen:

1. Es handelt sich, wie Sie ja inzwischen selbst sehen konnten, keineswegs um „Prüfungsfragen". Dennoch hängt der Erfolg der Untersuchung in erster Linie davon ab, inwieweit Sie völlig *allein* arbeiten und nur *Ihre persönliche* Meinung abgeben.
2. Sie können sich *vollkommen* darauf verlassen, daß weder Ihre Lehrer noch Ihre Mitschüler erfahren, welche Meinungen Sie geäußert haben. Wir sind selbst alle einmal Schüler gewesen und wissen daher, daß das ein besonders wichtiger Punkt ist.

Zunächst möchten wir Sie bitten, sich noch einmal mit dem Thema „Beurteilung von Schriften" zu befassen. Lesen Sie die gegebenen Ausführungen bitte sehr konzentriert und gewissenhaft durch.

Graphologische Untersuchungen

Gegenstand graphologischer Studien ist die Schrift. Dabei geht man von der Überlegung aus, daß Merkmale der Persönlichkeit und des persönlichen Lebens im Schriftbild zutage treten und stets wiederkehren. „Der schreibende Mensch zeichnet unbewußt sein Wesen auf", sagt ein bekannter Graphologe. Die Schriftdeutung spielt im täglichen Leben keine unwichtige Rolle. Jeder von uns beschäftigt sich hin und wieder mit der Schrift eines anderen, wenn er versucht, aus den Schriftzügen Rückschlüsse auf persönliche Eigenschaften und Verhaltensweisen zu ziehen. Es ist auch bekannt, daß vielerorts handschriftliche Bewerbungen verlangt werden. — Während früher bei der Analyse von Schriften mehr die einzelnen Schriftzeichen die Grundlage bildeten, steht heute mehr das Gesamtbild einer Schrift im Mittelpunkt der Untersuchung. Dabei werden in der Regel zwei bis drei Schriftzeilen als ausreichende Basis für eine Analyse angesehen.

Es gibt viele Merkmale, nach denen Schriften beurteilt werden können. Solche Merkmale sind z. B. die Willensstärke, das Geschlecht, die Schichtzugehörigkeit, die Gefühlsbetontheit, das Alter. Häufig geschieht es, daß man von der Schrift auf die Intelligenz des Schreibers schließt. In solchen Fällen bemüht man sich, Zeichen des Verstandes im Schriftbild zu erkennen. So ermöglichen beispielsweise die Flüssigkeit, Ungelenkheit oder Ausgeschriebenheit der Schriftzeichen diesbezüglich eine leichte Zuordnung, nämlich in der Weise, daß von diesen Eigentümlichkeiten auf die Intelligenz des Schreibers geschlossen werden kann. Man betrachtet die jeweiligen Zusammenhänge aller Zeichen und Symbole, um etwas über das geistige Niveau der Persönlichkeit zu erfahren, denn der Intelligenzgrad eines Menschen gehört zu den Eigenschaften, die geeignet sind, sich in den Schriftzügen niederzuschlagen. Eine linear wirkende Schrift z. B., bei der Schleifen mehr oder weniger ganz fortfallen, weist auf die Nürchternheit und Verstandesschärfe des Schreibers hin. Auch die im Gesamtbild der Schrift zutage tretende Einheitlichkeit und Konzentriertheit lassen Urteile über den Intelligenzgrad und die Entwicklung der geistigen Fähigkeiten des Schreibers zu.

Diese Ausführungen sollen anhand des folgenden Beispiels illustriert werden: Wir beziehen uns dabei auf die Ergebnisse einer Untersuchung, bei der dieselben Schriftproben, die Sie in der vergangenen Woche beurteilt haben, nach dem vermuteten Intelligenzgrad des Schreibers eingeordnet wurden. Es handelt sich hierbei um die Schriften von Leuten mit einem tatsächlich sehr unterschiedlichen Intelligenzniveau. Diese Untersuchung erbrachte sehr übereinstimmende Ergebnisse in der Beurteilung der Schriften, die z. T. stark von Ihrer Einschätzung in der vergangenen Woche abweichen. Die stärkste Abweichung zeigte sich in folgendem Punkt: Die Schrift, die von Ihnen auf den   Platz, also in die höchste Einstufungsmöglichkeit eingesetzt wurde, ist aufgrund ihrer charakteristischen Merkmale als die Schrift eines weniger intelligenten Individuums bezeichnet worden. Die Mehrzahl setzte diese Schrift auf den   Platz. Die von Ihnen auf Platz   eingeordnete Schrift ist somit wesentlich niedriger eingestuft worden.

Die von Ihnen in der vergangenen Woche vorgenommene erste Einordnung hatte lediglich den Zweck, Sie mit den Schriftproben und der Technik der Einstufung vertraut zu machen. Wir bitten Sie nun, Ihre Entscheidung auf der Grundlage der gemachten Ausführungen über Graphologie und des gegebenen Beispiels noch einmal zu überdenken. Da Sie jetzt mit der Technik der Einstufung vertraut sind, sollten Sie noch einmal sorgfältig die auf den beiden nächsten Seiten abgebildeten Schriften nach dem genannten Kriterium in das Ihnen bekannte Schema auf dieser Seite einordnen.

Schrift Intelli- genzgrad	1	2	3	4	5	6	7	8	9

Wir bitten Sie, dieses Schema vollständig auszufüllen, also jeder Zahl eine Schrift, d. h. den entsprechenden Buchstaben, zuzuordnen, weil andernfalls Ihre Angaben für unsere Untersuchung völlig wertlos sind.

Es folgte jetzt der erneute Abdruck der Schriftproben, die hier auf den Seiten 207 und 208 abgebildet sind. Um die Reliabilität des verwendeten Instruments zur Messung der Selbsteinschätzung bestimmen zu können, wurden die 19 am stärksten diskriminierenden Items des Instruments mit nachstehender kurzer Einführung wiederum zur Stellungnahme vorgelegt.*

Im folgenden ist wieder eine Reihe von Behauptungen aufgeführt, welche Ihnen bereits bekannt sind. Nehmen Sie bitte noch einmal Stellung dazu. Zu diesem Zweck ist wieder ein aus neun Kategorien bestehendes Antwortsystem vorhanden, dessen linker Punkt mit „trifft für mich genau zu" und dessen rechter Punkt mit „trifft für mich überhaupt nicht zu" gekennzeichnet ist. Nehmen Sie bitte wieder zu jeder Behauptung der Reihe nach Stellung und kreuzen Sie bitte das Kästchen an, von dem Sie glauben, daß durch dessen Position im Schema Ihre Stellungnahme am besten wiedergegeben wird.

Ich traue mir zu, in der Schülermitverwaltung eine Aufgabe zu übernehmen, die organisatorische Fähigkeiten verlangt.

Ich bin verlegen, wenn es um die Anknüpfung neuer Bekanntschaften geht.

Es verwirrt mich, wenn andere Leute mir bei der Lösung einer kniffeligen Aufgabe zusehen.

Ich habe keine Hemmungen, mit Angehörigen des anderen Geschlechts über sexuelle Fragen zu diskutieren.

Ich habe keine Scheu, den Direktor oder einen anderen Lehrer während einer Unterrichtsstunde zu kritisieren.

Ich gehöre zu den Menschen, die es schwer haben, Freunde zu gewinnen.

Ich bin ganz anders als ich eigentlich sein möchte.

Wenn ich mit mir völlig unbekannten Leuten zusammen bin, habe ich immer Schwierigkeiten, ein passendes Gesprächsthema zu finden.

Ich habe noch nie an meinen Fähigkeiten gezweifelt.

Man kann meine Gefühle sehr leicht verletzen.

Es macht mir nichts aus, während einer Unterrichtsstunde vor der Klasse und dem Lehrer zuzugeben, daß ich etwas nicht verstanden habe.

Ich ärgere mich immer sehr, wenn ich mich wegen eines dummen Fehlers blamiert habe.

Es macht mir nichts aus, ohne Partner zu einer Party zu gehen.

Ich habe immer etwas Angst und fürchte mich, wenn ich einen Raum betrete, in dem viele Menschen versammelt sind und mich ansehen.

Es macht mir nichts aus, mich im Kreise meiner Klassenkameraden einem Intelligenztest zu unterziehen, dessen Ergebnis anschließend bekanntgegeben wird.

Ich wäre befangen, wenn ich vor jüngeren Schulkameraden über sexuelle Probleme sprechen müßte.

Es bereitet mir keine Schwierigkeiten, vor meinen Klassenkameraden ein Referat frei vorzutragen.

Auf Parties ärgere ich mich über meine Schüchternheit.

Ich fühle mich nicht unsicher, wenn ich mit Menschen zusammen bin, die zu einer höheren sozialen Schicht gehören als ich selbst.

A und so habe ich mich gestern endgültig
entschlossen, meine Ferien in diesem
Jahr in der Lüneburger Heide zu
verbringen

B wirklich .... Die Sonne scheint, das
Essen ist gut, und wir sind in einer netten
kleinen Pension untergebracht.

C Weihnachten haben wir uns zum letzten Mal gesehen, und wenn Du mich jetzt hier besuchen
willst, so freut mich das sehr.

D habe ich Herrn Schneidewind bereits
in der letzten Woche gesprochen,
aber keine Gelegenheit gefunden,

E möchte ich Dir zu der bestandenen Prüfung
recht herzlich gratulieren. Jetzt ist die Schufterei
vorbei, und Du kannst Dich doch mindestens vier

Für den Brief von vergangenen Monat.
Es freut mich, daß es Euch gut geht,
was ich von mir auch sagen kann.

G Zu Ihren letzten Schreiben wollte ich wie folgt
Stellung nehmen: So, wie Sie es vorschlagen, können
wir uns nicht einigen. Unter diese Umstände

H Hoffentlich gefällt es Dir gut in der
"Stöpselgruppe". Bei dem herrlichen Wetter
könnt Ihr sicher draußen spielen. Sage.

I Ihnen erklären, warum ich solange nichts von mir
hören ließ. Ich war im Krankenhaus wegen einer
kleinen Operation, und anschließend mußte

Anmerkungen

1 Vgl.: Klapper, J. T.: The Effects of Mass Communication, Glencoe 1960, S. 2 f.
2 Klapper, J. T.: The Effects of Mass Communication, a. a. O., S. 4.
3 Lasswell, H.D.: The Structure and Function of Communication in Society, in: Bryson, L. (Hg.): The Communication of Ideas, New York 1948, S. 38.
4 Vgl.: Albert, H.: Probleme der Wissenschaftslehre in der Sozialforschung, in: König, R. (Hg.): Handbuch der empirischen Sozialforschung, 2. Aufl., Stuttgart 1967, S. 38 ff. — insbesondere den letzten Abschnitt über das Problem der Einheit der Sozialwissenschaften.
5 Zur Logik der Erklärung vergleiche u. a.: Hempel, C. G.: Aspects of Scientific Explanation, New York 1965, S. 229 ff. — Nagel, E.: The Structure of Science, London 1961, S. 39 f. — Popper, K. R.: Naturgesetze und theoretische Systeme, in: Albert, H. (Hg.): Theorie und Realität, Tübingen 1964, S. 87 ff.
6 Es wird hier der Ausdruck „Theorie" vermieden und statt dessen von „theoretischen Ansätzen" die Rede sein.
7 Vgl.: Johnson, F. C. und G. R. Klare: General Models of Communication Research: A Survey of the Development of a Decade, in: J. Comm. 11, 1961, S. 13 ff.
8 Vgl.: Maletzke, G.: Psychologie der Massenkommunikation, Hamburg 1963, S. 32 f.
9 Vgl.: Gilbert, E. M.: Information Theory after 18 Years, in: Science 152, 1966, S. 320 ff.
10 Vgl.: Barker, L. L. und G. Wieseman: A Model of Intrapersonal Communication, in: J. Comm. 16, 1966, S. 172 ff.
11 Vgl.: Kumagai, Y.: Future of Mass Communication, unveröffentlichtes Kurzreferat, verteilt in der von der G. Duttweiler Stiftung veranstalteten internationalen Tagung über die „Zukunft der Massenmedien" in Rapperswil, Oktober 1966.
12 Vgl.: Schramm, W.: How Communication Works, in: Schramm, W. (Hg.): The Process and Effects of Mass Communication, Urbana 1954, S. 3 ff.
13 Vgl.: Maletzke, G.: Psychologie der Massenkommunikation, a. a. O., S. 15 ff.
14 Schramm, W.: The Challenge to Communication Research, in: Nafziger, R. O. und D. M. White (Hg.): Introduction to Mass Communications Research, 2. Aufl., Baton Rouge 1963, S. 4.
15 Vgl.: Lazarsfeld, P. F., B. Berelson und H. Gaudet: The People's Choice, 2. Aufl., New York 1948, und Katz, E.: The Two-Step Flow of Communication, in: Schramm, W. (Hg.): Mass Communications, 2. Aufl., Urbana 1960, S. 346 ff.
16 Vgl. Katz, E. und P. F. Lazarsfeld: Persönlicher Einfluß und Meinungsbildung, München 1962. Übersetzung aus dem Amerikanischen: Personal Influence, Glencoe 1955. Katz, E.: The Two-Step Flow of Communication: An Up-to-Date Report on an Hypothesis, in: P. O. Q. 21, 1957, S. 61 ff.
17 Hovland, C. I., I. L. Janis und H. H. Kelley: Communication and Persuasion, New Haven 1953, S. 12.
18 Merton, R. K.: Social Theory and Social Structure, Glencoe 1949, S. 509.
19 Vgl.: Roth, E.: Einstellungen als Determination individuellen Verhaltens, Göttingen 1967.
20 Vgl.: Rosenberg, M. J. und C. I. Hovland: Cognitive, Affective and Behavioral Components of Attitudes, in: Hovland, C. I. und M. J. Rosenberg (Hg.): Attitude Organization and Change, New Haven 1960, S. 3.
21 Die umstrittene terminologische Abgrenzung zwischen Meinungen und Einstellungen wird im folgenden nicht beibehalten. Unter Meinungen ist im Anschluß an Katz nur der verbale Ausdruck einer Einstellung zu verstehen, die sich auch in nicht verbaler Form äußern kann. Vgl.: Katz, D.: The Functional Approach to the Study of Attitudes, in: P. O. Q. 24, 1960, S. 168. Einige methodologische Probleme ergeben sich, wenn die Versuchspersonen aus irgendwelchen Gründen ihre tatsächliche Einstellung durch die verbale Äußerung nicht zum Ausdruck bringen bzw. diese durch abweichende Äußerungen verheimlichen, wenn z. B. hohe

Belohnungen für bestimmte Meinungen gegeben werden, oder wenn Fragen erörtert werden, die als tabu gelten, usw. Von Fall zu Fall muß geprüft werden, ob die verbale Äußerung einen zuverlässigen Indikator für die zugrundeliegende Einstellung darstellt. Von dieser Annahme gehen die meisten in dieser Arbeit angeführten Untersuchungen aus. Trifft dies aber nicht zu, so müssen spezielle Interviewtechniken, wie z. B. in der Psychoanalyse, verwendet werden. Auch hier taucht aber die Frage auf, wieweit Einstellungen mit den Techniken der Psychoanalyse reliabel und valide gemessen werden können.

22 Vgl.: Roth, E.: Einstellungen als Determination individuellen Verhaltens, a. a. O., S. 63.
23 Vgl.: Katz, D.: The Functional Approach to the Study of Attitudes, a. a. O., S. 163 ff.
24 Auf die Bedeutung solcher Vorbilder, vor allem aber des Informationsaustausches mit Meinungsführern, für die Bildung und Änderung von Einstellungen weist das bereits erwähnte Konzept der zweistufigen Kommunikation hin.
25 Vgl. Rosenberg, J. und C. I. Hovland: Cognitive, Affective and Behavioral Components of Attitudes, a. a. O., S. 1 ff.
Vgl.: Krech, D., R. S. Crutchfield und E. L. Ballachey: Individual in Society, New York 1962, S. 140.
Im Gegensatz zu dieser Auffassung ist Roth der Meinung, daß die Annahme einer eigenen und auf die gleiche Ebene neben die anderen zu setzende Handlungskomponente überflüssig ist. Denn eine Handlungstendenz ist die Folge aller in der Person wirkenden Kräfte und daher auch die Folge der kognitiven und/oder affektiven Komponente.
Vgl.: Roth, E.: Einstellungen als Determination individuellen Verhaltens, a. a. O., S. 99.
26 Vgl.: Gerbner, G.: Toward a General Model of Communication, in: Audio–Visual Communication Review 4, S. 186.
27 Vgl.: Klapper, J. T.: The Effects of Mass Communication, a. a. O., S. 278.
28 Vgl. z. B.: Ronnenberger, F.: Die politischen Funktionen der Massenkommunikationsmittel, in: Publizistik 9, 1964, S. 291 ff.
29 Vgl.: Bessler, H. und F. Bledjian: Systematik der Massenkommunikationsforschung, München 1967, S. 84 ff.
30 Maletzke, G.: Psychologie der Massenkommunikation, a. a. O., S. 191.
31 In seiner Arbeit untersucht auch Klapper die Wirkungen der Überredungskommunikation fast ausschließlich auf die Einstellungen der Rezipienten und nicht auf ihr offenes Verhalten. Er begründet dies wie folgt: "Whether or not an attitude is manifested in overt behavior obviously depends upon numerous extra-communication factors, including, for example, the degree to which action is physically or socially feasible." Klapper, J. T.: The Effects of Mass Communication, a. a. O., S. 14.
32 Vgl.: Festinger, L.: Behavioral Support for Opinion Change, in: P. O. Q. 28, 1964, S. 404 ff. Festinger kommentiert in diesem Aufsatz die einzigen drei ihm bekannten Untersuchungen über diesen Zusammenhang und weist mit Nachdruck auf die fehlende Erforschung dieser Beziehung hin.
Vgl.: Lapiere, R. T.: Attitudes versus Actions, in: Social Forces 13, 1934, S. 230 ff. und: Rokeach, M.: Attitude Change and Behavioral Change, in: P. O. Q. 30, 1966/67, S. 529 ff.
33 Deshalb wird diese Unterscheidung in den meisten Untersuchungen vermieden, oder häufig werden die Wirkungen auf Wissen und Attitüden mit dem Ausdruck "cognitive effects" zusammengefaßt. Vgl. z. B.: Schramm, W., J. Lyle und E. B. Parker: Television in the Lives of Our Children, Stanford 1951, S. 151 ff.
34 Vgl.: Rosenberg, M. J.: An Analysis of Affective-Cognitive Consistency, in: Hovland, C. I. und M. J. Rosenberg (Hg.): Attitude Organization and Change, a. a. O., S. 22 f.
35 Mit dieser Typologie arbeitet Klapper im ersten Teil seines Werkes über die Wirkungen der Massenkommunikation.
Vgl.: Klapper, J. T.: The Effects of Mass Communication, a. a. O., S. 278. Er bezieht sich aber nur auf die Einstellungen und nicht auf die mögliche Beeinflussung von kognitiven und affektiven Elementen innerhalb einer Einstellung. Es ist aber möglich, daß die mit Hilfe einer Skala gemessene Einstellung eines Rezipienten z. B. zu einer Partei unverändert bleibt, auch wenn sich einige Wissenselemente und Emotionen innerhalb dieser Einstellung geändert haben.
36 Eine Erläuterung der Extremität einer Einstellung findet sich im Abschnitt 5.2.
37 Klapper spricht von "reinforcement", wenn die Extremität einer Einstellung zunimmt. Wenn aber die Extremität abnimmt, verwendet er den unglücklichen Ausdruck "minor change". Da es sich auch bei "reinforcement" um eine „kleine" oder „große" Änderung handeln kann, wird im folgenden von Bekräftigung und Abschwächung von Einstellungen gesprochen.
38 Die Bekräftigung von Einstellungen ist in der Regel auf konsistente, die Abschwächung und Umkehrung dagegen auf inkonsistente Aussagen zurückzuführen, bei denen, wie bereits er-

wähnt, die Intention der Aussage mit den präkommunikativen Einstellungen des Rezipienten nicht übereinstimmt. Eine Ausnahme hierzu bildet der sogenannte „Bumerang-Effekt". Darunter werden alle jene Wirkungen zusammengefaßt, die den Intentionen der Aussage zuwiderlaufen.
Vgl.: Cooper, E. und H. Dinerman: Analysis of the Film "Don't Be a Sucker", in: P.O.Q. 15, 1951, S. 243 ff.
Vgl.: Merton, R. K.: Social Theory and Social Structure, a. a. O., S. 517 ff.

39 Vgl.: Larsen, O. N.: Social Effects of Mass Communication, in: Faris, R. E. L. (Hg.): Handbook of Modern Sociology, Chicago 1964, S. 348 ff. In diesem Aufsatz findet sich eine Erweiterung und interessante Kritik an der Typologie und Vorgehensweise Klappers. Larsen schlägt eine weitere Differenzierung dieser Typologie unter Berücksichtigung der Intention der Überredungskommunikation vor. Demnach müßte die Typologie die Wirkungen konsistenter Aussagen von den Wirkungen inkonsistenter Aussagen unterscheiden. Nur durch diese Erweiterung wäre die Vorgehensweise von Klapper gerechtfertigt, der nämlich auch das Gleichbleiben von Einstellungen nach der Zuwendung zu inkonsistenten Aussagen zur Unterstützung seiner Bekräftigungsthese herangezogen hat. Diese These wird im Abschnitt 3. 1 dargestellt.

40 Vgl.: Klapper, J. T.: The Effects of Mass Communication, a. a. O., S. IX f.

41 Klapper, J. T.: a. a. O., S. 278.

42 Frei übersetzt nach Klapper, J. T.: a. a. O., S. 8 und 15.
Die vierte Verallgemeinerung ist zum Teil in der ersten enthalten, wenn man die psycho-physischen Bedürfnisse und andere noch unbekannte Merkmale des Rezipienten, die für die „direkten Wirkungen" verantwortlich sind, zu den Prädispositionen und damit zu den intervenierenden Faktoren zählt. Die fünfte Verallgemeinerung besagt nur, daß auch bestimmte Aspekte der Aussage, des Mediums und der kommunikativen Situation die Wirkungen der Massenkommunikation beeinflussen können.

43 Vgl. S. 15.

44 Klapper, J. T.: The Effects of Mass Communication, a. a. O., S. 5.
Dieses Postulat ist, auch wenn nicht so explizit, bereits vor Klapper in der Wirkungsforschung aufgestellt worden. In den Sozialwissenschaften geht diese Forderung bis auf den feldtheoretischen Ansatz von Lewin zurück, wonach menschliches Verhalten immer als Ergebnis der Interaktion der Variablen im gesamten Feld zu verstehen ist.
Vgl.: Lewin, K.: Principles of Topological Psychology, New York 1936, S. 33.

45 Es ist nochmals darauf hinzuweisen, daß Klapper in der Beständigkeit von Einstellungen nach der Zuwendung zu inkonsistenten Aussagen eine Unterstützung seiner Bekräftigungsthese sieht. Vgl. oben.

46 Vgl.: Klapper, J. T.: The Effects of Mass Communication, a. a. O., S. 18 ff.

47 Vgl.: Klapper, J. T.: a. a. O., S. 64 ff.

48 Vgl.: Klapper, J. T.: a. a. O., S. 76 ff.

49 Vgl.: Janis, L. und P. B. Field: A Behavioral Assessment of Persuasibility: Consistency of Individual Differences, in: Hovland, C. I. und I. L. Janis (Hg.): Personality and Persuasibility, New Haven 1959, S. 31 ff.

50 Vgl. u.a.: Hummel, H. J. und K.-D. Opp: Zum Problem der Reduktion von Soziologie auf Psychologie, vervielfältigtes Manuskript, Köln 1966.

51 Für eine Darstellung und kritische Betrachtung der Techniken der Aussagenanalyse als sozialwissenschaftlicher Forschungstechnik vgl.: Bessler, H.: Zur Theoriebildung in der Massenkommunikationsforschung – Ein theoretischer Ansatz und Möglichkeiten der Lösung eines damit verbundenen Meßproblems mit Techniken der Aussagenanalyse, Dissertationsdruck, Nürnberg 1968.

52 Vgl.: Star, S. A. und H. M. Hughes: Report on an Educational Campaign: The Cincinnati Plan for the United Nations, in: A. J. S. 55, 1950, S. 1 ff.

53 Vgl.: Hovland, C. I.: A. A. Lumsdaine und F. D. Sheffield: Experiments on Mass Communication, Princeton 1949, S. 33 ff.

54 Vgl.: Hovland, C. I.: Reconciling Conflicting Results Derived from Experimental and Survey-Studies of Attitude Change, in: American Psycholgist 14, 1959, wiederabgedruckt in: Sampson, E. E. (Hg.): Approaches Contexts, and Problems of Social Psychology, Englewood Cliffs 1964, S. 288 ff.

55 Vgl.: Festinger, L.: A Theory of Cognitive Dissonance, Evanston 1957, S. 22.

56 Vgl.: Deutsch, M. und M. E. Collins: Interracial Housing: A Psychological Evaluation of a Social Experiment, Minneapolis 1951.

57 Vgl.: Hyman, H. H. und P. B. Sheatsley: Some Reasons Why Information Campaigns Fail, in: P. O. Q. 11, 1947, S. 412 ff.

58 Vgl.: Katz, E. und P. F. Lazarsfeld: Persönlicher Einfluß und Meinungsbildung, a. a. O.

59 Eine solche Reduktion „soziologischer" Variablen im Wirkungsprozeß der Überredungs-kommunikation auf „psychologische" Variablen kann dazu beitragen, eine Reihe der in diesem Bereich relevanten Variablen zu präzisieren und leichter zu messen. Vgl. dazu die Arbeit Hummel, H. und K.-D. Opp: Zum Problem der Reduktion von Soziologie auf Psychologie, a. a. O.

60 Krech, D., R. S. Crutchfield und E. L. Ballachey: Individual in Society, a. a. O., S. 226.

61 Vgl. z. B. die Arbeit von Freidson, der für die Medien Fernsehen, Film und Comics drei medienspezifische Empfangssituationen bei Kindern untersuchte. Das Kind allein, in der Gruppe von Gleichaltrigen und in der Familie.
Vgl.: Freidson, E.: The Relation of the Social Situation of Contact to the Media in Mass Communication, in: P. O. Q. 17, 1953, S. 230 ff.

62 Berelson, B. und G. A. Steiner: Human Behavior, New York 1964, S. 548.

63 Vgl.: Cohen, A. R.: Attitude Change and Social Influence, New York 1964, insbesondere Kap. 6 und 7.

64 Vgl.: Merton, R. K.: Mass Persuasion, New York 1946.

65 Vgl.: Cantril, H.: The Invasion from Mars, Princeton 1940. Vergleiche insbesondere die Ausführungen auf S. 139 ff. in der Harper-Taschenbuchausgabe, New York 1966.

66 Vgl.: Fearing, F.: Toward a Psychological Theory of Human Communication, in: J. Pers. 22, 1953, S. 71 ff.

67 Vgl. u. a.: Cartwright, D.: Some Principles of Mass Persuasion, Selected Findings of Research on the Sale of United States War Bonds, in: Human Relations 1949, wiederabgedruckt in: Katz, D. u. a. (Hg.): Public Opinion and Propaganda, New York 1954, S. 388 ff.

68 Vgl. u. a.: Tannenbaum, P. H.: Initial Attitude toward Source and Concept as Factors in Attitude Change through Communication, in: P. O. Q. 20, 1956, S. 413 ff.

69 Vgl. u. a.: Hovland, C. I., A. A. Lumsdaine und F. D. Sheffield: Experiments on Mass Communication, a. a. O., S. 147 ff.

70 Vgl. u. a.: Frenkel-Brunswik, E: Intolerance of Ambiguity as an Emotional and Perceptual Variable, in: J. Pers. 18, 1949, S. 108 ff.

71 Vgl. u. a.: Rokeach, M. und R. N. Vidulich: The Formation of New Belief Systems, in: Rokeach, M. (Hg.): The Open and Closed Mind, New York 1960.

72 Es war zuerst beabsichtigt, die wichtigsten Ergebnisse über diese situationalen Einflußfaktoren darzustellen. Dann zeigte sich jedoch, daß eine Zusammenstellung der empirischen Ergebnisse dieses Forschungsbereichs dem geplanten Umfang und der Zielsetzung dieser Arbeit nicht entsprechen würde. Eine wesentliche Schwierigkeit lag vor allem darin, daß die situationalen Faktoren sehr heterogen sind und daher in den unterschiedlichsten Forschungsbereichen — wie z. B. Wahrnehmungspsychologie, Kleingruppenforschung usw. — untersucht wurden, deren Berücksichtigung hier zu weit führen würde.
Vgl.: Cohen, A. R.: Attitude Change and Social Influence, a. a. O., S. 81 ff. und 100 ff.

73 Nach dem Wissen des Verfassers gibt es in der BRD nur einige wenige von Psychologen unternommene Versuche neuesten Datums, die die Wirkungen des kommunikativen Stimulus auf die Einstellungen der Rezipienten systematisch untersuchen. Es liegen aber keine Übersetzungen bzw. zusammenfassende Darstellungen der Arbeiten von Hovland und seinen Mitarbeitern vor, obwohl sie die Wirkungsforschung so entscheidend angeregt haben und in dieser Tradition rege weitergearbeitet wird.

74 Vgl.: Berelson, B. und G. A. Steiner: Human Behavior, a. a. O., S. 551 ff.
Vgl. Cohen, A. R.: Attitude Change and Social Influence, a. a. O., S. 1 ff.

75 Vgl.: Hovland, C. I., I. L. Janis und H. H. Kelley: Communication and Persuasion, a. a. O., S. 21 f.

76 Vgl.: Hovland, C. I. und Weiss: The Influence of Source Credibility on Communication Effectiveness, in: P. O. Q. 15, 1951, S. 635 ff.

77 Die Autoren unterscheiden in diesem Experiment nicht zwischen Kommunikator, Medium und Institution der Massenkommunikation, sondern fassen die Merkmale des kommunikativen Stimulus zusammen und sprechen von der Quelle ("source") einer Aussage.

78 Kelman, H. C. und C. I. Hovland: "Reinstatement" of the Communicator in Delayed Measurement of Opinion Change, in: J. A. S. P. 48, 1953, S. 327 f.

79 In einem späteren Aufsatz von Lana werden einige Vorteile dieser Vorgehensweise aufgezeigt.
Vgl.: Lana, R. E.: Pretest — Treatment Interaction Effects in Attitudinal Studies, in: Psychol. Bull. 56, 1959, S. 293 ff. Zur Problematik der "pretest-interaction-effects" vgl. vor allem Solomon, R. O.: Extension of Control Group Design, in: Psychol. Bull. 46, 1949, S. 137 ff.

212

80 Vgl.: Hovland, C. I. und W. Mandell: An Experimental Comparison of Conclusion-Drawing by the Communicator and by the Audience, in: J. A. S. P. 47, S. 581 ff.
81 Vgl.: Hovland, C. I., I. L. Janis und H. H. Kelley: Communication and Persuasion, a. a. O., S. 269.
82 Vgl.: Hovland, C. I., I. L. Janis und H. H. Kelley: a. a. O., S. 270.
83 Vgl.: Hovland, C. I., A. A. Lumsdaine und R. D. Sheffield: Experiments on Mass Communication, a. a. O., S. 302 f.
84 Vgl.: Hovland, C. I., I. L. Janis und H. H. Kelley: Communication and Persuasion, a. a. O., S. 270.
85 Vgl.: Hovland, C. I., I. L. Janis und H. H. Kelley: a. a. O., S. 21.
86 Vgl.: Schweitzer, D. und G. P. Ginsburg: Factors of Communicator Credibility, in: Backman, C. W. und P. F. Secord (Hg.): Problems in Social Psychology, New York 1966, S. 94 ff.
87 Vgl.: Tannenbaum, P. H.: Initial Attitude toward Source and Concept as Factors in Attitude Change through Communication, a. a. O., S. 413 ff.
88 Vgl.: Osgood, C. E., G. J. Suci und P. H. Tannenbaum: The Measurement of Meaning, Urbana 1957.
89 Vgl.: Tannenbaum, P. H.: Initial Attitude toward Source and Concept as Factors in Attitude Change through Communications, a. a. O., S. 420 f.
90 Vgl.: Walster, E. und L. F. Festinger: The Effectiveness of "Overhead" Persuasive Communication, in: J. A. S. P. 65, 1962, S. 395 ff.
91 Lazarsfeld, P. F., B. Berelson und H. Gaudet: The People's Choice, a. a. O., S. 153.
92 Vgl.: Walster, E. und L. Festinger: The Effectiveness of "Overhead" Persuasive Communication, a. a. O., S. 401.
93 Vgl.: Kiesler, Ch. a. und S. B. Kiesler: Role of Forewarning in Persuasive Communication, in: J. A. S. P. 68, 1964, S. 547 ff.
94 Vgl.: Walster, E. und P. Prestholdt: The Effect of Misjudging another: Overcompensation or Dissonance Reduction? in: Journal of Experimental and Social Psychology 2, 1966, S. 85 ff.
95 Vgl. Festinger, L. und N. Maccoby: On Resistence to Persuasive Communication, in: J. A. S. P. 68, 1964, S. 359 ff.
96 Vgl.: Freedman, J. L. und D. O. Sears: Warning, Distraction, and Resistance to Influence, in: J. P. S. P. 1, 1965, S. 262 ff.
97 Vgl.: Mills, J. und E. Aronson: Opinion Change as a Function of the Communicator's Attractiveness and Desire to Influence, in: J. P. S. P. 1, 1965, S. 173 ff.
98 Vgl.: Weiss, W. und B. J. Fine: Opinion Change as a Function of some Intrapersonal Attributes of the Communicatees, in: J. A. S. P. 51, 1955, S. 246 ff. Vgl.: Weiss, W. und B. J. Fine: The Effect of Induced Aggressiveness on Opinion Change, in: J. A. S. P. 52, 1956, S. 109 ff.
99 Weiss, W. und B. J. Fine: a. a. O., S. 113.
100 Die einzige dem Verfasser bekannte Ausnahme ist der bemerkenswerte Versuch von Schweitzer, D. und G. P. Ginsburg: Factors in Communicator Credibility, a. a. O.
101 Vgl.: Weiss, W.: Opinion Congruence with a Negative Source on one Issue as a Factor Influencing Agreement on another Issue, in: J. A. S. P. 54, 1957, S. 180 f.
102 Vgl.: Kelman, H. C. und A. H. Eagly: Attitude Toward the Communicator, Perception of Communication Content and Attitude Change, in: J. P. S. P. 1, 1965, S. 73.
Vergleiche auch die ebenfalls auf dem Konsistenzprinzip beruhenden Hypothesen bei Tannenbaum, P. H.: Initial Attitude toward Source and Concept as Factors in Attitude Change through Communication, a. a. O., S. 413 ff. und Osgood, C. E. und P. H. Tannenbaum: The Principle of Congruity in the Prediction of Attitude Change, in: Psychol. Rev. 62, 1955. Abgedruckt in: Samson, E. E. (Hg.): Approaches, Contexts and Problems of Social Psychology, Englewood Cliffs 1964, S. 236 ff.
103 Vgl.: Hovland, E. I., A. A. Lumsdaine und F. D. Sheffield: Experiments on Mass Communication, a. a. O., S. 210.
104 Vgl.: Hovland, C. I., A. A. Lumsdaine und F. D. Sheffield: a. a. O., S. 212 f.
105 Vgl.: Hovland, C. I., A. A. Lumsdaine und F. D. Sheffield: a. a. O., S. 212 f.
106 Vgl.: Hovland, C. I., A. A. Lumsdaine und F. D. Sheffield: a. a. O., S. 212 f.
107 Vgl.: Hovland, D. I., A. A. Lumsdaine und F. D. Sheffield: a. a. O., S. 213 f.
108 Vgl.: Hovland, C. I., A. A. Lumsdaine und F. D. Sheffield: a. a. O., S. 214 f.
109 Vgl.: Hovland, C. I., A. A. Lumsdaine und F. D. Sheffield: a. a. O., S. 215. Für weitere zwei Ergebnisse vergleiche auch S. 217 f. und S. 225.

110 Vgl.: Lumsdaine, A. A. und I. O. Janis: Resistance to "Counterpropaganda" Produced by One-Sided and Two-Sided "Propaganda" Presentations, in: P. O. Q. 17, 1953, S. 311 ff.

111 Vgl.: Cohen, A. R.: Attitude Change and Social Influence, a. a. O., S. 121. Cohen widmet dem Problem des Widerstandes gegen Überredungsversuche ein ganzes Kapitel, in dem Untersuchungen über diese Frage enthalten sind.

112 Vgl.: Thistlethwaite, D. L. und J. Kamenetsky: Attitude Change through Refutation and Elaboration of Audience Counterarguments, in: J. A. S. P. 51, 1955, S. 3 ff. Thistlethwaite, D. L., J. Kamenetsky und H. Schmidt: Factors Influencing Attitude Change through Refutative Communication, in: Speech Monographs 23, 1955, S. 14 ff. Ludlum, T. S.: Effects of Certain Techniques of Credibility upon Audience Attitude, in: Speech Monographs 25, 1958, S. 278 ff.

113 Vgl.: Hovland, C. I. und W. Mandell: An Experimental Comparision of Conclusion-Drawing by the Communicator and by the Audience, a. a. O., S. 581 ff.

114 Vgl.: Hovland, C. I., I. L. Janis und H. H. Kelley: Communication and Persuasion, a. a. O., S. 102 ff.

115 Vgl. Thistlethwaite, D. L., H. De Haan und J. Kamenetsky: The Effects of "Directive" and "Nondirective" Communication Procedures on Attitude, in: J. A. S. P. 51, 1955, S. 107 ff.

116 Vgl.: Hovland, C. I., I. L. Janis und H. H. Kelley: Communication and Persuasion, a. a. O., S. 105.

117 Vgl.: Cooper, E. und H. Dinerman: An Analysis of the Film "Don't be a Sucker"', a. a. O., S. 263.

118 Vgl.: Cohen, A. R.: Attitude Change and Social Influence, a. a. O., S. 7 f. Vgl.: Berelson, A. und G. A. Steiner: Human Behavior, a. a. O., S. 552 f.

119 Vgl.: Lund, F. H.: The Psychology of Belief IV: The Law of Primacy in Persuasion, in: J. A. S. P. 20, 1952, S. 183 ff.

120 Vgl.: Hovland, C. I. und W. Mandell: Is There a "Law of Primacy in Persuasion"? , in: Hovland, C. I. (Hg.): The Order of Presentation in Persuasion, New Haven 1957, S. 13 ff.

121 Vgl.: Hovland, C. I. und W. Mandell: a. a. O., S. 18.

122 Vgl.: Hovland, C. I., E. H. Campbell und T. Brock: The Effects of "Commitment" on Opinion Change Following Communication, in: Hovland, C. I. (Hg.): The Order of Presentation in Persuasion, a. a. O., S. 27.

123 Vgl.: Hovland, C. I. und W. Mandell: Is There a "Law of Primacy in Persuasion"? , a. a. O., S. 17.

124 Vgl.: Luchins, A. S.: Primacy-Recency in Impression Formation, in: Hovland, C. I. (Hg.): The Order of Presentation in Persuasion, a. a. O., S. 40, 45 und 53.

125 Vgl.: Luchins, A. S.: Experimental Attempts to Minimize the Impact of First Impressions, in: Hovland, C. I. (Hg.): The Order of Presentation in Persuasion, a. a. O., S. 69.

126 Vgl.: Hovland, C. I., I. L. Janis und H. H. Kelley: Communication and Persuasion, a. a. O., S. 112.

127 Vgl.: Sponberg, H. A.: A Study of the Relative Effectiveness of Climax and Anti-Climax Order in an Argumentative Speech, in: Speech Monographs 13, 1946, S. 35 ff., angeführt bei Hovland, C. I., I. L. Janis und H. H. Kelley: Communication and Persuasion, a. a. O., S. 112 ff.

128 Vgl.: Cromwell, H.: The Relative Effect on Audience Attitude of the First Versus the Second Argumentative Speech of a Series, in: Speech Monographs 17, 1950, S. 105 ff., angeführt bei Hovland, C. I., I. L. Janis und H. H. Kelley: Communication and Persuasion, a. a. O., S. 112 ff.

129 Vgl.: Hovland, C. I., I. L. Janis und H. H. Kelley: a. a. O., S. 112 ff.

130 Vgl.: Cohen, A. R.: Need for Cognition and Order of Communication as Determinants of Opinion Change, in: Hovland, C. I. (Hg.): The Order of Presentation in Persuasion, a. a. O., S. 87.

131 Cohen, A. R.: Attitude Change and Social Influence, a. a. O., S. 12.

132 Vgl.: Cohen, A. R.: Need for Cognition and Order of Communication als Determinants of Opinion Change, a. a. O., S. 90 und 97.

133 Vgl.: McGuire, W. J.: Order of Presentation as a Factor in "Conditioning" Persuasiveness, in: Hovland, C. I. (Hg.): The Order of Presentation in Persuasion, a. a. O., S. 105.

134 Vgl.: McGuire, W. J.: a. a. O., S. 99 und 112 f. Vgl.: Hull, C. O.: A Behavior System, New Haven 1952. McGuire plädiert für eine intensivere Anwendung der Ansätze der "Reinforcement Theory"

bei der Klärung des Beeinflussungsprozesses und zeigt, daß man noch weitere Hypothesen aus der Lerntheorie formulieren kann, die zu einem besseren Verständnis des Wirkungsprozesses der Überredungskommunikation führen können.

135 Vgl.: Janis, I. L. und R. L. Feierabend: Effects of Alternative Ways of Ordering Pro and Con Arguments in Persuasive Communication, in: Hovland, C. I. (Hg.): The Order of Presentation in Persuasion, a. a. O., S. 117 und 121 f.

136 Janis, I. L.: Motivational Effects of Different Sequential Arrangements of Conflicting Arguments: A Theoretical Analysis, in: Hovland, C. I. (Hg.): The Order of Presentation in Persuasion, a. a. O., S. 170 ff.

137 Anmerkung des Verfassers.

138 Janis, I. L. und R. L. Feierabend: Effects of Alternative Ways of Ordering Pro and Con Arguments in Persuasive Communication, a. a. O., S. 127.

139 Vgl.: Batemann, R. M. und H. H. Remmers: A Study of the Shifting Attitude of School Students when Subjected to Favorable and Unfavorable Propaganda, in: J. S. P. 13, 1941, S. 395 ff.
Vgl.: Underwood, B. J.: Retroactive and Proactive Inhibition after Five and Forty-Eight Hours, in: Journal of Experimental Psychology 38, 1948, S. 29 ff.
Beide Arbeiten angeführt bei: Hovland, C. I., I. L. Janis und H. H. Kelley: Communication and Persuasion, a. a. O., S. 126.

140 Vgl.: Miller, N. und D. T. Campbell: Recency and Primacy in Persuasion as a Function of the Timing of Speeches and Measurements, in: J. A. S. P. 59, 1959, S. 1 ff.

141 Vgl.: Ebbinghaus, H.: Über das Gedächtnis, Leipzig 1885.

142 Vgl.: Miller, N. und D. T. Campbell: Recency and Primacy in Persuasion as a Function of the Timing of Speeches and Measurements, a. a. O., S. 4 f.

143 Vgl.: Miller, N. und D. T. Campbell: a. a. O., S. 8.

144 Miller, N. und D. T. Campbell: a. a. O., S. 8.

145 Vgl.: Hovland, C. I., I. L. Janis und H. H. Kelley: Communication and Persuasion, a. a. O., S. 126.

146 Vgl.: Insko, Ch. A.: Primacy Versus Recency in Persuasion as a Function of the Timing of Arguments and Measures, in: J. A. S. P. 69, 1964, S. 381 ff.

147 Vgl.: Thomas, E. J., S. Webb und J. Tweedie: Effects of Familiarity with a Controversial Issue on Acceptance of Successive Persuasive Communication, in: J. A. S. P. 63, 1961, S. 656 ff.

148 Vgl.: Lana, R. E.: Familiarity and the Order of Presentation of Persuasive Communications, in: J. A. S. P. 62, 1961, S. 573 ff.

149 Vgl.: Lana, R. E.: a. a. O., S. 577.

150 Vgl.: Rosenberg, M. J.: Cognitive Structure and Attitudinal Effect, in: J. A. S. P. 53, 1956, S. 367 ff.

151 Vgl.: Hovland C. I., I. L. Janis und H. H. Kelley: Communication and Persuasion, a. a. O., S. 56 ff.

152 Ein neueres Experiment von Ruechelle hat z. B. ziemlich deutlich demonstriert, daß sowohl Laien als auch qualifizierte Beurteiler ("judges") nicht in der Lage waren, bestimmte Aussageninhalte entsprechend den Vorstellungen der Leiter dieser Experimente als „rational" oder „emotional" zu klassifizieren.
Vgl.: Ruechelle, R. C.: An Experimental Study of Audience Recognition of Emotional and Intellectual Appeals in Persuasion, in: Speech Monographs 25, 1958, S. 49 ff., angeführt bei Secord, P. F. und C. W. Backman: Social Psychology, New York 1964, S. 132.

153 Vgl.: Janis, I. L. und S. Feshbach: Effects of Fear-Arousing Communications, in: J. A. S. P. 48, 1953, S. 78 ff.

154 Vgl. z. B.: Krech, D., R. S. Crutchfield und E. L. Ballachey: Individual in Society, a. a. O., S. 244.
Vgl.: Maccoby, N.: Die neue „wissenschaftliche" Rhetorik, in: Schramm, W. (Hg.): Grundfragen der Kommunikationsforschung, München 1964, S. 60 f., Berelson B. und G. A. Steiner: Human Behavior, a. a. O., S. 552.

155 Vgl. hierzu die übereinstimmenden Ergebnisse von: Nunnally, J. C. und H. M. Bobren: Variables Governing the Willingness to Receive Communications on Mental Health, in: J. Pers. 27, 1959, S. 38 ff. und auch von: Goldstein, M. J.: The Relationship between Coping and Avoiding Behavior and Response to Fear-Arousing Propaganda, in: J. A. S. P. 58, 1959, S. 247 ff.

156 Janis, I. L. und S. Feshbach: Effects of Fear-Arousing Communications, a. a. O., S. 92.

215

157 Janis, I. L. und R. F. Terwilliger: An Experimental Study of Psychological Resistance to Fear-Arousing Communications, in: J. A. S. P. 65, 1962, S. 410.
158 Leventhal, H., R. Singer und S. Jones: Effects of Fear and Specifity of Recommendation upon Attitudes and Behavior, in: J. P. S. P. 2, S. 20.
Vgl. auch: Leventhal, H. und R. Singer: Affect Arousal and Positioning of Recommendations in Persuasive Communications, in: J. P. S. P. 4, 1966, S. 137 ff. In diesem Aufsatz ist auch die wichtigste Literatur zu diesem Problem zu finden.
159 Vgl.: Leventhal, H., R. Singer und S. Jones: Effects of Fear and Specifity of Recommendation upon Attitudes and Behavior, a. a. O., S. 20 ff.
160 Vgl.: Cohen, A. R.: Attitude Change and Social Influence, a. a. O., S. 22.
Vgl.: Lewan, P. C. und E. Stotland: The Effects of Prior Information on Susceptibility to an Emotional Appeal, in: J. A. S. P. 62, 1961, S. 453.
Vgl.: Dabbs, J. M. Jr. und H. Leventhal: Effects of Varying the Recommendations in a Fear-Arousing Communication, in: J. P. S. P. 4, 1966, S. 529 f.
161 Vgl.: Maletzke, G.: Psychologie der Massenkommunikation, a. a. O., S. 171 ff.
162 Vgl.: Maletzke, G.: a. a. O., S. 178.
163 Ein Teil dieser Literatur findet sich bei: Maletzke, G.: a. a. O., S. 171 ff und 219 ff. und Klapper, J. T.: The Effects of Mass Communication, a. a. O., S. 104 ff.
164 Vgl.: Lazarsfeld, P. F. und R. K. Merton: Mass Communication, Popular Taste and Organized Social Action, in: Bryson, L. (Hg.): The Communication of Ideas, New York 1948, S. 95 ff.
165 Vgl.: Berelson, B. und G. A. Steiner, Human Behavior, a. a. O., S. 533 und auch Lazarsfeld, P. F. und P. L. Kendall: Radio Listening in America, New York 1948, S. 115 ff.
166 Klapper, J. T.: The Effects of Mass Communication, a. a. O., S. 108 f.
Vgl. auch: Klapper, J. T.: The Comparative Effects of the Various Media, in: Schramm, W. (Hg.): The Process and Effects of Mass Communication, Urbana 1954, S. 91 ff.
167 Vgl. Berelson, B. und G. A. Steiner: Human Behavior, a. a. O., S. 550.
168 Klapper berichtet über die Ergebnisse einiger älterer Studien, die zur Untersuchung der Wirksamkeit der einzelnen Medien die Aussagen bei allen Medien konstant hielten. Vgl.: Klapper, J. T.: The Effects of Mass Communication, a. a. O., S. 106.
169 Die Ergebnisse dieser fortlaufenden Forschung werden vor allem in folgenden Zeitschriften dargestellt: Journal of Personality and Social Psychology, Journal of Personality, Journal of Experimental Personality Research und im Journal of Experimental Social Psychology.
170 Vgl. z. B.: Hovland, C. I., I. L. Janis und H. H. Kelley: Communication und Persuasion, a. a. O., S. 3.
171 Cohen, A. R.: Attitude Change and Social Influence, a. a. O., S. 15 f.
172 Vgl.: Mills, J. und E. Aronson: Opinion Change as a Function of the Communicator's Attractiveness and Desire to Influence, a. a. O.
173 Vergleiche folgende zwei Aufsätze, in denen auf die wesentlichste Literatur zur Logik des Experiments hingewiesen wird: Edward, A.: Experiments: Their Planing and Execution, in: Lindzey, G. (Hg.): Handbook of Social Psychology, Bd. I, Reading 1954, S. 259 ff., und Pages, R.: Das Experiment in der Soziologie, in: König, R. (Hg.): Handbuch der empirischen Sozialforschung, Stuttgart 1967, S. 415 ff.
174 Über die Anwendung des Experiments in der Kommunikationsforschung und die verschiedenen Kontrollmöglichkeiten im Experiment vergleiche: Tannenbaum, P. H.: Experimental Method in Communication Research, in: Nafziger, R. O. und D. M. White (Hg.): Introduction to Mass Communications Research, Baton Rouge 1963, S. 51 ff.
175 Vgl.: Eyferth, K.: Sozialpsychologie, in: Meili, R. und H. Rohracher (Hg.): Lehrbuch der experimentellen Psychologie, Bern, Stuttgart 1968, S. 413.
176 Vgl.: Miller N. und D. T. Campbell: Recency and Primacy in Persuasion as a Function of the Timing of Speeches and Measurements, a. a. O.
177 Vgl.: Insko, Ch. A.: Primacy Versus Recency in Persuasion as a Function of the Timing of Arguments and Measures, a. a. O.
178 Vgl.: Hovland, C. I. und W. Weiss: The Influence of Source Credibility on Communication Effectiveness, a. a. O.
179 Vgl.: Kelman, H. C. und C. I. Hovland: "Reinstatement" of the Communicator in Delayed Measurement of Opinion Change, a. a. O.
180 Vgl.: Leventhal, H., R. Singer und S. Jones: Effects of Fear and Specifity of Recommendation on Attitudes and Behavior, a. a. O.

181 Vgl.: Selltiz, C., M. Jahoda, M. Deutsch und S. W. Cook: Research Methods in Social Relations, New York 1964, S. 83 ff.
182 Vgl.: Hovland, C. I., I. L. Janis und H. H. Kelley: Communication and Persuasion, a. a. O., S. 5.
   Vgl.: Maletzke, G.: Psychologie der Massenkommunikation, a. a. O., S. 216.
   Vgl.: Tannenbaum, P. H.: Experimental Method in Communication Research, a. a. O., S. 62.
183 Vergleiche hierzu die Auffassung von: Malewski, A.: Verhalten und Interaktion, Tübingen 1967, S. 23 ff., insbesondere S. 32.
184 Vgl.: Albert, H.: Probleme der Theorienbildung, a. a. O., S. 25 f.
185 Einen kurzen Überblick über diese Forschung und zahlreiche Literaturhinweise gibt u. a. das Sammelreferat von: Irle, M.: Entstehung und Änderung von sozialen Einstellungen Attitüden, in: Merz, F. (Hg.): Bericht über den 25. Kongreß der Deutschen Gesellschaft für Psychologie, Münster 1966, Göttingen 1967, S. 194 ff.
186 Vergleiche die Hypothesen 5, 6, 7, 8.
187 Vgl.: Berelson, B. und G. A. Steiner: Human Behavior, a. a. O., insbesondere S. 528, 529, 536 und 540. Vgl. auch: Klapper, J. T.: Die gesellschaftlichen Auswirkungen der Massenkommunikation, in: Schramm, W. (Hg.): Grundfragen der Kommunikationsforschung, München 1964, S. 89. Übersetzung aus dem Amerikanischen: The Science of Human Communication, New York 1963.
188 Berelson, B. und G. A. Steiner: Human Behavior, a. a. O., S. 528.
189 Merton, R. K. und P. F. Lazarsfeld: Studies in Radio and Film Propaganda, in: Merton, R. K.: Social Theory and Social Structure, a. a. O., S. 519.
190 Vgl.: Fearing, F.: Social Impact of the Mass Media of Communication, in: Henry, N. B. (Hg.): Mass Media and Education, Chicago 1954, S. 191.
191 Eine Zusammenfassung und Erörterung der wichtigsten Versuche einer Definition des Persönlichkeitsbegriffs findet sich bei: Koch, M.: Die Begriffe Person, Persönlichkeit und Charakter, in: Handbuch der Psychologie, Bd. 4, 1960, insbesondere S. 20 ff.
192 Vgl.: Hall, C. S. und G. Lindzey: Theories of Personality, New York 1957, S. 15 ff.
193 Roth, E.: Einstellungen als Determination individuellen Verhaltens, a. a. O., S. 146.
194 Vgl.: Roth, E.: a. a. O., S. 126 ff.
195 So beschränkten sich auch Osgood und Tannenbaum nur auf die Untersuchung folgender drei Variablen, die ihnen bei der Beeinflussung von Einstellungen als die wichtigsten erschienen: 1. die präkommunikativen Einstellungen des Rezipienten zur Herkunft der Aussage ("source of the message"), wobei Kommunikator, Medium und Institution zusammengefaßt sind; 2. die präkommunikativen Einstellungen des Rezipienten zum Gegenstand der Aussage und 3. die Beziehung zwischen der Herkunft der Aussage und dem Gegenstand der Aussage.
   Vgl.: Osgood, C. E. und P. H. Tannenbaum: The Principle of Congruity in the Prediction of Attitude Change, ˙. a. O., S. 237.
196 Vgl.: Torgerson, W. S.: Theory and Methods of Scaling, New York 1958.
197 Vgl.: Sixtl, F.: Meßmethoden der Psychologie, Weinheim 1967.
198 Vgl.: Stosberg, M.: Analyse der Massenkommunikation, Einstellungsmessung, Düsseldorf 1972.
199 Vgl.: Krech, D., R. S. Crutchfield und E. L. Ballachey: Individual in Society, a. a. O., S. 216 ff. Newcomb, T. M., R. H. Turner und P. E. Converse: Social Psychology, New York 1965, S. 48 ff. Vgl.: Roth, E.: Einstellung als Determination individuellen Verhaltens, a. a. O., S. 62 ff.
200 Nach Shaw und Wright wird die Richtung einer Einstellung davon abhängen, ob das Einstellungsobjekt die Erreichung eines Zieles fördert oder verhindert. "As the attitudinal referent is conceived to be goal facilitating it will be evaluated positively; it is evaluated negatively to the extent that it is conceived as inhibiting our interfering with goal attainment." Shaw, M. E. und J. M. Wright: Scales for the Measurement of Attitudes, New York 1967, S. 6.
201 Berelson, B. und G. A. Steiner: Human Behavior, a. a. O., S. 540–541.
202 Vgl.: Hartley, E. L. und R. E. Hartley: Die Grundlagen der Sozialpsychologie, Berlin 1955, S. 445 ff.
203 Vgl.: Krech, D., R. S. Crutchfield und E. L. Ballachey: Individual in Society, a. a. O., S. 142 und 216.
204 Hartley, E. L. und R. E. Hartley: Die Grundlagen der Sozialpsychologie, a. a. O., S. 448 f.
205 Roth, E.: Einstellungen als Determination individuellen Verhaltens, a. a. O., S. 79.
206 Vgl.: Suchman, E. A.: The Intensity Component in Attitude and Opinion Research, in: Stouffer, S. A. u. a. (Hg.): Measurement and Prediction, New York 1950, S. 240; und auch Cantril, H.: The Intensity of an Attitude, in: J. A. S. P. 41, 1946, S. 132 ff.

207 Vgl.: Rosenberg, M. J.: Cognitive Structure and Attitudinal Effect, a. a. O., S. 367 ff.
208 Vgl.: Tannenbaum, P. H.: Initial Attitude toward Source and Concept as Factors in Attitude Change through Communication, a. a. O., S. 421.
209 Vgl.: Sherif, M. und C. I. Hovland: Social Judgment, New Haven 1961.
210 Vgl.: Hovland, C. I., O. J. Harvey und M. Sherif: Assimilation and Contrast Effects in Reactions to Communication and Attitude Change, in: J. A. S. P. 55, 1957, S. 244 ff.
211 Vgl.: Sherif, C. W., M. Sherif und R. E. Nebergall: Attitude and Attitude Change, Philadelphia 1965.
212 Hartley, E. L. und R. E. Hartley: Grundlagen der Sozialpsychologie, a. a. O., S. 451.
213 Vgl.: Newcomb, T. M., R. H. Turner und P. E. Converse: Social Psychology, a. a. O., S. 58 f.
214 Stouffer, S. A.: Communism, Conformity and Civil Liberties, New York 1955.
215 Vgl. u. a.: Sherif, M. und St. S. Sargent: Ego-Involvement and the Mass Media, in Journal of Social Issues 3, 1947, S. 8 ff.
Sherif, M. und H. Cantril: The Psychology of Ego-Involvements, New York 1947.
Sarnoff, J.: Psychoanalytic Theory and Social Attitudes, in: P. O. Q. 24, 1960, S. 251 ff.
216 Klapper, J. T.: The Effects of Mass Communication, a. a. O., S. 45. Vergleiche auch die dort angegebenen Untersuchungen, die dieses Ergebnis bestätigen.
217 Sherif, M. und C. I. Hovland: Social Judgment, a. a. O., S. 196.
218 Vgl.: Pilisuk, M.: Cognitive Balance and Self-Relevant Attitudes, in: J. A. S. P. 65, 1962, S. 95 ff.
219 Das ”ego-involvement“ wird in der deutschsprachigen psychologischen Literatur in der Regel mit dem Terminus „Ich-Beteiligung“ bezeichnet. Um jedoch mögliche Mißverständnisse zu vermeiden, scheint es angebracht, diesen in der angelsächsischen Wirkungsforschung verbreiteten Ausdruck unübersetzt zu lassen.
220 Vgl.: Newcomb, T. M., R. H. Turner und P. E. Converse: Social Psychology, a. a. O., S. 62.
221 Vgl.: Newcomb, T. M., R. H. Turner und P. E. Converse: a. a. O., S. 62.
222 Klapper, J. T.: The Effects of Mass Communication, a. a. O., S. 46.
223 Vgl.: Roth, E.: Einstellungen als Determination individuellen Verhaltens, a. a. O., S. 90.
224 Krech, D., R. S. Crutchfield und E. L. Ballachey: Individual in Society, a. a. O., S. 217. Unter inkongruenter Änderung verstehen die Autoren das, was in der Wirkungstypologie sowohl als Abschwächung als auch als Umkehrung einer Einstellung bezeichnet wurde. Vergleiche S. 23 dieser Arbeit.
225 Vgl.: Roth, E.: Einstellungen als Determination individuellen Verhaltens, a. a. O., S. 91.
226 Vgl.: Krech, D., R. S. Crutchfield und E. L. Ballachey: Individual in Society, a. a. O., S. 42.
227 Vgl.: Adorno, Th. W., E. Frenkel-Brunswik, J. Levinson und R. Sanford: The Authoritarian Personality, New York 1950.
228 Vgl.: McGuire, W.J.: Cognitive Consistency and Attitude Change, in: J. A. S. P. 60, 1960, S. 345 ff.
229 Krech, D., R. S. Crutchfield und E. L. Ballachey: Individual in Society, a. a. O., S. 217 f.
230 Newcomb, T. M., R. H. Turner und P. E. Converse: Social Psychology, a. a. O., S. 91.
231 Vgl.: Newcomb, T. M., R. H. Turner und P. E. Converse: a. a. O., S. 81.
232 Vgl.: Festinger, L.: A Theory of Cognitive Dissonance, a. a. O.
233 Vgl.: Osgood, C. E. und P. H. Tannenbaum: The Principle of Congruity in the Prediction of Attitude Change, a. a. O.
234 Vgl.: Heider, F.: Social Perception and Phenomenal Consality, in: Psychol. Rev. 51, 1944, S. 358 ff.
235 Vgl.: Rosenberg, M. J.: An Analysis of Affective-Cognitive Consistency, a. a. O., S. 15 f.
236 Vgl.: Newcomb, T. M.: An Approach to the Study of Communicative Acts, in: Psychol. Rev. 60, 1953, S. 393 ff.
237 Vgl.: Klapper, J. T.: Die gesellschaftlichen Auswirkungen der Massenkommunikation, a. a. O., S. 89.
238 Vgl.: De Fleur, M. L. und F. R. Westle: Attitude as a Scientific Concept, in: Social Forces 42, 1963, S. 30.
239 Krech, D., R. S. Crutchfield und E. L. Ballachey: Individual in Society, a. a. O., S. 216. Bei diesen Autoren wird die subjektive Vereinbarkeit der Komponenten als Konsistenz und die subjektive Vereinbarkeit der Einstellungen als Konsonanz bezeichnet. Da die in dieser Arbeit verwendete Dimension der Konsistenz sich auf alle drei Einstellungsebenen bezieht, ist eine solche Unterscheidung nicht erforderlich. Mit der Dimension ”want serving“ versuchen die Autoren, auch einen motivationalen Aspekt in dem Einstellungsbegriff unterzubringen.

Auf dieses zentrale Problem des Einstellungskonzepts wird im Abschnitt 6.4 kurz eingegangen.

240 Brown, R.: Social Psychology, New York 1965, S. 549.
241 Vgl.: Merton, R. K.: Priorities in Scientific Discovery: A Chapter in the Sociology of Science, in A. S. R. 22, 1957, S. 635 ff.
242 Für eine gute zusammenfassende Darstellung der wichtigsten Konsistenzmodelle vergleiche: Brown, R.: Social Psychology, a. a. O., S. 549 ff. und Zajonc, R. B.: The Concepts of Balance, Congruity and Dissonance, in: P. O. Q. 24, 1960, S. 280 ff.
Vergleiche auch die Aufsatzsammlung von: Fishbein, M. (Hg.): Readings in Attitude Theory and Measurement, New York 1967, in dem die meisten Aufsätze über die Konsistenztheorien wiederabgedruckt sind.
Eine Kritik an den Konsistenzmodellen und vollständige Literaturangaben finden sich bei: Feldman, S. (Hg.): Cognitive Consistency, New York 1966.
243 Vgl.: Heider, F.: Social Perception and Phenomenal Consality, a. a. O. Eine kurze aber sehr klare Darstellung des Ansatzes von Heider und der darin verwendeten Begriffe geben auch: Berger, J., B. P. Cohen, J. M. Snell und M. Zelditsch Jr.: Eine Formalisierung von Heiders Gleichgewichtstheorie, in: Mayntz, R. (Hg.): Formalisierte Modelle in der Soziologie, Neuwied/Rh. 1967, S. 101 ff. Vergleiche in dieser Aufsatzsammlung auch die Ausführungen von Mayntz, R.: Modellkonstruktion: Ansatz, Typen und Zweck, S. 11 ff.
244 Vgl.: Heider, F.: Attitudes and Cognitive Organization, in: Journal of Psychology 21, 1946, S. 107 ff.
Vergleiche vor allem sein Buch: Heider, F.: The Psychology of Interpersonal Relations, New York 1958.
245 Vgl.: Cartwright, D. und F. Harary: Structural Balance: A Generalization of Heider's Theory, in: Psychol. Rev. 63, 1956, S. 277 ff.
246 Vgl.: Rosenberg, M. J. und R. P. Abelson: An Analysis of Cognitive Balancing, in: Hovland, C. I. und M. J. Rosenberg (Hg.): Attitude Organization and Change, New Haven 1960.
247 Vgl.: Osgood, C. E. und P. H. Tannenbaum: The Principle of Congruity in the Prediction of Attitude Change, a. a. O.
248 Vgl.: Rosenberg, M. J.: An Analysis of Affective-Cognitive Consistency, a. a. O., S. 15 ff.
249 Vgl.: Festinger, L.: A Theory of Cognitive Dissonance, a. a. O.
250 Vgl.: McGuire, W. J.: A Syllogistic Analysis of Cognitive Relationships, in: Hovland, C. I. und M. J. Rosenberg (Hg.): Attitude Organization and Change, New Haven 1960, S. 65 ff.
251 Vgl.: Kelman, H. C.: Processes of Opinion Change, in: P. O. Q. 25, 1961, S. 57 ff.
252 Vgl.: Newcomb, T. M.: An Approach to the Study of Communicative Acts, a. a. O.
253 Vgl.: Abelson, R. P. und M. J. Rosenberg: Symbolic Psychologic: A Model of Attitudinal Cognition, in: Behavioral Science 3, 1958, S. 1 ff.
254 Vgl.: Rosenberg, M. J. und R. P. Abelson: An Analysis of Cognitive Balancing, a. a. O., S. 119 f.
255 Für eine ausführliche Darstellung der verschiedenen Wege der Beseitigung oder Reduktion von Inkonsistenzen vergleiche: Abelson, R. P.: Modes of Resolution of Belief Dilemmas, in: Journal of Conflict Resolution 3, 1959, S. 343 ff., wiederabgedruckt in: Fishbein, M. (Hg.): Readings in Attitude Theory and Measurement, a. a. O., S. 349 ff. Vgl. auch: McGuire, W. J.: The Current Status of Cognitive Consistency Theories, in: Feldman, S. (Hg.): Cognitive Consistency, a. a. O., S. 10 ff.
256 Rosenberg, M. J. und R. P. Abelson: An Analysis of Cognitive Balancing, a. a. O., S. 143 f. Hervorhebung von den Autoren.
257 Vgl.: Katz, D.: The Functional Approach to the Study of Attitudes, a. a. O., S. 163 ff. und Sarnoff, I. und D. Katz: The Motivational Basis of Attitude Change, in: J. A. S. P. 49, 1954, S. 115 ff.
258 Osgood, C. E. und P. H. Tannenbaum: The Principle of Congruity in the Predictions of Attitude Change, a. a. O., S. 238.
259 Die Ausführungen dieses Abschnitts folgen im wesentlichen: Brown, R.: Social Psychology, a. a. O., S. 558 ff.
260 Vgl.: Osgood, C. E., G. J. Suci und P. H. Tannenbaum: The Measurement of Meaning, a. a. O.
261 Osgood, C. E. und P. H. Tannenbaum: The Principle of Congruity in the Prediction of Attitude Change, a. a. O., S. 241
262 Vgl.: Osgood, C. E. und P. H. Tannenbaum: a. a. O., S. 244 ff.
263 Vgl.: Tannenbaum, P. H.: Attitude Toward Source and Concept as Factors in Attitude Change through Communications. Unveröff. Diss. der Univ. Illinois 1953, angeführt bei: Osgood und Tannenbaum: a. a. O., S. 244 f., Fußn. 3.

264 An dieser Stelle sei an die Ausführungen über die Einstellungsdimensionen erinnert. Dort wurde die gleichlautende Hypothese aufgestellt, daß je höher die Extremität einer Einstellung ist, desto geringer die Wahrscheinlichkeit eines Wandels dieser Einstellung sein wird.

265 Brown, R.: Social Psychology, a. a. O., S. 573.

266 Vgl.: Rosenberg, M. J.: An Analysis of Affective-Cognitive Consistency, a. a. O.

267 Vgl.: Rosenberg, M. J.: Cognitive Structure and Attitudinal Effect, a. a. O.

268 Auf die Problematik dieser Vorgehensweise unter meßtheoretischen Gesichtspunkten soll hier nicht eingegangen werden.

269 Rosenberg, M. J.: An Analysis of Affective-Cognitive Consistency, a. a. O., S. 17 f.

270 Vgl.: Rosenberg, M. J.: A Structural Theory of Attitude Dynamics, a. a. O., S. 322 f.

271 Vgl.: Rosenberg, M. J.: An Analysis of Affective-Cognitive Consistency, a. a. O., S. 22.

272 Vgl.: Festinger. L.: A Theory of Cognitive Dissonance, a. a. O.

273 Ein großer Teil dieser Experimente ist in folgenden zwei Arbeiten angeführt:
Brehm, J. W. und A. R. Cohen: Explorations in Cognitive Dissonance, New York 1962.
Festinger, L.: Conflict, Decision and Dissonance, Stanford 1964.

274 Die Diskrepanz zwischen Einstellungen und Verhalten wurde durch die bekannte Untersuchung von Lapiere, R. T.: Attitude versus Actions, a. a. O., gezeigt. Vgl. auch: Fishbein, M.: Attitude and the Prediction of Behavior, in: Fishbein, M. (Hg.): Readings in Attitude Theory and Measurement, New York 1967, S. 477 ff.

275 Festinger, L.: A Theory of Cognitive Dissonance, a. a. O., S. 3.

276 Malewski, A.: Verhalten und Interaktion, a. a. O., S. 77.

277 Vgl.: Brown, R.: Social Psychology, New York 1965, S. 550.

278 Festinger, L.: A Theory of Cognitive Dissonance, a. a. O., S. 3.

279 Vgl.: Malewski, A.: Verhalten und Interaktion, a. a. O., S. 76.

280 Festinger, L.: A Theory of Cognitive Dissonance, a. a. O., S. 3.

281 Festinger, L.: a. a. O., S. 18.

282 Diese Hypothese unterstreicht auch die Notwendigkeit, die bereits besprochenen Einstellungsdimensionen stärker zu berücksichtigen. In der weiter unten vorgenommenen Kritik an den Konsistenzmodellen wird darauf hingewiesen, daß bislang kein befriedigender Versuch einer Messung der Dissonanzstärke vorliegt. Nach dieser Hypothese scheint die Berücksichtigung der Zentralität, Komplexität und Verbundenheit einer Einstellung für die Messung der abhängigen Variablen „Stärke der Dissonanz" erforderlich zu sein.

283 Vgl.: Opp, K.-D.: Kognitive Dissonanz und positive Selbstbewertung, in: Psychologische Rundschau 19, 1968, S. 189 ff.

284 Vgl. hierzu die ausführliche Diskussion dieser Abhandlung im zweiten Teil, Abschnitt 3.2 und Kapitel 5. dieses Buches.

285 Vgl.: Opp, K.-D.: a. a. O., S. 190.

286 Zu dieser kurzen Schilderung der Grundzüge der Theorie der kognitiven Dissonanz in Form von Hypothesen muß noch hinzugefügt werden, daß Festinger ebenso wie andere Konsistenztheoretiker darauf hinweist, daß eine gegebene Dissonanz von verschiedenen Personen unterschiedlich erlebt wird und daher zu ungleichen Reaktionen führen kann. Er spricht auch von der Variable "tolerance for dissonance", die individuell unterschiedliche Werte annehmen kann und von den Konsistenztheorien berücksichtigt werden muß. Wie wir gesehen haben, gelten bei einigen Theoretikern, wie z. B. bei Rosenberg, die Aussagen der Konsistenztheorie erst dann, wenn die Inkonsistenz eine bestimmte Toleranzschwelle überschreitet.

287 Vgl. S. 27 dieser Arbeit.

288 Vgl. z. B. Hyman, H. H. und P. B. Sheatsley: Some Reasons Why Information Campaigns Fail, a. a. O., S. 412 ff.

289 Vgl.: Klapper, J. T.: The Effects of Mass Communication, a. a. O., S. 19 f. Berelson, B und G. A. Steiner, Human Behavior, a. a. O., S. 529 ff., vor allem die Hypothesen A1, A1a, A1.1, A1.3, A1.4, B1, B1a.

290 Vgl.: Festinger, L.: A Theory of Cognitive Dissonance, a. a. O., S. 138 ff. Vgl. auch die Literaturangaben bei: Brehm, J.W. und A. R. Cohen: Explorations in Cognitive Dissonance, a. a. O., S. 48 ff.

291 Vgl.: Ehrlich, D., I. Guttman, P. Schönbach und J. Mills: Post decision Exposure to Relevant Information, in: J. A. S. P. 54, 1957, S. 98 ff.

292 Zur Logik der Erklärung vgl. u. a. die Fußn. 5, angeführte Literatur.

293 Vgl. u. a.: Chapanis, N. P. und A. C. Chapanis: Cognitive Dissonance: Five Years Later, in: Psychol. Bull. 61, 1964, S. 1 ff.

Vgl.: Rosenberg, M. J.: When Dissonance Fails: On Eliminating Evaluation Apprehension from Attitude Measurement, in: J. P. S. P. 1, 1965, S. 28 ff. und eine Reihe weiterer kritischer Aufsätze, die bei McGuire, W. J.: The Current Status of Cognitive Consistency Theories, a. a. O., angeführt sind.

294 Vgl.: Sears, D. O. und J. O. Freedman: Selective Exposure to Information: A Critical Review, in: P. O. Q. 31, 1967, S. 194 ff.

295 Sears, D. O. und J. L. Freedman: a. a. O., S. 209.

296 Vgl.: Hovland, C. I., I. L. Janis und H. H. Kelley: Communication and Persuasion, a. a. O., S. 36 ff.

297 Vgl.: Tannenbaum, P. H.: Initial Attitude toward Source and Concept as Factors in Attitude Change through Communication, a. a. O.

298 Für eine ausführliche Kritik des Konsistenzansatzes mit Literaturangaben zu den einzelnen Kritikpunkten vgl.: McGuire, W. J.: The Current Status of Cognitive Consistency Theories, a. a. O.

299 Vgl.: Brown, R.: Social Psychology, a. a. O.

300 McGuire zählt acht Möglichkeiten der Reaktion auf eine Inkonsistenz auf, von denen jedoch die wichtigsten in diesem Kapitel bereits genannt wurden.
Vgl.: McGuire, W. J.: The Current Status of Cognitive Consistency Theories, a. a. O., S. 10 ff.

301 Vgl.: Abelson, R. P. und M. J. Rosenberg: Symbolic Psychologic: A Model of Attitudinal Cognition, a. a. O.

302 Vgl.: Cartwright, D. und F. Harary: Structural Balance: A Generalization of Heider's Theory, a. a. O.

303 Über den Zusammenhang zwischen einigen Persönlichkeitsmerkmalen und der Toleranzschwelle vergleiche die bei McGuire, W. J.: The Current Status of Cognitive Consistency Theories, a. a. O., S. 26, angegebene Literatur.

304 Vgl.: Brown, R.: Social Psychology, a. a. O., S. 584 ff.

305 Brehm, J. W. und A. R. Cohen: Explorations in Cognitive Dissonance, a. a. O., S. 3.

306 Vgl.: Festinger, L. und J. M. Carlsmith: Cognitive Consequences of Forced Compliance, in: J. A. S. P. 58, 1959, S. 203 ff.

307 Vgl.: Jordan, N.: Fallout Shelters and Social Psychology – The "Theory" of Cognitive Dissonance, H I – 244 – D, Croton on Hudson 1963, angeführt bei: Brown, R.: Social Psychology, a. a. O., S. 602.

308 Vgl.: Pepitone, A.: Some Conceptual and Empirical Problems of Consistency Models, in: Feldman, S. (Hg.): Cognitive Consistency, a. a. O., S. 257 ff.

309 Pepitone, A.: a. a. O., S. 295.

310 Vgl.: McGuire, W.J.: The Current Status of Cogntive Consistency Theories, a. a. O., S. 30 ff.

311 Vgl.: McGuire, W. J.: a. a. O., S. 30 ff.

312 McGuire, W. J.: a. a. O., S. 20.

313 Deutsch, M. und R. M. Krauss: Theories in Social Psychology, New York 1965, S. 76.

314 Festinger z. B. räumt selbst ein, daß er in seinem Buch ein wichtiges motivationales Problem nicht beachtet hat. " . . . we have said little or nothing about motivation throughout the course of this book. Dissonance itself can, of course, be considered as a motivating factor, but there are many other motives which affect human beings and we have skirted the question of any relationship between these other motivations and the pressure to reduce dissonane." Festinger, L.: A Theory of Cognitive Dissonance, a. a. O., S. 276.

315 Vgl.: Pepitone, A.: Some Conceptual and Empirical Problems of Consistency Models, a. a. O., S. 269.

316 Festinger, L.: A Theory of Cognitive Dissonance, a. a. O., S. 3.

317 Vgl.: Heider, F.: The Psychology of Interpersonal Relations, a. a. O., S. 212 ff.

318 Vgl.: Osgood, C. E. und P. H. Tannenbaum: The Principle of Congruity in the Prediction of Attitude Change, a. a. O., S. 238.

319 Vgl.: Brehm, J. W. und A. R. Cohen: Explorations in Cognitive Dissonance, a. a. O., S. 226 f.

320 Pepitone, A.: Some Conceptual and Empirical Problems of Consistency Models, a. a. O., S. 259.

321 Pepitone, A.: a. a. O., S. 271.

322 Vgl.: Pepitone, A.: a. a. O., S. 273 ff.

323 Vgl.: Malewski, A.: Verhalten und Interaktion, a. a. O., S. 84.

324 Eine ausführliche Diskussion dieser Variablen erfolgt im Teil II.

325 Auf diese Notwendigkeit hatten auch Rosenberg, M. J. und R. P. Abelson: An Analysis of Cognitive Balancing, a. a. O., hingewiesen. Aus ihren Untersuchungen ging hervor, daß

die Versuchspersonen neben dem Bedürfnis nach Konsistenz auch ein Bedürfnis nach Maximierung von Belohnung und Minimierung von Bestrafung hatten. Vgl. S. 84 dieser Arbeit.

326 Malewski, A.: Verhalten und Interaktion, a. a. O., S. 87.
327 Vgl. hierzu auch: Frentzel, J.: Cognitive Consistency and Positive Self-Concept, in: Polish Sociological Bulletin 11, 1965, S. 71 ff. und Grzelak, J.: Reduction of Cognitive Dissonance and Self-Esteem, in: Polish Sociological Bulletin 11, 1965, S. 87 ff.
328 Malewski, A.: Verhalten und Interaktion, a, a. O., S. 102.
329 McGuire, W. J.: The Current Status of Cognitive Consistency Theories, a. a. O., S. 33 ff.
Vgl.: Singer, J. E.: Motivation for Consistency, in: Feldman, S. (Hg.): Cognitive Consistency, a. a. O., S. 52 ff.
Vgl.: Feldman, S.: Motivational Aspects of Attitudinal Elements and Their Place in Cognitive Interaction, in: Feldman, S. (Hg.): a. a. O., S. 75 ff.
Vgl.: Pepitone, A.: Some Conceptual and Empirical Problems of Consistency Models, a. a. O., S. 269 ff.
330 Vgl.: Katz, D. und E. Stotland: A Preliminary Statement to a Theory of Attitude Structure and Change, in: Koch, S. (Hg.): Psychology: A Study of a Science 3, New York 1959, S. 423 ff. und vor allem Katz, D.: The Functional Approach to the Study of Attitudes, a. a. O.
331 Vgl.: Sarnoff, I. und D. Katz: The Motivational Basis of Attitude Change, a. a. O., S. 115 ff.
332 Vgl.: Adorno, Th. W., E. Frenkel-Brunswik, D. J. Levinson und N. R. Sanford: The Authoritarian Personality, a. a. O.
333 Katz, D.: The Functional Approach to the Study of Attitudes, a. a. O., S. 163.
334 Vgl.: Sarnoff, I. und D. Katz: The Motivational Basis of Attitude Change, a. a. O., S. 115.
335 Vgl.: Katz, D., I. Sarnoff und C. McClintock: Ego-Defense and Attitude Change, in: Human Relations 9, 1956, S. 27 ff. Vgl.: Stotland, E., D. Katz und M. Patchen: The Reduction of Prejudice through the Arousal of Self-Insight, in: J. Pers. 27, 1959, S. 507 ff.
Vergleiche auch die Untersuchung von McClintock: Personality Syndromes and Attitude Change, in: J. Pers. 26, 1958, S. 479 ff.
336 Vgl.: Katz, D.: The Functional Approch to the Study of Attitudes, a. a. O., S. 170 ff.
337 Katz, D.: a. a. O., S. 171
338 Bei der ersten und vierten Funktion wird z. B. explizit auf die Bedeutung der Konsistenz im Zusammenhang mit diesen Funktionen hingewiesen. Aus diesem Grunde betrachtet z. B. Hennessy diese theoretischen Konzepte nicht als Alternativen, sondern als Ansätze, die sich gegenseitig ergänzen können. Vgl.: Hennessy, B. C.: Public Opinion, Belmont 1965, S. 333.
339 McGuire, W. J.: The Current Status of Cognitive Consistency Theories, a. a. O., S. 35.
340 Vgl. die Ausführungen auf S. 67, 69 und 71 dieser Arbeit.
341 Vgl.: Krech, D., R. S. Crutchfield und E. L. Ballachey: Individual in Society, a. a. O., S. 219 f.
342 Ähnlich ist Rosenberg — wie wir gesehen haben — bei der Erfassung der kognitiven Komponente einer Einstellung vorgegangen. Vgl.: Rosenberg, M. J.: Cognitive Structure and Attitudinal Effect, a. a. O., und S. 86 ff. dieser Arbeit.
343 Auf das schwierige Problem der Abgrenzung und Messung dieser Funktionen von Katz wird hier nicht eingegangen.
344 Vgl.: Bessler, H. und F. Bledjian: Systematik der Massenkommunikationsforschung, a. a. O.
345 Vgl.: Bessler, H.: Zur Theoriebildung in der Massenkommunikationsforschung, a. a. O.
346 Vgl.: Stosberg, M. und K. Stosberg: Einstellungswandel durch Massenkommunikation, unveröffentlichtes Manuskript, Nürnberg 1970
347 Vgl. hierzu z. B. die "Yale-Studien" (siehe Lit.-Verz. unter Hovland, Janis, Rosenberg).
348 Vgl.: Heider, F.: The Psychology of Interpersonal Relations, a. a. O., — Rosenberg, M. J. und R. P. Abelson: An Analysis of Cognitive Balancing, a. a. O. — Osgood, C. E. und P. H. Tannenbaum: The Principle of Congruity in the Prediction of Attitude Change, a. a. O., S. 42 ff. — Festinger, L.: A Theory of Cognitive Dissonance, a. a. O.
349 Vgl.: Malewski, A.: Verhalten und Interaktion, a. a. O.
350 Vgl. hierzu vor allem Roth, E.: Einstellungen als Determination individuellen Verhaltens, a. a. O., S. 41 ff., S. 83 sowie die Diskussion hierüber im Teil I, Abschnitt 2.2.2 des vorliegenden Bandes.
351 Vgl. hierzu die Arbeit von Rühl, M.: Die Zeitungsredaktion als organisiertes soziales System, Bielefeld 1969.
352 Vgl. hierzu u. a.: Ronneberger, F.: Die politischen Funktionen der Massenkommunikationsmittel, a. a. O., S. 291–304.

353 Vgl.: Klapper, J. T.: The Effects of Mass Communication, a. a. O.

354 Vgl. hierzu die Ausführungen über die Durchführung des Experiments in Abschnitt 4.6.

355 Vgl.: Festinger, L.: A Theory of Cognitive Dissonance, a. a. O.

356 Vgl.: Malewski, A.: Verhalten und Interaktion, a. a. O.

357 Vgl.: Opp, K.-D.: Kognitive Dissonanz und positive Selbstbewertung, a. a. O.

358 Vgl.: Festinger, L.: A Theory of Cognitive Dissonance, a. a. O., S. 3.

359 Vgl.: Festinger, L.: a. a. O., S. 3.

360 Opp. K.-D.: Kognitive Dissonanz und positive Selbstbewertung, a. a. O., S. 190.

361 Dabei zielen die unter 5c genannten Reduktionsarten eigentlich mehr darauf ab, eine kognitive Dissonanz gar nicht erst in vollem Umfang zu perzipieren als eine vollauf bewußt gewordene Dissonanz zu reduzieren. Zumindest scheint die Frage bisher nicht zufriedenstellend beantwortet zu sein, in welchem Maße bei diesen „Reduktionsarten" ein Wahrnehmungsprozeß stattgefunden hat bzw. in welchem Maße eine Wahrnehmung erfolgt sein kann. Diese Schwierigkeiten der Abgrenzung mögen ein Grund dafür sein, daß die unter 5c aufgeführten Möglichkeiten in empirischen Studien bisher nur eine geringe Rolle spielen. Eine baldige Klärung dieser Fragen ist jedoch äußerst wichtig. Aber bevor dieses Abgrenzungsproblem nicht in befriedigender Weise gelöst ist, erscheint eine Verwendung dieser „Reduktionsarten" nicht zweckmäßig. Im weiteren Verlauf dieser Arbeit werden sie daher auch nicht weiter berücksichtigt.

362 Vgl. hierzu auch: Opp, K.-D.: Kognitive Dissonanz und positive Selbstbewertung, a. a. O., S. 193 f.

363 Vgl.: Opp, K.-D., a. a. O., S. 190.

364 Vgl. oben.

365 Frentzel, J.: Cognitive Consistency and Positive Self-Concept, a. a. O., S. 73, zitiert nach: Opp, K.-D. Kognitive Dissonanz und positive Selbstbewertung, a. a. O., S. 189.

366 Vgl. hierzu: Malewski, A.: The Influence of Positive and Negative Self-Evaluation on Postdecisional Dissonance, in: Polish Sociological Bulletin, H 2, 1962, S. 39–49; – Frentzel, J.: Cognitive Consistency and Positive Self-Concept, a. a. O., S. 71–86; – Grzelak, J.: Reduction of Cognitive Dissonance and Self-Esteem, a. a. O., S. 98–97, alle zitiert nach: Opp, K.-D.: Kognitive Dissonanz und positive Selbstbewertung, a. a. O., S. 189.

367 Vgl. hierzu auch: Opp, K.-D.: Kognitive Dissonanz und positive Selbstbewertung, a. a. O., S. 190.

368 Vgl.: Opp, K.-D.: Kognitive Dissonanz und positive Selbstbewertung, a. a. O.

369 Vgl.: Opp, K.-D.: a. a. O., S. 200 ff.

370 Es muß bis zu einer exakteren Prüfung dieser Frage dahingestellt bleiben, ob ein solches Vorgehen auch tatsächlich berechtigt ist.

371 Opp, K.-D.: Kognitive Dissonanz und positive Selbstbewertung, a. a. O., S. 200.

372 Auf die nach der hier vertretenen Auffassung notwendige Einschränkung dieser Bedingung soll im Abschnitt 3.5.3 noch näher eingegangen werden.

373 Opp, K.-D.: Kognitive Dissonanz und positive Selbstbewertung, a. a. O., S. 201.

374 Vgl.: Wylie, R. C.: The Self Concept, Lincoln 1961, S. 118 f. Vgl. hierzu auch den Aufsatz von Wylie, welcher eine Zusammenfassung ihres Buches unter Berücksichtigung einiger weiterer Aspekte, insbesondere der Bedeutung des Selbstkonzepts für die Persönlichkeitstheorie, darstellt. Wylie, R. C.: The Present Status of Self Concept, in: Borgatta, E. F. und W. W. Lambert (Hg.): Handbook of Personality Theory and Research, Chicago 1968, S. 728–787.

375 Vgl.: Wylie, R. C.: The Self Concept, a. a. O., S. 119 ff.; – Super, D. E.: Self Concepts in Vocational Development, in: Super, D. E., R. Starishevsky, N. Matlin und J. P. Jordaan: Career Development: Self Concept Theory, New York 1963, S. 1 ff.

376 Vgl. Definition des Selbstkonzepts bei: Super, D. E.: Toward Making Self-Concept Theory Operational, in: Super, D. E. u. a.: Career Development: Self-Concept Theory, a. a. O., S. 17 f.

377 Vgl.: Super, D. E.: a. a. O., S. 24.

378 Vgl.: Super, D. E.: a. a. O., S. 24.

379 Vgl.: Shaw, M. E. und J. M. Wright: Scales for the Measurement of Attitudes, a. a. O., S. 428.

380 Vgl.: Wylie, R. C.: The Self Concept, a. a. O.

381 Auf welche Art und Weise das geschehen kann, soll im Abschnitt 3.3.1.5 „Determinanten der Selbsteinschätzung" kurz gezeigt werden. Untersuchungen, in denen diese Möglichkeit bei der Messung gewählt wird, wurden u. a. durchgeführt von: Nisbett, R. E. und A. Gordon: Self-Esteem and Susceptibility to Social Influence, in: J. P. S. P. 5, 1967, S. 268–275; –

Malewski, A.: The Influence of Positive and Negative Self-Evaluation on Postdecisional Dissonance, a. a. O.; – Gollob, H. F. und J. M. Dittes: Effects of Manipulated Self-Steem on Persuasibility Depending on Threat and Complexity of Communication, in: J. S. 2,1965, S. 195 – 201.

382 Zum Vergleich dieser beiden Vorgehensweisen siehe u.a.: Brehm, J. W. und A. R. Cohen: Explorations in Cognitive Dissonance, a. a. O., S. 260.

383 Cohen, A.R.: Some Implications of Self-Steem for Social Influence, in: Hovland, C. I. und I. L. Janis (Hg.): Personality and Persuasibility, a. a. O., S. 103.

384 Vgl.: Cohen, A. R.: a. a. O., S. 105. Weiteres hierzu im Abschnitt 4.3 über die Messung der Variable Selbsteinschätzung.

385 Vgl. auch: Kretch, D., R. S. Crutchfield und E. L. Ballachey: Individual in Society, a. a. O., S. 83 f.

386 Cohen, A. R.: Some Implications of Self-Esteem for Social Influence, a. a. O., S. 103.

387 Coopersmith, St.: Relationship between Self-Esteem and Sensory (Perceptual) Constancy, in: J. A. S. P. 68, 1964, S. 217.

388 Vgl.: Janis, I. L. und P. B. Field: Sex Differences and Personality Factors Related to Persuasibility, in: Hovland, C. I. und I. L. Janis (Hg.): Personality and Persuasibility, a. a. O., S. 60 f.

389 Vgl.: Sherif, M. und C. W. Sherif: An Outline of Social Psychology, New York, Evanston und London 1956, S. 580 f.; – Neubauer, W. F.: Selbsteinschätzung und Idealeinschätzung junger Arbeiter als Gegenstand sozialpsychologischer Verhaltensforschung, Dissertationsdruck, Nürnberg 1967.

390 Vgl.: Shaw, M. E. und J. M. Wright: Scales for the Measurement of Attitudes, a. a. O., S. 428.

391 Zu diesen Dimensionen des Selbstkonzeptes vgl. auch die Ausführungen von Stone und dessen Bezugnahme auf Rogers: Stone, Ph. J.,: D. C. Dunphy, M. S. Smith und D. M. Ogilvie: The General Inquirer, Cambridge und London 1966, S. 551; – Rogers, C.: A Theory of Therapy, Personality, and Interpersonal Relationships as Developed in the Client-Centered Framework, in: Koch, S. (Hg.): Psychology: A Study of Science, New York 1959, S. 184–256.

392 Neubauer, W. F.: Selbsteinschätzung und Idealeinschätzung junger Arbeiter als Gegenstand sozialpsychologischer Verhaltensforschung, a. a. O., S. 7.

393 Vgl.: Bessler, H.: Zur Theoriebildung in der Massenkommunikationsforschung, a. a. O., S. 76.

394 Vgl. hierzu auch im Teil I S. 66 ff.

395 Vgl.: Wylie,R. C.: The Self Concept, a. a. O., S. 121–200.

396 Vgl.: Wylie, R.C.: The Self Concept, a. a. O., S. 121 f.

397 Vgl.: Hartley, E. L. und R. E. Hartley: Die Grundlagen der Sozialpsychologie, a. a. O., S. 225.

398 Esters, E. A.: Soziale Beeinflussung, Dissertationsdruck, Köln 1960, S. 68.

399 Vgl. u. a.: Miyamoto, S. F. und S. M. Dornbusch: A Test of Interactionist Hypothesis of Self-Conception, in: A. J. S. 61, 1965, S. 399–403; – Zetterberg, H. L.: Compliant Action, in: Acta Sociologica 2, 1957.

400 Vgl.: Wylie,R. C.: The Self Concept, a. a. O., S. 136.

401 Vgl.: Wylie, R. C.: a. a. O., S. 159.

402 Vgl.: Rogers, C. R. und R. F. Dymond (Hg.): Psychotherapy and Personality Change, Chicago und London 1954.

403 Vgl. zu dieser Technik vor allem: Stephenson, W.: The Study of Behavior. Q-Technique and its Methodology, Chicago und London 1953.

404 Vgl. hierzu u. a.: Nisbett, R. E. und A. Gordon: Self-Esteem and Susceptibility to Social Influence, a. a. O., S. 271.

405 Vgl.: Wylie, R. C.: The Self Concept, a. a. O., S. 198.

406 Vgl. hierzu S. 112 dieser Arbeit.

407 Um welches Einstellungsobjekt es sich hierbei handelt, ist in diesem Zusammenhang noch nicht von Bedeutung. Vgl. hierzu die entsprechenden Ausführungen in Kapitel 4.

408 Vgl. u. a. die Forschungen zur Einstellung und Kommunikation, die in den Yale-Studies zusammengefaßt sind: Hovland, C. I. (Hg.): The Order of Presentation in Persuasion, a. a. O. – Hovland, C. I. und I. L. Janis (Hrsg.): Personality and Persuasibility, a. a. O.; – Hovland, C. I. und M. J. Rosenberg (Hg.): Attitude Organization and Change, a. a. O.; – Sherif, M. und C. J. Hovland: Social Judgment, a. a. O. – Hovland, C. I., J. L. Janis und H. H. Kelley: Communication and Persuasion, a. a. O.

409 Vgl.: Hovland, C. I. und I. L. Janis (Hg.): Personality and Persuasibility, a. a. O.

410 Vgl.: Brehm, J. W. und A. R. Cohen: Explorations in Cognitive Dissonance, a. a. O., S. 245.

411 Vgl.: Sherif, M. und C. I. Hovland: Social Judgment, a. a. O.

412 Die Einteilung in Gruppen ist, wie noch zu zeigen sein wird, nicht unproblematisch, da sich nicht alle Forschungsergebnisse eindeutig zuordnen lassen. Dennoch wird diese Abgrenzung üblicherweise vorgenommen und dient einer groben Orientierung.

413 Vgl.: Hovland, C. I. und H. A. Pritzker: Extent of Opinion Change as a Function of Amount of Change Advocated, in: J. A. S. 54, 1957, S. 257–261.

414 Vgl.: Goldberg, S. C.: Three Situational Determinants of Conformity to Social Norms, in: J. A. S. P. 49, 1954, S. 325–329.

415 Vgl.: Fisher, S. und A. Lubin: Distance as a Determinant of Influence in a Two-Person Serial Interaction Situation, in: J. A. S. P. 56, 1958, S. 230–238.

416 Vgl.: Fisher, S., I. Rubinstein und R. W. Freeman: Intertrial Effects of Immediate Self-Committal in a Continuous Social Influence Situation, in: J. A. S. P. 52, 1956, S. 200–207.

417 Vgl.: Ewing, T. N.: A Study of Certain Factors Involved in Changes of Opinion, in: J. S. P. 16, 1942, S. 63–88.

418 Vgl.: Harvey, O. J., H. H. Kelley und M. M. Shapiro: Reactions to Unfavorable Evaluations of the Self Made by Other Persons, in: J. Pers. 25, 1957, S. 393–411.

419 Vgl.: Zimbardo, P. G.: Involvement and Communication Discrepancy as Determinants of Opinion Conformity, in: J. A. S. P. 60, 1960, S. 86–94.

420 Vgl.: Rosenbaum, M. E. und D. E. Franc: Opinion Change as a Function of External Commitment and Amount of Discrepancy from the Opinion of Another, in: J. A. S. P. 61, 1960, S. 15–20.

421 Vgl.: Bergin, A. E.: The Effect of Dissonant Persuasive Communications upon Changes in a Self-Referring Attitude, in: J. Pers. 30, 1962, S. 423–438.

422 Vgl.: Brehm, J. W. und A. R. Cohen: Explorations in Cognitive Dissonance, a. a. O., S. 246.

423 Vgl.: Whittaker, J. O.: Cognitive Dissonance and the Effectiveness of Persuasive Communications, in: P. O. Q. 28, 1964, S. 547.

424 Vgl.: Whittaker, J. O.: Cognitive Dissonance and the Effectiveness of Persuasive Communications, a. a. O.

425 Eine Ausnahme hiervon bildet die Untersuchung von Zimbardo. Vgl. hierzu weiter unten in diesem Abschnitt.

426 Vgl.: Brehm, J. W. und A. R. Cohen: Explorations in Cognitive Dissonance, a. a. O., S. 247 f.

427 Vgl.: Hovland, C. I. und H. A. Pritzker: Extent of Opinion Change as a Function of Amount of Change Advocated, a. a. O.

428 Vgl.: Lubin, A. und S. Fisher: Distance as a Determinant of Influence in a Two-Person Continuous Interaction Situation, a. a. O.

429 Vgl.: Zimbardo, P. G.: Involvement and Communication Discrepancy as Determinants of Opinion Conformity, a. a. O.

430 Vgl.: hierzu Teil I. 70 ff. dieses Buches.

431 Vgl.: Hovland, C. I., O. J. Harvey und M. Sherif: Assimilation and Contrast Effects in Reactions to Communication and Attitude Change, a. a. O., S. 244–252.

432 Vgl.: Freedman, J. L.: Involvement, Discrepancy, and Attitude Change, in: Backman, C. W. und P. F. Secord (Hg.): Problems in Social Psychology, a. a. O., S. 102–108.

433 Freedman, J. L.: a. a. O., S. 103.

434 Zimbardo, P. G.: Involvement and Communication Discrepancy as Determinants of Opinion Conformity, a. a. O., S. 87.

435 Zimbardo, P. G.: a. a. O., S. 87.

436 Zimbardo, P. G.: a. a. O., S. 87.

437 Vgl.: Cohen, A. R.: Communication Discrepancy and Attitude Change: A Dissonance Theory Approach, in: J. Pers. 27, 1959, S. 386–396, siehe S. 386.

438 Vgl.: Zimbardo, P. G.: Involvement, Communication Discrepancy, and Conformity, a. a. O.

439 Vgl.: Zimbardo, P. G.: a. a. O., S. 93

440 Vgl.: Zimbardo, P. G. a. a. O., S. 90

441 Vgl.: Cohen, A. R.: Communication Discrepancy and Attitude Change: A Dissonance Theory Approach, a. a. O.

442 "Commitment" verstanden im Sinne von Bindung an etwas, Verpflichtung gegenüber etwas. Ein solches "commitment" liegt nach der Auffassung von Brehm und Cohen vor "when a person involves himself in some way with a contrary communication, when he advocates it, when he works over it, when he agrees to expose himself to it, and so forth". Brehm, J. W. und A. R. Cohen: Explorations in Cognitive Dissonance, a. a. O., S. 246.

443 Vgl.: Cohen, A. R.: Communication Discrepancy and Attitude Change: A Dissonance Theory Approach, a. a. O., S. 396.
444 Vgl.: Cohen, A. R.: a. a. O., S. 388.
445 Vgl.: Hovland, C. I., O. J. Harvey und M. Sherif: Assimilation and Contrast Effects in Reactions to Communication and Attitude Change, a. a. O.
446 Vgl.: Hovland, C. I. und H. A. Pritzker: Extent of Opinion Change as a Function of Amount of Change Advocated, a. a. O.
447 Vgl.: Sherif, M. und C. I. Hovland: Social Judgment, a. a. O., S. 136 ff.
448 Vgl.: Hovland, C. I., O. J. Harvey und M. Sherif: Assimilation and Contrast Effects in Reactions to Communication and Attitude Change, a. a. O.
449 Vgl.: Hovland, C. I.: Reconciling Conflicting Results Derived from Experimental and Survey Studies of Attitude Change, a. a. O., S. 8–17.
450 Bei Hovland findet sich die Form des "issue-involvement".
451 Vgl.: Hovland, C. I., O. J. Harvey und M. Sherif: Assimilation and Contrast Effects in Reactions to Communication and Attitude Change, a. a. O.; – Hovland, C. I.: Reconciling Conflicting Results Derived from Experimental and Survey Studies of Attitude Change, a.a.O.
452 Vgl.: Sherif, M. und C. I. Hovland: Social Judgment, a. a. O.
453 Vgl.: Sherif, M. und C. I. Hovland: a. a. O., S. 149.
454 Dabei werden der Annahme- und der Ablehnungsbereich operational definiert durch die Reihe von Positionen auf dem Einstellungskontinuum, die das Individuum annehmbar bzw. unannehmbar findet.
455 Vgl.: Freedman, J. L.: Involvement, Discrepancy, and Attitude Change, a. a. O.
456 Vgl.: Freedman, J. L.: a. a. O., S. 106.
457 Vgl.: Freedman, J. L.: a. a. O., S. 102 und 107.
458 Vgl. dazu die Ausführungen Atkins, A. L., K. K. Deaux und J. Bieri: Latitude of Acceptance and Attitude Change, in: J. P. S. 6, 1967, S. 48.
459 Vgl. die in dem vorliegenden Experiment eingeschlagene Vorgehensweise bei der Manipulation der Diskrepanz.
460 Vgl.: Whittaker, J. O.: Cognitive Dissonance and the Effectiveness of Persuasive Communications, a. a. O.
461 Vgl.: Sherif, M. und C. I. Hovland: Social Judgment, a. a. O.
462 Vgl.: Whittaker, J. O.: Cognitive Dissonance and the Effectiveness of Persuasive Communication, a. a. O., S. 550.
463 Vgl.: Whittaker, J. O.: a. a. O., S. 550.
464 Vgl.: Whittaker, J. O.: Cognitive Dissonance and the Effectiveness of Persuasive Communications, a. a. O., S. 554 f.
465 Vgl.: Hovland, C. I., O. J. Harvey und M. Sherif: Assimilation and Contrast Effects in Reactions to Communication and Attitude Change, a. a. O.
466 Vgl.: Freedman, J. L.: Involvement, Discrepancy, and Attitude Change, a. a. O.
467 Vgl.: Whittaker, J. O.: Cognitive Dissonance and the Effectiveness of Persuasive Communications, a. a. O., S. 555.
468 Zur weiteren Stellungnahme gegenüber der Untersuchung von Whittaker vgl. die Ausführungen über die beiden verwendeten theoretischen Konzepte am Ende dieses Kapitels.
469 Vgl.: Ward, Ch. D.: Ego Involvement and the Absolute Judgment of Attitude Statements, in: J. P. S. P. 2, 1965, S. 202–208.
470 Vgl.: Dillehay, R. S.: Judgmental Processes in Response to a Persuasive Communication, in: J. P. S. P. 1, 1965, S. 631–641.
471 Vgl. Atkins, A. L., K. K. Deaux und J. Bieri: Latitude of Acceptance and Attitude Change, a. a. O.
472 Vgl.: Aronson, E., J. A. Turner und J. M. Carlsmith: Communicator Credibility and Communication Discrepancy as Determinants of Opinion Change, in: J. A. S. P. 67, 1963, S. 31–36.
473 Vgl.: Hovland, C. I., O. J. Harvey und M. Sherif: Assimilation and Contrast Effects in Reactions to Communication and Attitude Change, a. a. O.
474 Vgl.: Festinger, L. und E. Aronson: The Arousal and Reduction of Dissonance in Social Contexts, in: Cartwright, D. und A. Zander (Hg.): Group Dynamics: Research and Theory, Evanston 1960, 2. Aufl., S. 214–231.
475 Auf eine mögliche Bedeutung dieser Variable im Hinblick auf den Zusammenhang zwischen Kommunikationsdiskrepanz und Einstellungswandel hatten Hovland u. a. bereits hingewiesen.

476 Diese Reduktionsart scheidet im Massenkommunikationsprozeß weitgehend aus. Vgl. hierzu die entsprechenden Ausführungen in Kapitel 4. und 5. im Teil II.

477 Vgl. hierzu die Ausführungen über die Untersuchung von Zimbardo, S. 134, der diese Wirkung durch die Heranziehung eines nahezu vollkommenen Kommunikators erzielte.

478 Die Manipulation der Kommunikationsdiskrepanzen erfolgte in der Weise, daß eine Übereinstimmung von tatsächlicher und von den Probanden wahrgenommener Diskrepanz in hohem Maße gewährleistet war.

479 Vgl.: Aronson, E., J. A. Turner und J. M. Carlsmith: Communicator Credibility and Communication Discrepancy als Determinants of Opinion Change, a. a. O., S. 34.

480 An dieser Stelle soll, weil es durch das Schaubild auf S. 144 besonders deutlich wird, einmal darauf hingewiesen werden, daß sich in nahezu allen erörterten Untersuchungen, ebenso wie bei der Darstellung der Ergebnisse des hier durchgeführten Experiments, eigentlich keine Kurven ergeben, sondern nur Punkte, die bei einer ganz bestimmten Diskrepanzstufe ein ganz bestimmtes Ausmaß an Einstellungswandel markieren. Daher kann streng genommen auch nicht von einem Diskrepanzkontinuum, sondern allenfalls von einem Quasi-Kontinuum, charakterisiert durch die Verwendung mehrerer größer werdender Diskrepanzstufen (gering, mittlere, groß), gesprochen werden.

481 Vgl.: Aronson, E. J., A. Turner und J. M. Carlsmith: Communicator Credibility and Communication Discrepancy as Determinants of Opinion Change, a. a. O., S. 35.

482 Vgl. Aronson, E. J., A. Turner und J. M. Carlsmith: a. a. O., S. 36.

483 Vgl.: Zimbardo, P. G.: Involvement and Communication Discrepancy as Determinants of Opinion Conformity, a. a. O.

484 Vgl.: Hovland, C. I. und H. A. Pritzker: Extent of Opinion Change as a Function of Amount of Change Advocated, a. a. O. Hovland und Pritzker hatten auf den möglichen Einfluß dieser Variable in ihrer Untersuchung bereits selbst hingewiesen und bei der Interpretation ihrer Ergebnisse diesen Gesichtspunkt berücksichtigt.

485 Vgl.: Goldberg, S. C.: Three Situational Determinants of Conformity to Social Norms, a. a. O.

486 Vgl.: Hovland, C. I., O. J. Harvey und M. Sherif: Assimilation and Contrast Effects in Reactions to Communication and Attitude Change, a. a. O.

487 Vgl.: Fisher, S. und A. Lubin: Distance as a Determinant of Influence in a Two-Person Serial Interaction Situation, a. a. O.

488 Vgl.: Cohen, A. R.: Communication Discrepancy and Attitude Change: A Dissonance Theory Approach, a. a. O.

489 Vgl.: Bochner, St. und Dh. A. Insko: Communicator Discrepancy, Source Credibility, and Opinion Change, in: J. P. S. P. 4, 1966, S. 614–621.

490 Vgl.: Insko, C. A., F. Murashima und M. Saiyadain: Communicator Discrepancy, Stimulus Ambiguity and Influence, in: J. Pers. 34, 1966, S. 262–274.

491 Bochner und Insko verwenden hauptsächlich den Ausdruck „Glaubwürdigkeit der Herkunft" ("source credibility"), benutzen aber in demselben Sinn auch die Formulierung „Glaubwürdigkeit des Kommunikators" ("communicator credibility").

492 Vgl.: Janis, I. L. und P. B. Field: A Behavioral Assessment of Persuasibility: Consistency of Individual Differences, in: Hovland, C. I. und I. L. Janis (Hg.): Personality and Persuasibility, a. a. O., S. 29–54.

493 Janis, I. L. und C. I. Hovland: An Overview of Persuasibility Research, in: Hovland, C. I. und I. L. Janis (Hg.): Personality and Persuasibility, a. a. O., S. 1 f.

494 Vgl.: Janis, I. L. und C. I. Hovland: a. a. O., S. 1–26.

495 Vgl.: Janis, I. L. und C. I. Hovland: a. a. O., S. 6–13.

496 Vgl.: Janis, I. L. und C. I. Hovland: An Overview of Persuasibility Research, a. a. O., S. 13 f.

497 Vgl. hierzu die Untersuchungen von Janis, I. L. und D. B. Field: Sex Differences and Personality Factors Related to Persuasibility, in: Hovland, C. I. und I. L. Janis (Hg.): Personality and Persuasibility, a. a. O., S. 55–68. Die Autoren beziehen sich dabei u. a. auf die Untersuchung von Terman, L. M., W. D. Johnson, G. Kuznets und O. W. McNemar: Psychological Sex Differences, in: Carmichael, L. (Hg.): Manual of Child Psychology, New York 1946, S. 954–1000.

498 Vgl.: Hovland, C. I., A. A. Lumsdaine und F. D. Sheffield: Experiments on Mass Communication, a. a. O. – Janis, I. L. und P. B. Field: Sex Differences and Personality Factors Related to Persuasibility, a. a. O., S. 59.

499 Vgl.: Janis, I. L. und P. B. Field: Sex Differences and Personality Factors Related to Persuasibility, a. a. O., S. 56.

227

500 Vgl.: Rohrer, J. und M. Sherif (Hg.): Social Psychology at the Crossroads, New York 1951.

501 Vgl.: Hovland, C. I., I. L. Janis und H. H. Kelley: Communication and Persuasion, a. a. O.; – Janis, I. L. und P. B. Field: Sex Differences and Personality Factors Related to Persuasibility, a. a. O., S. 62 f.

502 Vgl. Janis, I. L. und P. B. Field: Sex Differences and Personality Factors Related to Persuasibility, a. a. O., S. 64 f.; – Janis, I. L.: Anxiety Indices Related to Susceptibility to Persuasion, in: J. A. S. P. 51, 1955, S. 663–667.

503 Janis, I. L. und P. B. Field: A Behavioral Assessment of Persuasibility: Consistency of Individual Differences, in: Hovland, C. I. und I. L. Janis (Hg.): Personality and Persuasibility, a. a. O., S. 30.

504 Andere, bisher weniger häufig verwendete Maße für Überredbarkeit finden sich z. B. bei Abelson, R. P. und G. S. Lesser: The Measurement of Persuasibility in Children, in: Hovland, C. I. und I. L. Janis (Hg.): Personality and Persuasibility, a. a. O., S. 141–166; – Gelfand, D. M.: The Influence of Self-Esteem on Rate of Verbal Conditioning and Social Matching Behavior, in: J. A. S. P. 65, 1962, S. 259–265.
Auf die Unterschiede in der Messung soll im Rahmen dieser Arbeit jedoch nicht weiter eingegangen werden. Es werden darüber hinaus im folgenden Untersuchungen miteinander verglichen, die für die Resultante ihrer Hypothesen unterschiedliche Termini verwenden, von denen aber angenommen werden kann, daß mit allen lediglich verschiedene Formen der sozialen Beeinflußbarkeit beschrieben werden.

506 Vgl.: Janis, I. L. und C. I. Hovland: An Overview of Persuasibility Research, a. a. O., S. 3.

507 Vgl.: Janis, I. L. und C. I. Hovland; a. a. O., S. 3.

508 Vgl.: Janis, I. L. und C. I. Hovland: a. a. O., S. 3.

509 Vgl. hierzu u. a. die Untersuchungen von Janis, I. L.: Personality Correlates of Susceptibility to Persuasion, in: J. Pers. 22, 1954, S. 504–518; – ders.: Anxiety Indices Related to Susceptibility to Persuasion, a. a. O.; – Asch, S. E.: Effects of Group Pressure upon the Modification and Distortion of Judgments, in: Maccoby, E. E., T. M. Newcomb und E. L. Hartley (Hg.): Readings in Social Psychology, New York 1958, S. 174–182; – Berkowitz, L. und R. M. Lundy: Personality Characteristics Related to Susceptibility to Influence by Peers or Authority Figures, in: J. Pers. 25, 1957, S. 306–316; – Janis, I. L. und D. Rife: Persuasibility and Emotional Disorder, in: Hovland, C. I. und I. L. Janis (Hg.): Personality and Persuasibility, a. a. O., S. 102 – 120; – Janis, I. L. und P. B. Field: Sex Differences and Personality Factors Related to Persuasibility, a. a. O.; – Abelson, R. P. und G. S. Lesser: Personality Correlates of Persuasibility in Children, a. a. O.; – Blake, R. R. und J. S. Mouton: The Experimental Investigation of Interpersonal Influence, in: Biderman, A. D. und H. Zimmer (Hg.): The Manipulation of Human Behavior, New York, London und Sydney 1961, S. 216–276; – Stotland, E. und M. L. Hillmer Jr.: Identification, Authoritarian Defensiveness, and Self-Esteem, in: J. A. S. P. 64, 1962, S. 334–342; – Stotland, E., S. Thorley, E. Thomas, A. R. Cohen und A. Zander: The Effects of Group Expectations and Self-Esteem on Self-Evaluation, in: J. A. S. P. 54, 1957, S. 55–63.

510 Vgl.: Hovland, C. I. und I. L. Janis (Hg.): Personality and Persuasibility, a. a. O.

511 Vgl.: Hovland, C. I., I. L. Janis und H. H. Kelley: Communication and Persuasion, a. a. O.

512 Vgl.: Janis, I. L. und C. I. Hovland: An Overview of Persuasibility Research, a. a. O., S. 22.

513 Vgl.: Janis, I. L. und C. I. Hovland: a. a. O., S. 22.

514 Vgl.: Janis, I. L. und C. I. Hovland: a. a. O., S. 22.

515 Vgl.: Abelson, R. P. und G. S. Lesser: The Measurement of Persuasibility in Children, a. a. O.

516 Vgl.: Cohen, A. R.: Some Implications of Self-Esteem for Social Influence, a. a. O.

517 Vgl.: Cohen, A. R.: a. a. O.

518 Vgl.: Cohen, A. R.: a. a. O., S. 119

519 Zu diesem Ergebnis kam auch Coopersmith. Vgl. Coopersmith, St.: A Method for Determining Types of Self-Esteem, in: J. A. S. P. 59, 1959, S. 87–97.

520 Vgl.: Gelfand, D. M.: The Influence of Self-Esteem on Rate of Verbal Conditioning and Social Matching Behavior, a. a. O.

521 Vgl. hierzu z. B.: Decharms, R. und M. E. Rosenbaum: Status Variables and Matching Behavior, in: J. Pers. 28, 1960, S. 492–502; – Malewski, A.: The Influence of Positive and Negative Self-Evaluation on Postdecisional Dissonance, a. a. O.

522 Vgl.: Gelfand, D. M.: The Influence of Self-Esteem on Rate of Verbal Conditioning and Social Matching Behavior, a. a. O., S. 264.

523 Vgl.: Leventhal, H. und S. I. Perloe: A Relationship between Self-Esteem and Persuasibility, in: J. A. S. P. 64, 1962, S. 385–388.

524 Vgl.: Cohen, A. R.: Some Implications of Self-Esteem for Social Influence, a. a. O.
525 Vgl.: Leventhal, H. und S. I. Perloe: A Relationship between Self-Esteem and Persuasibility, a. a. O., S. 388.
526 Vgl.: Silverman, I.: Differential Effects of Ego Threat upon Persuasibility for High and Low Self-Esteem Subjects, in: J. A. S. P. 69, 1964, S. 567–572.
527 Mit dieser Fragestellung knüpfte Silverman an eine seiner früheren Studien an, die ebenfalls einen Beitrag zur Überprüfung des Ansatzes von Cohen darstellte. Vgl.: Silverman, I.: Self Esteem and Differential Responsiveness to Success and Failure, in: J. A. S. P. 69, 1964, S. 115–119.
528 Vgl.: Dabbs, J. M., Jr.: Self-Esteem, Communicator Characteristics, and Attitude Change, in: J. A. S. P. 69, 1964, S. 173–181.
529 Vgl.: Cohen, A. R.: Some Implications of Self-Esteem for Social Influence, a. a. O.
530 Vgl. hierzu u. a.: Leventhal, H. und S. I. Perloe: A Relationship between Self-Esteem and Persuasibility, a. a. O.
531 Vgl.: Dabbs, J. M. Jr.: Self-Esteem, Communicator Characteristics and Attitude Change, a. a. O., S. 180.
532 Vgl.: Gollob, H. F. und J. E. Dittes: Effects of Manipulated Self-Esteem on Persuasibility Depending on Threat and Complexity of Communication, a. a. O.
533 Vgl.: Gollob, H. F. und J. E. Dittes: Effects of Manipulated Self-Esteem on Persuasibility Depending on Threat and Complexity of Communication, a. a. O., S. 198.
534 Vgl.: Gollob, H. F. und J. E. Dittes: Effects of Manipulated Self-Esteem on Persuasibility Depending on Threat and Complexity of Communication, a. a. O., S. 200.
535 Vgl.: Nisbett, R. E. und A. Gordon: Self-Esteem and Susceptibility to Social Influence, in: J. P. S. P. 5, 1967, S. 268–276.
536 Vgl.: Nisbett, R. E. und A. Gordon: a. a. O., S. 265.
537 Vgl.: Brehm, J. W. und A. R. Cohen: Explorations in Cognitive Dissonance, a. a. O., S. 259–261.
538 Vgl.: Brehm, J. W. und A. R. Cohen: Explorations in Cognitive Dissonance, a. a. O., S. 259.
539 Vgl. S. 135.
549 Vgl.: Brehm, J. W. und A. R. Cohen: Explorations in Cognitive Dissonance, a. a. O., S. 260.
541 Vgl.: Bramel, D.: A Dissonance Theory Approach to Defensive Projection, in: J. A. S. P. 64, 1962, S. 121–129.
542 Vgl.: McGuire, W. J.: Personality and Susceptibility to Social Influence, in: Borgatta, E. F. und W. W. Lambert (Hg.): Handbook of Personality Theory and Research, a. a. O., S. 1130–1187.
543 Vgl.: Levonian, E.: Self-Esteem and Opinion Change, in: J. P. S. P. 9, 1968, S. 257–259.
544 Vgl.: Nisbett, R. E. und A. Gordon: Self-Esteem and Susceptibility to Social Influence, a.a.O.
545 Vgl. Kapitel 2., S. 113.
546 Vgl. auch Kapitel 2., S. 112.
547 Vgl.: Leventhal, H. und S. I. Perloe: A Relationship between Self-Esteem and Persuasibility, a. a. O.
548 Vgl. z. B. die Untersuchung von Gollob, H. F. und J. E. Dittes: Effects of Manipulated Self-Esteem on Persuasibility Depending on Threat and Complexity on Communication, a. a. O.
549 Vgl.: Gollob, H. F. und J. E. Dittes: Effects of Manipulated Self-Esteem on Persuasibility Depending on Threat and Complexity on Communication, a. a. O., S. 198.
550 Albert, H.: Probleme der Theoriebildung, in: H. Albert (Hg.): Theorie und Realität, Tübingen 1964, S. 27.
551 Albert, H.: Theorie und Prognose in den Sozialwissenschaften, in: Schweizerische Zeitschrift für Volkswirtschaft und Statistik, Bern 1957, S. 68.
Ob es jedoch überhaupt sinnvoll ist, in der sozialwissenschaftlichen Forschung nach Gesetzen zu suchen, die eine derartig universelle Geltung besitzen, mag zweifelhaft erscheinen. Denn wenn eine Hypothese unter Zuhilfenahme von Randbedingungen ein ganz bestimmtes Ergebnis erklären kann, dann kann unter Umständen die Prüfung der Frage relativ unerheblich sein, ob diese Hypothese auch für eine sehr weit zurückliegende Zeit, in entlegenen Gebieten der Erde oder sogar im außerplanetarischen Bereich anwendbar ist. Stattdessen könnte die Beschränkung auf die Bildung und Prüfung von brauchbaren Quasi-Gesetzen oder Theorien, die aber dennoch die Fähigkeit besitzen, erklärungsbedürftige Ereignisse innerhalb größerer Räume und Zeitspannen zu interpretieren, zweckmäßiger sein.
552 Popper, K. R.: Logik der Forschung, 2. Aufl., Tübingen 1966, S. 15.

553 Für die vorliegende Arbeit vgl. hierzu die Erörterung verschiedener Untersuchungen in Kapitel 3.4.

554 Zur Problematik deduktiv- und induktiv-statistischer Erklärungen vgl. u.a.: Hempel, C.G.: Aspects of Scientific Explanation, a. a. O., S. 380 ff.

555 Vgl. hierzu auch: Bessler, H.: Zur Theoriebildung in der Massenkommunikationsforschung, a. a. O., S. 21.

556 Vgl. hierzu S. 116.

557 Vgl. S. 116.

558 Es werden hier die Reduktionsarten nicht mehr genannt, die, wie auch in der ersten Dissonanzsituation, aufgrund der experimentellen Anordnung wegfallen.

559 Siehe S. 118.

560 Auch hier werden die Reduktionsarten nicht mehr aufgeführt, die gemäß der Versuchsanordnung wegfallen.

561 Vgl.: Siebel, W.: Die Logik des Experiments in den Sozialwissenschaften, Berlin 1965, S. 10.

562 Zu den folgenden Ausführungen vgl. vor allem: Opp, K.-D.: Zur Problematik des Experiments in den Sozialwissenschaften, unveröffentlichtes Manuskript, Nürnberg 1968, S. 1–16.

563 Vgl.: Opp, K.-D.: Zur Problematik des Experiments in den Sozialwissenschaften, a. a. O.

564 Vgl.: Selltiz, C., M. Jahoda, M. Deutsch und St. W. Cook: Research Methods in Social Relations, a. a. O., S. 108 ff.

565 Vgl. hierzu die zusammenfassende Erörterung bei: Selltiz, C., M. Jahoda, M. Deutsch und St. W. Cook: Research Methods in Social Relations, a. a. O., S. 110

566 Begriff und Bestimmung der Diskriminationsfähigkeit werden im Abschnitt über die Durchführung der Voruntersuchung erläutert.

567 Vgl.: Stephenson, W.: The Study of Behavior: Q-Technique and its Methodology, a. a. O.; – Mowrer, O. H.: 'Q Technique' – Description, History, and Critique, in: Mowrer, O. H. (Hg.): Psychotherapy: Theory and Research, New York 1953, S. 316–375; – Cronbach, L. J.: Correlations between Persons as a Research Tool, in: Mowrer, O. H., (Hg.): Psychotherapy: Theory and Research, a. a. O., S. 376 – 388; – Rogers, C. R. und R. F. Dymond (Hg.): Psychotherapy and Personality Change, a. a. O.

568 Untersuchungen, in denen mit dem Q-Sort zur Messung des hier als Selbsteinschätzung bezeichneten Faktors gearbeitet wurde bzw. über derartige Untersuchungen berichtet wird, sind u. a. bei Shaw, M. E. und J. M. Wright: Scales for the Measurement of Attitudes, a. a. O., S. 428, aufgeführt.

569 Vgl.: Likert, R.: A Technique for the Measurement of Attitudes, Archives Psychology Nr. 140, 1932, S. 1–55.

570 Darüber hinaus sei auf folgende knapp formulierte Darstellungen hingewiesen: Shaw, M. E. und J. M. Wright: Scales for the Measurement of Attitudes, a. a. O., S. 428 ff.; – Scheuch, E. K.: Skalierungsverfahren in der Sozialforschung, in: König, R. (Hg.): Handbuch der empirischen Sozialforschung, Stuttgart 1967, S. 358 ff.; – Selltiz, G., M. Jahoda, M. Deutsch und St. W. Cook: Research Methods in Social Relations, a. a. O., S. 378–380.

571 Näheres zu den Möglichkeiten und Grenzen von "selfratings" bzw. "self-reports" vgl. Selltiz, C., M. Jahoda, M. Deutsch und St. W. Cook: Research Methods in Social Relations, a. a. O., S. 236 ff. und S. 350 f.

572 Zur Messung der prädispositionalen Selbsteinschätzung bzw. des Selbstkonzepts, der Selbstannahme etc. vgl. u. a. auch: Secord, P. F. und S. M. Jourard: The Appraisal of Body-Cathexis: Body-Cathexis and the Self, in: J. Consult. Psychol. 17, 1953, S. 343–347. Die Autoren entwickeln einen "Self-Evaluation-Index". Vgl.: Wyer, R. S. Jr.: Self-Acceptance, Discrepancy between Parents Perceptions of Their Children and Goal-Seeking Effectiveness, in: J. P. S. P. 2, 1965, S. 311–316; – Davids, A. und M. J. Lawton: Self-Concept, Mother Concept, and Food Aversions in Emotionally Disturbed and Normal Children, in: J. A. S. P. 62, 1961, S. 309–314; – Rosenbaum, M. E. und R. F. Stanners: Self-Esteem, Manifest Hostility, and Expression of Hostility, in: J. S. P. 63, 1961, S. 646 – 649; – Sarbin, T. R. und B. G. Rosenberg: A Method for Obtaining a Quantitative Estimate of Self, in: J. Pers. Psychol. 42, 1955, S. 71–81; – Brownfain, J. J.: Stability of the Self-Concept as a Dimension of Personality, in: J. A. S. P. 47, 1952, S. 597– 606.

573 Vgl.: Janis, I. L. und P. B. Field: Sex Differences and Personality Factors Related to Persuasibility, a. a. O., S. 55 ff.

574 Vgl.: Janis, I. L. und P. B. Field: Sex Differences and Personality Factors Related to Persuasibility, Appendix A. a. a. O., S. 300 f.

575 Vgl.: Janis, I. L. und P. B. Field: a. a. O., S. 301 f.

576 Janis und Field weisen an dieser Stelle auch auf ihre Bedenken in bezug auf eine tatsächliche Beziehung zwischen Unterlegenheitsgefühl ("feelings of inferiority") und verschiedenen Items aus der Gruppe „soziale Hemmungen" hin. Sie rechtfertigen ihren Entschluß, diese Items doch zu verwenden, aber dann mit dem Hinweis, daß eine signifikante Korrelation zwischen den Gesamtpunktwerten bei „persönlicher Unzulänglichkeit" ("personal inadequacy") und „sozialen Hemmungen" ("social inhibitions") festgestellt werden konnte.

577 Vgl.: Sarason, S. B. und G. Mandler: Some Correlates of Test Anxiety, in: J. A. S. P. 47, 1952, S. 810–817.

578 Vgl.: Janis, I. L. und P. B. Field: Sex Differences and Personality Factors Related to Persuasibility, Appendix A, a. a. O., S. 302.

579 Vgl.: Shaw, M. E. und J. M. Wright: Scales for the Measurement of Attitudes, a. a. O., S. 429–436.

580 Shaw, M. E. und J. M. Wright: Scales for the Measurement of Attitudes, a. a. O., S. 433.

581 Shaw, M. E. und M. M. Wright: Scales for the Measurement of Attitudes, a. a. O., S. 431.

582 Janis, I. L. und P. B. Field: Sex Differences and Persuasibility, Appendix A, a. a. O., S. 300.

583 Vgl.: Cohen, A. R.: Some Implications of Self-Esteem for Social Influence, a. a. O., S. 102–120.

584 Vgl.: Cohen, A. R.: a. a. O., S. 105.

585 Vgl.: Phillips, B. S.: Social Research, New York und London 1066, S. 185.

586 Diese Vorgehensweise stellt nur eine der zahlreichen Möglichkeiten bei der Itemanalyse dar. Vgl. hierzu z. B. Solomon, H. (Hg.): Studies in Item Analysis and Prediction, Stanford 1961.

587 Vgl.: Stosberg, M.: Analyse der Massenkommunikation: Einstellungsmessung, a. a. O.

588 Vgl.: König, R. (Hg.): Das Interview, Praktische Sozialforschung I, Köln und Berlin 1965, S. 371.

589 Ghiselli, E. E.: Theory of Psychological Measurement, New York, San Francisco, Toronto und London 1964, S. 215.

590 Vgl. hierzu die Ausführungen bei Stosberg, M.: Analyse der Massenkommunikation: Einstellungsmessung, a. a. O.

591 Eine ausführliche Behandlung der Problematik der Validierung findet sich u. a. bei Ghiselli. Vgl.: Ghiselli, E. E.: Theory of Psychological Measurement, a. a. O., S. 335 ff. – Die Übersetzungen dieser Termini sind zum Teil uneinheitlich und mißverständlich, so daß hier die englischen Ausdrücke beibehalten werden.

592 Vgl. S. 122 ff.; vgl. auch die Ausführungen im Abschnitt 4.3.1.3 über die Formulierung der Items.

593 Vgl. hierzu die näheren Erläuterungen in den Abschnitten 4.4 und 4.5.

594 Vgl. hierzu den in den Anhang aufgenommenen Fragebogen des ersten Untersuchungsabschnitts.

595 Die Bildung der beiden Gruppen „hohe Selbsteinschätzung" und „geringe Selbsteinschätzung" wird in Abschnitt 4.6 über die Durchführung des Experiments erläutert.

596 SE = Selbsteinschätzung
Kdp = Kommunikationsdiskrepanz

597 Vgl. hierzu Abschnitt 4.5, in dem die Einzelheiten bei der Durchführung der Untersuchung geschildert werden.

598 Vgl. Kapitel 3.4, wo bereits auf die Behandlung dieser Frage in der Literatur und ihre Nichtberücksichtigung in zahlreichen empirischen Untersuchungen eingegangen wurde.

599 Der hier zusammengefaßt dargestellte Stimulus wird im Anhang der vorliegenden Arbeit in seinem vollen Wortlaut wiedergegeben.

600 Vgl.: Brenger, C.: Graphologie und ihre praktische Anwendung, München o. Jhg., S. 7–18 und S. 57 ff.

601 Vgl. hierzu den in den Anhang vollständig aufgenommenen Fragebogen.

602 Der Einstellungswandel ist in dieser und den folgenden Figuren auf der Ordinate abgetragen als Prozentsatz des für die jeweiligen Gruppen propagierten Einstellungswandels. Am Beispiel einer Gruppe soll die Errechnung des Ausmaßes an Einstellungswandel erläutert werden: In der Gruppe: geringe SE / mittlere Kdp waren 19 Probanden. Die in der Aussage propagierte Einstellungsänderung unterschied sich um 5 Diskrepanzstufen (mittlere Kdp) von der präkommunikativen Einstellung dieser Probanden. Der im Sinne der Kommunikation mögliche Einstellungswandel aller Probanden betrug demnach $19 \cdot 5 = 95$ Punkte. Die 95 Punkte als 100 % gesetzt, ergab sich im Experiment eine tatsächlich festgestellte Einstellungsänderung von 86 %. Nur durch eine solche Vorgehensweise wurden die einzelnen Ergebnisse vergleichbar.

603 Vgl. S. 163 f.

604 Vgl. hierzu die Darstellung in Figur 5a), S. 187.

605 Um Mißverständnissen vorzubeugen, sei angemerkt, daß hier nicht die Hypothese untersucht wurde: Je geringer die Selbsteinschätzung, desto mehr Einstellungswandel.

606 Von daher dürfte wohl auch das im Vergleich zu anderen Untersuchungen insgesamt recht hohe Ausmaß des eingetretenen Einstellungswandels erklärlich sein.

607 Vgl. hierzu die Ausführungen in Kapitel 3., Abschnitt 3.4.

Literaturverzeichnis

Abelson, R. P.: Modes of Resolution of Belief Dilemmas, in: Journal of Conflict Resolution, 3, 1959 erneut abgedruckt in: Fishbein, M. (Hg.) Readings in Attitude Theory and Measurement, New York, 1967.

—, *Lesser, G. S.:* The Measurement of Persuasibility in Children, in: Hovland, C. I. und Janis, I. L. (Hg.): Personality and Persuasibility, New Haven und London 1959.

—, *Rosenberg, M. J.:* Symbolic Psychology: A Model of Attitudinal Cognition, in: Behavioral Science, 3, 1958.

Adorno, Th. W.,
  Frenkel-Brunswik, E.,
  Levinson, D. J.,
  Sanford, R. N.: The Authoritarian Personality, New York 1950.

Albert, H.: Theorie und Prognose in den Sozialwissenschaften, in: Schweizerische Zeitschrift für Volkswirtschaft und Statistik, Bern 1957.

—: Probleme der Theoriebildung, in: H. Albert (Hg.): Theorie und Realität, Tübingen 1964.

—: Probleme der Wissenschaftslehre in der Sozialforschung, in: König, R. (Hg.): Handbuch der empirischen Sozialforschung, 2. Aufl., Stuttgart 1967.

Aronson, E.,
  Turner, J. A.,
  Carlsmith, J. M.: Communicator Credibility and Communication Discrepancy as Determinants of Opinion Change, in: J. A. S. P. 67, 1963.

Asch, S. E.: Effects of Group Pressure upon the Modification and Distortion of Judgements, in: Maccoby, E. E., T. M. Newcomb, und E. L. Hartley, (Hg.): Readings in Social Psychology, New York 1958.

Atkins, A. L.,
  Deaux, K. K.,
  Bieri, J.: Latitude of Acceptance and Attitude in Change, in: J. P. S. P. 6, 1967.

Barker, L. L.,
  Wieseman, G.: A Model of Intrapersonal Communication, in: J. Comm. 16, 1966.

Batemann, R. M.,
  Remmers, H. H.: A Study of the Shifting Attitude of High School Students when Subjected to Favorable and Unfavorable Propaganda, in: J. S. P. 13, 1941.

Berelson, B.,
  Lazarsfeld, P. F.,
  McPhee, W. W.: Voting, Chicago 1954.

—, *Steiner, G. A.:* Human Behavior, New York, Chicago und Burlingame 1964.

Berger, E.: The Relation between Expressed Acceptance of Others, in: J. A. S. P. 47. 1952.

Berger, J.,
  Cohen, B. P.,
  Snell, J. M.,
  Zelditsch, M. Jr.: Eine Formalisierung von Heiders Gleichgewichtstheorie, in: Mayntz, R. (Hg.): Formalisierte Modelle in der Soziologie, Neuwied 1967.

Bergin, A. E.: The Effect of Dissonant Persuasive Communications upon Changes in an Self-Referring Attitude, in: J. Pers. 30, 1962.

Berkowitz, L.,
  Lund, R. M.: Personality Characteristics Related to Susceptibility to Influence by Peers or Authority Figures, in: J. Pers. 25, 1957.

Bessler, H.: Zur Theoriebildung in der Massenkommunikationsforschung, Dissertationsdruck, Nürnberg 1968.
–, *Bledjian, F.:* Systematik der Massenkommunikationsforschung, München und Basel 1967.
–: Aussagenanalyse, Bielefeld 1970.
Blake, R. R.,
    Mouton, J. S.: The Experimental Investigation of Interpersonal Influence, in: Bidermann, A. D. und H. Zimmer, (Hg.): The Manipulation of Human Behavior, New York, London, Sydney 1961.
Bochner, S.,
    Insko, Ch. A.: Communicator Discrepancy, Source Credibility and Opinion Change, in: J. P. S. P. 4, 1966.
Bramel, D.: A Dissonance Theory Approach to Defensive Projection, in: J. A. S. P. 64, 1962.
Brehm, J. W.,
    Cohen, A. R.: Explorations in Cognitive Dissonance, New York 1962.
Brenger, C.: Graphologie und ihre praktische Anwendung, München, o. Jg.
Brown, R.: Social Psychology, New York 1965.
Brownfain, J. J.: Stability of the Self-Concept as a Dimension of Personality, in: J. A. S. P. 47, 1952.

Cantril, H.: The Invasion from Mars, Princeton 1940.
Carlson, E. R.: Attitude Change through Modification of Attitude Structure, in: J. A. S. P. 52, 1956.
Cartwright, D.: Some Principles of Mass Persuasion, Selected Findings of Research on the Sale of United States War Bonds, in: Human Relations 2, 1949, wieder abgedruckt in: Katz, D. u. a. (Hg.): Public Opinion and Propaganda, New York 1954.
–, *Harary, F.:* Structural Balance: A Generalization of Heider's Theory, in: Psychol. Rev. 63, 1956.
Chapanis, N. P.,
    Chapanis, A. C.: Cognitive Dissonance: Five Years Later, in: Psychol. Bull 61, 1964.
Cohen, A. R.: Need for Cognition and Order of Communication as Determinants of Opinion Change, in: Hovland, C. I. (Hg.): The Order of Presentation in Persuasion, New Haven 1957.
–: Communication Discrepancy and Attitude Change: A Dissonance Theory Approach, in: J. Pers. 27, 1959.
–: Some Implications of Self-Esteem for Social Influence, in: Hovland, C. I. und I. L. Janis, (Hg.): Personality and Persuasibility, New Haven und London 1959.
–: Attitude Change and Social Influence, New York und London 1964.
Cooper, E.: An Analysis of the Film "Don't be a Sucker", in: P. O. Q. 15, 1951.
Coopersmith, St.: A Method for Determining Types of Self-Esteem, in: J. A. S. P. 59, 1959.
–: Relationship between Self-Esteem and Sensory (Perceptual) Constancy, in: J. A. S. P. 68, 1964.
Cromwell, H.: The Relative Effect on Audience Attitude of the First Versus the Second Argumentative Speech of a Series, in: Speech Monographs 17, 1950.
Cronbach, L. J.: Correlations between Persons as a Research Tool, in: Mowrer, O. H. (Hg.): Psychotherapy: Theory and Research, New York 1953.

Dabbs, J. M. Jr.: Self-Esteem, Communicator Characteristics and Attitude Change, in: J. A. S. P. 69, 1964.
–, *Leventhal, H.:* Effects of Varying the Recommendations in a Fear-Arousing Communication, in: J. P. S. P. 4, 1966.
Davis, A.,
    Lawton, M. J.: Self-Concept, Mother Concept, and Food Aversions in Emotionally Disturbed and Normal Children, in: J. A. S. P. 62, 1961.
Decharms, R.,
    Rosenbaum, M. E.: Status Variables and Matching Behavior, in: J. Pers. 28, 1960.
De Fleur, M. L.,
    Westie, F. R.: Attitude as a Scientific Concept, in: Social Forces 42, 1963.
Deutsch, M.,
    Collins, M. E.: Interracial Housing: A Psychological Evaluation of a Social Experiment, Minneapolis 1951.
Deutsch, M.,
    Krauss, R. M.: Theories in Social Psychology, New York 1965.
Dillehey, C.: Judgmental Processes in Response to a Persuasive Communication, in: J. P. S. P. 1, 1965.

234

Ebbinghaus, E.: Über das Gedächtnis, Leipzig 1885.
Edwards, A.: Experiments: Their Planing and Execution, in: Lindzey, G. (Hg.): Handbook of Social Psychology I, Reading, 1954.
Ehrlich, D.,
  Guttman, I.,
  Schönbach, P.,
  Mills, J.: Postdecision Exposure to Relevant Information, in: J. A. S. P. 54, 1957.
Esters, E. A.: Soziale Beeinflussung, Dissertationsdruck, Köln 1960.
Ewing, T. N.: A Study of Certain Factors Involved in Changes of Opinion, in: J. S. P. 16, 1942.
Eyferth, K.: Sozialpsychologie, in: Meili, R. und H. Rohracher (Hg.): Lehrbuch der experimentellen Psychologie, 2. Aufl., Bern-Stuttgart 1968.

Fearing, F.: Toward a Psychological Theory of Human Communication, in: J. Pers. 22, 1953.
−: Social Impact of the Mass Media of Communication, in: Henry, N. B. (Hg.): Mass Media and Education, Chicago 1954.
Feldman, S.: Motivational Aspects of Attitudinal Elements and their Place in Cognitive Interaction, in: Feldman, S. (Hg.): Cognitive Consistency, New York 1966.
−: Cognitive Consistency, New York 1966.
Festinger, L.: A Theory of Cognitive Dissonance, Evanston 1957.
−: Behavioral Support for Opinion Change, in: P. O. Q. 28, 1964.
−: Conflict, Decision and Dissonance, Stanford 1964.
−, *Aronson, E.:* The Arousal and Reduction of Dissonance in Social Context, in: Cartwright, D. und A. Zander (Hg.): Group Dynamics: Research and Theory, 2. Aufl. Evanston 1960.
−, *Carlsmith, J. M.* : Cognitive Consequences of Forced Compliance, in: J. A. S. P. 58, 1959.
−, *Maccoby, N.:* On Resistance to Persuasive Communications, in: J. A. S. P. 68, 1964.
Fishbein, M.: Attitude and the Prediction of Behavior, in: Fishbein, M. (Hg.): Readings in Attitude Theory and Measurement, New York 1967.
− *(Hg.):* Readings in Attitude Theory and Measurement, New York 1967.
Fisher, S.,
  Lubin, A.: Distance as a Determinant of Influence in a Two-Person Serial Interaction Situation, in: J. A. S. P. 56, 1958.
Fisher, S.,
  Rubinstein, I.,
  Freeman, R. W.: Intertrial Effects of Immediate Self-Committal in an Continuous Social Influence Situation, in: J. A. S. P. 52, 1956.
Freedman, J. L.: Involvement, Discrepancy and Attitude Change, in: Backman, C. W. und Secord. P. F. (Hg.): Problems in Social Psychology, New York, St. Louis, San Francisco, Toronto, London und Sydney 1966.
−, *Sears, D. O.:* Warning, Distraction and Resistance to Influence, in: J. P. S. P. 1, 1965.
Freidson, E.: The Relation of the Social Situation of Contact to the Media in Mass Communication, in P. O. Q. 17, 1953.
Frenkel-Brunswik, E.: Intolerance of Ambiguity as an Emotional and Perceptual Variable, in: J. Pers. 18, 1949.
Frentzel, J.: Cognitive Consistency and Positive Self-Concept, in: Polish Sociological Bulletin 11, 1965.

Gelfand, D. M.: The Influence of Self-Esteem on Rate of Verbal Conditioning and Social Matching Behavior, in: J. A. S. P. 65, 1962.
Gerber, C. P.,
  Stosberg, M.: Die Massenmedien und die Organisation politischer Interessen, Bielefeld 1969.
Gerbner, G.: Toward a General Model of Communication, in: Audio-Visual Communication Review 4, 1956.
Ghiselli E. E.: Theory of Psychological Measurement, New York, San Francisco, Toronto und London 1964.
Gilbert, E. M.: Information Theory after 18 Jears, in: Science 152, 1966.
Goldberg, S. G.: Three Situational Determinants of Conformity to Social Norms, in: J. A. S. P. 49, 1954.
Goldstein, M. J.: The Relationship between Coping and Avoiding Behavior and Response to Fear-Arousing Propaganda, in: J. A. S. P. 58, 1959.

Gollob, H. F.,
   Dittes, J. E.: Effects of Manipulated Self-Esteem on Persuasibility Depending on Threat and Complexity of Communication, in: J. P. S. P. 2, 1965.
Grzelak, J. Reduction of Cognitive Dissonance and Self-Esteem, in: Polish Sociological Bulletin 11, 1965.

Hall, C. S.,
   Lindzey, G.: Theories of Personality, New York 1957.
Hartley, E. L.,
   Hartley, R. E.: Die Grundlagen der Sozialpsychologie, Berlin 1955.
Harvey, O. J.,
   Kelley, H. H.,
   Shapiro, M. M.: Reactions to Unfavorable Evaluations of the Self Made by Other Persons, in: J. Pers. 25, 1957.
Heider, F.: Social Perception and Phenomenal Causality, in: Psychol. Rev. 51, 1944.
—: Attitudes and Cognitive Organization, in: J. of Psychology, 21, 1946.
—: The Psychology of Interpersonal Relations, New York 1958.
Hempel, C. G.: Aspects of Scientific Explanation, New York 1965.
Hennessy, B. C.: Public Opinion, Belmont 1965.
Hovland, C. I. (Hg.): The Order of Presentation in Persuasion, New Haven 1957.
—: Reconciling Conflicting Results Derived from Experimental and Survey Studies of Attitude Change, in: American Psychologist 14, 1959.
—, *Campbell, E. H., Brock, T.:* The Effects of "Commitment" on Opinion Change Following Communication, in: Hovland, C. I. (Hg.): The Order of Presentation in Persuasion, New Haven 1957.
—, *Harvey, O. J.,*
   Sherif, M.: Assimilation and Contrast Effects in Reaction to Communication and Attitude Change, in: J. A. S. P. 55, 1957.
—, *Janis, I. L.:* Personality and Persuasibility, New Haven und London 1959.
—,—: Summary and Implications for Future Research, in: Hovland, C. I. und I. L. Janis (Hg.): Personality and Persuasibility, New Haven 1959.
—, —, *Kelley, H. H.:* Communication and Persuasion, New Haven 1953.
—, *Lumsdaine, A. A.,*
   Sheffield, F. D.: Experiments on Mass Communication, Princeton 1949.
—, *Mandell, W.:* An Experimental Comparison of Conclusion — Drawing by the Communicator and by the Audience, in: J. A. S. P. 47, 1952.
—, —,: Is there a "Law of Primacy in Persuasion"? in: Hovland, C. I. (Hg.): The Order of Presentation in Persuasion, New Haven 1957.
—, *Pritzker, H. A.:* Extent of Opinion Change as a Function of Amount of Change Advocated, in: J. A. S. P. 54, 1957.
—. *Weiss, W.:* The Influence of Source Credibility on Communication Effectiveness, in: P. O. Q. 15, 1951.
Hull, C. L.: A Behavior System, New Haven 1952.
Hummell, H. J.,
   Opp, K.-D.: Zum Problem der Reduktion von Soziologie auf Psychologie, Vervielfältigtes Manuskript, Köln 1966.
Hyman, H. H.,
   Sheatsley, P. B.: Some Reasons Why Information Campaigns Fail, in: P. O. Q. 11, 1947.

Insko, C. A.: Primacy Versus Recency in Persuasion as a Function of the Timing of Arguments and Measures, in: J. A. S. P. 69. 1964.
—, *Murashimer, F.,*
   Saiyadain, M.: Communicator Discrepancy, Stimulus Ambiguity and Influence, in: J. Pers. 34, 1966.
Irle, M.: Entstehung und Änderung von sozialen Einstellungen (Attitüden), in Merz, F. (Hg.): Bericht über den 25. Kongress der Deutschen Gesellschaft für Psychologie Münster 166, Göttingen 1967.

Janis, I. L.: Personality Correlates of Susceptibility to Persuasion, in: J. Pers. 22, 1954.
—: Anxiety Indices Related to Susceptibility to Persuasion, in: J. A. S. P. 51, 1955.

236

Janis, I. L.: Motivational Effects of Different Sequential Arrangements of Conflicting Arguments: A Theoretical Analysis, in: Hovland, C. I. (Hg.): The Order of Presentation in Persuasion, New Haven 1957.

–, *Feierabend, R. L.:* Effects of Alternative Ways of Ordering Pro and Con Arguments in Persuasive Communications, in: Hovland, C. I. (Hg.): The Order of Presentation in Persuasion, New Haven 1957.

–, *Feshbach, S.:* Effects of Fear-Arousing Communications, in: J. A. S. P. 48, 1953.

–, *Field, P. B.:* A Behavioral Assessment of Persuasibility: Consistency of Individual Differences, in: Hovland, C. I. und I. L. Janis. (Hg.): Personality and Persuasibility, New Haven und London 1959.

–, –: Sex Differences and Personality Factors Related to Persuasibility, in: Hovland, C. I. und I. L. Janis. (Hg.): Personality and Persuasibility, New Haven und London 1959.

–, *Hovland, C. I.:* An Overview of Persuasibility Research, in: Hovland, C. I. und I. L. Janis (Hg.): Personality and Persuasibility, New Haven und London 1959.

–, *Rife, D.:* Persuasibility and Emotional Disorder, in: Hovland, C. I. und I. L. Janis (Hg.): Personality and Persuasibility, New Haven und London 1959.

–, *Terwilliger, R. F.:* An Experimental Study of Psychological Resistance to Fear-Arousing Communications, in: J. A. S. P. 65, 1962.

Johnson, F. C.,
Klare, G. R.: General Models of Communication Research: A Survey of the Development of a Decade, in: J. Comm. 11, 1961.

Jordan, N.: Fallout Shelters and Social Psychology – The "Theory" of Cognitive Dissonance. H. I – 244 – D, Croton on Hudson 1963.

Katz, D.: The Functional Approach to the Study of Attitudes, in: P. O. Q. 24, 1960.

–, *Sarnoff, I.,*
McClintock, C.: Ego-Defense and Attitude Change, in: Human Relations 9, 1956.

–, *Stotland, E.:* A Preliminary Statement to a Theory of Attitude Structure and Change, in: Koch, S. (Hg.): Psychology: A Study of a Science 3, New York 1959.

Katz, E.: The Two-Step Flow of Communication: An Up-to-Date Report on an Hypothesis, in: P. O. Q. 21, 1957.

–: The Two-Step Flow of Communication; in: Schramm, W. (Hg.): Mass Communications, 2. Aufl., Urbana 1960.

–, *Lazarsfeld, P. F.:* Persönlicher Einfluß und Meinungsbildung, München 1962; Übersetzung aus dem Amerikanischen: Personal Influence, Glencoe 1955.

Kelman, H. C.: Processes of Opinion Change, in: P. O. Q. 25, 1961.

–, *Eagly, A. H.:* Attitude Toward the Communicator, Perception of Communication Content and Attitude Change, in: J. P. S. P. 1, 1965.

–, *Hovland, C. I.:* "Reinstatement" of the Communicator in Delayed Measurement of Opinion Change, in: J. A. S. P. 48, 1953.

Kiesler, Ch. A.,
Kiesler, S. B.: Role of Forewarning in Persuasive Communication, in: J. A. S. P. 68, 1964.

Klapper, J. T.: The Effects of Mass Communication, Glencoe 1960.

–: The Comparative Effects of the Various Media, in: Schramm, W. (Hg.): The Process and Effects of Mass Communication, Urbana 1954.

–: Die gesellschaftliche Auswirkung der Massenkommunikation, in: Schramm, W. (Hg.): Grundfragen der Kommunikationsforschung, München 1964.

Koch, M.: Die Begriffe Person, Persönlichkeit und Charakter, in: Handbuch der Psychologie 4, 1960.

König, R. (Hg.): Das Interview, Praktische Sozialforschung I, 4. Aufl., Köln und Berlin 1965.

Krech, D.,
Crutchfield, R. S.,
Ballachey, E. L.: Individual in Society, New York 1962.

Kumagai, Y.: Future of Mass Communication. Unveröffentlichtes Kurzreferat, verteilt in der von der G. Duttweiler Stiftung veranstalteten Tagung über die „Zukunft der Massenmedien" in Rapperswill, Oktober 1966.

Lana, R. E.: Pretest-Treatment Interaction Effects in Attitudinal Studies, in: Psychol. Bull. 56, 1959.

–: Familiarity and the Order of Presentation of Persuasive Communications, in: J. A. S. P. 62, 1961.

237

Lapiere, R. T.: Attitude versus Actions, in: Social Forces, 13, 1934.

Larsen, O. N.: Social Effects of Mass Communication, in: Faris, R. E. L. (Hg.): Handbook of Modern Sociology, Chicago 1964.

Lasswell, H. D.: The Structure and Function of Communication in Society, in: Bryson, L. (Hg.): The Communication of Ideas, New York 1948.

Lazarsfeld, P. F.,
Berelson, B.,
Gaudet, H.: The Peoples' Choice. 2. Aufl., New York 1948.

Lazarsfeld, P. F.,
Kendall, P. L.: Radio Listening in America, New York 1948.

Lazarsfeld, P. F.,
Merton, R. K.: Mass Communication, Popular Taste and Organized Social Action, in: Bryson, L. (Hg.): The Communication of Ideas, New York 1948.

Leventhal, H.,
Perloe, S. I.: A Relationship between Self-Esteem and Persuasibility, in: J. A. S. P. 64, 1962.

Leventhal, H.,
Singer, R.: Affect Arousal and Positioning of Recommendations in Persuasive Communications, in: J. P. S. P. 4, 1966.

Leventhal, H.,
Singer, R.,
Jones, S.: Effects of Fear and Specifity of Recommendation upon Attitudes and Behavior, in: J. P. S. P. 2, 1965.

Levonian, E.: Self-Esteem and Opinion Change, in: J. P. S. P. 9, 1968.

Lewan, P. C.,
Stotland, E.: The Effects of Prior Information on Susceptibility to an Emotional Appeal, in: J. A. S. P. 62, 1961.

Lewin, K.: Principles of Topological Psychology, New York 1936.

Likert, R.: A Technique for the Measurement of Attitudes. Archives Psychology 140, 1932.

Luchins, A. S.: Experimental Attempts to Minimize the Impact of First Impressions, in: Hovland, C. I. (Hg.): The Order of Presentation in Persuasion, New Haven 1957.

−: Primacy-Recency in Impression Formation, in: Hovland, C. I. (Hg.): The Order of Presentation in Persuasion, New Haven 1957.

Ludlum, T. S.: Effects of Certain Techniques of Credibility upon Audience Attitude, in: Speech Monographs 25, 1958.

Lumsdaine, A. A.,
Janis, I. L.: Resistance to "Counterpropaganda" Produced by One-Sided and Two-Sided "Propaganda" Presentations, in: P. O. Q. 17, 1953.

Lund, F. H.: The Psychology of Belief IV: The Law of Primacy in Persuasion, in: J. A. S. P. 20, 1925.

Maccoby, N.: Die neue „wissenschaftliche" Rethorik, in: Schramm, W. (Hg.): Grundfragen der Kommunikationsforschung, München 1964.

Maletzke, G.: Psychologie der Massenkommunikation, Hamburg 1963.

Malewski, A.: The Influence of Positive and Negative Self-Evaluation on Postdecisional Dissonance, in: Polish Sociological Bulletin 2, 1962.

−: Verhalten und Interaktion, Tübingen 1967.

Mayntz, R.: Modellkonstruktion: Ansatz, Typen und Zweck, in: Mantz, R. (Hg.): Formalisierte Modelle in der Soziologie, Neuwied 1967.

McClintock: Personality Syndromes and Attitude Change, in: J. Pers. 26, 1958.

McGuire, W. J.: Order of Presentation as a Factor in "Conditioning" Persuasiveness, in: Hovland, C. I. (Hg.): The Order of Presentation in Persuasion, New Haven 1957.

−: A Syllogistic Analysis of Cognitive Relationships, in: Hovland, C. I. und M. J. Rosenberg (Hg.): Attitude Organization and Change, New Haven 1960.

−: Cognitive Consistency and Attitude Change, in: J. A. S. P. 60, 1960.

−: The Current Status of Cognitive Consistency Theories, in: Feldman, D. (Hg.): Cognitive Consistency, New York 1966.

−: Personality and Susceptibility to Social Influence, in: Borgatta, E. F. und W. W. Lambert (Hg.): Handbook of Personality Theory and Research, Chicago 1968.

Merton, R. K.: Mass Persuasion, New York 1946.

−: Priorities in Scientific Discovery: A Chapter in the Sociology of Science, in: A. S. R. 22, 1957.

238

Merton, R. K.: Social Theory and Social Structure, Glencoe 1957.
–, *Lazarsfeld, P. F.:* Studies in Radio and Film Propaganda, in: Merton, R. K.: Social Theory and Social Structure, 2. Aufl., Glencoe 1961.
Miller, N.,
  Campbell, E.: Recency and Primacy in Persuasion as a Function of the Timing of Speeches and Measurements, in: J. A. S. P. 59, 1959.
Mills, J.,
  Aronson, E.: Opinion Change as a Function of the Communicator's Attractiveness and Desire to Influence, in: J. P. S. P. 1, 1965.
Miyamoto, S. F.,
  Dornbusch, S. M.: A Test of Interactionist Hypothesis of Self-Conception, in: A. J. S. 61, 1965.
Mowrer, O. H.: 'Q-Technique' – Description, History and Critique, in: Mowrer, O. H. (Hg.): Psychotherapy: Theory and Research, New York 1953.

Nagel, E.: The Structure of Science, London 1961.
Neubauer, W. F.: Selbsteinschätzung und Idealeinschätzung junger Arbeiter als Gegenstand sozialpsychologischer Verhaltensforschung, Dissertationsdruck, Nürnberg 1967.
Newcomb, T. M.: An Approach to the Study of Communicative Acts, in: Psychol. Rev. 60, 1953.
–, *Turner, R. H.,*
  Converse, P.E.: Social Psychology, New York 1965.
Nisbett, R. E.,
  Gordon, A.: Self-Esteem and Susceptibility to Social Influence, in: J. P. S. P. 5, 1967.
Nunnally, J. C.,
  Bobren, H. M.: Variables Governing the Willingness to Receive Communications on Mental Health, in: J. Pers. 27, 1959.
Opp, K.-D.: Kognitive Dissonanz und positive Selbstbewertung, in: Psychologische Rundschau 19, 1968.
–: Zur Problematik des Experiments in den Sozialwissenschaften, unveröffentlichtes Manuskript, Nürnberg 1968.
Osgood, C. E.,
  Suci, G. J.,
  Tannenbaum, P. H.: The Measurement of Meaning, Urbana 1957.
Osgood, C. E.,
  Tannenbaum, P. H.: The Principle of Congruity and the Prediction of Attitude Change, in: Psychol. Rev. 62, 1955.

Pagès, R.: Das Experiment in der Soziologie, in: König R. (Hg.): Handbuch der empirischen Sozialforschung, 2. Aufl., Stuttgart 1967.
Pepitone, A., Some Conceptual and Empirical Problems of Consistency Models, in: Feldman, S. (Hg.): Cognitive Consistency, New York 1966.
Phillips, B. S.: Social Research, New York und London 1966.
Phillips, E. L.: Attitudes toward Self and Others: A Brief Questionaire Report, in: J. Consult. Psychol. 15, 1951.
Pilisuk, M.: Cognitive Balance and Self-Relevant Attitudes, in: J. A. S. P. 65, 1962.
Popper, K. R.: Naturgesetze und theoretische Systeme, in: Albert, H. (Hg.): Theorie und Realität, Tübingen 1964.
–: Logik der Forschung, 2. deutsche Aufl., Tübingen 1966.

Rogers, C.: A Theory of Therapy, Personality and Interpersonal Relationship as Developed in the Client-Centered Framework, in: Koch, S. (Hg.): Psychology: A Study of Science, New York 1959.
Rogers, C. R.,
  Dymond, R. F. (Hg.): Psychotherapy and Personality Change, Chicago und London 1954.
Rohrer, J.,
  Sherif, M. (Hg.): Social Psychology at the Crossroads, New York 1951.
Rokeach, M.: Attitude Change and Behavioral Change, in: P. O. Q. 30, 1966/67.
–, *Vidulich, R. N.:* The Formation of New Belief Systems, in: Rokeach, M. (Hg.): The Open and Closed Mind, New York 1960.
Ronneberger, F.: Die politischen Funktionen der Massenkommunikationsmittel, in: Publizistik 9, 1964.

Rosenbaum, M. E.,
    Franc, D. E.: Opinion Change as a Function of External Commitment and Amount of Discrepancy from the Opinion of Another, in: J. A. S. P. 61, 1960.
Rosenbaum, M. E.,
    Stanners, R. F.: Self-Esteem, Manifest Hostility and Expression of Hostility, in: J. A. S. P. 63, 1961.
Rosenberg, M. J.: Cognitive Structure and Attitudinal Effect, in: J. A. S. P. 53, 1956.
–: An Analysis of Affective-Cognitive Consistency, in: Hovland, C. I. und M. J. Rosenberg, (Hg.): Attitude Organization und Change, New Haven 1960.
–: A Structural Theory of Attitude Dynamics, in: P. O. Q. 24, 1960.
–: When Dissonance Fails: On Eliminating Evaluation Apprehension from Attitude Measurement, in: J. P. S. P. 1, 1965,
–, Abelson, R. P.: An Analysis of Cognitive Balancing, in: Hovland, C. I. und M. J. Rosenberg, (Hg.): Attitude Organization and Change, New Haven 1960.
–, Hovland, C. I.: Cognitive, Affective and Behavioral Components of Attitudes, in: Hovland, C. I. und M. J. Rosenberg, (Hg.): Attitude Organziation and Change, New Haven 1960.
Roth, E.: Einstellungen als Determination individuellen Verhaltens, Göttingen 1967.
Ruechelle, R. C.: An Experimental Study of Audience Recognition of Emotional and Intellectual Appeals in Persuasion, in: Speech Monographs, 25, 1958.
Rühl, M.: Die Zeitungsredaktion als organisiertes soziales System, Bielefeld 1969.

Sarason, S. B.,
    Mandler, G.: Some Correlates of Test Anxiety, in: J. A. S. P. 47, 1952.
Sarbin, T. R.,
    Rosenberg, B. G.: A Method for Obtaining a Quantitative Estimate of Self, in: J. S. P. 42, 1955.
Sarnoff, I.: Psychoanalytic Theory and Social Attitudes, in: P. O. Q. 24, 1960.
–, Katz, D.: The Motivational Basis of Attitude Change, in: J. A. S. P. 49, 1954.
Scheuch, E. K. Skalierungsverfahren in der Sozialforschung, in: König, R. (Hg.): Handbuch der empirischen Sozialforschung 1, 2. Aufl. Stuttgart 1967.
Schramm, W.: How Communication Works, in: Schramm, W. (Hg.): The Process and Effects of Mass Communication, Urbana 1965.
–: The Challenge to Communication Research, in: Nafziger, R. O. und D. M. White, (Hg.): Introduction to Mass Communication Research, 2. Aufl., Baton Rouge 1963.
–, Lyle, J.,
    Parker, E. B.: Television in the Lives of our Children, Stanford 1951.
Schweitzer, D.,
    Ginsburg, G. P.: Factors of Communicator Credibility, in: Backman, C. W. und P. F. Secord (Hg.): Problems in Social Psychology, New York 1966.
Sears, D. O.,
    Freedman, J. L.: Selective Exposure to Information: A Critical Review, in: P. O. Q. 31, 1967.
Secord, P. F.,
    Jourard, S. M.: The Appraisal of Body-Cathexis: Body-Cathexis and the Self, in: J. Consult. Psychol. 17, 1953.
–, Backman, C. W.: Social Psychology, New York 1964.
Selltiz, C.,
    Jahoda, M.,
    Deutsch, M.,
    Cook, S. W.: Research Methods in Social Relations, New York, Chicago, San Francisco und Toronto 1959.
Shaw, M. E.,
    Wright, J. M.: Scales for the Measurement of Attitudes, New York, St. Louis, San Francisco, Toronto, London und Sydney 1967.
Sherif, C. W.,
    Sherif, M.,
    Nebergall, R. E.: Attitude and Attitude Change, Philadelphia 1965.
Sherif, M.,
    Cantril, H.: The Psychology of Ego-Involvements, New York 1947.
Sherif, M.,
    Sherif, C. W.: An Outline of Social Psychology, New York, Evanston und London 1956.
Sherif, M.,
    Hovland C. I.: Social Judgment, New Haven 1961.

Siebel, W.: Die Logik des Experiments in den Sozialwissenschaften, Berlin 1965.

Silverman, I.: Differential Effects of Ego-Threat upon Persuasibility for High and Low Self-Esteem Subjects, in: J. A. S. P. 69, 1964.

—, Self-Esteem and Differential Responsiveness to Success and Failure, in: J. A. S. P. 69, 1964.

Singer, J. E.: Motivation for Consistency, in: Feldman, S. (Hg.): Cognitive Consistency, New York 1966.

Sixtl. F.: Meßmethoden der Psychologie, Weinheim 1967.

Solomon, H. (Hg.): Studies in Item Analysis and Prediction, Stanford 1961.

Solomon, R. L.: Extension of Control Group Design, in: Psychol. Bull. 46, 1949.

Sponberg, H. A.: A Study of the Relative Effectiveness of Climax and Anti-Climax Order in an Argumentative Speech, in: Speech Monographs 13, 1946.

Star, A. S.,
Hughes, H. M.: Report on an Educational Campaign: The Cincinnati Plan for the United Nations, in: A. J. S. 55, 1950.

Stephenson, W.: The Study of Behavior, Q-Technique and Its Methodology, Chicago und London 1953.

Stevens, S. S.: Athematics, Measurement and Psychophysics in: Stevens, S. S. (Hg.): Handbook of Experimental Psychology, New York, London und Sydney 1951.

Stone, Ph. J.,
Dunphy, D. C.,
Smith, M. S.,
Ogilvie, D. M.: The General Inquirer, Cambridge und London 1966.

Stosberg, M.: Analyse der Massenkommunikation: Einstellungsmessung, Band 7/1 ,,Gesellschaft und Kommunikation", Düsseldorf 1972.

Stotland, E.,
Hillmer, M. L. Jr.: Identification, Authoritarian Defensiveness and Self-Esteem, in: J. A. S. P. 64, 1962.

Stotland, E.,
Katz, D.,
Patchen, M.: The Reduction of Prejudice through the Arousal of Self-Insight, in: J. Pers. 27, 1959.

Stotland, E.,
Thorley, S.,
Thomas, E.,
Cohen, A. R.,
Zander, A.: The Effects of Group Expectations and Self-Esteem on Self-Evaluation, in: J. A. S. P. 54, 1957.

Stouffer, S. A.: Communism, Conformity and Civil Liberties, New York 1955.

Suchman, E. A.: The Intensity Component in Attitude and Opinion Research, in: Stouffer, S. A. u. a. (Hg.): Measurement and Prediction, Princeton, N. J., 1950.

Super, D. E.: Self Concepts in Vocational Development, in: Super, D. E., R. Starishevsky, N. Matlin und J. P. Jordaan,: Career Development: Self-Concept Theory, New York 1963.

Tannenbaum, P. H.: Attitudes Toward Source and Concept as Factors in Attitude Change through Communications, Unveröffentlichte Dissertation, Illinois 1953.

—; Initial Attitude toward Source and Concept as Factors in Attitude Change through Communication, in: P. O. Q. 29, 1956.

—: Experimental Method in Communication Research in: Nafziger, R. O. und D. M. White, (Hg.): Introduction to Mass Communications Research, 2. Aufl., Baton Rouge 1963.

Terman, L. M.,
Johnson, W. D.,
Kuznets, G.,
McNemar, O. W.: Psychological Sex Differences, in: Carmichael L. (Hg.): Manual of Child Psychology, New York 1946.

Thistlethwaite, D. L.,
De Haan, H.,
Kamenetsky, J.: The Effects of "Directive" and "Nondirective" Communication Procedures on Attitudes, in: J. A. S. P. 51, 1955.

Thistlethwaite, D. L.,
Kamenetsky, J.: Attitude Change through Refutation and Elaboration of Audience Counter-arguments, in: J. A. S. P. 51, 1955.

241

Thistlethwaite, D. L.,
  Kamenetsky, J.,
  Schmidt, H.: Factors Influencing Attitude Change through Refutative Communication, in: Speech Monographs, 23, 1956.
Thomas, E. J.
  Webb, S.
  Tweedie, J. : Effects of Familiarity with a Controversial Issue on Acceptance of Successive Persuasive Communications, in: J. A. S. P. 63, 1961.
Torgerson, W. S.: Theory and Methods of Scaling, New York 1958.

Underwood, B. J.: Retroactive and Proactive Inhibition after Five and Forty-Eight Hours, in: Journal of Experimental Psychology 38, 1948.

Walster, E.,
  Festinger, L.: The Effectiveness of "Overhead" Persuasive Communications, in: J. A. S. P. 65, 1962.
Walster, E.,
  Prestholdt, P.: The Effect of Misjudging Another: Overcompensation or Dissonance Reduction?, in: Journal of Experimental and Social Psychology 2, 1966.
Ward, Ch. D.: Ego Involvement and the Absolute Judgment of Attitude Statements, in: J. P. S. P. 2, 1965.
Weiss, W.: Opinion Congruence with a Negative Source on one Issue as a Factor Influencing Agreement on another Issue, in: J. A. S. P. 54, 1957.
–, *Fine, B. J.:* Opinion Change as a Function of some Intrapersonal Attributes of the Communicatees, in: J. A. S. P. 51, 1955.
–, –: The Effects of Induced Aggressiveness on Opinion Change, in: J. A. S. P. 52, 1956.
Whittaker, J. O.: Cognitive Dissonance and the Effectiveness of Persuasive Communications, in: P. O. Q. 28, 1964.
Wyer, R. S. Jr.: Self-Acceptance, Discrepancy between Parents Perceptions of Their Children and Goal-Seeking Effectiveness, in: J. P. S. P. 2, 1965.
Wylie, R. C.: The Self Concept, Lincoln 1961.
–; The Present Status of Self-Concept, in: Borgatta, E. F. und W. W. Lambert (Hg.): Handbook of Personality Theory and Research, Chicago 1968.

Zajonk, R. B.: The Concepts of Balance, Congruity and Dissonance, in: P. O. Q. 24, 1960.
Zetterberg, H. L.: Compliant Action, in: Acta Sociologica 2, 1957.
Zimbardo, P. G.: Involvement and Communication Discrepancy as Determinants of Opinion Conformity, in: J. A. S. P. 60, 1960.

Franz Dröge
Der zerredete Widerstand
Zur Soziologie und Publizistik des Gerüchts im 2. Weltkrieg

Gerd Kopper
Zeitungsideologie und Zeitungsgewerbe in der Region
Eine Fallstudie zu den politischen Voraussetzungen und
Strukturbedingungen der Konzentration in Schleswig-Holstein
1945–1970 (mit Nachträgen 1971)

Hans-Jürgen Koschwitz
Pressepolitik und Parteijournalismus in der UdSSR und der
Volksrepublik China
Eine vergleichende Studie

Winfried B. Lerg
Das Gespräch
Theorie und Praxis der unvermittelten Kommunikation

Manfred Lohmann
Deutschland in der englischsprachigen Presse Indiens in den
Jahren 1861–1962
Zur Entstehung eines indischen Deutschlandbildes
(Materialien des Arnold-Bergstraesser-Instituts für kultur-
wissenschaftliche Forschung)

Ilse Modelmog
Die andere Zukunft
Zur Publizistik und Soziologie der utopischen Kommunikation

Alphons Silbermann (Hrsg.)
Reader Massenkommunikation

Bertelsmann Universitätsverlag

Gesellschaft und Kommunikation

Herausgegeben von Peter R. Hofstätter, Günther Kieslich †,
Joachim H. Knoll, Peter Meyer-Dohm, Franz Ronneberger,
Franz Schneider und Karl Gustav Specht

Bertelsmann Universitätsverlag